聂鲁达自传
我坦言我曾这样活过

巴勃罗·聂鲁达　著
赵　越　译

图书在版编目（CIP）数据

我坦言我曾这样活过 /（智）巴勃罗·聂鲁达著；赵越译 . -- 北京：中国书籍出版社，2025.8. --（聂鲁达自传）. -- ISBN 978-7-5241-0198-7

Ⅰ . K837.845.6

中国国家版本馆CIP数据核字第202519B4N1号

我坦言我曾这样活过

（智）巴勃罗·聂鲁达 著；赵 越 译

策划编辑	刘 娜
责任编辑	刘 娜
特约编辑	刘佳蕙
责任印制	孙马飞 马 芝
封面设计	东方美迪
出版发行	中国书籍出版社
地　　址	北京市丰台区三路居路 97 号（邮编：100073）
电　　话	（010）52257143（总编室）（010）52257140（发行部）
电子邮箱	eo@chinabp.com.cn
经　　销	全国新华书店
印　　刷	北京睿和名扬印刷有限公司
开　　本	880 毫米 ×1230 毫米　1/32
字　　数	350千字
印　　张	14.5
版　　次	2025 年 8 月第 1 版　2025 年 8 月第 1 次印刷
书　　号	ISBN 978-7-5241-0198-7
定　　价	99.00 元（全两册）

版权所有　翻印必究

题　记

在这些回忆或追忆中，到处都有空白，有些往事不经意地被忘却了，但生活总是如此。断续的梦境支撑着我们度过一个个疲于奔命的日子。追忆往昔，许多陈年旧事已变得模糊不清，它们像破碎的玻璃一样化作一团碎屑，无从修复。

回忆录作者与诗人的视角是不同的。回忆录作者可能经历得不多，却记录下很多，叙述时尤其注重细节。而诗人仿佛为我们呈现出一座画廊，其中陈列着被时代的烈火与暗涌撼动的灵魂。

或许我不只活在自己的世界里，或许我还过着别人的生活。

我在这里写下的文字，如同秋日树林中走向生命终点的落叶，抑或葡萄园丰收时将在神圣的葡萄酒中重获新生的葡萄。

我坦言我曾这样活过——这是一位诗人的生活。

目 录
CONTENTS

题 记

乡村男孩

智利森林 / 003

童年和诗 / 004

艺术和雨 / 013

我的第一首诗 / 019

三个寡妇的家 / 023

麦堆里的爱情 / 028

浪迹城市

寄宿公寓 / 033

羞涩 / 038

学生联合会 / 042

阿尔贝托·罗哈斯·希门尼斯 / 044

冬日狂人 / 048

大生意 / 054

我最早的几本诗集 / 057

词语 / 062

世界之路

漫步瓦尔帕莱索 / 067

凹坑里的智利领事 / 077

蒙帕纳斯 / 080

东方之旅 / 086

阿尔瓦罗 / 091

孤独在发光

印象森林 / 095

印度国大党 / 100

卧佛 / 101

不幸的人类大家庭 / 102

鳏夫的探戈 / 106

鸦片 / 107

锡兰 / 108

科伦坡的生活 / 115

新加坡 / 121

巴达维亚 / 128

西班牙在心中

费德里科这个人 / 137

米格尔·埃尔南德斯 / 144

《绿马》 / 147

罪恶发生在格拉纳达 / 152

西班牙在心中 / 156

战争和巴黎 / 157

南希·丘纳德 / 159
马德里的代表大会 / 163
面具和战争 / 168

出发，寻找阵亡者
我选定了一条路 / 173
拉法埃尔·阿尔维蒂 / 175
智利的纳粹分子 / 177
黑岛 / 179
把西班牙人给我带来 / 180
一个心怀叵测的人 / 182
一位将军和一位诗人 / 186
温尼伯号 / 188

墨西哥，一朵带刺的花
政府派我去墨西哥 / 195
墨西哥的画家 / 198
拿破仑·乌维科 / 201
手枪选集 / 203
"聂鲁达"的来历 / 204
珍珠港事件前夕 / 206
作为软体动物学家的我 / 209
《阿劳卡尼亚》/ 211
神奇与神秘 / 212

黑暗中的祖国
马丘比丘 / 217

盛产硝石的南美大草原 / 218

冈萨雷斯·魏地拉 / 224

分离的身体 / 226

森林中的一条路 / 229

安第斯山脉 / 234

圣马丁德洛斯安第斯 / 239

持护照在巴黎 / 240

根 / 248

流亡始末

在苏联 / 253

再访印度 / 259

初访中国 / 265

船长的诗 / 273

结束流亡 / 279

七零八碎的海洋学 / 281

远航归国

我家里的一只小羊羔 / 287

一九五二年八月到一九五七年四月 / 290

在布宜诺斯艾利斯被捕 / 291

诗歌与警察 / 293

再访锡兰 / 295

再访中国 / 297

苏呼米的猴子 / 307

亚美尼亚 / 309

葡萄酒和战争 / 311

被夺回的宫殿 / 314

宇航员时代 / 320

诗歌是种技艺

诗歌的力量 / 325

诗歌 / 332

和语言为伴 / 334

评论家必须承受痛苦 / 336

短句和长句 / 339

原创 / 341

酒瓶和船头雕像 / 344

书与海螺 / 348

碎玻璃 / 351

我的妻子玛蒂尔德 / 351

造星人 / 352

了不起的艾吕雅 / 354

皮埃尔·勒韦迪 / 357

耶日·博雷沙 / 358

索姆洛·杰尔吉 / 360

夸西莫多 / 361

巴列霍永远活着 / 363

加夫列拉·米斯特拉尔 / 365

比森特·维多夫罗 / 366

文学的敌人 / 369

批评与自我批评 / 375

新年伊始 / 381
诺贝尔文学奖 / 384
小智利 / 395
九月的旗帜 / 396
普列斯特斯 / 399
柯多维拉 / 403
斯大林 / 405
简单的教训 / 409
菲德尔·卡斯特罗 / 411
古巴人的来信 / 415

我亲爱的、残酷的祖国
极端主义和间谍 / 423
共产党人 / 427
诗歌和政治 / 429
总统候选人 / 431
候选人阿连德 / 433
驻巴黎大使 / 434
返回智利 / 438
弗雷 / 440
托米奇 / 442
阿连德 / 444

译后记

乡村男孩

智利森林

在火山脚下邻近雪岭的地方,被几片巨型湖泊包围着的智利森林,植被纷繁芜杂,静谧中弥漫着阵阵香气……我的脚深陷在枯叶中,踩断了一根脆弱的细枝,发出噼啪的声响,硕大的毛榉树伸展开粗壮浓密的身体,高耸挺拔,一只从寒带森林飞来的鸟儿拍打着翅膀,停歇在背阴的树枝上。随即,它在藏身的地方啁啾起来,宛若双簧管在吹奏……月桂树的浓香和波耳多树的暗香窜入鼻隧,蔓延至全身……瓜伊特卡斯柏树拦住了我的去路……这是一个纵向的世界:一个属于鸟类的国度,处处枝繁叶茂……我被一块石头绊了一下,发现了一个裸露的坑,一只长满红毛、巨大如蟹的蜘蛛盯着我看,纹丝不动……一只金色甲虫朝我喷来一股恶臭,它那彩虹色的灿烂身影又如闪电般即刻消失不见……我继续向前走,穿过比我高的蕨类丛林,那冷酷的绿眼睛里滴下六十颗泪珠,溅落到我脸上,我的身后,叶片像摇摆的扇子,颤动许久……有棵树正在腐化,可惜!……黑色和蓝色的蘑菇成为它的耳朵,红色的寄生植物是镶在身上的宝石,另一些慵懒的植物借给它胡须,像是猛地吐了一口气,一条蛇从腐烂的树干里窜了出来,仿佛死树的灵魂匆忙逃逸……更远处,每棵树都与其同类相隔而立……它们在神秘森林的地毯上拔地而起,枝叶形状各异,有线形的,有毛发状的,有多枝杈的,有披针形的,像是由一把剪刀肆意修剪,不停变换风格……一道峡谷;谷底晶莹剔透的溪水流过花岗岩和碧玉……一只蝴蝶飞驰而过,颜色亮如柠檬,在水波和阳光间翩翩起舞……近处,无数朵黄色蒲包花向我点头示意,花冠小巧可人……红色风铃草（智利钟花）^①悬挂在高处，好似魔法森林渗出的鲜血……红色风铃草是血之花，白色风铃草是雪之花……一只狐狸犹如一道闪电穿透了寂静，树叶被吓得瑟瑟发抖，毕竟寂静乃植物王国之法则……从遥远的地方隐约传来某种动物不知所措的叫声……这响动惊起了一只藏匿的鸟儿……一场暴风雨让植物的沙沙作响变成恢宏的音乐盛宴。

没有来过智利森林的人，是不会了解这方土地的。

我就是来自这片风景，这片泥泞，这片寂静，我走向外面的世界，去经历，去歌颂。

童年和诗

关于我的童年经历，我想以这样的语句开篇：雨水是我难以忘怀的存在。南方的大雨从天而降，像是由极地泼洒而下的瀑布，从合恩角到边疆地带都是如此。在我的祖国荒蛮的西部边疆上，我第一次睁开双眼看到这个世界，看到这片土地，看到诗歌，看到雨水。

游历四方的我觉得，那曾给我的故乡阿劳卡尼亚带来可怕却微妙影响的雨水，如今已变得毫无章法。有时它会一整月、一整年地下个不停。根根雨丝犹如长长的玻璃针，砸在屋顶上粉身碎骨，或是拍到窗户上化成透明的浪，每座房屋都像冬日的大海中奋力驶向港口的船。

美洲南部的这种冷雨，不像突如其来的狂风暖雨，鞭子一般劈头盖脸落下来，过后便是湛蓝晴空。南方的雨不急不躁，连绵不断

---

① 也称智利钟花，原产于智利南部地区，是菝葜科智利钟花属植物。

地从灰色天空飘落，无止无休。

我家前面的那条街，变成一大片泥巴的海洋。透过窗外的雨水，我看到一辆车在路中央陷进泥里。一个农夫穿着厚重的黑色羊毛斗篷，正在抽打拉车的几头牛；雨和泥让它们不堪重负，无法继续前行。

过去，我们常冒着寒冷的雨天，沿着泥巴路，踩着一块块石头步行去上学。风会抢走手中的伞。雨衣价格不菲，手套我不喜欢戴，鞋子里灌满了雨水。我永远都不会忘记挂在火盆边烘烤的湿袜子和冒着蒸气、好像玩具火车头一样的鞋子。之后洪水来了，冲走了沿河而建的穷人家的房屋。大地在摇晃，在颤抖。还有几次，层峦叠嶂的山脉顶端惊现可怕的光：亚伊马火山苏醒了。

具有开拓精神的城镇没有往昔，却有不少五金店，特木科就是这样的地方。因为印第安人不识字，他们就把巨型商品挂在店铺外面招揽客人，所以沿街可以看到硕大的锯、锅、锁和勺。再往前走，鞋铺门前挂着一只巨大无比的靴子。

特木科是智利南疆生活的边远前哨，在它背后有一部漫长的血腥历史。

历经长达三百年的战斗，阿劳卡尼亚人[①]在西班牙征服者的步步紧逼下，撤退到那片寒冷地带。然而，智利人却继续"平定阿劳卡尼亚"，用一场血与火的战争将这片土地占领。他们对付印第安

[①] 南美印第安人，居住在智利中部气候温和、土地肥沃的谷地和盆地。西班牙人到达时，大部分散居各地，仅有村庄政治或文化组织。如今的阿劳卡尼亚人，只居住在智利的中南部和阿根廷的巴达戈尼亚高原边缘；几百年前，他们曾是相当于现在的智利全境、阿根廷的内乌肯省、里奥内格罗省的这片土地上的统治者，甚至在毗邻的布宜诺斯艾利斯省也有所分布。他们有自己的习俗、文化和语言，称自己为 Mapuche（在阿劳卡尼亚语里，Mapu 是土地，che 是人民），因此人们也把他们叫作马布切(马普切)人。

人的手段残酷无情：用卡宾枪射击，放火烧村庄，后来的方式仁慈了些，利用酒精和法律。律师成为掠夺他们土地的专家，一旦抗议，法官就会判他们有罪，神父则用永火恫吓。而烈酒最终彻底摧毁了这个刚硬的种族，在阿隆索·德·埃尔西利亚先生的著作《阿劳卡尼亚人》[①]中，诗人把印第安人的事迹、英勇和美好刻画得如玉石般高贵，如钢铁般坚强。

我的父母来自我出生的地方——位于智利中部的帕拉尔，这里生产葡萄酒，随处可见葡萄园。我的母亲罗莎·巴索阿尔托夫人早逝，那时我还没有记事，甚至不知眼前看到的哪个人是她。我生于一九〇四年七月十二日，一个月后，肺结核夺去了母亲的生命。

对于智利中部的小农来说，生活是艰难的。我的祖父何塞·安赫尔·雷耶斯先生几乎没有多少田地，却有很多孩子。我叔叔们的名字在我看来都像是遥远国度的王子：阿莫斯、奥塞亚斯、霍埃尔、阿瓦迪亚斯。我父亲的名字就普通了，叫何塞·德尔卡门。他很早就离开了祖父的田地，到塔尔卡瓦诺港的干船坞做苦力，最后在特木科成为一名铁路工人。

他的工作是驾驶道砟车。很少有人知道什么是道砟车。在狂风肆虐的南部地区，如果不在枕木间填满碎石，雨水就会将铁轨冲走。把这些粗糙的道砟从采石场运出来装好，再倒到平车上。四十年前，这种道砟车上的工人必须身体强壮。他们来自农村，来自郊区，来自监狱，都是些身材高大、肌肉发达的劳工。铁路公司支付的薪水

[①] 拉丁美洲殖民地时期最早的一部史诗，在拉丁美洲和西班牙文学史上占有重要的地位。作者阿隆索·德·埃尔西利亚·伊·苏尼加（1533年~1594年），西班牙人，约1577年参加征服阿劳卡尼亚印第安人的战争，为阿劳卡尼亚人英勇不屈的反抗精神所感动，回到西班牙后写成叙事长诗《阿劳卡尼亚人》。

少得可怜，对于想来道砟车上做工的人，倒也没什么条件限制。身为司机的我的父亲，逐渐习惯了发号施令也习惯了听从指挥。他有时会带着我一起工作。我们在博诺安——边疆最荒蛮的地方开采过石头，在那里，西班牙人和阿劳卡尼亚人曾浴血奋战。

那边的自然环境让我痴迷。我醉心于各种鸟儿、甲虫和山鹑蛋，能在深谷里看到这些实在奇妙。它们有着猎枪枪管一样的颜色——蓝幽幽、黑漆漆、亮闪闪。甲虫完美得令人惊叹。我捉到几只号称"蛇娘"的甲虫，这真是个荒唐的名字。它们黑得发亮，身体结实且体型硕大，是智利昆虫界的巨人。在灌木丛、野苹果树或南方假山毛榉树干上偶遇它时，会把人吓一跳。它非常强壮，即便人站上去，都踩不碎它。因为拥有如此坚实的躯壳，便无须靠释放毒汁自卫。

我的举动引起了工人们的好奇，他们很快就对我的发现产生了浓厚的兴趣。父亲一转身的工夫，他们就溜号，跑去森林里。他们比我聪明灵活，也更有力气，总能找到奇珍异宝送给我。有个工人叫蒙赫，身上带把小刀，父亲说他是个危险人物。他黝黑的脸上有两道十分明显的纹路，竖着的那道是刀疤，横着的是咧嘴笑时露出的一口白牙，他笑的样子坏坏的，却挺吸引人。这个蒙赫，给我带来过白色风铃草、毛茸茸的蜘蛛和出生不久的斑鸠，而让我最难忘的，是他为我捕捉的来自假山毛榉和卢马树上的甲虫。我不知道你是否见过这种甲虫，我只见过那一次。它像一道身披彩虹的雷光，躯壳上闪耀着红、紫、绿和黄色的光芒。它闪电般从我手上逃脱，回归了森林。蒙赫不在场，没能帮我捉回来。那令人目眩、幻影般的景象至今未曾消散于我的脑海，我也从没有忘记我的那位朋友。父亲告知我他的死讯：他从火车上摔下，滚落悬崖。尽管车停了下来，但父亲说，他已摔得粉身碎骨。

我们住的是六十年前建造的颇有边疆地区特色的房子,很难去描述它的样子。

首先,邻里间是不分你我的,雷耶家、奥尔特加家、坎迪亚家和马松家的物品,包括工具、书籍、生日蛋糕、药膏、雨伞和桌椅都是共享的。这些具有开拓精神的家庭成为整个村庄的活动中心。

卡洛斯·马松先生是美国人,一头浓密白发,神似爱默生,是一家之主。他家的子女是地地道道的克里奥尔人①。卡洛斯·马松先生遵守法律,敬拜圣经,他不是帝国建造者,而是众多初代移民中的一员。这一家人都不富裕,却创办了印刷厂、旅馆和屠宰场。其中有几个儿子是报社主编,另几个为他们打工。后来生意不景气了,所有人变得跟过去一样穷。只有德国人顽强维护着他们的资产,在这片边疆地带显得如此与众不同。

那时我们的房子有点像移民者暂时落脚的营房,也像探险者的物资储备地。一进门就能看到小桶、工具、马鞍和各种无法描述的东西。

总有没盖完的房子和未完工的楼梯。人们永远在讨论有关继续施工的话题。家长们早已开始思考子女接受高等教育的事情了。

卡洛斯·马松先生的家里举行过盛大的节日聚会。每次生日宴上都供应芹菜火鸡和烤羊肉,甜品是浮岛②。我很多年没再尝过这道蛋奶甜点了。满头白发的一家之主和他的妻子米卡埃拉·坎迪亚夫人坐在长长的餐桌顶头。他的身后有一面巨大的智利国旗,上面

---

① 原指16~18世纪时出生于美洲而双亲是西班牙人或者葡萄牙人的白种人,以区别于生于西班牙而迁往美洲的移民。
② 一道传统的法式甜品,口感软绵,因为形状像浮在海上的岛而闻名。它的"海水"由牛奶、蛋黄和香草做成,"小岛"则由打出泡沫的蛋清做成。

别着一面小小的美国国旗。那刚好是他们血统的比例。智利国旗上的那颗孤星特别显眼。

马松家还有一间客厅，我们小孩子是不可以进的。我始终不知里面的家具是什么颜色，因为它们都被白罩子盖着，直到一场大火将其烧成灰烬。那里曾有一本相册，收藏了一家人的照片，比之后拥入边疆的那种难看的彩色放大照片更为精美。

那里面有一张我母亲的影像，穿着黑色衣服，身材纤细，出神地望着镜头。有人告诉我，我的母亲曾写过诗，但我从来没见过，只看到那张美丽的照片。

我父亲后来再婚，娶了特立尼达·坎迪亚·马尔贝尔德夫人，也就是我的继母。很难相信我必须以这样的称谓去称呼我童年时期的守护天使。她对家庭无私付出、精心呵护，具有乡村女性的幽默和勤奋，身上散发着无尽的善意。

只要我父亲一进门，她就变成了一个安静的影子，那个年代，当地的妇女都是如此。

在当时的客厅里，我见过有人跳玛祖卡舞[①]和四对方舞[②]。

我家里放着个大箱子，里面装着各种吸引我的物件。箱底有一本日历，上面装饰着漂亮的鹦鹉图案。有一天，我母亲正在那个神圣宝箱里翻找东西，我伸手去够日历，结果栽了进去，头先着底。长大一些后，我曾偷偷打开过箱子，看到里面藏着几把好看的扇子，脆弱如蝉翼。

我还想起箱子里的另一样东西，是我看过的第一个为之着迷的

[①] 是波兰的一种民间舞蹈，18世纪流行于欧洲各国。其动作有滑步、成对旋转、女人围绕男子作轻快跑步等。

[②] 一种由四对舞伴跳的社交舞蹈，流行于19世纪。

爱情故事。那是几百张寄给玛丽亚·蒂尔曼的明信片，寄件人不是叫恩里克，就是叫阿尔韦托，我记不清了。这些明信片美极了，印着当年炙手可热的演员照片，镶着袖珍玻璃片，有的头发部分是用真实毛发贴上去的，还有一些印着城堡、都市和国外的风景。有那么几年，我只能从这些照片里寻找快乐。随着年岁渐长，我读完了那些完美无瑕的手写情书。我总在幻想，这个求爱者应该是一位头戴圆顶礼帽，手持拐杖，领带夹上镶着钻石的男性。他从世界各地发来明信片，华美的字句里洋溢着澎湃的情感，毫无保留地将爱恋和盘托出。而我也开始爱上了玛丽亚·蒂尔曼。她在我心中的样子是一个傲慢的女演员，头上戴着珍珠皇冠。然而，这些情书是怎么跑到母亲的箱子里的呢？我至今也没搞明白。

在特木科的一九一〇年是值得纪念的一年，我上学了。学校设在一座又大又破的房子里，设施简陋，还有一间阴暗的地下室。春天，从学校可以俯瞰考廷河在下面蜿蜒而行，景色秀美，两边的河岸上种满了野苹果树。我们常常逃课，只为了把脚伸进从白石上流淌而过的冰凉河水中。

对于六岁的孩子来说，学校真是个让人大开眼界的地方。这里的一切几乎都笼罩着神秘色彩。那间禁止我入内的物理实验室里摆满了令人眼花缭乱的仪器、曲颈瓶和试管。图书馆永远大门紧闭。移民者的孩子们对书本学习不感兴趣。最吸引人的地方还是地下室，那里一片漆黑死寂，但我们经常点着蜡烛，玩打仗游戏。胜利方会把俘虏绑在古老的柱子上。特木科那所学校的地下室散发出来的气味，至今仍萦绕在我的记忆里，那是一种潮湿的、来自隐匿角落的、墓穴一样的气味。

当我渐渐长大，开始对书籍产生了兴趣。水牛比尔①的传奇历险和萨尔加里②的奇幻航行把我带进了遥远的梦想世界。我那极其纯洁的初恋，是在写给布兰卡·威尔逊的一封封情书里得以释放的。她是铁匠的女儿。一个小伙子爱她爱得神魂颠倒，请求我帮忙写情书。虽然我记不太清这些信件的内容了，但它们或许是我在文学之路上的第一个里程碑，因为某天我遇到了这位女同学，并被问及她男友送给她的情书是否出自我手。没办法否认，我只得难为情地承认了。随即她送我一只温柏③，我当然没舍得吃，视若珍宝一般保存起来。从此在这个女孩心里，我取代了那位朋友的位置，我继续没完没了地帮他写情书，同时也不间断地收到温柏。

学校的男孩们不知道我是个诗人，即便知道，也不会因此而崇拜我。边疆地区始终保持着蛮荒西部毫无偏见的优秀特质。我的伙伴们名叫施纳贝尔、施勒、豪泽、史密斯、塔伊托、萨兰尼。我们所有人，包括阿拉塞纳家、拉米雷斯家和雷耶家都是平等的。那里没有巴斯克人④的姓氏，但有西班牙籍犹太人的姓氏，如阿尔巴拉、弗朗科，以及爱尔兰人的姓氏麦金蒂和波兰人的姓氏雅尼切夫基。

---

① 威廉·弗雷德里克·"水牛比尔"·科迪（1846年2月26日~1917年1月10日），南北战争军人、陆军侦查队队长、驿马快递骑士、农场经营人、边境拓垦人、美洲野牛猎手和马戏表演者。美国西部开拓时期最具传奇色彩的人物之一，因在八个月内杀死4280头野牛以供给太平洋联合火车公司的工人而获得"水牛比尔"的绰号，并将自己的一生献给西部巡回杂技团。

② 埃米里奥·萨尔加里（1862年8月21日~1911年4月15日），意大利作家，所著小说多以海盗生活为主题。

③ 澳洲常见的一种水果，形似柠檬和梨。

④ 西南欧民族，自称欧斯卡尔杜纳克人，主要分布在西班牙比利牛斯山脉西段和比斯开湾南岸，其余分布在法国及拉丁美洲各国。语言为巴斯克语，文字用拉丁字母拼写。

梅利比卢、卡特里莱奥这些阿劳卡尼亚人的名字闪耀着神秘的光辉，散逸着木头和水的芳香。

有时，我们会在关好门的偌大棚屋里用橡子打仗。没挨过橡子的人是不会知道被打到后有多疼的。到校前，我们会往口袋里塞满"弹药"。我既不懂技巧，也没有力气，还不够灵活，因此总是受欺负。每当我分神去端详鲜绿光滑，盖着灰色帽子的漂亮橡子时，或笨拙地把它们做成一些最终会被抢走的哨子时，橡子就会雨点般砸到我头上。第二年，我决定戴上一顶翠绿色的雨帽。帽子是我父亲的，同他的厚毛披肩，像红绿信号灯一样，深深吸引着我，只要一有机会，我就戴去学校炫耀……某天正好下雨，再没有比这顶形似鹦鹉的绿色油布雨帽更棒的东西了。我到达棚屋时，三百个粗暴的家伙正疯狂地满屋子追跑，而我的雨帽就像鹦鹉一样飞走了。我追上去，每次就要到手时，它又跑了，随之响起的是我从未听过的震耳欲聋的叫喊声。从此，我便与它后会无期。

对于这一段段记忆，我搞不清楚确切的先后顺序。有些对我而言的特殊琐事往往把我弄糊涂，此时此刻浮现在我脑海的，似乎就是我的第一次艳遇，奇妙的是，它和博物学交织在一起。或许爱情和大自然很早就成为我诗歌创作的源泉了。

我家对面住着的两个女孩总是朝我张望，搞得我面红耳赤。她们早熟，且喜欢捉弄我，相比之下我胆小又沉默寡言。有天我站在家门口，尽力不往那边看，奈何她们拿着一样让我感兴趣的东西。我小心翼翼地走过去，她们给我看手中的野鸟窝，是用苔藓和小羽毛编的，里面有几只非常好看的翠蓝色小鸟蛋。我正要伸手拿，其中一个女孩对我说，她们得先摸我的身体。我吓得匆忙逃走，两位女神高举着那件吸引人的宝贝，追了上来。追逐中，我跑进一条巷子,可以通往我父亲的没人的面包店。她们最终追上了我,开始扒我的裤子,这时过道里传来了父亲的脚步声。鸟窝的命运从此画上了句号,那几只漂亮的鸟蛋也被摔碎了,她们两个攻击者和我这个被攻击者一起屏住呼吸,藏在柜台下。

我还记得,有天我正沉浸于自己的世界,在屋后猎寻小玩意和小生物时,发现围墙木板上有一个洞。透过这个洞,我看到有块田地和我家的很像,但未经耕种,荒芜一片。隐约感到马上会发生点什么事,我后退几步。这时一只手突然伸了进来,是一只和我同样年纪的男孩的手。我走上前,手便缩回去了,留下一只白色的小绵羊玩具。

那是一只用褪色的羊毛做成的小绵羊。原先用来滑动的小轮已经脱落。我从没见过这么漂亮的小绵羊。我回到房间,取出一个我的宝贝,作为回礼放到同一位置。那是一个半开的,飘逸着树脂香气的松果。

我再也没看到过那只男孩的手,也再没见过同样的小绵羊。一场大火使我遗失了它。直到现在,每当经过玩具店时,我都会偷偷望向橱窗,但始终无果,那种样式的小绵羊停产了。

艺术和雨

刚经受完寒冷和雨水,踩踏过街上的泥巴——这是美洲南部十分难缠且令人崩溃的冬天模样——黄色酷暑便接踵而至。尚未开发的山脉包围着我们,但我想去看海。幸运的是,我的父亲很好说话,他借来一所房子,主人是他那一大帮铁路同事里的一个。在夜间四点钟(我一直搞不懂为什么人们要说成是凌晨四点钟)的一片漆黑中，父亲用他那只司机哨子叫醒全家人。即刻家里繁忙起来，天还没亮，燃起的蜡烛火苗被钻进屋内的风吹得摇摇晃晃，我的母亲、哥哥鲁道夫和姐姐劳拉，还有厨子跑前跑后，把床垫卷成几大团装进麻袋里，再由女人们匆忙搬走。几张床也要运上火车。床垫送到近旁的火车站时还是热乎的。由于生来体弱多病，又从睡梦中被惊醒，我感到恶心想吐，浑身发冷。而家里仍旧一片混乱，没完没了。在这时长一个月的穷人假期里，所有东西都要带上。连放在炭火盆上，在潮湿季节用来烤干被褥和衣服的柳条烘笼都被贴了标签，装到外面等待运送行李的板车上。

在这个寒冷的省份，火车驶过特木科到卡拉韦之间的一段路程，跨过广袤无边、杳无人烟的不毛之地，穿过原始森林，驶过隧道和桥梁，隆隆作响如同地震一样。火车站在荒野中孤独而立，周围是含羞草和正值花期的苹果树。等在火车站台的阿劳卡尼亚印第安人身穿民族服饰，带着老祖宗留下的威严，向客人们兜售羊羔肉、鸡肉、鸡蛋和编织品。无休止的讲价过后，父亲总能买到些什么。他拿起一只母鸡，脸上金色的小山羊胡子惹人注意，不过，在不露声色的阿劳卡尼亚女人面前，半分钱都别想谈下来。

火车站的名字一个比一个好听，几乎全都是从古阿劳卡尼亚流传下来的。西班牙侵略者和智利最早的居民——深深扎根于此的阿劳卡尼亚人——曾在此交锋，展开最血腥的战争。

拉夫兰萨是第一个建成的车站，后两个是博罗阿和兰基尔科。这些名字散发着野生植物的芬芳，每一个音节都令我着迷。阿劳卡尼亚的名字总是象征着某种招人喜欢的事物：珍藏的蜂蜜，森林旁的礁湖或河流，以一种鸟命名的林地。在我们途经的那个名叫因佩里亚尔的小村庄里，诗人阿隆索·德·埃尔西利亚先生险些被西班牙总督处决。十五和十六世纪，征服者的首府曾设立于此。阿劳卡尼亚人在独立战争中发明了"焦土"①战术，将埃尔西利亚引以为傲的美丽城池化为乌有。

之后我们到达一座沿河而建的城市。火车欢快地鸣着汽笛声，吐出的大片黑色煤烟在乡村和车站上空飘荡，钟声当当作响，此时能闻到不远处汇入大海的因佩里亚尔河的气息，这是一条宽阔静谧的蓝色河流。卸下数不清多少件行李，一家人整理就绪，便坐上牛车去换乘沿因佩里亚尔河顺流而下的蒸汽船，这一切都是在我父亲那双蓝眼睛的督促下进行的，当然，还有那只司机哨子。我们将自己和行李都塞进载我们去海上的小船里。船上没有卧铺，我坐在靠近船头的地方。船桨桨叶推动河道水流，引擎喷着粗气，发出哀鸣声，沉默寡言的南方人分散在甲板上，像一动不动的家具。

一台手风琴突然响起浪漫的诉求，它在召唤爱情。对于一个十五岁的少年来说，没有什么比沿着宽阔的陌生河流而下，在陡峭的河岸之间驶向神秘大海更加令人心潮澎湃了。

下因佩里亚尔村只有一排红顶房子，在河的上游。从等待我们入住的房子那里，甚至在蒸汽小船停靠的破码头上，我就已听到远方轰鸣的海洋传来的喧嚣声。大海从此涌入了我的生活。

房子的主人是奥拉西奥·帕切科先生，一个人高马大的农夫，我们借住的那一个月，他开着拖拉机和脱粒机翻山越岭，走过很多无路可通的地方，为远离沿海城镇的印第安人和农民收割小麦。这位彪形大汉会突然闯进来，带着满身的谷尘和麦秸，走进我们这个铁路员工的家庭中。然后他又吵吵嚷嚷地转身回到山里继续工作。

---

① 一种战术，当敌人进入某处时故意烧毁、破坏及移除任何可能对敌人有用的东西。

在我看来,他是南部地区艰苦生活的又一个实例。

无论是那所房子还是荒芜人烟的街,抑或我并不熟知的生活和远处低声咆哮的海,一切都让我感到神秘。房子里有一座大而杂乱的花园,花园中间是一个遭受过雨水猛烈攻击的、由白色木板搭建的凉亭,上面爬满了藤蔓。除了我这个小人物之外,没有人走进过这片灰暗荒僻的地方,在这里,常春藤和忍冬生机勃勃,我的诗歌茁壮成长。那座奇特的花园里,还有另一件引人入胜的东西:一艘巨大的救生船。那是某场海难的遗物,如今被抛弃在没有海浪也没有风暴的花园里,滞留在罂粟花丛中。

不寻常的是,不知是有意设计还是疏于照顾,这座凌乱的花园里只生长着罂粟。其他植物都在这个阴暗的角落消失了。白色的巨型花朵像鸽子,红色的像血滴,紫或黑色的像被遗弃在此的寡妇。我从没看过如此大一片罂粟花,之后也再没见到过。我对它们怀有深深的敬意,此外还有种迷信的畏惧感,在所有花卉品种中,我只对罂粟产生出这种感觉。尽管如此,有时我还是忍不住摘一朵下来,被折断的花茎淌出黏黏的乳液粘到我手上,并散发出一股怪味。然后,我深情地将华丽的花瓣轻轻抚平,夹到书里面保存。我眼中的这些花瓣变成了飞不起来的大蝴蝶。

第一次站在大海面前的时候,我震撼不已。在维尔克和马乌莱两座大山之间,大海释放着它的威力,不仅在我们头顶涌起几米高的巨浪,还像一颗硕大的心脏一样,发出震耳的跳动声,好似宇宙的脉搏。

在那里,一家人铺上桌布,摆上茶具。吃到嘴里的食物夹杂着沙粒,但我并不在乎。让我害怕的恐怖时刻是父亲每天命令我们去游泳的时候。虽然远离巨浪,但溅到我和姐姐劳拉身上的海水像鞭子一样冰冷。我们一边颤抖，一边担心波浪的大手将我们拖拽进山峦般起伏的海水中。当我们冻得身体发青，牙齿咯咯作响，准备手拉手赴死时，司机哨子响了，父亲的声音使我们免于殉难。

我想讲讲在那个地方遇到的另外两件奇特的事情，其一是佩尔什马①，其二是迷人三姐妹的家。

小村落的尽头矗立着几幢大房子，可能是法国巴斯克人的制革厂，在智利南部，他们几乎世代经营皮革业。我并不确定这些房子的真实用途，只对那些走出厂房大门，在余晖中穿过村庄的骏伟马匹感兴趣。

它们都是佩尔什马，包括体型高大的马驹和母马：长长的鬃毛从背上垂下来，像是人的头发；粗壮的腿上也裹着羽状长毛，奔跑时随风舞动；毛色分为枣红、白，以及黑白或棕白混色，个个强壮有力。如果火山能动起来的话，不论小跑还是飞奔，也会和那些高头大马一样英姿飒爽。它们会在大街上奔走，在飞沙走石中撼动大地。它们嘶哑的哀鸣引发地表之下的响动，静默的空气也随之颤抖起来。我后来再没见过如此高傲、庞大、挺拔的马匹，除了在中国的明朝陵墓里看到的石雕马。然而，即便是最神圣庄严的石像，也无法营造出那些庞然大物带给我的感觉，在我曾经童稚的目光中，它们仿佛从梦境的黑暗之处驰来，奔向另一个巨人之国。

事实上，马在那片蛮荒之地随处可见。智利骑手、德国骑手和阿劳卡尼亚骑手全都身披用卡斯蒂利亚羊毛织成的黑色斗篷，在大街小巷里，他们有的踩蹬上马，有的从马背上一跃而下。无论骨瘦如柴还是膘肥体壮，蓬乱不洁还是油亮光滑，那些马儿都站在骑手

---

① 又称贝尔修伦马，杂交品种，早期由摩尔人引入欧洲，在法国大量繁殖。

离开的地方，咀嚼着青草，鼻孔中喷着热气。它们对自己的主人和当地的寂寥生活早已习以为常。过一些时候，它们便驮着一袋袋粮食或农具，朝地形复杂的高地进发，在崎岖的坡路上艰难行走，在无尽的海滩上飞速奔驰。有时，从当铺或昏暗的酒馆里走出来个阿劳卡尼亚骑手，费力地爬上他那匹镇定自若的马，朝山间的居所走去，一路摇摇晃晃，醉得快失去意识了。我看着他离去，这个酒醉的半人半马怪物每次歪倒时，我都觉得他会危险跌落，但我错了：他总能将身子正过来，然后再倾斜倒向另一边，随即再回来，就像粘在马鞍上一样。他就如此这般骑在马背上，跨过一英里又一英里，如一只迷失方向却幸得天佑的动物一样，渐渐消失在大自然的荒野之中。

后来的许多个夏天，我们重返那片迷人的土地，这成了固定的家庭仪式。在特木科冷酷难熬的冬季和沿海地带妙不可言的夏季之间，我成长、读书、恋爱和写作。

我渐渐习惯了骑马。跨过崎岖陡峭的泥泞坡路，越过急弯不断的蜿蜒小径，我的世界变得更加高远辽阔。我遇到过杂乱缠结的草木植被，静默或啼鸣的野生鸟类，还见识过突然繁花怒放的树，有的像山上伟岸的大主教身披红袍，有的被各种叫不上名字的白色花朵压满枝头。偶然间，在最不经意的时候，野蛮生长、无坚不摧的风铃草从树丛上垂下来，血色般鲜艳欲滴。我慢慢熟悉了马匹、马鞍、坚固复杂的骑手用品和靴后跟上叮当作响的残忍马刺。在一望无际的海岸上，在草木繁茂的群山间，我的灵魂——也就是我的诗歌——和世界上最孤独的那片土地交融在一起。尽管过去了很多年，但那种交融，那种启蒙，那个与荒野之地的约定，依然存在于我的生命中。

我的第一首诗

现在,我来说一个和鸟儿有关的故事。在布迪湖,天鹅被人残暴猎杀。捕猎者先是乘船悄悄尾随,然后加速,越划越快……天鹅和信天翁一样,起飞很费力,需要在水面上滑行助跑,再展开巨大的翅膀艰难起航。这样一来,捕猎者可以轻松捉住它们,再用棍棒将其打死。

曾有人给我拿来一只奄奄一息的天鹅。那是一只黑颈天鹅,绝美的鸟类之一,我后来再没在世上见过。它形似一只雪白的船,细长的脖子好像塞进了一条黑丝袜里,喙是橙色的,眼睛为红色。

这段经历发生在海边,在南因佩里亚尔的萨阿韦德拉港。

送到我手里时,天鹅已经快死了。我为它清洗了伤口,又往它的嘴里塞了些面包块和鱼,结果它都吐了出来。然而,慢慢地,它的伤口愈合了,开始明白我是它的朋友。而我也逐渐看懂,让它险些丧命的是思乡之情。所以我抱着这只沉重的大鸟走过街巷,来到河边。它在近处游了一会儿。我让它去捉鱼,指给它看水底的卵石和南方银鱼掠过的沙砾。但它那忧伤的眼睛却游离地望着远方。

我每天都带它去河边,然后再回家,如此过了二十多天。天鹅和我差不多高。有天下午,它在我近旁游,神态看起来比以往更恍惚,对我想再次教它捕鱼的意图不感兴趣。它停住不动了,于是我将它抱在臂弯里,准备回家。然而,当我把它贴在胸前时,我似乎感到一根丝带展开了,如黑色胳臂一样的东西扫过我的脸。原来是它那弯曲细长的脖子耷拉了下来。从此我知道了,天鹅在死去之时不高歌。

考廷如火的夏日烤焦了天空和麦田。大地想要摆脱萎靡不振的样子。这里的房屋不适合度夏，也不适合过冬。我不停地走啊走，漫步到乡间。我在涅洛尔山上迷路了。我独自一人，口袋里装满了甲虫，随身带的盒子里装着刚捉到的一只毛茸茸的蜘蛛。抬头看不到天空。森林永远是潮湿的，我的脚打着滑。一只鸟儿突然高声啼鸣，那是智利窜鸟^① 幽灵般的叫声。有植物从我的脚边蔓延而上，像在发出令人不寒而栗的警告，原来是血滴一样的风铃草，我勉强才辨认出来。在高大的蕨类植物下面，我只是个微小生物。一只斑鸠从我嘴边飞过，翅膀啪啪作响。另一些鸟儿在更高的地方发出刺耳的叫声，像是在嘲笑我。好不容易找到了回家的路，天已经黑了。

我的父亲还没到家，他要凌晨三四点钟才能回来。我上楼回到自己房间，读萨尔加里的小说。大雨瀑布般倾盆而下，整个世界瞬间被黑夜和雨水笼罩。我一个人，在数学笔记本上写诗。第二天我很早起床，带着青色的李子和一小袋盐上山。我爬上一棵树，以舒服的姿势坐好，小心翼翼地咬下一小块果肉，然后蘸着盐整颗吃掉。我重复着这样的动作，吃了上百颗李子。我知道我吃得太多了。

我们原先的房子被烧毁了，新房子充满了神秘感。我爬上围墙，朝邻舍张望，一个人也没有。我抬起木柴，只看到少得可怜的几只蜘蛛。厕所在靠后的位置，旁边的几棵树上生了毛虫。杏树上挂满了覆盖着白色绒毛的果实。我知道如何用手帕捕捉大黄蜂，又不会将其弄伤。我将它们困在手帕里，就一小会儿，然后放在耳边。那嗡嗡的叫声多么动听！

在这广袤而可怕的荒蛮边境，一个年纪轻轻、身穿黑衣的少年诗人感到无比孤独。而生活和书籍让我一点点见识到难以抗拒的奇

---

① 脊索动物门鸟纲雀形目窜鸟科鸟类，分布于南美洲。

幻世界。

我忘不了前一天晚上读到的故事：在遥远的马来西亚，桑德坎①和他的朋友们靠面包果活了下来。

我不喜欢水牛比尔，因为他杀害印第安人。但他却是如此出色的一个牛仔，大草原和点缀其上的一个个红色锥形帐篷多么漂亮！

我常被问及我的处女作是何时写成的，以及创作灵感是何时在我心里生长的。

我试着去回想。很久以前，在我还是个孩子、差不多刚学会阅读的时候，有天我感到一阵激情在心中迸发，于是写下了一些词句，韵律并不完整，这些文字同我熟悉的日常用语不太一样。那是一种深深的忧虑感，极度痛苦，充满悲伤，过去我从未体验过。我将文字工整地誊抄在纸上。那是一首献给母亲的诗，是献给我的继母的，她像天使一样，用温柔的庇护照料我的童年。我无法评判我的第一首诗。我拿去给父母看，当时他们正在餐厅投入地小声交谈，那种距离感比河还宽，将儿童世界与成人世界分隔开来。我把写了诗句的纸递给他们，被创作女神造访后的身体仍在激动颤抖。父亲心不在焉地接过去，心不在焉地读了读，又心不在焉地还给我，说："从哪儿抄来的？"然后便继续和母亲低声谈论他那些重要且遥远的事情了。

我记得那好像就是我第一首诗歌的诞生过程，我也由此得到了第一个"应付了事"的文学评论。

我在知识无边的海洋里遨游，在书籍湍急的河水上漂流，乘风破浪，像一个孤独的航行者。我夜以继日地沉浸在阅读之中。在沿

---

① 萨尔加里笔下人物，一位被剥夺了王国的贵族。为了保护马来西亚的岛国，他成为一名海盗，与强大的英国殖民者展开了长久的斗争。

岸地带的小城镇萨阿韦德拉港，我找到一个公立图书馆，还遇到一位年长的诗人奥古斯托·温特先生，我对文学的如饥似渴让他惊讶不已。"这几本书你都读过了？"他一边跟我讲话，一边递给我一本巴尔加斯·比拉①的新作，以及一本易卜生和一本罗康博尔②。我就像只鸵鸟，不加选择地将这些书狼吞虎咽般吃掉。

也是在那段时间，一位个子高挑，身穿拖地裙，脚踩平底鞋的女士来到特木科。她是新上任的女校校长，来自我们最南端的城市，白雪皑皑的麦哲伦地区。她的名字是加夫列拉·米斯特拉尔③。

我曾在家乡看到过她，穿着拖地长裙走在大街上，给人一种畏惧感。但当有人带我去见她时，我才知道她非常和善。她黝黑的脸庞像阿劳卡尼亚陶罐一样，有着明显的印第安风情。开怀大笑时，露出的洁白牙齿闪着光，照亮了整个房间。

我那时年纪很小，又太害羞和自负，所以没办法和她做朋友。我只见过她几次，但每次她都会送我几本书。那些书全都是俄国小说，是她心目中世界文学里最卓越的作品。可以说是加夫列拉带我走进了俄国小说家们那阴暗可怕的世界，很快地，托尔斯泰、陀思妥耶夫斯基和契诃夫走进了我内心深处，并占据着特别的位置。他们始终陪伴着我。

---

① 巴尔加斯·比拉（1860年6月23日~1933年5月23日），哥伦比亚作家、文学评论家。

② 法国推理小说《罗康博尔》中的主人公。

③ 加夫列拉·米斯特拉尔（1889年4月7日~1957年1月10日），智利女诗人，1945年获诺贝尔文学奖，成为拉丁美洲第一位获得该奖的诗人。

三个寡妇的家

有一回，有人请我去做打谷子的活儿，采用的是老式的马力脱粒法。要去的地方在高高的山上，离城镇很远。我喜欢独自一人冒险出发，在多山的地形中寻找路径。我想如果我迷路了，一定会有人帮我。我骑马离开下因佩里亚尔村，勉强走过河口的沙洲。在那里，太平洋的海浪翻涌不停，一次次冲击着最远处巍然屹立的马乌莱山上的岩石和灌木，然后粉身碎骨。而后我转道沿布迪湖畔继续行进。海水猛攻山脚，我只得在波浪化为泡沫，退去养精蓄锐的短暂间隙匆忙通过山水间那段窄路，如果赶不及的话，我和我的马儿就会被下一个浪头拍碎在崎岖多岩的山坡上。

走过那段险路，便能看到西边开阔的蓝色湖面一片平静。砂质海岸连绵不绝，一直延伸到很远处的托尔滕湖。智利的海岸往往崎岖不平，会突然间变成一望无尽的沙带，可以让你紧贴着浪花，走上几天几夜。

无边无际的海滩被南方咆哮的海追逐着，如同丝带一样，将智利的国土围绕起来，好像行星的光环；智利的海岸线似乎是一条可以直达南极的通道。

森林那一侧，一片榛树林在向我招手，深绿色的枝条闪闪发光，有的枝头点缀着簇簇果实，每年这个时节的榛子果实，红得像是用颜料画上去的。智利南方巨大的蕨类植物长得很高，从下面经过时，我和我的马儿都碰不到它们。我的头一旦扫到叶子，露珠就会把我们淋透。布迪湖在我右侧延展而去，水平如镜的蓝色湖面与远方的森林相连。

在湖水的尽头，我终于看到了几个人。他们是外来的渔夫。在这片狭长水域，湖与海相接、拥抱、碰撞，而在粗暴的海浪作用下，一些海鱼被驱赶到湖海交汇处。最让人垂涎三尺的是大泥鳅，体型宽，闪着银光，在浅滩里活蹦乱跳。一、二、三、四、五个渔夫聚精会神地站在那里，观察着藏在水下的鱼儿尾波，然后猛地拿起一把长长的三齿鱼叉，扎进水中。接着他们高举起被叉住的椭圆形银白色鱼儿，这些阳光下闪闪发光的鱼儿不停抖动，最后在鱼篓里奄奄一息。天色渐晚，我离开湖岸向内陆行进，骑着马在山间找路。夜色步步紧逼。突然，一只叫不上名字的野鸟从头顶飞过，啼鸣声如同嘶哑的呻吟。一只老鹰，也可能是秃鹰，在傍晚昏暗的天空中似乎停止了翅膀的扇动，拖着沉重的身体跟着我慢慢滑行，像在标识我的方位。红尾狐和森林中不知名的小野兽或嗥叫，或飞奔过马路。

我意识到我迷路了。曾让我欢喜的夜晚和森林，现在却成了一种威胁，使我的内心恐惧万分。在这黑暗孤寂的路上，我意外地看到一个独行旅人正迎面走来。当彼此靠近时，我停下脚步端详，他是一个粗犷的农夫，披着廉价的斗篷，骑一匹骨瘦如柴的马。在这片寂静中，会时而冒出这般打扮的人。

我向他讲述了我的遭遇。

他对我说，当晚我不可能走到打谷场了。他对那里的地形了如指掌，也知道打谷场的确切位置。我告诉他，我不愿在户外过夜，恳请他告诉我去哪里可以找到住处歇脚，直到天亮。他言简意赅地为我指路，让我拐到一条小岔路后，再向前走两里格[①]。

"你从很远就能看到一座两层大木屋的灯光。"他说。

"是旅店吗？"我问。

[①] 陆地及海洋的古老测量单位，等于3.18海里。里格通常在航海时运用；在陆地上，一里格通常被认为是3英里。

"不是的,年轻人,但你会受到款待的。房子的主人是三位做木材生意的法国女人,在这里生活了三十年。她们对每个人都很好,会让你留宿的。"

我对农夫的简要指点表达了谢意,他便骑着他那匹虚弱的瘦马小跑而去了。我继续沿小路前进,像个迷失的游魂。一弯新月洁白无瑕,像是刚修剪下来的指甲,开始慢慢地爬上天空。

那晚大约九点钟时,我看到了灯光,辨认出是一座房子。我快马加鞭,要赶在这个上帝赐予的庇护所闩门之前到达。进入院门,我绕开树枝和堆成山的锯末,走到这座遗落在荒野中的房子入口处,一个白色的门廊。我有些焦急地敲门,开始还很轻柔,后来敲得响些。几分钟过去,我不由得担心起来,怕房子里没有人,直到一位穿着黑衣、身形清瘦的白发夫人出现在眼前。她半开着门,用严苛的目光打量我,并向我这个夜间造访的不速之客发问。

"你是谁?想要什么?"声音轻柔,如幽灵一般。

"我在森林里迷路了。我是个学生,要去埃尔南德斯家的打谷场干活。我走得太累了。听人说您和您的姐妹都是好客的人。只要给我一个角落让我睡一觉就行,天一亮我就继续赶路。"

"那进来吧,"她说,"别客气,当成是自己家。"

她带我走进一间昏暗的客厅,点燃了两三盏煤油灯。我注意到这些是新艺术风格的灯具,用蛋白石和镀金青铜制作而成,特别漂亮。房间里有种潮湿的味道。长长的红布帘遮住高高的窗子。扶手椅上都罩着白椅套,为了防什么呢?

那个房间仿佛不属于本世纪,像梦境一样难以确定,令人心神不安。那位身穿黑衣的白发夫人神情落寞,走路时脚被裙摆盖住,没有声音。她一会儿摸下这个,一会儿摸下那个,不管在哪个位置触碰什么东西，例如相册、扇子等，都是轻手轻脚，静悄悄地。

我感觉我像是落入了湖底，活在梦里，非常疲惫。忽然又进来两位夫人，外貌与刚才接待我的那一位相像。时间已经很晚了，气温又很低。她们坐在我身旁，其中一个略带妩媚微笑，另一个面色忧郁，和给我开门的夫人表情一样。

我们的谈话突然远离了偏僻的乡村，远离了充斥着虫鸣声、蛙鸣声和鸟鸣声的夜晚。她们对我的学业很感兴趣。我随口提到了波德莱尔①，告诉她们我正在翻译他的诗。

"波德莱尔！"她们惊呼，"自创世纪以来，他的名字恐怕是第一次在这片荒郊野岭里被提起。我们收藏了他的《恶之花》。方圆五百公里内，只有我们可以阅读他的绝妙文字。山区里没有其他人懂法语。"

三姐妹里有两个出生于阿维尼翁，最小的妹妹也是法国血统，但生于智利。她们的祖父母、父母和所有亲属，都早已离世。三人逐渐习惯了这里的风雨，工厂的锯末，以及同为数不多的落伍农夫和乡下仆役交往。她们决定留在这儿，定居在植被茂盛的山上那唯一一座房子里。

一位年轻的印第安女仆走进来，凑到最年长的那位夫人耳旁，低声说了些什么。然后我们离开客厅，穿过冰冷的走廊，来到餐厅。我被房间的布置惊到了。餐厅中央摆着一张圆桌，白色桌布从边缘垂下来，两盏枝状银烛台上烛光熠熠，将桌面上的银质和水晶餐具映照得闪闪发亮。

我突然感到十分羞怯，仿佛自己被邀请到维多利亚女王的宫殿

---

① 夏尔·皮埃尔·波德莱尔（1821年4月9日~1867年8月31日），法国19世纪现代派诗人，象征派诗歌先驱，代表作有《恶之花》等。

中用餐似的。我来的时候蓬头垢面，筋疲力尽，一身灰尘，而这样的餐桌应当是由王子享用的。我和王子完全沾不上边，在她们看来，我一定更像个刚把骡子丢在门口的骡夫，满身臭汗。

我很少吃到这么美味的食物。这里的女主人都是烹饪大师，她们从祖父母那里得到了她们钟爱的法式美食的真传。每一道菜都令人惊喜，美味可口，香气逼人。她们还从酒窖里取来了上好的葡萄酒，法式酿造。

尽管疲倦可以让我随时睡着，我仍聆听她们讲的各种趣事。三姐妹最引以为豪的是烹饪的精细之处。这张桌子为她们承载并保存了神圣的遗产，以及她们跨越时间和大海，远离祖国而再无法回归的文化。她们捎带自嘲地给我看一叠不同寻常的卡片目录。

"我们是三个怪老太婆。"年纪最轻的那位夫人说。

过去的三十年间，有二十七位旅行者不远万里造访过这个偏僻的房子，有的来做生意，有的纯粹出于好奇，还有的像我一样，偶然到访。令人难以置信的是，她们给每位客人都做了一个私人档案，上面记录着来访日期和她们招待每个人时的菜肴清单。

"我们保存菜单，是为了有朝一日那些朋友再来时，没有任何一道菜是重复的。"

我进屋睡觉，一头栽倒在床上，像是市场里的一袋洋葱。黎明时分，我点燃蜡烛，然后洗漱更衣。当马童帮我备好马时，天已经全亮了。我不忍心向那三位身穿黑衣，和善仁慈的夫人道别。内心深处有个声音告诉我，这一切都是一场魔幻奇梦，为了不打破它，我只得试着不要醒来。

这是一段四十五年前的经历，那时我刚刚步入青春期。这三位带着《恶之花》背井离乡，隐居原始森林的夫人变成了什么样？她们那一瓶瓶陈酿葡萄酒，以及那张被二十支蜡烛点亮的华丽餐桌都还在吗？隐没在树林里的锯木厂和白房子命运又如何？

最简单的结果无非是死亡或遗忘。可能森林早已吞噬了那些生命和那个夜晚收留我的房子。然而，这一切仍存活在我的记忆里，像满载梦境的湖底一样干净透明。那三位有着忧郁气质的夫人是尊贵的，她们在荒野的孤寂中竭力保持着传统的优雅，不带一点功利。在世界上最难以穿越、人迹寥寥的群山间，在最边远、最偏僻的荒野中，她们守护着祖先用自己的双手创造出来的东西，那是精彩文化留下的最后印记。

麦堆里的爱情

我在正午前到达埃尔南德斯家的打谷场，精力充沛，心情愉悦。睡了一夜好觉，又独自在无人的路上畅行，使得年轻而寡言的我容光焕发。

给小麦、燕麦、大麦脱粒的活儿仍用母马来干。世界上没有什么比看着母马在骑手的命令声中围着谷堆转圈小跑更加令人愉快了。阳光明媚，空气像未切割的钻石，铺在山峦上闪闪发光。打谷子是一场金色盛宴。黄色的麦秸堆成一座座金色小山，到处都是嘈杂声，人们不停忙碌着。一个个袋子迅速被填满，女人们在做饭，马在跑，狗在叫，孩子们像麦秸长出的果实，时刻需要被人从马蹄下拽出来。

埃尔南德斯是个与众不同的家族。男人们蓬头垢面，不刮胡子，身穿衬衫，腰上别着左轮手枪，身上要么沾的满是油污、麦灰和淤泥，要么就是被雨水淋透。不管是父亲、儿子，还是侄子、表兄弟，长得都很像。他们忙上忙下地连续工作，一干就是好几个小时。这些人从不交谈，却总在开玩笑，除了打架的时候。打架时像狂怒的龙卷风，所经之处一片狼藉。他们总是第一个跑到野地里烤牛肉，饮红葡萄酒，弹音色深沉的吉他。他们是边境地带的居民，我喜欢这样的人。我面色苍白，一看就是个学生，站在这些身强体壮的粗人旁边，感觉自己十分弱小。不知为什么，他们对我很客气，而对别人很少这样。

吃完烤肉，弹过吉他，带着太阳下劳作后那令人目眩的疲乏感，我们还得自己找地方凑合睡觉。已婚夫妇和所有女人在用新伐的木板搭建的房子里各自躺下，而我们这些男人就只能在打谷场上席地而睡。黄澄澄的麦秸堆积如山，一片柔软，可以塞得下整个村子的人。

这种不舒适的感觉我还是第一次体验。我不知该如何舒展开身体。我认认真真地将鞋子摆在一层麦秸下面，作为我的枕头，然后脱掉衣服，裹上斗篷，陷进麦秸堆里。我比其他人入睡晚很多，他们一躺下就立刻酣然入梦，鼾声一齐响起。

我睁着眼睛平躺了很久，脸上和手臂上都盖着麦秸。晚上天气晴朗，却寒冷刺骨。夜空中没有月亮，而星星像刚刚被雨水洗过一样透亮，高高悬挂在其他人的梦境之外，只为我一人闪耀。后来我睡着了。当我突然醒来时，有个东西正在向我靠近，是一个陌生人的身体在麦秸堆里移动，朝我的方向趋近。我很害怕，我们之间的距离越来越小。我能听到那个身形不详的躯体向我不断移动时压断麦秸的声响。我整个人僵在那里，等待着接下来会发生什么。或许我应该站起来惊叫，但我纹丝不动地待着。我能听到耳畔的呼吸声。

忽然间，一只手滑过我的身体，一只长着老茧的大手，不过，那是女人的手。它温柔地抚摸我的额头，我的眼睛，我的整张脸。

然后，一张如饥似渴的嘴贴住我的嘴，与此同时，一个女人的身体压到我身上，从头到脚紧贴着我。

渐渐地，我的恐惧感变成了强烈的快感。我的手滑过编好的头发，光滑的额头和紧闭的眼睛，眼睑如罂粟般柔软。我的手继续探索，摸到大而坚挺的乳房，宽而圆润的臀，还有紧紧环绕我的一双腿，而后我的手指探进好似山中苔藓般的阴毛里。这个陌生女人从始至终一句话没说。

在一个躺着七八个人的麦秸堆里悄然无声地做爱是件何等困难的事，尽管无论什么也一定吵不醒熟睡的他们。我们做到了，极度小心谨慎。没过一会儿，陌生女人就在我身旁睡着了，我也因此开始慌乱无措，不由得担心起来。我想，不久后天就亮了，最先来到打谷场的工人会看到我身边躺着个赤身裸体的女人。但我后来也睡着了。醒来后我在惊慌中伸手去摸，只摸到被人睡过的凹陷痕迹，人已离去，体温残留。不一会儿，有只鸟儿开始歌唱，随即整个森林啼鸣声不绝于耳。发动机响起长长的轰鸣，男人们和女人们开始走动起来，去忙自己的活儿。打谷场新的一个工作日开始了。

中午时分，我们围在用长木板临时搭成的桌子旁吃午饭。我一边吃，一边将目光投向各个角落，寻找那个夜晚的造访者。映入眼帘的女人有些太老，另一些又太单薄，很多年轻姑娘瘦小得好似沙丁鱼。我要找的女人身材结实，胸部丰满，编着长辫子。突然间一个女人走进来，带了一块烤肉给她的丈夫——埃尔南德斯家的一个男人。很有可能就是她。当我看向桌子另一端的她时，我确定这个梳着长辫子的漂亮女人瞟了我一眼，并浅浅一笑。我感觉这个笑容似乎变得越来越灿烂，越来越开怀，在我的整个身体里尽情绽放。

浪迹城市

寄宿公寓

上了许多年学，经过了每逢十二月为数学考试拼搏的日子，我表面上做好了去圣地亚哥读大学的准备。之所以说"表面上"，是因为我满脑子都是书籍、梦想和诗歌，它们像蜜蜂一样围着我嗡嗡作响。

带着铁皮箱，穿着诗人必备的一身黑衣，骨瘦如柴、身形薄如刀片的我踏进夜间列车的三等车厢，这辆车要连续开一天一夜才能到达圣地亚哥。

这辆长长的列车要跨越多个地区，经历多种气候。虽然乘坐过多次，对我来说它却始终保持着不同寻常的吸引力。披着湿漉漉的斗篷，带着几篮子母鸡的农夫，不爱说话的印第安人——百姓的生活画卷在三等车厢中展开。不少人没有买票就上了车，躲到座位下面。只要检票员一来，车厢内就会发生翻天覆地的变化。许多人不见了，有的藏在斗篷下面装作一张临时搭建的桌子，为了不引起检票员的注意，两位旅客随即假装在上面玩起了扑克牌。

与此同时，列车经过布满橡树、南洋杉树和潮湿木屋的乡村，直奔智利中部的杨树林和满是灰尘的土坯房。我在首都和外省间往返旅行过很多次，但每次只要离开那大片的森林，离开母亲般吸引我的林地，我的内心都无比难受。那些土坯房和历史久远的城市，对我来说却是布满蜘蛛网的寂寥之地。直至现在，我依然是归属于大自然和寒林的诗人，尽管从那时起，我开始在城市里漂泊。

我经人介绍住到了马鲁里街513号的寄宿公寓。我永远都忘不了这个号码。我会忘掉各种日期，甚至年份，但513这个数字始终在我的记忆里挥之不去，许多年前因为担心在这个令人敬畏的陌生城市中迷路，担心自己无法到达公寓，我便将这个门牌号码深深烙印在了脑海中。那时我经常坐在公寓的露台上，看日光逐渐被暮色吞没，绿色和深红色的旗帜在空中飘舞，城市边缘的破败屋顶即将被落日余晖点燃。

那时候，住在大学生寄宿公寓意味着食不果腹。我的作品产量远比以往丰富，吃的却远不如从前多。那段日子我认识的某些诗人因为贫穷而严格控制饮食，从而送了命。我记得他们中的一个名叫罗密欧·穆尔加，年岁和我一般大，但身材比我高，举止也比我笨，他笔下的抒情诗含蓄却情感充沛，但凡听到，便会让人念念不忘。

我和罗密欧·穆尔加曾一同前往首都附近的圣贝尔纳多朗诵我们的诗歌作品。在我们登台前，观众们看过了花神赛诗会①上带着一众侍从的金发女王，听过了城镇显要人物发表的讲话，也享受了号称是当地乐队的现场表演，每个人都沉浸在节日的氛围之中；但当我站上舞台，用极其愁苦的声调诵读自己的诗歌时，观众们的态度变了。咳嗽声、嘲讽声纷纷响起，他们尽情地取笑我那首忧伤的诗。看到这帮粗鲁的人做出如此反应，我匆匆完成了朗读，把舞台让给我的同伴——罗密欧·穆尔加。后面的事令人难以忘怀。当这位身高超过六英尺，身穿破旧黑衣的堂吉诃德走来，用比我更加愁苦的声调开始朗诵时，所有观众都忍无可忍地将愤怒宣泄出来，他们大喊：你们这些吃不饱饭的诗人！快滚吧！别破坏了我们的节日。

我像个离开甲壳的软体动物一样，搬离了马鲁里街的寄宿公寓。挥别了那具甲壳，我开始探索茫茫大海，即外面的世界。圣地亚哥的大街小巷就是未知的大海，过去我只在学校和公寓之间往返，几

---

① 南美地区一种融合了诗歌、艺术、文化和自然美的独特盛会。

乎没去逛过,而那间公寓,我后来再也没回去过。

我知道在这场冒险中,老生常谈的饥饿问题将会变得更为严重。过去至少能得到接济——我之前的房东们算是我的老乡,她们可怜我,会时不时分我一个土豆或洋葱。但我还是无法自已地走了出去:生活、爱情、荣耀和自由都在召唤着我,至少看起来是这样。

我在阿圭列斯街上挨着师范学院的地方租了房子,那是我人生中独自租下的第一个房间。在这条灰色的街道上,我看到一扇窗户里贴着"房屋出租"的告示。房东住在前面的几个房间,是个满头白发的男人,举止高贵,我觉得他的眼睛看起来怪怪的。他很善谈,口才也好,职业是美发师,专为女士服务,但他对这份工作不太看重。他解释说他对于无形的世界更感兴趣,即超自然世界。

我从自特木科一路跟随我的铁皮箱里拿出书本和仅有的几件衣服,躺在床上阅读、睡觉,内心满是对于自己独立而闲散生活的自豪。

这个房子没有院子,只有一条长廊,连接着无数个紧闭的房间。第二天早上,我在这个清净的房子里四处观察,看遍了角角落落,发现所有墙面上都贴着字条,包括厕所在内,所写内容几乎相同:"放弃吧!你联系不上我们。你已经死了。"餐厅、走廊、小客厅,每个房间都能看到这样的警示语。

那是圣地亚哥严寒冬日里的一天。从西班牙殖民者那里,我的祖国继承了在大自然面前的软弱无力,以及对此若无其事的态度。(在我叙述的这件事过去了五十年后,伊利亚·爱伦堡[①],这个刚刚

[①] 伊利亚·格里戈里耶维奇·爱伦堡(1891年1月27日~1967年8月31日),苏联犹太人作家。青年时参加布尔什维克革命,在流亡巴黎期间开始文学生涯。曾先后两次获得斯大林奖金。1954年发表中篇小说《解冻》,开创了解冻文学的潮流。

走出莫斯科冰天雪地的人对我说,他从未见过像智利这么寒冷的地方。)冬天让玻璃窗结满了蓝色冰花。我住的街道上树木在酷寒中瑟瑟发抖。拉着旧马车的马儿鼻孔里喷出团团水汽。这是住在那个房子里最糟糕的一段时间了,还要面对那些针对未知世界的不祥暗示。

我的房东,这位女士美发师兼神秘术士,用他那双疯人般的眼睛直勾勾地盯着我,平静地解释说:"我的妻子查丽朵四个月前过世了。对于已故的人来说,这是一个艰难的时期。他们会经常回到生活过的老地方。我们看不到他们,但他们却并不知道我们看不到他们。我们得让他们知道这一点,这样他们就不会觉得我们冷漠,也不会因此而痛苦。这就是为什么我给查丽朵贴了那些字条,她看到后会更容易了解到她已经死了的事实。"

然而,这位满头白发的男人一定认为我太聪明了。他开始观察我的出入情况,限制我的异性访客,窥探我的书籍信件。在我没有事先通知就回来的时候,会看到这位神秘术士正检查我为数不多的家具,翻看我破旧的私人物品。

我不得不去寻找新的住处,来保护我那受到威胁的私人空间,因此,在冰冷刺骨的冬日,我在冷漠的大街上来回奔走。我在不远处的一家洗衣店找到了落脚处。显而易见的是,这里的女房东对超自然世界毫无兴趣。穿过冷飕飕的院子,是一座破败的小花园,喷泉中的积水上铺满了毯子一样的青苔。后面有个房间,天花板很高,窗户开在高高的门梁上方,在我看来,这样的设计拉宽了天花板和地板之间的距离。我留了下来,在那个房间里住下了。

我们这些学生诗人过着不受拘束的生活。我保持着乡村生活的习惯,在房间里工作,每天写几首诗,永远喝着自己泡的茶。但那个时期，在我的房间和我住的那条街以外的地方，作家们所过的混乱生活有其独特的吸引力。他们不去咖啡店，而是去啤酒馆和固定的酒吧，谈天说地，吟诗作赋，直到天亮。我的学业也因此受到了影响。

铁路公司发给我父亲一件户外工作用的灰色厚斗篷，但他从来不穿。我便把它穿成了诗人服。其他三四个诗人也开始穿起类似的斗篷，这些衣服又常常被其他人穿走。这样的服饰激起了正人君子和一些不那么正派的人的愤怒。那阵正是探戈引入智利后的鼎盛时期，随之而来的不仅有强烈的节拍、剪刀绞动般的嚓嚓声、手风琴充满律动的伴奏，还有一帮带着手下的地痞流氓来搅乱我们的夜生活，侵犯我们聚会的隐秘角落。这些既爱跳舞又爱惹事的黑社会人物，嘲笑我们的斗篷和我们的生活方式。我们毫不客气地报复回去。

在那段时间，令我意想不到的是，我和一位让我终生难忘的寡妇建立起一段情谊。她有一双蓝色的大眼睛，当追忆起她那深爱的已故的丈夫时，眼睛里氤氲出柔情的迷雾。她的丈夫是位青年小说家，以外表俊朗著称。他们两个是引人注目的一对佳人，她有一头小麦色的秀发、无可挑剔的身材和深蓝色的眼睛，而他的丈夫身形高大、体态健美。这位小说家因患被称作"奔马痨"[①]的疾病不治身亡。后来我发觉，这位金发配偶也起到了奔马痨的作用，在那个青霉素还未发明的时代，仅几个月的时间，这位爱神就用她的激情与奔放让他那魁梧的丈夫离开了人世。

这位漂亮的寡妇一开始并没有为我褪去她那身深色外衣，在那用黑、紫两色丝绸做成的衣服映衬下，她就像一颗雪白的水果，被

---

① 干酪样肺炎的别称，是一种机体的免疫力极低、变态反应过高的病症。

悲伤的外壳包裹着。有天下午，在洗衣店的后面、我的房间里，那层外壳滑落了，我便将这个激情燃烧的雪白果子通体爱抚了一遍。而当这本能的冲动即将完成时，我看到身下的她闭着眼睛，似叹息又似啜泣般喊道："啊，罗伯托，罗伯托！"（那似乎是一种仪式表演，这位维斯塔贞女① 在投身于新的仪式前，需要去召唤已远去的神明。）

然而，尽管我正值情欲旺盛的青年时期，这位寡妇却让我吃不消。她的需求越来越急迫，她那颗火热的心渐渐让我的体力过早透支。如此浓烈的爱对于一个吃不饱饭的人来说是没有好处的，我营养不良的身体状况也因此日益严重。

羞涩

我像个聋哑人一样，度过了我人生的第一个阶段，之后的几个阶段也差不多如此。

从很小的年纪开始，我就像上个世纪真正的诗人那样，身穿诗人惯有的一袭黑衣，我懵懵懂懂地觉得自己的样子看起来还不赖。然而，碰到女孩时就完全不同了，因为知道自己在她们面前要么说话结巴，要么满脸通红，我便故意不去理睬她们，自顾自走开，表现出一副毫无兴趣的样子，其实真实的感觉并非如此。她们如谜一般深深吸引着我，我宁愿让自己葬身于这神秘莫测的火焰中，淹没在这深不见底的井水里，却鼓不起勇气跳进去。也没有人能推我一把，在这令人神往的地方近旁，我沿着边缘走着，目不斜视，不露

---

① 侍奉圣火维斯塔女神的女祭司，因奉圣职的30年内须守贞而得名。

一丝笑意。

这样的表现也发生在面对成年人的时候。在重要人物——铁路或邮局员工以及他们的"太太"(如此称呼是因为小资阶级对"女人"这个词心生畏惧)——面前,我同样感到羞涩。跟父亲坐在桌前听大人们聊天,转天,如果在街头遇见前一晚在我家吃饭的人,我会不敢和他们打招呼,甚至会走到马路另一边以避免尴尬。

羞涩是内心的一种怪癖,属于一种特殊的类别,通向孤独。它是一种与生俱来的痛苦,就好像我们有两层皮,下面那层对生活提出抗议,然后缩了起来。这种特质,或者说这个弊病,是人的构成中合金地基的一部分,而这个地基,使人的自我得以永存。

我儿时的羞涩以及长期的自闭状态,比正常情况持续得更久。来到首都后,我慢慢认识了许多同性和异性朋友。别人越不关注我,我越容易结交到朋友。那个时候,我对人并不是特别好奇。我对自己说,我不可能认识世界上所有的人。不过,在某些圈子里,竟有人对我这个刚满十六岁沉默不语的新晋诗人、这个来去都无人理睬的孤独少年产生出一点兴趣。况且,我还披着长长的西班牙式斗篷,看上去像个稻草人。没人能想到,我这一身引人注目的服装,其实专为掩盖贫穷而穿。

那些向我示好的人之中,有两个是当时很厉害的人物:皮洛·亚涅斯[①]和他的妻子。我满心向往的那种美好的闲适生活,对我来说比梦想还不切实际,而在他们身上却得到了完美的体现。那是我第一次走进有暖气、有柔和灯光、有舒适家具的房子,四周摆满了书,五颜六色的书脊就像我遥不可及的春天。亚涅斯夫妇为人亲切,言

---

① 皮洛·亚涅斯(1913年~1987年),智利作家、诗人。

行谨慎,他们不介意我的种种沉默和孤僻,经常邀请我去家里做客。每次同他们告别时,我都带着愉悦的心情,注意到这点,他们便会再次邀约我过去。

在他们的房子里,我第一次看到了立体派绘画,其中一幅是胡安·格里斯①的作品。他们告诉我,胡安·格里斯是他们在巴黎的家人的朋友。但是,最让我好奇的是我这位朋友的睡衣。只要有机会,我就偷偷观察它,满心羡慕。那时正值冬天,那件睡衣用料扎实,像是台球桌上的那种厚毛呢,颜色却是深海蓝。在那个年代,除了囚服一样的条纹图案外,我想不到睡衣还有其他样式。亚涅斯穿的这件睡衣让我大开眼界,它面料厚重,蓝得耀眼,引得我这个住在圣地亚哥郊区的穷诗人嫉妒不已。而后的五十年,我也没再见过那种样子的睡衣。

我已很多年没再见到亚涅斯夫妇了。亚涅斯太太为了一个跟着马戏团巡演、途经圣地亚哥的杂技演员,舍弃了丈夫,也舍弃了柔和的灯光和舒适的家具。后来,为了帮助这个令她神魂颠倒的杂技演员,她开始做票务销售,从澳大利亚一路追随到英国威尔士。最后,她在法国南部加入了玫瑰十字会②或类似性质的组织,成为神秘主义者中的一员。

---

① 胡安·格里斯(1887年3月23日~1927年5月11日),西班牙画家、雕塑家。其绘画是立体主义的空间与文艺复兴的空间完美的结合,与毕加索、勃拉克同为立体主义风格运动的三大支柱。

② 起源于17世纪初的神秘哲学组织,据传由一位名叫克里逊·罗桑库鲁斯的德国人创建。该组织的传统符号是等臂十字架中间有一朵玫瑰花,即"玫瑰十字"。玫瑰十字会秉持着神秘主义和哲学的观点,同时融合了炼金术、占星术以及其他古代传统知识和智慧,主张通过神秘的智能来改造世界。

至于她的丈夫皮洛·亚涅斯，后来更名为胡安·埃马尔，逐渐变成了一位文字强劲有力，却仍默默无闻的作家。我们是一生的朋友。他寡言、亲和，但陷入经济困境，直至生命的结束。他有很多本著作还未出版，但总有一天，这些作品一定会为世人所称颂。

皮洛·亚涅斯或胡安·埃马尔的故事先讲到这里，继续来说我的羞涩性格。我想起上学期间，我的朋友皮洛执意要把我介绍给他父亲认识。他说："我肯定他会把你送去欧洲。"那时，拉丁美洲的诗人和画家都将目光投向巴黎。皮洛的父亲是位重要人物，一名议员。他住在武器广场和总统府附近一座难看的大房子里——毋庸置疑，他喜欢在这样的地方生活。

我的朋友们脱去了我的斗篷，以使我看起来正常些，之后他们留在前厅等候。他们帮我打开议员的书房门，又在我身后把门关上。这个房间巨大，或许曾经被用作接待大厅，可现在却很空旷，除了最里面，在房间的尽头，我隐约看到落地灯下有一把扶手椅，议员就坐在上面。他正在阅读的几页报纸像屏风一样完全挡住了他。

一踏上那打过蜡，光滑得可以要人命的镶木地板，我便像个滑雪者一样滑了出去。速度越来越快，我头晕目眩。我努力使自己停下来，却一再摔倒，最后一跤正摔在议员脚边。他用冷眼盯着我看，手里的报纸没有放下。

我最终坐到了他身旁的一把椅子上。这位大人物审视着我，像一位感到厌倦的昆虫学家在观察一件别人拿给他的标本——一种他早已了如指掌的无害蜘蛛。他粗略问了下我的计划，然而，摔跤后的我变得比以前更加胆小羞怯，更加笨嘴笨舌了。

我不知道自己对他说了些什么。二十分钟后，他向我伸出一只孩子般的小手，示意我离开。我认为我听到了他用非常轻柔的声音对我承诺,要我等消息,然后又举起报纸。而我转身返回,用我第一步踏上时就该具备的极其小心的状态从那危险的镶木地板上走了回去。那位议员——我朋友的父亲——当然没回复我任何消息。然而,之后不久的一场愚蠢的反动派军事革命,让他拿着那份读不完的报纸,从椅子上跳了出来。坦白讲,这件事让我很高兴。

学生联合会

在特木科时,我做过学生联合会机关刊物《光明》的通讯记者,并在同学间卖出了二三十份。一九二〇年传到特木科的一则消息让我那一代人的心里都留下了血淋淋的伤疤。寡头统治的产物"黄金一代"攻击并摧毁了学生联合会总部。司法当局从殖民时期到现在,都为富人鞠躬尽瘁,他们没抓捕攻击者,反而将被攻击者关进了监牢。多明戈·戈麦斯·罗哈斯[①],这位年轻的智利诗歌界的希望之星,被折磨到精神失常,最终死在了地牢里。这一罪行在智利这个小国的全国范围内引发了深远影响,其程度不亚于之后费德里科·加西亚·洛尔迦[②]在格拉纳达被枪杀所造成的轰动。

一九二一年三月,当我到智利首都圣地亚哥上大学的时候,居住在这里的人口仅五十万。城市里漂浮着汽油和咖啡的味道。千万座房子里住着陌生人和臭虫。破旧不堪的有轨电车承担着公共交通的重任,费力驶过时,铁轨和铃铛发出叮当响声。从独立大街到位

---

① 何塞·多明戈·戈麦斯·罗哈斯(1869年8月4日~1920年9月29日),智利诗人、作家、编辑。

② 费德里科·加西亚·洛尔迦(1898年~1936年),20世纪最伟大的西班牙诗人,他把诗同西班牙民间歌谣创造性地结合起来,创造出了一种全新的诗体。

于城市另一端中央车站旁的学校之间的距离,是一段走不完的路途。

学生反抗活动中最著名的人物是学生联合会总部的常客,他们在思想上与当时声势浩大的无政府运动联系密切。阿尔弗雷多·德玛丽亚、丹尼尔·施韦泽、圣地亚哥·卡瓦尔卡、胡安·甘杜尔福,都是闻名遐迩的领袖。其中名望最高的一位无疑是胡安·甘杜尔福,他大胆的政治思想和不屈不挠的勇气令人敬畏。他把我当成孩子对待,而那时的我显然就是个孩子。有一次,我去他的诊室看病时迟到了,他眉头紧锁,对我说:"为什么不准时来?其他病人还等着呢。"我答:"我不知道几点了。"于是他从背心口袋里掏出自己的表送给我,说:"拿着吧,下次你就知道时间了。"

胡安·甘杜尔福身材矮小,圆脸,过早地谢了顶,但没有人可以忽视他的存在。曾经有个以恃强凌弱和剑术高超著称的爱闹事的军人要与他决斗。甘杜尔福便接受挑战,学了两周击剑,一番连续暴击后,对方在惨败中呆若木鸡。也在那段时间,他为我的处女作《黄昏》木刻了封面和全部插图——这些精美的木版画,出自一位向来与艺术毫无关联的人之手。

在革命文学世界中,最重要的人物是罗伯特·马萨·富恩特斯,学生联合会创办的《青春》杂志主编,与《光明》相比,该刊物参与者更多,内容也更精致。其中最出色的作品来自冈萨雷斯·贝拉和曼努埃尔·罗哈斯,对我来说,他们是资深前辈。曼努埃尔·罗哈斯在阿根廷居住多年,近期刚回国,他高大的身材和话语中流露出的自恃而骄让我们感到意外。他是个铸排机排字工人。我在特木科时就认识冈萨雷斯·贝拉,他在警察袭击学生联合会时逃走了。他下了火车就直接来看我,我家离火车站很近。对于一个十六岁的诗人来说,他的到访必定是难忘的。我从未见过面色如此苍白的人。

他的脸十分消瘦,像是用骨头或象牙雕刻而成。身穿一袭黑衣,裤脚和袖口都已磨损,而他的高雅风度却并没因此有所削减。他的言语初听起来讽刺且犀利。那天晚上他冒雨来到我家——此前我并不知道他还活着——我深受感动,就像萨什卡·日古廖夫[①]感动于虚无主义者到访家中一样;安德烈耶夫笔下的人物日古廖夫,被拉丁美洲的反抗青年视为榜样。

阿尔贝托·罗哈斯·希门尼斯[②]

我作为政治和文学激进分子,加入了几乎由阿尔贝托·罗哈斯·希门尼斯一人负责的《光明》杂志,希门尼斯成为我在同辈人中最亲密的朋友之一。他头戴科尔多瓦皮革帽,留着大公爵式的络腮胡。尽管生活窘迫,他却仪表不凡,举止文雅,将自己打理得像只金鸟,并表现出新一代纨绔子弟的所有气质——恃才傲物的处世态度,快速掌控诸多冲突的能力,乐观洒脱且成熟老练,又对生活中一切事物充满好奇。他了解一切:书籍和姑娘,酒瓶和船舶,旅行和群岛,并在举手投足间卖弄着这些知识。他在文学世界里游走,在一如既往的慵懒中散发出傲慢的气场,习以为常地挥霍着自己的才华和魅力。在整体穷酸的穿着中,他那条别致的领带却显得高贵富丽。他频繁更换住处,还经常搬去别的城市,因而他那天生的幽默感,以及不断流露出的波西米亚风格,让兰卡瓜、库里科、

---

① 俄国作家利奥尼德·尼古拉耶维奇·安德烈耶夫(1871年~1919年)的小说《萨什卡·日古廖夫》中的主人公。

② 阿尔贝托·罗哈斯·希门尼斯(1900年7月21日~1934年5月25日),智利诗人、记者。

瓦尔迪维亚、康塞普西翁和瓦尔帕莱索那些生性谨慎的居民眉开眼笑。他来了又走，在所到之处留下诗歌、画作、领带、爱和友谊。他像故事中的王子一样难以捉摸，并有着令人不可置信的慷慨，他把自己的所有东西都送人了——帽子、衬衫、外套，甚至鞋。当他一无所有时，便在纸片上写下语句，一行诗或脑海中闪现的有趣内容，并在离开时送给你，脸上带着无私的神态，仿佛交到你手里的是一颗价值连城的宝石。

他遵循阿波利奈尔[①]和西班牙极端派的学说，以最新潮的方式写诗。他成立了新的诗歌流派，取名"啊呱"，他说那是人的第一声啼哭，是婴儿出生后的第一首诗。

罗哈斯·希门尼斯引领新的潮流，改变了我们穿衣格调、吸烟方式和书写风格。他带着善意学我的腔调，帮我摆脱了阴郁的文风。他所抱持的怀疑态度和无节制的饮酒习惯并没有影响我，而如今每当想起他的脸时，我仍会为之深深感动——他的面容可以照亮一切，可以让每个角落散发出美好的气息，仿佛一只隐藏的蝴蝶被他放飞出来。

他从米格尔·德·乌纳穆诺[②]先生那里学会了如何折纸鸟。他折好一只脖子长长、翅膀展开的纸鸟后，便会将它吹出去。他说这样就给了纸鸟生命。他发现了法国诗人和埋在酒窖里的深色酒瓶，

---

① 纪尧姆·阿波利奈尔（1880年8月26日~1918年11月9日），法国著名诗人、小说家、剧作家和文艺评论家，其诗歌和戏剧在表达形式上多有创新，被认为是超现实主义文艺运动的先驱之一。

② 米格尔·德·乌纳穆诺（1864年9月29日~1936年12月31日），西班牙著名作家、诗人、哲学家。

他还给弗朗西斯·雅姆①笔下的女主角写过情书。

他那些美妙的诗作皱皱巴巴地躺在他的口袋里,跟着他到处漂泊,至今从未发表过。

他过分的慷慨大方引来了太多目光,有天在一家咖啡馆里,一个陌生人过来对他说:"先生,我听过您说的话,非常欣赏您。我可以向您提个要求吗?"罗哈斯·希门尼斯不耐烦地问:"什么要求?"陌生人说:"请允许我从您身上跳过去。""什么?"诗人追问道,"我在桌子旁边坐着,你从我身上跳过去吗?你那么有力气吗?""不是的,先生,"陌生人温和地回答,"我是想以后在您躺在棺材里的时候,再从您身上跳过去。这是我对我人生中遇到的有趣的人所表达的敬意:如果他们同意,在他们死后,我会从他们身上跳过去。我是个孤独的人,而这是我唯一的爱好。"他拿出一个笔记本,说:"这里记录了我跳过的人。"罗哈斯·希门尼斯欣喜若狂地接受了这个奇怪的提议。几年后,在一个身处智利的人都会记得的降雨量最多的冬天,罗哈斯·希门尼斯离开了人世。和往常一样,他把外套留在了圣地亚哥市中心的某间酒吧里,在南极地区的隆冬时节,他只穿件衬衣跨过城市,一直走到位于金塔诺马尔的妹妹家。两天后,支气管肺炎将我认识的最具魅力的人从这个世界夺走了。诗人带着他的纸鸟飞远了,消失在飘着雨的天空中。

为他守夜的朋友们接待了一位不寻常的访客。那晚,特大暴雨光临金塔诺马尔,雨水砸在屋顶上,电闪雷鸣,高大的法国梧桐在狂风中摇摆,门开了,走进一位一袭黑衣、被雨水淋透的人。没人知道他是谁。在那些守夜的朋友惊异的目光中,陌生人做好准备后,

---

① 弗朗西斯·雅姆(1868年~1938年),法国旧教派诗人,笃信宗教,热爱自然,其诗作把神秘和现实混合在一起。

从棺材上一跃而过。随即他便离开了,像来时一样出人意料,没留下只言片语的陌生人钻进雨里,消失在夜色中。就这样,阿尔贝托·罗哈斯·希门尼斯精彩的一生,以一种无人猜透的神秘仪式,画上了句号。

我在刚到达西班牙时接到了他的死讯。我很少感受到如此强烈的痛苦。当时我身在巴塞罗那,立刻动笔写下挽歌《阿尔贝托·罗哈斯·希门尼斯飞起来了》,后来在《西方杂志》上发表。

但我也应该以某种仪式和他告别。在倾盆大雨将墓地淹没的日子里,他在遥远的智利离世。我无法守在他的遗体旁,也无法陪他走完最后的路途,所以我想到了仪式。我找到我的朋友,画家伊萨亚斯·卡韦松,同他一起前往气势恢宏的圣母玛利亚大教堂。我们买了两支近一人高的巨型蜡烛,带着它们走进那座陌生的神殿。圣母玛利亚大教堂是航海者的教堂。数个世纪前,渔夫和水手一砖一瓦将它盖起,再用千万个祭品将它装点:在这座美轮美奂的教堂里,墙面和天花板上挂满了画,画中形状各异、大小不一的船只在永世中航行。我忽然想到,对于那位已故的诗人,这是再完美不过的地方,如果他来过,一定会爱上这里。于是,在教堂中央,画着云朵的镶板式天花板近旁,我和画家朋友点燃了巨大的蜡烛,我们坐在空荡荡的教堂里,身边各有一瓶白葡萄酒,感受着身为不可知论者的我们,正通过这个静默的仪式,以某种神秘的方式向我们的亡友靠近。蜡烛在冷清的教堂高处燃烧着,鲜活生动,光芒四射,好像那位狂热诗人的一双眼睛,穿过黑暗,透过供奉的装饰画看着我们,尽管他的心脏已不再跳动。

冬日狂人

关于罗哈斯·希门尼斯,我想说,狂热,那种狂热,常常和诗歌密不可分。理性主导思维的人很难成为诗人,而诗人也同样很难变得理性。然而理性占上风,作为公义的支柱,应该由理性统治世界。米格尔·德·乌纳穆诺非常喜欢智利,他曾经说:"有句格言我可不认同——'要么靠理性,要么靠武力',这叫什么话?应该倚靠理性,且永远倚靠理性。"

阿尔韦托·巴尔迪维亚①是我很久以前认识的一个为诗歌而狂热的人,我想谈谈他。他是我见过的世界上最瘦的人之一,全身上下似乎只有骨头,因此面色萎黄,一头蓬乱的灰发,戴一副近视眼镜,眼神恍惚。我们叫他"僵尸巴尔迪维亚"。

他一声不响地进出酒吧、餐馆、咖啡厅和音乐会,胳膊下夹着一小捆神秘的报纸。朋友们边对他说着"亲爱的僵尸",边拥抱他那没有肉的身体,感觉像抱着空气。

他写了一些情感细腻、柔情肆意的诗歌。选段如下:

一切都会逝去——午后、太阳、生命;
罪恶无法避免,它终将盛行。
只有你一直陪伴,不离不弃,
我暮年时的姐妹。

这位被我们怜爱地称为"僵尸巴尔迪维亚"的人,是真正的诗人。我们常对他说:"僵尸,留下来跟我们一起吃饭吧。"这个外号从没让他不高兴过。有时候,他那薄薄的嘴唇上还流露出一丝笑意。

---

① 阿尔韦托·巴尔迪维亚(1903年~1968年),智利诗人。

他的话不多，但总是一针见血。我们定下一个仪式，每年都会带他去墓地。万圣节前夜，我们会为他准备一顿晚餐，那是用我们这些穷学生和穷作家从口袋里掏出来的钱所准备的最奢华的餐食。我们的"僵尸"坐在贵宾席。十二点整，清理好餐桌，我们带着愉悦的心情，列队前行，直奔墓地。在寂静的夜色中，有人为"故去"的诗人献上颂词。然后，每个人庄重地与之告别，列队离开，留他一人在墓地大门内。这位"僵尸"早已接受了这个传统仪式，从始至终积极投入到这场毫无残酷的荒诞剧中。离开前，我们会给他几比索，好让他在墓地里买个三明治吃。

两三天后，看到这位僵尸诗人悄悄走进咖啡馆，重新回到我们当中，没人会觉得惊讶。他会安安静静地待着，直到下一年的万圣节。

在布宜诺斯艾利斯，我见到一位古怪的阿根廷作家奥马尔·比尼奥莱，不确定这个名字是否仍在被使用，也不知道他如今健在与否。他人高马大，手持一根笨重的拐杖。有一次，他邀请我去市中心一家餐馆吃饭，坐在桌边的他转向我，示意我入座，并用洪亮的声音喊道："请坐，奥马尔·比尼奥莱！"音量大到坐满整个餐厅的常客们都听得到。我感觉有点不自在，坐下后立刻问他："为什么叫我奥马尔·比尼奥莱？明明你是奥马尔·比尼奥莱，我是巴勃罗·聂鲁达。""没错，"他答道，"但餐馆里很多人都只知道我的名字，他们中有几个人想狠狠揍我一顿，我宁可他们揍的是你。"

比尼奥莱在阿根廷的一个省做过农艺师，并从那里带回一头母牛，成为他密不可分的朋友。他曾用绳子牵着母牛，走遍布宜诺斯艾利斯。那段时期，他出版了几本书，书名都很有趣：《母牛思考些什么?》《我和我的母牛》等。当国际笔会①在布宜诺斯艾利斯举办首届代表大会时,以维多利亚·奥坎波②为首的作家们想到比尼奥莱会带着母牛参会,都吓得不轻。他们向当局说明即将到来的危险,警方便在广场饭店周围拉上警戒线,以阻止我那位古怪的朋友带着他的反刍动物出现在举办会议的豪华场所。而一切都是徒劳的。当会议正如火如荼地进行时,当作家们正热议希腊的古典世界与历史的现代意义之间的关联时,伟大的比尼奥莱带着他那头形影不离的母牛闯入了会议大厅,最令人震惊的是,母牛开始哞哞叫了起来,似乎也想加入到讨论之中。他是把母牛藏在一辆厢式货车里运送到市中心的,就这样躲过了警察警觉的目光。

我想讲讲另一个发生在比尼奥莱身上的故事:他曾向摔跤手发出挑战。那位职业选手接受了挑战,比赛当晚,我的朋友带着他的母牛,准时来到人山人海的月神公园,将其拴在赛场的一角,然后脱下他那无比华丽的长袍,直面那位"加尔各答杀手"。

此时此地,母牛和华丽外衣都帮不了这位摔跤诗人了。"加尔各答杀手"向比尼奥莱扑了过来,快速将他置于无力还手的境地,辱上加辱的是,他将一只脚踩在这头"文学公牛"的脖子上。观众席传来响亮的口哨声和喝倒彩声,要求比赛继续进行下去。

---

① 独立的国际性作家组织,全称为"国际诗人、剧作家、散文家、编辑和小说家协会",亦称"世界作家协会"或"世界笔会"。1921年10月,英国女作家道森·斯各特主持创立该组织,会员是世界各国的诗人、剧作家、散文家、文学编辑和小说家等。

② 维多利亚·奥坎波(1890年4月7日~1979年1月27日),阿根廷作家,被豪尔赫·路易斯·博尔赫斯描述为"最典型的阿根廷女性"。维多利亚·奥坎波因创办传奇性文学杂志《南方》而闻名,也创作过许多优秀文学作品。

几个月后比尼奥莱出版了一本新书:《与母牛的对话》。我永远也不会忘记写在第一页上独树一帜的题词。如果没记错的话，原文是这样的："谨以此本哲学著作献给二月二十四日晚在月神公园向我喝倒彩并置我于死地的那四万个狗娘养的儿子。"

上一次战争开始前，我在巴黎结识了画家阿尔瓦罗·格瓦拉[①]，在欧洲人称智利·格瓦拉。有天他火急火燎地给我打电话，告诉我："这件事情非常重要。"

我从西班牙来到这里，那时我们正奋力反抗希特勒。我在马德里的房子被炸毁，我看到男女老少在一次次轰炸中灰飞烟灭。世界大战即将来临。我和其他作家开始以我们的方式抵制法西斯，即用我们的作品敦促人们正视战争带来的巨大威胁。

在抵制战争的过程中，我这位同胞就像个局外人。他是一个埋头于工作、不怎么交谈的画家，总是忙忙碌碌的。那时的局势危如累卵。当强权拦阻武器供应，干扰保卫西班牙共和国的举措时，当他们为希特勒的军队敞开大门时，战争就到来了。

我答应了智利·格瓦拉的请求去找他。他要和我谈的事情至关重要。

"要谈什么事？"我问他。

"没有时间可以浪费了，"他答复道，"你没有理由反对法西斯。人们不该去反对任何事情。我们应该去讨论实质性问题，而我已经找到了它是什么。我等不及要把这些告诉你，好让你放弃你的反法西斯活动，安下心来做正经事。没有时间可以浪费了。"

"那么，把想说的全都告诉我。阿尔瓦罗，我确实时间非常紧

[①] 阿尔瓦罗·格瓦拉（1894年7月13日~1951年10月16日），智利画家。

张。"

"巴勃罗,我的想法在一部三幕剧里全都真切地表达出来了。书带来了,我读给你听。"那张长着浓密眉毛的脸神似过去的拳击手,他掏出一本厚厚的手稿,认真地看着我。

我很慌,强调自己没有时间,以此为借口说服他,将计划用来拯救人类的想法快速讲给我听。

"这就像哥伦布的鸡蛋一样,看起来不容易的事,其实很简单,"他说,"我解释给你听。如果你种下一颗土豆,能收获几颗?"

"嗯,可能四五颗吧。"为了配合他,只能说点什么作为回答。

"远不止这些,"他回应道,"有时能收获四十颗,有时超过一百颗。想象一下,每个人都在花园里、露台上,或随便什么地方种下一颗土豆。智利有多少人口?八百万。八百万人种土豆。巴勃罗,把这个数字乘以四,乘以一百。那样的话就没有饥饿,没有战争了。中国有多少人口?五个亿,对吧?每个中国人种一颗土豆,一颗可以收获四十颗。用五亿乘以四十,人类便得救了。"

当纳粹进军巴黎时,并没有理会这个救世设想——"哥伦布的鸡蛋",更确切地说是"哥伦布的土豆"。在一个有雾的寒冷夜晚,身在巴黎家中的阿尔瓦罗·格瓦拉被纳粹抓走了。他们将他送进集中营,在他的手臂上刺了字,一直囚禁到战争结束。从地狱中出来时,他瘦得只剩一副骨架,之后再没缓过来。他的最后一次智利之行,像是在做告别,他给了故土最后一吻,那是属于梦游者的一吻。之后他返回法国,在那里被死神带走。

伟大的画家、亲爱的朋友阿尔瓦罗·格瓦拉,我想告诉你一件事:我知道你已离世,你那无人结盟的土豆政论丝毫没有帮到你。我也知道,是纳粹分子将你击溃。然而去年六月,我专程去国立美术馆看特纳①的画展，还没走到主展厅之前，我看到了一幅令人难忘的画作：它的耀眼夺目和美轮美奂，不输特纳的作品。这是一幅女士画像，画中人物是位知名女性，名叫伊迪丝·西特韦尔②。这幅画出自你的手笔，是伦敦这座宏伟展馆内迄今为止唯一展出的拉丁美洲画家的杰作。

我不关心展出地点或那份殊荣，平心而论，我甚至不怎么关心那幅作品。我在意的是，我们没有更广泛、更深入地互相了解，我们的人生相交过，却没有彼此懂得，全都因为一颗土豆。

我是个太过简单的人：这既是我的光荣，也是我的耻辱。我见过朋友们的恶作剧，羡慕他们的漂亮外衣，他们的邪恶姿态，他们折的纸鸟，甚至他们的母牛，而这一切，与文学有着某种难以解释的关联。无论如何，我坚信自己生来是为了去爱，而非为了评判。就连面对那些被我的诗歌滋养过却联合起来攻击我，想把我的眼睛挖出来的分割主义者，我都可以保持沉默。我不担心在反对者之中周旋会玷污自己，因为人民的敌人才是我的敌人。

阿波利奈尔说过："请怜悯我们这些开拓非现实疆域的人吧！"讲完刚刚那几个故事后，我的记忆里浮现出这句话。对于故事里的那些人，我不会因为性情古怪而疏离他们，也不会因为难以理解而有所畏惧。

---

① 查尔斯·特纳（1774年~1857年），英国雕刻家、画家，尤擅长肖像画。

② 伊迪丝·西特韦尔（1887年9月7日~1964年12月9日），英国女诗人、批评家。因独特的形象和气质，其肖像呈现在不同的艺术作品中。

大生意

我们这些诗人总是自认为能想出高明的主意让自己财运亨通,以为自己是做生意的天才,只是还没有被人发现。还记得一九二四年,想要赚钱的我在不断涌现的想法驱使下,将《黄昏》的版权卖给了我的智利出版商,我卖的可不是一次的版权,而是永久的。我以为这笔生意能让自己变得富有,便在公证人面前签下了合同。那个家伙付给我五百比索,当时这些钱折合不到五美元。罗哈斯·希门尼斯、阿尔瓦罗·伊诺霍萨和欧梅洛·阿尔塞在公证处门口等我,我们准备以盛大的宴会庆祝这笔生意的成功。我们去了当时最好的餐厅"海湾酒家",享用了美食,也品尝了高档葡萄酒、香烟和烈酒。去之前,我们几个把皮鞋都擦得像镜子一样锃亮。那家餐厅,四个鞋子锃亮的男孩,以及那位出版商,都从这笔生意中获利。然而那位诗人,差一点就变富有了。

阿尔瓦罗·伊诺霍萨声称自己在各种生意面前具有鹰一般的眼光。我们都被他的宏伟计划折服,一旦实现,钱就会像雨点一样落到我们头上。对于我们这些衣衫褴褛的波西米亚人,他对英语的掌握,他那混合了维吉尼亚烟叶的香烟,他在纽约接受的大学教育,充分保证了他了不起的商业头脑应具备的实效性。

有一天,他私下叫我过去,让我加入他的一项以快速致富为目标的绝妙计划。只要拿出随便从哪里都能搞到的几比索,我就能与他平分股份。剩下的一半资金由他负责。那天,我们觉得自己就像资本家,不受上帝和法律的约束,无所不能。

"是什么生意?"我小心翼翼地向这位未被发掘的金融之王发问。

阿尔瓦罗闭上眼睛，从嘴里吐出的烟雾变成一个个小圆圈，然后低声说："毛皮生意！"

"毛皮生意？"我惊讶地重复道。

"海豹的毛皮。准确来说，是清一色的海豹科动物的毛皮。"

我没办法再多问细节，我不知道像海豹或海狮这样的动物身上竟有毛发。我在南方海岸的岩石上看到过海豹，阳光的照射下，它们的表皮闪闪发光，但我却从未注意到，懒洋洋的海豹肚皮上是有毛的。

我以闪电般的速度把我所有的财产换成现金，连交房租的钱以及欠裁缝和鞋匠的工钱都没留出来，将我的股金全部交到生意合伙人的手中。

我们去看皮货。阿尔瓦罗已经进了货，货源来自他的姑妈，一位坐拥多座无人小岛的南方人。在这些荒无人烟的地方，海豹自由交配。而此刻它们就在我们眼前，大捆大捆的黄色毛皮上布满了弹孔，是那个恶毒的姑妈雇人用枪打的。一摞摞皮毛码在阿尔瓦罗租来的货栈里，一直堆到屋顶那么高，好给潜在买家留下深刻印象。

"这么多皮货，都堆成山了，我们怎么卖掉啊？"我怯生生地问。

"人人都需要这种皮货。以后你就知道了。"我们离开了货栈，阿尔瓦罗兴致勃勃，而我却低着头，沉默无语。

阿尔瓦罗提着公文包四处奔忙，这个公文包是用我们清一色的海豹毛皮做的，里面塞满了空白表格，以使他看起来具备生意人该有的样子。我们最后一点本金用在了报刊上打广告。只要有一位对毛皮感兴趣且有眼光的商业大亨看到广告，就足够了。我们将会因此变得富有。阿尔瓦罗是个讲究穿衣打扮的人，他渴望得到许多套用英国料子做成的衣服。我的愿望就朴素多了，我想买一个好用的修面刷，当时那只旧的已经秃得快不能用了。

买主终于出现了，是个身体健壮的矮个子，从事皮革制品工作，他眼神坚定，话不多却句句直率，在我听来近乎于粗鲁。阿尔瓦罗以一种谨慎的淡然态度接待他，并约定好在三天后的某个合适时间，给他看我们那些好货。

在那三天时间里，阿尔瓦罗买来上等的英国香烟以及几支"罗密欧与朱丽叶"牌哈瓦那雪茄，并在客人快到时将它们放在胸前口袋，别人一眼就能看到的地方。我们又把品相较好的皮货摆在地上。

那个人准时赴了约。他见到我们并没有脱帽示意，只是含混不清地打了声招呼。他轻蔑地瞄了眼摊在地上的皮货，然后将锐利又严苛的目光转向摆满毛皮的货架。他抬起短粗的手，带着疑虑指向放在最高最远处的一捆皮毛。那正是被我塞到角落里的品相最差的皮货。

就在这千钧一发的时刻，阿尔瓦罗递给他一根地道的哈瓦那雪茄。这位无名小卒一把接过雪茄，咬掉末端，继续冷静地指着他想要查看的那捆皮毛。

没办法，我们只能拿给他看。我的合伙人爬上梯子，把那捆厚重的皮货拿了下来，面带苦笑，像是被判了死刑一样。买主逐一检查着，时不时停下来，一口口吸着阿尔瓦罗给他的雪茄。

那家伙拿起一张毛皮，揉搓，折叠，轻蔑地扔到一边，然后换下一张，重复着抓、揉、闻、扔的步骤。全部查看了一遍后，他秃鹫似的眼神又一次扫过我们那些装满清一色海豹毛皮的货架，最后将目光停在我那位商业专家一般的合伙人脸上。

随后，他用冷酷无情的语气，讲出一句至少令我们终生难忘的话："我尊敬的先生们，这样的皮货我不要。"说罢扬长而去，戴着那顶始终未摘的帽子，吸着阿尔瓦罗献出的上等雪茄，连句"再见"都没说，永远地扼杀掉了我们成为百万富翁的梦想。

我最早的几本诗集

作为一个生性非常羞怯的人，我在诗歌中寻求安全感。新的文学运动在圣地亚哥兴起。在马鲁里街513号，我完成了我的处女作。那个时候，我每天能写两到五首诗。傍晚时分，露台外的景色无比壮观，世界上任何事也无法阻拦我去欣赏这片风光。那是夕阳投射出的斑斓景象，分散开来的光束像一面巨大的扇子在眼前展开，扇面呈橘色和绯红色。我第一本诗集的中间章节叫《马鲁里的黄昏》。从未有人问过我马鲁里是哪里，大概只有极少数人知道，它只是一条普通的街道，常被绝美夕照光顾而已。

一九二三年，我的第一本诗集《黄昏》问世了。为了支付第一笔印刷费，我每天都穿梭在失败与成功之间。我把为数不多的几件家具卖掉了。父亲曾郑重其事地送我一块表，上面有他用涂料画的两面交叉的旗帜，然而，不久它就被塞到了当铺老板手里。我的黑色诗人服紧随其后。印刷商非常固执，当印刷工作终于全部完成，封皮也都粘贴好后，他带着令人反感的神情对我说："不行，你一本书也别想拿走，除非将全款结清。"评论家阿洛内慷慨地帮我支付了余款，印刷商急不可耐地将这笔钱收入囊中。离开印刷厂，我将我的书扛在肩上，穿着破了洞的鞋在大街上走着，高兴得无以复加。

这是我的第一本诗集！*我始终认为，作家的工作无关神秘或魔力，至少作为诗人，应该尽个人所能为大众服务。和诗歌最接近的，*

是一条面包、一只瓷盘、一块精雕细琢的可爱木头，尽管它们诞生于笨拙的手。 然而，我不相信手艺人会像诗人那样，在梦想的迷雾中被撼动，而后体验到用双手创造出的第一件作品所带来的，一生仅有一次的欣喜若狂。这是一个永不再重复的时刻。未来会有更精致、更漂亮的版本出现。他的文字会被译成其他语言，像倒入杯中的葡萄酒一样，在歌声中将芳香传播到世界各地。而在第一本书散发出墨香，页页纸张平整的时刻，仿佛耳闻鸟儿振翅高飞的响动，听到征服高地的第一朵花绽放的声音，如此这般令人着迷的狂喜瞬间，诗人的一生只经历一回。

其中一首名叫《告别》的诗，仿佛从那本不够成熟的诗集中脱颖而出，独自单飞了，不管我去到哪里，都能看到许多人将其熟记于心。他们会在任何让人意想不到的地方向我背诵这首诗，或要求我这样做，这让我心生困扰。当我在集会上刚被介绍时，就会有某位少女高声念出那些萦绕于心的诗句；有时受国务大臣接待时，他们会边行军礼，边背出诗的第一节。

几年后在西班牙，费德里科·加西亚·洛尔迦告诉我，他的诗作《不忠的妻子》也带给他同样的境况。费德里科证明友情的最佳方式，就是接受别人向他重复那首广受大众欢迎的美丽诗篇。所有作品中仅一首大获成功，这让我们感觉不舒服。但这是健康的、正常的心理反应。来自读者的这种强加的负担，会将诗人钉在时间长河里的某个单一时刻，然而创作真的就像车轮，在不停转动中才能越来越灵活，越来越自信，尽管过程中可能会流失掉新鲜感和自发性。

我不再去想有关《黄昏》的事，深深的焦虑感扰乱了我的创作。而到南方的短暂旅行让我又恢复了力量。我在一九二三年有过一次奇妙的经历。我回了趟特木科的家。到家时已过午夜。上床前，我打开了卧室窗户。夜空令我眼花缭乱。浩瀚苍穹中星罗棋布，熠熠生辉，一片盎然灵动。夜色像刚刚被洗过一样清澈透亮，南极星群在头顶铺展开来。

我被星空陶醉了，那是一种神圣的、彻底的陶醉。我心跳加速，连忙扑到桌上奋笔疾书，文思如泉涌，像在记录别人讲述的语句。我写出了新书的第一首诗，想了几个题目，最终确定为《热情的投掷手》。整个创作过程自然流畅，仿佛在自己的海域里游泳。

第二天，我满心喜悦地阅读这首诗。当我返回圣地亚哥时，文学奇才阿利里奥·奥亚尔顺[1]听了我的诗句后赞赏不已。随即他用低沉的声音问我："你能肯定这些诗句没有受到萨瓦特·埃尔卡斯特[2]的影响吗？"

"我非常肯定。我是在一股灵感的驱使下写的这首诗。"

而后我做了个决定：把这首诗寄给萨瓦特·埃尔卡斯特。这位伟大的乌拉圭诗人至今没有受到重视，这很不公平。在他身上，我看到自己能够用诗歌拥抱人类和大自然，并展现其内在力量的雄心：用史诗来歌颂宇宙的巨大奥秘，以及发掘人类的种种潜能。我开始与他互通信件。我一边继续着我的诗歌创作，让作品变得愈发成熟，一边极其认真地阅读萨瓦特·埃尔卡斯特写给我这个陌生的青年诗人的书信。

我将那晚写的诗寄给身在蒙得维的亚的萨瓦特·埃尔卡斯特，并询问他是否从中看到了他的作品的影子。我很快就收到了他礼貌

---

[1] 阿利里奥·奥亚尔顺（1896年~1923年），智利诗人。
[2] 萨瓦特·埃尔卡斯特（1887年11月4日~1982年8月4日），乌拉圭诗人，早期诗作带有现代主义倾向，后转向象征主义题材作品。

的回信，并得到了答复："我难得读到如此精彩、如此华丽的诗歌，但我必须告诉您：是的，从您作品的字里行间可以品出萨瓦特·埃尔卡斯特的味道。"

他的话是黑暗中的一道闪光，明晰了然，至今我仍充满感激。那封回信被我揣进口袋里很多天，直至被慢慢揉烂。许多事情都处于危险之中，特别是那晚，我被没有结果的灵光涌现冲昏了头脑。我跌入了虚无的陷阱里，繁星如同风暴一样冲击着我的理智，最终是白忙一场。我犯了错误。我应该提防灵感这个东西，而理智才会指引我在狭窄的小路上一步步向前走。我必须学会谦卑。我撕碎了许多手稿，还有一些不知放到了哪里。十年之后，这些诗歌才重新问世并出版。

萨瓦特·埃尔卡斯特的那封信终结了我时常涌现的想要书写广阔题材诗歌的野心。我舍弃了华而不实的辞藻，那本不是我该追求的，并有意让自己的语言表达变得平缓柔和。为了追求更加朴实无华的风格，追求自我世界中的和谐融洽，我开始着手写另一本书。《二十首情诗》便应运而生。

《二十首情诗和一首绝望的歌》是一本充满痛苦的田园诗集，内容全都关于让我在青春期饱受折磨的情欲，融合了南方地区美轮美奂的景色。我很爱这本书，因为它在忧郁和悲伤的氛围中流露着快乐。一条河流及它的河口助我一臂之力，那就是因佩里亚尔河。《二十首情诗》写的是我与圣地亚哥的情事，挤满学生的街道、大学校园、对爱情报以芬芳的忍冬都被我寄予了浪漫情愫。

有关圣地亚哥的部分，是在位于埃乔伦街和西班牙大道间的师范学院旧楼内写的，但所涉及的风景永远是南方的森林和海洋。《绝望的歌》中提及的码头，是卡拉韦和下因佩里亚尔河岸的老码头，破旧的木条和木板像被宽阔河流侵蚀后的树桩；不管是过去还是现在，都能在河口听到海鸥振翅的声响。

在某只遭遇海难后被遗弃的体型狭长的救生船上，我读完了整本《约翰·克利斯朵夫》，并写下了《绝望的歌》。头顶的天空蓝得耀眼，我从未见过。我在船里写作，像是将自己藏起来了一样。那段日子是我精神最亢奋、思想最深远的时光。抬头看到的，是天空浓重的蓝；手中捧着的，或是《约翰·克利斯朵夫》，或是我刚写出的诗句；在我身旁的，是存在着并将永存于我诗中的一切：遥远的海浪声，野鸟的鸣叫声，以及像不朽的灌木那样，烈烈燃烧、永不熄灭的爱。

我常被人问到，《二十首情诗》中所写的女人是谁，这是个不易回答的问题。穿插在这些充满忧伤又激情热烈的诗歌中的两位女性，可以说对应着玛莉索和玛莉松布拉①，即大海和太阳，以及大海和影子。玛莉索是在迷人的乡村里，在繁星满天的夜空下邂逅的爱情，她目似点漆的眼睛就像特木科潮湿的天空，她几乎出现在书的每一页，展现着欢快、活泼和美丽，围绕着她的是港口的水域和群山上的半个月亮。玛莉松布拉是在城市里读书的学生，头戴灰色贝雷帽，眼神分外温柔，身上散发着我在无拘无束的学生时代时常嗅到的忍冬花香，能够平息幽会在城市隐蔽处的人们激情的欲望。

与此同时，智利的生活发生了改变。

智利的人民运动拉开帷幕，并在学生和作家间大肆宣扬，寻求更强大的力量支持。一方面，小资产阶级的杰出领袖，阿图罗·亚

---

① 玛莉索 Marisol 一词由 mar（大海）和 sol（太阳）组成，玛莉松布拉 Marisombra 一词由 mar（大海）和 sombra（影子）组成。

历山德里·帕尔马①成为共和国总统，他是一个满身活力，善于蛊惑人心的人，此前他还用言辞激烈、带有胁迫性的演说震撼了整个国家。尽管个性超乎寻常，掌握政权后的他迅速变成一位美洲传统的统治者；他曾对抗过的寡头统治集团张开大嘴，将他和他的革命言论一口吞下。国家在残酷的斗争中继续被撕扯。

同一时间，工人阶级领袖路易斯·埃米利奥·雷卡瓦伦②非常积极地将无产阶级组织起来，成立联盟中心，在国内创立了九、十份工人报刊。大规模的失业问题导致政治体制摇摇欲坠。我每周都为《光明》杂志供稿。我们学生支持人民的权利，在圣地亚哥街头遭受警察殴打。成千上万失去工作的硝石矿工和铜工蜂拥至首都。游行示威和随之而来的镇压给国民生活蒙上了悲剧色彩。

从那时起，政治色彩断断续续地渗透进我的诗歌和我的生活中。作为一位青年诗人，在我的诗中，我无法关上门，隔绝外面的世界，就像我无法关上门，远离爱情、生活、喜悦和悲伤。

词语

……你可以畅所欲言，真的，然而这些词语会唱歌，它们此起彼伏……我向它们致敬……我爱它们，我迷恋它们，我追求它们，我咬住它们，我将它们在口中融化……我极度热爱这些词语……那些意想不到的词语……那些我贪婪渴望的，或一直追踪

---

① 阿图罗·福尔图纳托·亚历山德里·帕尔马（1868年12月20日~1950年8月24日），智利律师、政治家、总统。

② 路易斯·埃米利奥·雷卡瓦伦（1876年7月6日~1924年12月19日），智利社会主义工人党（智利共产党的前身）主席、智利工人运动领袖，主编《共产党人》报，积极传播十月革命和马列主义。

觅影的词语突然掉落眼前……我爱那些元音……它们像彩色石头般闪耀,像银鱼般跃动,它们是泡沫,是丝线,是金属,是露水……我追逐着某些词语……它们太美好了,以至于我想全部收入我的诗中……当它们嗡嗡飞过时,我将其捕获,牢牢捉住,再清洗干净,剥掉外皮,我面前的这盘美食,有着水晶一样的质感,它们是鲜活的,象牙般光洁,植物般润泽,它们也像水果,像海藻,像玛瑙,像橄榄……然后我搅拌它们,摇晃它们,喝掉它们,我狼吞虎咽地吃着、嚼着,我给它们加上配菜,我扔掉它们……被我写进诗里的这些词语,像钟乳石,像抛光的木片,像煤块,是从失事船只残骸里取来的,来自海浪的馈赠……词语里什么都有……当其中一个词语换了位置,或另一个如小公主一样的词语被安插到一条不欢迎她却必须服从于她的短语中时,所要表达的思想会发生彻底的改变……它们有阴影,有透明度,有重量,有羽翼,有毛发,它们所蕴含的内容,来自潺潺河水上的漂流、不同国度间的游走、地面之下的盘根错节……它们既古老又新鲜……它们存在于阴暗的灵柩里,存在于新生的蓓蕾中……如此伟大美好的语言是我们从残暴的西班牙征服者那里继承而来的……他们带着这世上独一无二的贪婪欲望,大步跨越壮观的安第斯山脉,走过崎岖的美洲大陆,寻找土豆、香肠、豆子、黑烟草①、黄金、玉米、煎蛋……他们将一切都吞食掉,宗教信仰、金字塔、部落、盲目崇拜,连同他们携带的巨大麻布袋里的东西……而从那些野蛮人的皮靴里、胡子里、盔甲里、马蹄上掉落的词语,留在了这里,卵石一样闪闪发光……我们的语言。我们是失败者……我们也是赢家……他们掠走了黄金,又留下了

---

① 一种较重、较浓烈的烟草。

黄金……他们带走了一切,又留下了一切……他们把词语留给了我们。

世界之路

漫步瓦尔帕莱索

瓦尔帕莱索离圣地亚哥很近，两座城市仅被草木茂盛的山峦分开，山峰上高大的仙人掌，虎视眈眈却又开满了花，像方尖碑一样高耸入云。瓦尔帕莱索与圣地亚哥之间的差异无法界定。圣地亚哥是被冰雪之墙囚禁起来的城市，瓦尔帕莱索却截然不同，它敞开大门，朝向无边无际的大海，喧嚣吵闹的街道，和稚嫩孩童的眼睛。

在最狂野任性的青年时代，我们常常在一夜未眠的黎明时分，身无分文地说走就走，登上开往瓦尔帕莱索的三等车厢。我们这些诗人或画家，全都二十岁左右，带着满腔冲动和疯狂，渴望施展才能，渴望增长见识，渴望迸发出新的创作灵感。瓦尔帕莱索闪烁的星光像是跳动的脉搏，向我们招手示意，吸引我们前往。

直到多年后，我再一次感受到了这种难以解释的召唤。那是我生活在马德里的几年间。凌晨时分走出剧院，踏入一家小酒馆，或仅仅在街上散步时，我会忽然间听到托莱多①在召唤我，那是种无声的、幽灵般的静谧呼喊。在那夜深人静之时，我和朋友们一起，如同年轻时那般疯狂，来到那座古老的，曾被严重损毁的灰色城堡。我们和衣躺在石桥下，躺在塔霍河的沙滩上。

不知为什么，在我能回忆起的去往瓦尔帕莱索的数次旅行中，其中一次深深印在我的脑海里，散发着原野上连根拔起的草木香气。那时我们去送别一位诗人和一位画家朋友，他们乘坐三等舱去往法国。囊中羞涩的我们连条件最差的客栈都住不起，于是去找诺沃亚，他是美妙的瓦尔帕莱索城内最受我们欢迎的疯子之一。走到他的住

---

① 西班牙古城，卡斯蒂利亚-拉曼恰自治区首府和托莱多省省会。

处并不容易。诺沃亚带着我们爬上爬下翻越过无数座小山，我们在他无畏前行的身影背后紧紧跟随。

一路上说个不停的诺沃亚是个令人难忘的人，一脸浓密的络腮胡子，深色的上衣燕尾摆像是翅膀，在我们耗尽全力、摸黑攀登于起伏的山岭间时，不停地扑扇着。他被我们这些诗人誉为圣徒，一位神圣的疯子。他天生是个自然主义者，也是纯粹的素食主义者。他颂扬身体的健康与地球馈赠的大自然之间神秘的纽带，除了他，无人对此知晓。一边走，他一边向我们布道；雷鸣般的声音向后传来，仿佛我们都是他的信徒。那高大的身形向前移动，如同天生习惯黑暗与荒野的圣·克利斯朵夫①。

我们终于到达，他的家是一个小木屋，只有两个房间。其中一间摆放着我们圣·克利斯朵夫的床，另一间几乎被一把巨大的柳条扶手椅占据，椅身上纵横交错着丰富的圆花饰，扶手上还装饰着古香古色的小抽屉。这是一间维多利亚风格的杰作。那晚，这把扶手椅分配给我用来睡觉。朋友们则将晚报铺在地上，小心躺下，就这样睡在了"新闻和社论"之上。

很快，呼吸声和打鼾声告诉我，他们都已安然入梦。而我坐在这件巨大的家具里，带着一身疲乏的筋骨，难以入眠。我能听到来自高地和孤峰的寂静。只有黑夜中天狼星偶尔的闪烁，以及遥远的船舶进出港口的汽笛声，让瓦尔帕莱索的这个夜晚显得真实。

忽然间，我感受到一种无法抵抗的奇特力量在内心泛滥。那是山丘的芬芳，是伴随我童年成长的草原和植被的味道，而城市的喧嚣嘈杂让我将其忘却。我被大地母亲轻轻抱着，在摇篮曲中昏昏欲

---

① 受天主教及正教会所敬礼的圣人，身形高大，其背耶稣基督渡河的故事被绘入版画中，也被认为是旅行者和游子的主保圣人。

睡。这原始的大地的呼吸声，这最纯净的香气从何而来？我的手指在那把巨大的柳条扶手椅的各个角落和缝隙中探索，发现了数不清的小格子。在那些小格子里，我摸到了干枯光滑的植物、粗糙的圆枝条、柔软或坚硬的带有金属光泽的叶子。这是我们的素食主义传教士有益健康的全部收藏，它们完整地记录了这位充满活力、四处游走的圣·克利斯朵夫，用一双大手搜集野生植物的生活方式。解开了这个秘密后，我便在草木芳香的守护中安心睡去。

在瓦尔帕莱索一条窄街上，我在索伊洛·埃斯科瓦尔先生家对面住了几周。我们的露台几乎靠在一起。我这位隐士般的邻居一大早就站在露台上锻炼身体，露出竖琴一样的肋骨。他亘古不变地穿一条廉价工装裤，或是一件破旧的大衣，一半像水手，一半像天使长。很早之前他就退休了，告别了远航，告别了海关，告别了其他海员。每天他都会以一种完美主义者一丝不苟的态度，用刷子清理他的礼服。那是一身华贵精致的法兰绒套服，这么多年来，我却从未见他穿过——它一直被藏在旧衣柜里，和其他宝贝放在一起。

不过，最让他视同至宝，终其一生尽心珍藏的，是一把斯特拉迪瓦里[①]小提琴，他自己不拉，也不许任何人拉。索伊洛先生曾想去纽约卖掉小提琴，这样的话，他就能靠这件出名的乐器赚得一大笔钱。有时他会从破衣柜里拿出这把琴，让我们虔诚地观赏一番。也许有一天，索伊洛先生会动身北上，回来时琴已不在，手上却多了几枚俗丽的戒指，多年来嘴巴里慢慢出现的空缺，也被填补上了金牙。

一天早上，他没来露台锻炼。后来我们将他安葬在山上的墓地

---

① 由迄今最伟大的小提琴制作家，意大利人斯特拉迪瓦里制作的小提琴，在音质和工艺上均达到无与伦比的高度，成为小提琴制作领域的瑰宝。

里，他那隐士般的瘦小身体第一次穿上那身黑色法兰绒套服。斯特拉迪瓦里小提琴没能为他的离去吟唱哀歌，因为没有人会拉琴。而且，衣柜被打开时，那把琴已不知去向。或许它飞向了海洋，也可能飞去了纽约，去实现索伊洛先生的梦想。

瓦尔帕莱索是个神秘的地方，道路蜿蜒曲折。贫穷像瀑布一样在山上倾泻。人人都知道，住在山上数不清的人们有多少食物，穿得怎么样（他们没多少食物，穿得不太好）。每家每户洗好的衣服晾晒在屋外，像挂起来的一面面旗帜，光脚的孩童成倍数不断增多，揭露了男女间无法遏制的爱情。

然而，在靠近大海的平地上，有些带露台的房子却窗户紧闭，几乎没有人踏进过一步。其中一座是探险家的住处。我连续叩响青铜门环，以确保有人听见。终于，一串轻盈的脚步声向我靠近，大门敞开了一道缝，一个满脸狐疑的人谨慎地看着我，没有想请我进去的意愿。开门的是这座房子的仆妇，披着方形围巾，穿着围裙，脚步声如耳语一样轻软柔和。

探险家也已上了年纪，住在这座窗户紧闭的宅院里的只有他和那位仆妇。我前去拜访是为了见识他收藏的神像。走廊和墙上满是鲜红色生物、灰白条纹面具、已看不清样子的海神雕像、波利尼西亚人干枯的头发、望而生畏的盖着豹皮的木制盾牌、凶神恶煞的骨齿项链、也许曾乘风破浪的小型帆船船桨。刀子在黑暗中闪着险恶的寒光，连墙壁都为之战栗。

我留意到男性木制神像的性器官都遭到破坏，阴部被裹腰布遮得严严实实，很明显，布料和仆妇穿戴的围巾和围裙是同一种。

老探险家轻手轻脚地走过一件件战利品，一个房间接着一个房间地为我讲解——哪个人物活得长久，并在他回忆的影像中依然鲜活。他那白色的山羊胡像极了萨摩亚人神像的胡子。他拿出火枪和大型手枪给我看,他曾用这些武器追击过敌人,捕猎过羚羊和老虎。讲述冒险经历时,他依然轻声轻语。透过紧闭的窗户,只有一缕阳光钻了进来,像一只灵动的小蝴蝶,在神像间翩翩起舞。

临走时,我提到了我计划中的海岛之行,以及想要立刻前往金色沙滩的迫切心情。他朝四周张望了一下,然后把他凌乱的胡子贴近我的耳朵,颤颤巍巍地说:"别让她听见,她可不能知道这件事,我也正准备去旅行。"

他用一根手指贴着嘴唇,停留片刻,像是在丛林里聆听是否有老虎的脚步声。然后大门在我们之间关上了,眼前突然黯淡下来,仿佛夜晚降临非洲大地。

我问邻居:"附近还有其他怪人吗?有没有值得重返瓦尔帕莱索的事情?"

他们回答:"值得一提的几乎没有了。不过,如果你顺着那条街走,会碰到巴托洛梅先生。"

"可我如何认出他?"

"你不会认错的,他外出时总乘坐一辆豪华马车。"

几小时后,我正在一家水果店买苹果,一辆四轮马车停在了门口。一个身穿黑衣、举止笨拙的高个子下了车,也来买苹果。他的肩上站着一只纯绿色鹦鹉,进店后横冲直撞地向我飞来,停在了我的头上。

"您是巴托洛梅先生吗?"我向这位绅士发问。

"没错,我叫巴托洛梅。"当他把买好的苹果和葡萄装进篮子的时候,从斗篷下抽出一把长剑递给我。那是一把古剑,长且锋利,剑柄由技艺精湛的银匠制作,上面刻着一朵盛开的玫瑰花。

我不认识他，后来也没再见过他。但我却毕恭毕敬地陪他走到街上，不声不响地为他打开车门。他拿着水果篮上了车，我又庄重地将鹦鹉和剑交到他手上。

瓦尔帕莱索的许多地方遭受着不公的待遇，仿佛被时间遗忘了，就像被丢弃在仓库后面的板条箱，没有人知道它们是在什么时候从哪里来的，无人认领并将永留此地。在这些神秘领域，在瓦尔帕莱索的灵魂之处，或许永久贮存着失去威力的海浪、暴风雨、盐及汹涌的大海。每个人心中都锁着一片澎湃的海：没有海浪声，孤独涨落，最后幻化成梦的气泡和粉末。

我惊奇地发现，我看到的那些异乎寻常的生活方式与港口城市的悲苦人生息息相关。山上，柏油铺上道路，人们欢天喜地，贫困也随之日益深重。海岸线上，起重机、码头和人们的辛勤劳动形成一条腰带，蒙着涂满油彩的面具，那是飘忽不定的幸福画出的作品。另有一些人，他们不在山上雀跃，也不去山下劳作，而是把自己无限的世界收了起来，把每一个碎片装进一个盒子。

他们用自己的方式守护着这一切，然而遗忘却像云雾一样向他们靠近。

有时，瓦尔帕莱索像受伤的鲸鱼一样抽搐不停，在空气中痛苦挣扎，死去活来。

城里每一位居民都带着对地震的恐惧记忆，这种恐惧就像花瓣一样，一生都紧紧依附着城市的心脏，无法摆脱。每个人甚至在出生前就已是英雄了。因为港口的记忆中有灾难，有地壳的震动，有从地下深处传来的隆隆声，就好像一座葬于海底或地下的城池，正敲响已被掩埋的塔钟，告知人们一切都结束了。

有时，当墙壁和屋顶在灰尘和火焰中坍塌，在尖叫和静默中瓦解，当一切都被永久的死亡平息时，大海伸出绿色的大手，如同最后的幽灵，那是复仇之塔般的巨浪，高大且来势汹汹，将所及之处的残存生命一扫而空。

有时，一切始于若有似无的晃动，将入睡的人们唤醒。在断断续续的梦中，灵魂抵达深埋在地下的根源，那是它一直想要了解的地方，现在终于了解了。而后，在剧烈的震动中，人们无处可逃，因为众神都已离去，高高在上的教堂也支离破碎，变成一堆堆瓦砾。

不同于躲避暴怒的公牛、锋利的尖刀和吞噬一切的洪水，这是一种来自宇宙的恐惧，瞬间降临的危难，全世界崩塌，一切化为乌有。与此同时，大地发出低沉的雷鸣，没人听过那种声响。

房屋坍塌而扬起的尘埃逐渐落地。幸存的我们和遇难的人们待在一起，遍地亡者，我们不明白自己为什么仍然活着。

阶梯蜿蜒而上，或蜿蜒而下。它们会逐渐变窄，细如发丝，让你稍事休整后，再笔直而上。它们令人眩晕，急降、延伸、折转，没有尽头。

共有多少阶梯？阶梯有多少台阶？有多少双脚踩在上面？那些携带着书、番茄、鱼、瓶子、面包，沿着阶梯走上走下的足迹，经历了多少世纪？那些让雨水嬉笑打闹着顺流而下的沟壑，需要多少数以千计的小时才能磨损而成？

阶梯啊！

没有哪座城市像瓦尔帕莱索一样，把阶梯像花瓣一样抛撒进历史的长河，将它们铺在脸上，吹向空中，再收集起来。没有哪座城市的面庞上有那么多条沟纹，生命在上面来来回回，仿佛向上通往天堂，向下落入尘世。

阶梯的中央生出了紫色的蓟花！从亚洲归来的水手拾级而上，

只为回家看到新鲜绽放的笑容，也可能会面对令人失望的空房间！一个步履蹒跚的醉汉像颗黑色流星一样，从台阶上跌了下去！阳光爬上阶梯，向群山表达爱意！

走遍瓦尔帕莱索的所有阶梯，就等于做了一次环球旅行。

瓦尔帕莱索，我的悲伤……！南太平洋的孤独地带发生了什么？游星或萤火虫争斗时发出的磷光是否幸免于难？

瓦尔帕莱索的夜晚啊！地球上亮起的一个小光点，在浩瀚宇宙中是多么微不足道的存在。萤火虫在发光，山间的灯光亮起，像一只金色的马蹄铁。

四面八方的灯光随即照亮无边无际的荒凉长夜。毕宿五在闪烁，更远处，仙后座把她的衣服挂在天堂大门上，与此同时，南十字星的马车在夜晚银河流淌的河道上悄无声息地驰骋。

就在这时，抬起前蹄、令人惊慌的人马座掉了东西，从它隐形的马蹄里掉下一颗钻石，又从更远处的皮毛里掉下一只跳蚤。

于是，瓦尔帕莱索诞生了，灯光点亮了城市，化成泡沫的海浪和灯红酒绿的喧闹将它包围起来。

狭窄的巷子里，随处可见坠入歧途的美丽少女。黑暗中藏着一扇扇门，途经时会被一双双手拉进去，水手们在南方的床单上迷了路。啤酒馆里塞满了波莉安塔、特里特通加、卡梅拉、上帝之花、穆尔蒂库拉、贝蕾妮斯、宝贝甜心，她们只围着那场耸人听闻的海难的幸存者，一个接一个地轮番上场，她们的舞跳得无精打采，透露出多雨地区人们的忧伤。

最坚固的捕鲸船离开港口，去征服那海中怪兽。其他船前往加利福尼亚去淘金。最后一批船不久后出发，它们要跨越七大洋，去智利沙漠开采硝矿，它们像雕像粉碎后无尽的尘土一样，沉积在世界上最干燥的土地下。

这些都是非同寻常的冒险。

瓦尔帕莱索在世界的夜晚里闪闪发光。船只在港口间进进出出，乘风破浪的大船装饰得像一只只漂亮的鸽子，还有甜香四溢的小船和因长时间航行而饥肠辘辘的护卫舰……有好几次，刚刚到达港口，人们就迫不及待地从船上下来……在曾经那些残酷而又美妙的岁月里，几大洋间只能通过遥远的巴塔哥尼亚海峡相互来往。那时候，瓦尔帕莱索的船员工资丰厚，他们既厌恶这座城市，又深爱着它。

曾有一艘船运输过一架三角钢琴；另一艘船载过高更的秘鲁外祖母弗洛拉·特里斯坦①；还有一艘"韦杰号"迎来过《鲁滨逊漂流记》的原型人物，他刚在胡安·费尔南德斯岛获救……其他船只运来菠萝、咖啡、苏门答腊的黑胡椒、瓜亚基尔的香蕉、阿萨姆邦的茉莉花茶、西班牙的茴芹……这个遥远的海湾形似半人半马怪物脚掌上生锈的马蹄铁，到处断断续续飘散着各种芳香：在某一条街上，你为肉桂的香气神魂颠倒；在另一条街上闻到南美番荔枝的味道，心灵仿佛被一只白色的箭射穿；智利海域的海藻碎屑又会跑出来向你发起进攻。

这时的瓦尔帕莱索已灯火辉煌，一片耀眼的金黄铺满大地；慢慢地，它变成海边一棵橘子树，生长枝叶，形成树荫，结出华丽灿烂的果实。

瓦尔帕莱索的群山决定赶走山上的居民，任凭一座座房子建在

---

① 弗洛拉·特里斯坦（1803年4月7日~1844年11月14日），法国社会主义作家、活动家、现代女权主义的奠基人之一。

高处，吊挂在混着黏土的红色悬崖上，吊挂在开着丽钟阁①的金黄色悬崖上，吊挂在长着野生植物的绿色悬崖上，那种绿，转瞬即逝。尽管摇摇欲坠，无论是房屋还是居民，都紧紧抓住高处，挣扎着、挖掘着、担忧着，一心要将自己悬挂在那里，用牙齿咬住每一段峭壁，用指甲抠紧每一处悬崖。这个港口是大海和安第斯山脉未被驯服的大自然之间激烈竞争的地方。是人类一点点地赢得了斗争的胜利。众多的山和广阔的海赋予了这座城市一种格局，使它变得统一，而又不像军营。这里的春天多彩多姿，颜色对比强烈，一片生机盎然。房屋也是彩色的：紫红配黄色，深红配钴蓝，绿色配紫色。而瓦尔帕莱索作为真正的港口，始终履行着它的使命，一艘搁浅的大帆船，仍然充满生气，一队航行中的船舰，旗帜迎风招展。这样一座飘满旗帜的城市值得被太平洋的风光临。

　　我在这芳香宜人却又伤痕累累的群山间生活过。这里山峦迭起，难以想象居民们过着怎样的生活，数不清的棚屋盘踞在蜿蜒曲折的山路旁，触动人心。盘旋中可见一座橙色的旋转木马，一位走下山坡的修士，一个打着赤脚埋头吃西瓜的女孩，一帮鬼混在一起的水手和女人，一家开在锈迹斑斑的锡棚屋里的商铺，一个帐篷只够装下驯兽师胡子的小马戏团，一道直冲云霄的阶梯，一台装满洋葱向上运货的升降机，七头背水上山的毛驴，结束救援打道回府的消防车，一扇橱窗和里面成堆的瓶子，瓶中装着有生命或无生命的东西。

　　然而，这一座座山都有着意味深长的名字。游走在这些名字之间，像是一场没完没了的旅行，因为瓦尔帕莱索不仅在地理上还是在文字上，都是看不到尽头的。快乐山、蝴蝶山、波朗科山、医院山、

---

　　① 别名巴氏丽钟角、魔鬼小号、顶针花，原产非洲西南部，夹竹桃科。有观赏价值，用茎咀嚼以摄取汁液或用作食物，茎药用。

小桌山、角山、海狮山、牵引山、陶工山、查帕罗山、蕨山、利特雷山、风车山、杏林山、佩坤思山、切尔坎山、阿塞韦多山、稻草山、监狱山、雌狐山、埃尔韦拉夫人山、圣斯蒂芬山、阿斯托加山、翡翠山、杏树山、罗德里格斯山、炮山、送奶工山、圣灵感孕山、墓地山、蓟山、多叶树山、英国医院山、棕榈树山、维多利亚女王山、卡瓦略山、圣约翰上帝山、波丘罗山、小海湾山、山羊山、比斯坎山、伊利亚斯先生山、海角山、甘蔗山、瞭望台山、帕拉西亚山、温柏山、公牛山、花卉山。

我无法走遍这么多地方。瓦尔帕莱索需要一个新的海怪，长着八条腿，才能跑遍每个角落。我见识了它的广阔，那倍感亲切的广阔，却无法将它五彩斑斓的右边、绿植遍地的左边、悬崖峭壁以及峡谷深渊都尽收眼底。

我只能跟随悠扬的钟声、起伏的山峦和不同的名字去领略它。

尤其是那些名字，它们是主根和支根，是空气和石油，是历史和歌剧：鲜红的血液流淌在一个个音节里。

凹坑里的智利领事

一项大学生文学奖、几本受欢迎的新作，还有我那件"臭名昭著"的斗篷，让我的名气冲出艺术界，并受到尊敬。但在二十年代，除了极少数勇者，我们这些国家的文化生活只依附于欧洲。每个共和政体内都活跃着一位国际化精英，这些归属于统治阶层的作家们居住在巴黎。我们伟大的诗人比森特·维多夫罗①不仅用法文写作，还将自己的名字改了，把"比森特"换成了"文森特"。

事实上，年轻的我刚刚小有名气时，就被街上的人问道："欸，您在这里做什么？您应该去巴黎。"

一位朋友将我推荐给外交部的一位部门负责人，他立刻接见了我。他了解我的诗。

"我也了解您的志向。请坐，这把扶手椅很舒服。这里有很好的视野，可以观赏到广场以及广场上的嘉年华会。看那些车子，都是虚荣心的体现。作为青年诗人，您是幸运的。看到那座宫殿了吗？它曾属于我家。如今我待在这里，在政府机关的这个小房间里，精神层面的东西最为重要。您喜欢柴可夫斯基吗？"

聊了一个小时的艺术后，他和我握手告别，告诉我不要为工作的事担忧，他是领事司司长。"您现在可以认为自己已被委派到国外任职了。"

两年间，我时常去办公室与这位领事司司长见面，他对我越来越客气有礼。一见我来，他便一脸严肃地叫来秘书，皱着眉头说："如再有人拜访，我一概不见，现在我要忘记那些日复一日乏味的谈话。诗人的来访是这里唯一脱俗的事情。我希望他永远不要抛弃我们。"

我确信他说的话是由衷而发。随后，他滔滔不绝地聊起纯种狗。"不喜欢狗的人，也不喜欢孩子。"接着又谈起了英国小说，然后跳转到人类学和招魂术，最后以纹章学和族谱学收尾。我告辞时，他再次和我提到，我的驻外职位已是板上钉钉，说话的语气就好像这

---

①　比森特·维多夫罗（1893年1月10日~1948年1月2日），智利诗人。年轻时推崇法国作家，以推动智利先锋派文学运动而闻名，后摒弃西方影响，反对一切传统，自称"创造主义"。代表作有《水的镜子》《北极的诗》等。

是我们两个之间不可告人的小秘密。尽管我连吃饭的钱都不够了，那晚离开时我却像个外交官一样底气十足。朋友们问我最近在忙什么，我便装腔作势地说："我正为去欧洲做准备。"

日子一切如常，直至我遇到我的朋友比安基。智利的比安基家族是一个名门望族。画家、流行音乐家、法学家、作家、探险家、安第斯山脉登山者，所有这些给比安基家族戴上了永不安分、睿智聪明的光环。我的这位朋友曾担任大使，对外交部门的底细了如指掌，他问我："你的任命还没有通过吗？"

"我随时都能任职，外交部一位高级官员这么和我保证的，他也是一位艺术保护人。"

他笑着说："咱们去趟外交部。"

他拉着我走上大理石台阶，勤杂工们和职员们连忙给我们让路。我目瞪口呆。那是我第一次见到外交部长。他个子很矮，为了掩饰这个缺陷，他纵身一跃，坐到了办公桌上。我的朋友告诉他我想要离开智利的迫切愿望，于是部长按下了众多按钮中的一个。而当我那位精神保护人突然出现时，我的不安达到了顶点。

"现有的领事职位哪些是空缺的？"外交部长问他。

这位品位高雅的官员此刻无法再谈论柴可夫斯基，他列举出分散在世界各地的众多国家和城市，而我只记住了一个从未听过且读过的名字：仰光。

"巴勃罗，你想去哪里？"部长问我。

"去仰光。"我毫不犹豫地回答。

"给他委任状。"部长下了命令，我的保护人匆忙离开，而后带着一份公文回来。

部长办公室里有个地球仪，我和我的朋友比安基在上面寻找着仰光，这座我们一无所知的城市。这个旧地球仪的亚洲版图位置有个凹痕，而就在这个坑洼处，我们找到了它。"仰光，这里就是仰光。"

几个小时后，我和我的诗人朋友们碰面，他们要为我的任命庆祝一番，而此时我却已经彻底忘记了这座城市叫什么名字。兴奋之余我只能告诉他们，我被派到传说中的东方担任领事，而我要去的地方，就在地球仪的一个凹坑里。

蒙帕纳斯

一九二七年六月的一天，我们动身前往一个遥远的地方。在布宜诺斯艾利斯，我们把我的头等船票换成两张三等船票，登上了"巴登"号。这艘德国轮船每种舱位看起来都差不多，也就够得上五等舱级别。用餐时段分为两个，一个是葡萄牙和西班牙移民的快餐时段，另一个是为其余各色旅客，尤其是从拉丁美洲各个矿山和工厂返乡的德国人准备的。我的同伴阿尔瓦罗是个不安分的色鬼，他立刻将女性乘客分成了两类：主动进攻的和言听计从的。但这种分类方法并不永远适用。他有一大堆把戏用来俘获芳心。每当甲板上现身几位令他感兴趣的女人，他就赶忙抓起我的一只手，装出一副高深莫测的样子为我看手相。那些闲逛的女人第二次经过时，便会停下来求他为她们算命。他会立刻捧起她们的手，一边抚摸，一边看相，而他所预测的未来，总是将她们引入我们的客舱。

而接下来的旅程对我来说完全不一样了，我充耳不闻乘客们对千篇一律的土豆餐喋喋不休的抱怨，也不再目视大千世界和单调乏味的大西洋，吸引我全部注意力的是长着一双黑色大眼睛的巴西人，一位地地道道的巴西姑娘，她同父母和两个兄弟一起在里约热内卢上船。

在里斯本的那些年是无忧无虑的，街上到处是渔夫，萨拉查①还未上台，我对一切充满好奇。我住的小旅馆餐食美味，桌上摆放着几大托盘水果。五颜六色的房屋；有拱形门的古老宫殿；穹顶古怪的大教堂，几世纪前上帝就想放弃此处，另寻他地；在旧皇宫内开设的几家赌场；大街上带着孩童般好奇心的人群；布拉干萨女公爵②曾神情恍惚地走在铺满鹅卵石的街道上，面无表情，身后跟着上百名流浪儿童，此番画面令人敬畏——这便是我最初到达的欧洲土地。

还有马德里，咖啡馆内座无虚席；乐善好施的普里·德里维拉③正在为某个国家传授独裁统治的第一课，不久后他们将全部掌握。西班牙人对我的诗集《大地上的居所》中的前面几首理解得很慢，直到后来阿尔维蒂④、洛尔迦、阿莱克桑德雷⑤、迭戈⑥那一辈人

---

① 安东尼奥·德·奥利维拉·萨拉查（1889年4月28日~1970年7月27日），葡萄牙总理（1932年~1968年）。作为葡萄牙的独裁领导者，一生备受争议。2007年被评选为"最伟大的葡萄牙人"。

② 卡塔里娜（1540年1月18日~1614年11月15日），葡萄牙王女，布拉干萨公爵夫人，曾于1580年在葡萄牙国王恩里克一世去世后宣称葡萄牙王位，但未能成功。

③ 米戈尔·普里·德里维拉（1870年1月8日~1930年3月16日），西班牙将军、政治家、首相（1923年9月~1930年1月）。

④ 拉法埃尔·阿尔维蒂（1902年12月16日~1999年10月28日），西班牙诗人、作家。年轻时从事绘画，后转向诗歌创作，擅长多种诗歌形式和题材，早期诗歌受现代派影响，倾向超现实主义，30年代后转向现实主义。

⑤ 比森特·阿莱克桑德雷（1898年4月26日~1984年12月14日），西班牙诗人。

⑥ 赫拉尔多·迭戈（1896年10月3日~1987年7月8日），西班牙诗人。

出现时,他们才逐渐读懂。对我来说,西班牙也是一列没有尽头的火车,是世界上最糟糕的三等车厢,它带我们来到了巴黎。

我们消失在蒙帕纳斯拥挤的人群中,消失在阿根廷人、巴西人、智利人之中。当时的委内瑞拉人仍承受着戈麦斯①政权的重压,想不到会出现在这里。在那边,第一批到达巴黎的印度人穿着拖地长袍。我邻桌的客人颈部盘着一条小蛇,她一脸倦容地喝着奶油咖啡,透着忧郁的神情。我们南美洲的侨民品着法国白兰地,跳着探戈舞,伺机挑衅,想要在较量中征服半个世界。

对于我们这些来自南美洲的土里土气的穷艺术家来说,巴黎、法国乃至欧洲是由方圆两百米和几个街角组成的:蒙帕纳斯、圆亭咖啡馆、穹顶咖啡馆、圆顶咖啡馆,以及其他三四家咖啡馆。有黑人驻场表演的夜总会刚刚开始流行。南美洲人里阿根廷人最多,他们最好斗,也最有钱。打斗随时会发生,然后一个阿根廷人被四个服务生抬起来抛出去,飞过几张桌子,重重地摔到大街上。我们这几个从布宜诺斯艾利斯过来的兄弟一点也不喜欢这种粗鲁的行为,担心会弄皱裤子,甚至搞乱发型。那个年代,润发油是阿根廷文化最重要的一部分。

事实上,刚到巴黎的那段日子,时间过得飞快,我没有接触到任何一个法国人、欧洲人以及亚洲人,更不用说非洲人和大洋洲人了。从墨西哥人到巴塔哥尼亚人,这些讲西班牙语的美洲人都在自己的小圈子里活动,互相刁难,互相毁谤,却又谁也离不开谁。危地马拉人宁愿找巴拉圭流浪汉做伴,一起精致地消磨时间,也不愿

---

① 胡安·比森特·戈麦斯·查孔(1857年7月24日~1935年12月17日),委内瑞拉政治家、军事家、独裁者。

和巴斯德①待在一起。

就在那段日子里,我结识了伟大的拉美诗人塞萨尔·巴列霍②,他的诗歌有着野兽皮毛那般粗糙的质感,却爆发出非同寻常的恢宏气势。

顺便提一句,我们在刚认识的时候就闹了点不愉快。那是在圆亭咖啡馆,我们相互介绍后,他操着一口地道的秘鲁口音,向我表示敬意:"在所有诗人中,您是最伟大的一位。只有鲁文·达里奥③可以与您媲美。"

"巴列霍,"我回应道,"如果您希望我们成为朋友,就不要再对我说这种话。要是我们一开始就以文人间相处的方式交往,那么我不知道我们的情谊能维持到什么时候。"

我的话似乎让他感觉不适。我所受的反文学教育使我显得没有礼貌。他和我恰恰相反,他所属的族裔比我的历史更悠久,身份高贵,举止有礼。看到他有些生气了,我觉得自己就像个招人烦的乡巴佬。

但这件小事很快就烟消云散了。之后我们变成了真正的朋友。多年后,当我在巴黎长住时,我们天天见面,我也越来越了解他。

巴列霍比我矮,比我瘦,但骨架大。他比我更像印第安人,乌黑的眼睛,额头高而饱满。他长着一张英俊的印加人脸孔,一派威

---

① 路易斯·巴斯德(1822年12月27日~1895年9月28日),法国著名微生物学家、化学家,近代微生物学的奠基人,创造了巴氏消毒法,并在疫苗接种技术方面进行了开创性研究。

② 塞萨尔·巴列霍(1892年3月16日~1938年4月15日),秘鲁现代诗人,生于安第斯山区,其父母皆有印第安人血统。他一生贫困,且思想激进,是秘鲁最重要的诗人,也是拉美现代诗最伟大的先驱之一。

③ 鲁文·达里奥(1867年1月18日~1916年2月6日),尼加拉瓜诗人、散文家,现代主义代表作家。

严的神情下反而显露出忧伤。诗人所共有的虚荣心使得他喜欢听别人提及他的印第安相貌。他会扬起头等待我的赞美，并问我："我长了张那样的脸，是吧？"说完自嘲地笑起来。

他对自身的关注和比森特·维多夫罗时常表现出来的那种完全不同，这两位诗人在许多方面都是截然相反的。维多夫罗会在额前垂下一缕头发，把手指插进背心里①，挺起胸膛问我："你看我像不像拿破仑·波拿巴？"

巴列霍只是表面上看起来郁郁寡欢，像一个长期蜷缩在阴暗角落里的人。他生性严肃，表情有如戴了面具，十分僵硬。但他的内在却并非如此。我经常看到他（尤其当我们设法使他摆脱他那强势的妻子——一个傲慢又专横的法国女人，其父是位看门人——的控制时），是的，我看到他开心得连蹦带跳，像个小学生。不一会儿，他又不知不觉地回到了闷闷不乐、逆来顺受的状态。

我们一直苦苦等待的那位文艺资助者突然从巴黎某个隐蔽的地方冒了出来。他是一位智利作家，是拉法埃尔·阿尔维蒂的朋友，也是法国人的朋友，事实上，他和几乎所有人都是朋友。更重要的是，他还是智利船运大亨的儿子，以慷慨大方著称。

这位刚刚从天而降的救世主想要招待我，便请我们所有人去了一家名叫"高加索酒庄"的白俄罗斯夜总会。墙上装饰着高加索的服饰和风景画。很快，我们身边围上来一帮身穿乡村服饰的姑娘，她们有的是俄罗斯人，有的是假扮而成的俄罗斯姑娘。

招待我们的人叫康登，看起来像是俄罗斯颓废主义的最后一人。

---

① 在许多画作中，拿破仑·波拿巴通常被描绘成一只手插进背心里的样子，这个姿势在18—19世纪的西方是一个颇为流行的动作，叫作"藏手礼"，用来表示稳重而镇定的领导风范。

他是个虚弱的金发男子,一瓶接一瓶地点来香槟酒,还模仿着他从没看过的哥萨克舞蹈动作,疯了似的不停跳着。

"香槟,再来瓶香槟!"说罢,突然间,我们这位面色苍白的东道主瘫倒在地上。他躺在桌子下面,很快睡着了,像一具被熊咬死的没有血色的高加索人尸体。

我们这群人都吓坏了。不管是冰敷,还是把打开瓶盖的氨水放到他的鼻子下面,都无法使他苏醒。那些舞女看到我们的慌乱无助,毫不理睬地走了,只有一人留了下来。我们在东道主的口袋里找到一本令人艳羡的支票簿,但以他躺尸般的状态,是不可能签字的。

夜总会的负责人,一位哥萨克人①要我们立刻结账,他把大门关上,以防我们溜走。我只得把我刚拿到手的外交护照押在那里,大家才得以脱身。

我们把昏迷不醒的百万富翁扛在肩上,费了九牛二虎之力把他塞进出租车里,一路送到他住的豪华酒店。我们将他交给两位身穿红色制服的高大门童,他被带走时的样子就像一位舰队司令刚刚跌倒在舰桥上。

那位在我们身处困境时没有弃我们于不顾的夜总会姑娘坐在出租车里等我们。我和阿尔瓦罗请她去中央菜市场品尝清早供应的洋葱汤。我们还在市场里给她买了花,为她的善待送上了感谢之吻,这时我们才注意到她很有魅力。她长得既不漂亮也不难看,但那巴黎姑娘特有的翘鼻子使她看起来并不普通。之后,我们邀请她到我们破旧不堪的客栈去,她毫不犹豫地一同前往。

她跟着阿尔瓦罗去了他的房间。我精疲力竭地倒在床上,却突

---

① 一群生活在东欧大草原(乌克兰、俄罗斯南部)的游牧社群,是俄罗斯和乌克兰民族内部具有独特历史和文化的一个地方性集团。

然感到有人在用力摇晃我。是阿尔瓦罗。他癫狂的样子让人惊奇,但毫无恶意。"听着,"他说,"这个女人不一般,她实在太美妙了,我和你解释不清,你得马上自己试试。"

几分钟后,这位陌生女人爬上了我的床,她看起来很困倦,但十分主动。在和她做爱的过程中,我领略了她的妙不可言。那是文字所无法描述的,从她玉体深处涌出的激情,把人带回最原始的快乐,重温第一次的高潮,再次感受维纳斯隐秘的爱。阿尔瓦罗所言一点不假。

第二天清晨吃早餐时,阿尔瓦罗在一旁提醒我,他故意讲了西班牙文:"我们要是不赶紧离开这个女人,这一次旅行就完蛋了。我们会沉溺的,不是在海上,而是在无底洞般的性爱里。"

我们决定送她许多小礼物:鲜花、巧克力糖,还有我们剩余一半的法郎。她坦言自己并不在那家高加索夜总会工作;前一晚是她第一次也是唯一一次去那里。然后我们带她坐上一辆出租车。司机开过一个不熟悉的街区时,我们叫他停车。我们和她深情吻别,然后把满脸困惑却保持微笑的她留在了那里。

从那以后,我们再也没见过她。

东方之旅

让我难忘的还有将我们带到马赛的那列火车,它像一个盛放进口水果的篮子,里面混杂着各色人等,有乡下姑娘,有水手,车厢里总是响起手风琴的伴奏和大家的齐声合唱。我们直奔地中海,向着光明之门进发……那是一九二七年。进出港口的船帆像是马赛旧港长出的翅膀,在凶吉未卜的波涛中翻腾,我被这景象以及马赛洋溢着的商业浪漫主义迷住了。但那艘载我们前往新加坡的法国公司的邮轮，却是海面上行进的一块法国领地，带着小资产阶级移居遥远的殖民地。旅行途中，船员们看到了我们的打字机和文章手稿，便让我们帮他们用打字机敲打书信。我们打出了船员们口述写给未婚妻的信件内容，那是一封封准备寄往马赛、波尔多或乡下的惊艳情书。实际上，他们更感兴趣的是打字机可以打出书信，而不是书信内容。然而，他们所写的情书读起来就像特里斯坦·科比埃尔[①]的诗歌，通篇朴实无华却充满柔情。船头方向的地中海海面上，逐渐出现港口、地毯、商人、市场。给我留下深刻印象的红海港口是吉布提。烧焦的沙地曾留下阿蒂尔·兰波[②]来来回回的脚印；挎着篮子的黑人妇女如雕像一般，当地人在破房子里过着穷苦的生活；咖啡馆的外观破旧不堪，顶灯的光线好似幽灵……在那里，可以喝到冰柠檬茶。

我们要去夜上海看一看。名声不好的城市就像坏女人一样诱人。囊中羞涩的我们带着令人扫兴的好奇心前往，而夜上海则向两个坐着三等船舱漂洋过海的乡巴佬张开了大嘴。

我们接二连三地光顾了大型夜总会。因为不是周末，所以冷冷清清。可以容纳几百头大象跳舞的偌大舞池空无一人，真令人遗憾。几个骨瘦如柴的沙俄女人从昏暗的角落里走出来，打着哈欠要我们请她们喝香槟。我们就这样跑了六七个罪恶之巢，损失掉的只有时间。

---

① 特里斯坦·科比埃尔（1845年7月18日~1875年3月1日），法国诗人，善于以现实主义笔法描写航海生活。
② 让·尼古拉·阿蒂尔·兰波（1854年10月20日~1891年11月10日），19世纪法国著名诗人，早期象征主义诗歌的代表人物，超现实主义诗歌的鼻祖。

时间已太晚，想要步行返回船舱，需要走很远的路，穿过港口纵横交错的窄巷。我们一人坐上一辆黄包车，对这种人力交通工具还不太习惯。在一九二七年，那两位中国车夫拉着小车一口气跑了很远的路。

那时下起了雨，并且越下越大，我们的黄包车夫停下车，细心周到地用油布挡在车前，以保证一滴雨水都不会溅落到我们的外国鼻子上。"多么体恤入微的民族啊，这是两千年文化的积淀。"我和阿尔瓦罗坐在各自的车上感慨。

然而，之后我开始不安起来。封闭在周密防护的车里，我什么都看不到，但透过油布能听见车夫说话的嗡嗡声。很快，他赤脚跑在潮湿马路上的声响和另外几双光脚有节奏的跑步声汇成一片。脚步声逐渐减弱了，说明走到了路的尽头。我们似乎被带到了城外的荒地上。

我坐的黄包车突然停了下来。车夫熟练地掀开挡雨的油布。在这片荒芜的郊外，看不到一艘船的影子。另一辆黄包车停在了我旁边，阿尔瓦罗爬下车，明显被吓到了。

"Money! Money!"七八个中国人将我们包围起来，嘴里不停喊着。

我的朋友假装从裤子口袋里掏武器，这个动作让我们各自颈后挨了重重一击。我向后摔去，但其中一个中国人在我倒地前托住了我的头，然后把我轻轻放倒在湿漉漉的地面上。他们以闪电般的速度将我的口袋、衬衫、帽子、鞋子、袜子、领带翻了个遍，像变戏法的人在卖弄技巧。每一寸衣服都被搜刮过了，我们本就少之又少的钱最终分文不剩。唯一安慰的是，他们以上海强盗的传统礼数，善待了我们的手稿和护照。

他们离开后，我们立刻朝远处有灯光的地方走去。不一会儿，我们就看到了上百个夜间出来活动的中国人，他们都是好人。虽然没有人会讲法语、英语或西班牙语，但都愿意帮助我们摆脱困境，想办法将我们带到了我们迫切返回的如天堂般的三等船舱。

我们抵达日本。我们等待着从智利汇来的钱送到领事馆，在此期间，只得暂住在横滨的水手收容所里。我们睡在草垫上，很不舒服。一块窗玻璃是破的，外面在下雪，寒气满屋，冰冷刺骨。没人管我们。一天早上，天刚亮的时候，日本海岸外一艘油轮断成两截，收容所里随即挤满了滞留的水手。其中有个巴斯克人，只会讲西班牙语和巴斯克语。他向我们讲述了他的冒险经历：他在油轮的部分残骸上漂了四天四夜，燃烧的石油在周围翻滚。幸存者们拿到分发下来的毛毯和口粮，而这个慷慨的巴斯克人，把这些东西分享给了我们。

智利的总领事——印象中叫德拉马里纳或德拉里维拉——却恰恰相反，接待我们的时候专横跋扈，以使我们明白，我们的地位如同落难者一样卑微。他日无暇晷，要么和伊福森伯爵夫人共进晚餐，要么受邀去皇室品茶，要么就在深入钻研执政皇朝，从他口中能听到"天皇是个无比文雅的人"之类的话。

然而，他没有电话。在横滨装部电话有什么用呢？打电话给他的人都讲日语。关于我们的汇款，作为他好友的银行行长还没给他消息。他要去出席招待会了，他很遗憾地与我们告辞。再见。

这样的过程天天重复着。离开领事馆时我们冻得发抖，遭遇抢劫那天，我们的衣服也被掠走不少，所以身上穿的都是收容所分发的破烂毛衣。终于有一天，我们发现汇款早已先于我们到达横滨了。银行给总领事发过三次通知，但这个傲慢自大的"人体模型"，这个高高在上的公职人员，完全忽视了这件远低于他身份的小事。（每当我在报纸上读到某些领事被发疯的同胞刺杀的新闻时，总会深深挂念起这个勋章挂满身的高贵人物。）

那晚，我们去了东京最好的咖啡馆——位于银座的后乐园。那个时期东京的餐饮非常可口，加之我们挨饿一周，这让精致的食物变得更加美味。在可爱的日本姑娘陪伴下，我们为世界各地被荒诞领事怠慢的旅客们举杯祈福。

新加坡。我们以为仰光近在咫尺，实际距离却让我们感到苦涩和失望，地图上的几毫米像是巨大的深渊。我们还需坐几天船才能到达，然而，开往仰光的唯一班次已在前一天启航。我们没有钱再支付住宿费和船票了。新的汇款已到达仰光。

啊，我的同事，智利驻新加坡的领事，他可以发挥些作用吧。曼西拉先生匆忙赶来。他脸上的笑容逐渐褪去，直至完全不见，取而代之的是一副扭曲的表情。"我无能为力。你们找外交部吧！"

我提出驻外领事要互帮互助，但无济于事。他的那张脸就像狱卒一样无情无义。他抓起帽子冲向大门，这时我心中生出一计："曼西拉先生，我得办几场以祖国为主题的收费讲座，这样就可以筹集到旅费了。请为我提供一个会场、一名翻译以及必要的许可。"

他的脸都白了。"在新加坡举办有关智利的讲座？不可以。这是我的工作，只有我才能在这里谈论智利。"

"别着急，曼西拉先生，"我说，"像我们一样谈论遥远祖国的人越多越好。我不明白为什么你那么紧张。"

最终，我们将这个归结为爱国主义的疯狂提议骗到了手，双方达成协议。他气得发抖，让我们签了几张收据，然后把钱交给我们。点完钱数，我们发现收据上的所写金额超出实际。

"那是利息。"他解释道。

（十天后，我从仰光寄给他一张支票，当然，我没付利息。）

当船驶入仰光港口，我站在甲板上，看到瑞光大金塔的漏斗形金顶越来越近。一大群色彩艳丽的奇装异服出现在码头上。一条宽阔的江河水质混浊，在那里汇入马达班湾。它拥有全世界江河中最好听的名字：伊洛瓦底江。

在江水边，我的新生活开始了。

阿尔瓦罗

……阿尔瓦罗这个该死的家伙……他现在的名字是阿尔瓦罗·德·席尔瓦……定居纽约……他的一生几乎都在纽约这个水泥丛林里度过……我想象着他总在令人不解的时间里吃橙子，用火柴点燃卷烟纸，向很多人提出令人反感的问题……他一直是个不守规矩的导师，十分聪明，对一切充满好奇，这让他除了纽约无处可去。那是在一九二五年……他匆忙跑向某位过路的陌生女子，捧在手里的紫罗兰快要掉落，他不知道她叫什么名字，也不知道她来自哪里，只想送花给她然后立刻到床上缠绵；他还没完没了地推荐乔伊斯①和他的作品，向我和其他许多人宣扬他这个穴居在城市的饱经世故者所持有的无可置疑的观点，与此同时，他研究音乐、绘画、书籍、舞蹈……他总在吃橙子、削苹果，有着旁人难以接受的饮食习惯，令人惊叹的是他无所不知，从他身上我们最终看到了梦想中温文尔雅的样子，那是所有从小地方来的人所渴望成为的

---

① 詹姆斯·乔伊斯(1882年2月2日~1941年1月13日)，爱尔兰作家、诗人，20世纪最伟大的作家之一，后现代文学的奠基者之一，其作品及"意识流"思想对世界文坛影响巨大。

样子，行李箱上没贴着任何标签，却被带去各种地方，听各种音乐会，清晨喝咖啡，受邀去白雪皑皑的大学校园……他把生活过成了于我而言遥不可及的样子……无论我去哪里，都会像植物一样扎根下来，不再移动，去思考，去生存……而阿尔瓦罗所热衷的事物总在不停更换，比如沉迷于我们参与的某部电影，去电影制片厂时他就让我们穿戴成穆斯林的模样……我有几张穿着孟加拉服饰的照片（当时在加尔各答，我一言不发地走进一家香烟店，别人以为我是泰戈尔家族的成员），那是我们去杜姆-杜姆电影制片厂应聘时穿的衣服……后来我们不得不偷偷离开基督教青年会，因为没钱付房租……还有那些爱我们的护理员……阿尔瓦罗纠缠于各种生意中……他想卖阿萨姆邦的茶叶、克什米尔的布料、钟表、古代珍宝……很快就都赔光了……克什米尔的布料样品剩下不少，桌子上、床上到处都是小茶包……他又拎起箱子奔向别处……去了慕尼黑……去了纽约……

我见过许多锲而不舍的作家，他们有着用不完的灵感，写了大量作品，而阿尔瓦罗是其中最伟大的一位……他的创作几乎没有出版过……我搞不明白……他一早醒来还没下床就把眼镜架在鼻梁上，在打字机上一通猛敲，把能拿到手的所有纸张都用完……然而，他的见异思迁，他的批判主义，他的橙子，他周期性的社交，他在纽约的巢穴，他的紫罗兰，他那看上去明朗的混乱，他清晰的思维其实一片混浊……他从未写出别人期待他写出的作品……或许因为他并不喜欢……或许因为他写不出来……因为他同一时间做着太多事情……也因为他什么都没能做成……但他了解一切，他用那双感情用事的蓝眼睛注视着全世界，然而，时光之沙却从他的指间流走……

孤独在发光

印象森林

沉溺于这些回忆中的我突然间惊醒了。那是大海的声音。我在瓦尔帕莱索附近的黑岛上写作。席卷海岸的狂风刚刚平息下来。大海——与其说我透过窗子注视它,不如说它用千百只泡沫一样的眼睛注视着我——以其海浪的姿态留存着风暴咆哮的可怕迹象。

那是太遥远的岁月了!让回忆重现,就像萦绕在耳边的海浪声一次次在内心深处撩拨,有时我会伴着它们昏昏入睡,而后又因其剑光般的寒气猛然清醒。我将拾起那些印象,时间顺序可能是错乱的,如同起伏不定的波涛一般。

一九二九年某个晚上,街上挤着很多人。那天是印度教的节日。他们在街道中央挖了一条长长的坑,往里面填满火炭。我走近看,炙热的火炭燃烧成一条血色的缎带,生出一层薄薄的灰烬,我的脸被烤得发红。这时,一个古怪的人突然出现,他的脸涂成红、白两色,由四个红衣男子扛来。被放下后,他开始摇摇晃晃地走过火炭,像喝醉了一样,边走边喊:"真主!真主!"

一大群人目瞪口呆地看着这场景。巫师毫发无伤地从火炭带上走了过去。紧接着,人群中出来一个人,踢掉鞋子,也赤脚走了过去。而后越来越多的人走向火炭。有些人走到一半停下,在火上跺着脚,嘴里喊着"真主!真主!",他们嘶吼着,面部扭曲得吓人,抽搐一般地翻着白眼。还有人抱着孩子走过去。没有人被烫伤,不,也可能有,我不确定。

圣河旁隐约可见迦梨①女神（死亡之神）庙。我们走进去，混在几百名信众之中，这些深居乡村的印度人前来祈求神明护佑。他们穿着破衣烂衫，战战兢兢地往前走，每走一步，就会被僧侣们推搡着以各种理由要钱。僧侣们举起七个幢幡中的一个，每举一下就敲响震耳的锣声，声音大到亡灵都要被唤醒。信众纷纷跪下，合掌行礼，将额头叩向地面，然后移动到下一个幢幡前。祭司带他们走进宰羊的院子，在那里，一斧头就能砍死一只羊，同时也负责收集供品。受伤牲口的哀叫声淹没在惊天动地的锣声中。鲜血喷溅到肮脏的石灰墙和屋顶上。女神是座黑脸白眼的雕像，猩红色的舌头有两米长，从嘴里垂到地面。她的耳朵和脖子上挂着重重的饰品，是头骨以及死亡标志的形状。信众们在被赶到街上之前，交出了他们身上仅剩的几枚钱币。

在我身旁吟唱歌曲和诗句的诗人，和那些卑躬屈膝的信众完全不同。他们身穿拖地白袍，蹲坐在草坪上，以手鼓伴奏，发出断断续续的低音呼喊，歌声从他们唇齿间飘扬出来，那是诗人按照古老的千年之歌的曲式和韵律谱写而成。但那些歌所表达的内容不再是愉悦和欢乐，而是抗议之歌，是反饥饿之歌，是囚徒之歌。我在印度遇到过许多青年诗人，他们忧虑的眼神让人念念不忘，他们可能刚刚出狱，明天就要重返监牢，因为他们奋起反抗苦难和神明。这是我们命中注定生存的时代。这也是世界诗歌的黄金时代。当诗歌新作受到围攻时，百万人夜夜睡在孟买的荒郊路旁。他们入睡，他

---

① 印度教女神，产生于湿婆的妻子，雪山女神帕尔瓦蒂的化身杜尔伽。印度神话中最为黑暗和暴虐的黑色地母，她皮肤黝黑，青面獠牙，额头和湿婆一样有第三只眼睛。四只手臂分持武器，戴着蛇和骷髅的项链，舌头上滴着血。关于她的传说总是与杀戮和鲜血相连。

们出生,他们死亡;没有住处,没有食物,没有医药。"文明自豪"的英国对殖民地如此这般状况毫不理会。她离开曾经管辖的子民们,却没有留下学校、工厂、住房、医院,只留下了监狱和堆积如山的空威士忌酒瓶。

波涛又将关于猩猩兰戈的记忆带回,那是另一番温馨的景象。在苏门答腊岛的棉兰,我不止一次敲响破败的植物园大门,令人惊奇的是,每次都是它来开门。我们曾手拉手走过小径,在一张桌子旁坐下,它手脚并用地在上面敲击着。这时走出一位服务生,为我们端来一罐啤酒,量不多也不少,刚好够猩猩和我喝。

在新加坡动物园,我们看到一只正在笼子里挣扎的琴鸟①,它的羽毛闪闪发光,像是刚从伊甸园飞出的鸟儿那般娇艳惊人。往更远处看,一只黑色的母豹子在笼子来回踱步,浑身仍散发着森林气息。它是星夜里奇异的斑点,是一直飘动的迷人缎带,是准备毁灭世界的黑色活火山,是生产净化波形能量的发电机,它的两只眼睛如同两把精准的宝剑,目光炯炯地探索着,却无法解答自己为何被囚禁,也不懂人类究竟为何物。

我们到达曾属印度支那的槟城,去了郊外的蛇庙,这是一个神奇的地方。

这座庙宇反复出现在游客和记者的文字描述中。槟城经历了那么多场战争,遭遇了那么多次破坏,除此之外,数不清的狂风暴雨席卷过街道,因此我不确定它是否还存在。巨大的野生车前草叶层层叠叠,其间有一座颜色发黑的瓦顶矮房,几乎快被热带雨水侵蚀,

---

① 雀形目琴鸟科琴鸟属底栖型鸟类,分布于澳大利亚东南部和塔斯马尼亚岛热带森林,体型较大,通体浅褐色,其尾羽竖起展开时,好像七弦竖琴。

能闻到潮湿的味道以及鸡蛋花的香气。我们第一次走进蛇庙时，昏暗中什么都看不到。只闻到浓重的焚香气味，隐约看到有东西在移动，是一条蛇在伸懒腰。我们慢慢发现不止这一条，不久后看出有几十条。体型小的缠在枝状烛台上，有的是金属般的深色，身形细长，看起来全都撑肠挂肚，昏昏欲睡。确实，到处可见精致的瓷碗，有的装满牛奶，有的装满鸡蛋。这些蛇不理睬我们，我们走过庙内如迷宫般的狭窄通道，与它们擦身而过。它们或从金色建筑上垂下来，悬在我们的头顶上，或在石头上睡觉，或蜷缩在祭坛上。那边有条可怕的蝰蛇，正在吞食一只蛋，旁边还有十几条剧毒的珊瑚蛇，身上血色的环形斑纹在告诉我们——它发出的毒可以瞬间致命。我认出了矛头蛇和几条巨蟒。大厅里一片死寂，到处都是体型巨大的蛇，绿色的、灰色的、青色的、黑色的。时而有穿着藏红花色长袍的僧人在阴暗中走过。鲜艳的僧袍让他们看起来也像觅食鸡蛋或牛奶的慵懒蠕动的蛇。

这些蛇是被带来的吗？它们是如何习惯这里的？我们的问题得到了笑脸回应，这些蛇是自己来的，想走的时候它们也会自行离开。的确，庙门是敞开的，也没有格栅或玻璃强迫它们留在庙里。

巴士离开槟城，穿过印度支那的森林和村庄，到达西贡。没人听得懂我的语言，我也听不懂他们的。我们在漫无止境的路上不时停靠，乘客们在森林中荒无人烟的地方下车休息。农民们身着奇装异服，眼角上挑，缄默严肃。此刻，在这闷热的夜晚中，只剩下三四个人还坐在这辆嘎吱作响、就快散架却仍坚挺的破车里。

忽然间，一阵恐惧感向我袭来。我在哪里？我要到哪里去？我为什么要在这些陌生人间度过漫漫长夜？那时，我们正从老挝驶向柬埔寨。我仔细观察剩下的几位乘客脸上难以揣测的神情，他们的眼睛睁得很大，看起来不像好人。毋庸置疑，我已身陷东方故事中经常描绘的盗抢情节里了。

他们相互交换会意的眼神，然后用余光瞥视我。这时，巴士突然停在了森林深处。我选好了了结生命的地点。我决不让他们拿我当祭品，将我带到把天空完全遮挡住的陌生树下。我就在这里死去，让生命终止于快要散架的车凳上，葬身于装满蔬菜的篮子和挤满鸡的板条箱间，那是可怕的时刻里唯一让人感觉亲切的东西。我环顾四周，做好准备去面对那几个残暴的凶手，然而我才发现，他们已不知去向。

我带着那颗被异国他乡的浓重黑夜折磨得体无完肤的心，独自等待了很久。我要死去了，没有人知道。我如此想念我深爱着的、远方的小小祖国！如此想念遥不可及的我的书籍和我所热爱的一切！

眼前突然出现了一束光，紧接着又一束。灯光给道路带来了生气。鼓声响了起来，柬埔寨音乐的尖锐音调刺破空气。长笛和手鼓让音符飘扬，火把将道路照亮。一个男人走上车，用英语对我说："车子抛锚了，可能要等到天亮才修好，这里没有可以睡觉的地方，那几名乘客就去找了一个歌舞队供您消遣。"

那些陌生的树不再令人心生畏惧，我在树下欣赏了几个小时的仪式舞蹈，它们古老而高贵，神奇美妙，听着洋溢四周的悦耳音乐，我看到了升起的太阳。

诗人不能惧怕人民。生活似乎给了我一个忠告，还给了我一个铭刻在心的教训：关于不露声色的尊敬，关于毫无察觉的友爱，关于黑暗中盛开的美好。

印度国大党

今天是个光荣的日子。我们出席了印度国民大会党代表大会。整个民族正在为了自由解放而奋力抗争。代表们挤满了廊台。我见到了甘地①,还见到了潘迪特·莫蒂拉尔·尼赫鲁②——另一位印度独立运动的领袖。他的儿子,年轻文雅的贾瓦哈拉尔③,刚从英国留学归来。尼赫鲁全力主张独立,而甘地认为较易实现的自治是首要目标。甘地长着一张狐狸般棱角分明的脸,其政治工作作风类似于我们老一辈的克里奥尔领袖。他是个实干家,是委员会中的决策者,精明能干,运筹帷幄,永远不知疲倦。民众汇成没有尽头的人流,从甘地身边经过,仰慕地触摸他的白袍衣角,高呼着:"圣雄甘地!圣雄甘地!"他没有摘下眼镜,例行公事地微笑致意。他收到大量信件,阅读后用电报回复,从容自如。他是位精力用之不竭的圣人。而尼赫鲁则是充满智慧的革命运动播火者。

苏巴斯·钱德拉·鲍斯④是代表大会的重要人物之一,他是个鲁莽的煽动政治家,强烈反对帝国主义,是国内引人注目的政治人物。在一九四三年日本发动侵略战争时期,他与日本人结盟,共同反对英帝国。多年后,在印度,他的一位朋友向我讲述了设在新加

---

① 莫罕达斯·卡拉姆昌德·甘地(1869年10月2日~1948年1月30日),尊称圣雄甘地,印度民族解放运动的领导人、印度国家大会党领袖。

② 潘迪特·莫蒂拉尔·尼赫鲁(1861年5月6日~1931年2月6日),印度著名律师和独立运动领袖,圣雄甘地的杰出伙伴之一。

③ 贾瓦哈拉尔·尼赫鲁(1889年11月14日~1964年5月26日),印度开国总理。

④ 苏巴斯·钱德拉·鲍斯(1897年1月23日~1945年8月18日),印度历史上著名的独立运动家和政治领袖。

坡的自由印度临时政府是如何沦陷的。"我们的武装力量是用来对抗日本侵略的。突然间，我们开始自问：为什么要这样？于是，我们让我们的士兵向后转，把枪对准英国军队。道理显而易见：日本人只是过路的侵略者，而英国人看似永远不会离开。"

苏巴斯·鲍斯被逮捕了，英国设于印度的法院对他进行审讯，指控他犯了叛国罪并判处死刑。独立运动引发的抗议活动愈演愈烈。最终，经过多次法律斗争，他的律师——尼赫鲁本人——帮助他获得赦免。从此以后，他成为了人民英雄。

卧佛

到处都是佛像，佛陀的塑像……庄严的、直立的、被虫蚀的佛像，具有野兽般金色的光泽，也因时光流逝渐渐风蚀……他们的脸颊上、长袍的褶皱间、手肘上、肚脐上、嘴巴上和笑容间，都有了轻微的斑点：霉菌、凹坑、森林中禽类排泄物的痕迹……还有卧佛，巨大的卧佛，用四十米长的砂质花岗岩雕刻而成，颜色苍白，横卧在窸窣作响的叶子间，赫然出现在森林的某个角落，出现在周遭的环境中……不论是睡着的，还是没睡着的，他们在那里躺了一百年，一千年，千百万年……不过，他们都面容慈善，带着以超脱尘世著称的神态，或渴望留下，或渴望离去……而那慈善的石头的笑容，那不可估量的庄严，却是用坚硬不朽的石头雕琢而成，在这个血染的星球上，他们在对谁、对多少人微笑？走过他们面前的，有逃亡的农妇，脱离火海的男人，遮住面容的士兵，虚伪的祭司，毁灭一切的游客……而那尊刻画了膝盖和长袍上褶皱的佛像一直留在那里，在森林中，伴着黑鸟的尖叫声和红鸟的振翅声，目光迷茫地望向远处，毫无人的情感，却又在某些方面具有人的情感，以某种充满矛盾的角度来说，他既是神又不是神，既是石头又不是石头……我忆起那些可怕的西班牙人留下的基督像，不由得联想到伤口、脓疱、疤痕、教堂的味道、蜡烛的味道、发霉的味道、闭室的味道……那些基督像也让人分不清是人还是神……为了让他们看起来更像人，为了使他们更贴近于受难者、接生婆、被斩首的人、残障者、贪婪之人、神职人员和教徒，雕刻师们总要给他们加上无比可怕的伤口，最终将宗教的意义变为忍受苦难，变为不犯罪要受苦，犯罪也要受苦，只要活着就要受苦，让人无处可逃……但这里不一样，这里的石像是平静安宁的……雕刻师们跳出承受苦难的宗教标准，这些刻画了足部的巨型神像面带笑容，露出像人一样的慈祥表情，而没有那种痛苦模样……他们散发出来的不是停尸房的味道，也不是圣器收藏室或蜘蛛网的味道，而是长满植物的地方飘逸出来的芳香，是无边无际的森林里忽然吹起的阵风将羽毛、树叶、花粉卷成狂野旋涡的气息……

不幸的人类大家庭

我读过几篇就我的诗歌写的评论文章，说我在远东的旅居生活给我的作品带来了某些方面的影响，尤其是《大地上的居所》这本诗集。巧合的是，我在那段时期写的诗歌都收录在《大地上的居所》中，但我并不认为该说法是正确的，虽然我没办法斩钉截铁地这样说。

所有东方国家的深奥哲学在真实生活面前，都变成了焦虑、神经衰弱、迷茫和西方机会主义的产物，即资本主义基本纲领下的危机。那些年的印度，几乎没有给核心问题留出深刻思考的空间。野蛮地追求实际需要，在无情剥削下被沦为殖民地，每天都有数以千计的人死于霍乱、天花、热病和饥饿，封建社会形态因人口众多和工业落后陷入一片混乱，所有这些给印度的生活留下了极度凶残的印记，那层神秘的面纱也因此荡然无存。

神智学的内核几乎由西方冒险家掌控，包括北美人和南美人。当然，他们之中也有诚信行事的人，但大多数都致力于开发廉价市场，批发贩卖进口护身符和经过营销话术包装的偶像崇拜。这些人总是滔滔不绝地介绍达摩和瑜伽，他们陶醉在空洞虚幻和满是漂亮话的宗教表演中。

出于这些原因，东方留给我的印象是一个不幸的人类大家庭，我心中也再无空间容纳它的宗教仪式和神明。因此我认为，那个时期我写的诗歌除了反映出一个异乡人移居到野蛮而又陌生的世界所体会到的孤独之外，并不涉及其他内容。

我想起一位旅人，他既是神秘主义者和素食主义者，又是演讲人。他叫鲍尔斯，中年人模样，身材矮小，光秃秃的头顶锃亮，一双愤世嫉俗的淡蓝色眼睛能够把人看穿。他来自美国加利福尼亚州，是个佛教徒，每次都用下述饮食处方来结束他的演讲："你们要像洛克菲勒说的那样做，每天吃一个橙子。"

我欣赏鲍尔斯的快乐和开放。他会讲西班牙语。演讲结束后，我们会一起出去美餐一顿，将洋葱烤羊羔肉填满肚子。他是个佛教学者——我不清楚他是否有真才实学——但他的贪欲却比演讲内容更具真实性。

他很快坠入了爱河，先是跟一个疯狂崇拜他的学说和晚礼服的欧亚混血儿；这位姑娘看起来气血不足，眼神悲苦，把他奉为神明、活佛。宗教往往就是这样产生的。

这场恋爱进行了几个月后,有一天他来找我去参加他和另一位新人的婚礼。他那时在做冰箱推销员,我们骑着公司提供给他的摩托车飞驰在路上,将途经的树丛、修道院、稻田迅速甩到身后,终于到达了一个中国人建造和居住的村庄。鲍尔斯受到烟花和音乐的礼遇,年轻的新娘脸涂得跟神像一样白,纹丝不动地坐在一把比其他人都高的椅子上。音乐声中,我们啜着五颜六色的饮品。鲍尔斯和他的新娘没做任何交谈。

之后我们返回城里。鲍尔斯解释说,婚礼只需新娘出席,他不在场也没关系,婚礼会继续进行。以后他再回去同她一起生活。

"你有没有意识到你这是一夫多妻?"

"我另一个妻子全都知道,她很愿意的。"他说。

这句回答的真实度等同于他讲的每天一个橙子的故事。当我们回到他家,即他和第一个妻子的家,发现那位悲苦的混血姑娘已经奄奄一息,床头桌上放着盛过毒药的杯子和一封诀别书。她一动不动地躺在蚊帐里,黝黑的身体一丝不挂,几小时后告别了人世。

尽管这时我已开始对他心生憎恶,但见他的确很痛苦,就在身边陪着他。这个愤世嫉俗的人精神崩溃了。我同他一起去参加葬礼。我们把廉价的棺木放在河岸边的柴火堆上。鲍尔斯用火柴点燃柴堆,小声用梵语念着经文,送别亡灵。

几个穿橘色长袍的演奏者吹着哀鸣的乐器,唱着悲怆的歌。柴堆烧了一小会儿后就熄灭了,需要用火柴重新点燃。河水在两岸间漠然地流淌着。东方永恒的蓝天也露出无关痛痒的表情,完全漠视一个不幸被抛弃的人孤独可怜的葬礼。

每三个月,就会有船运载固体石蜡和大箱茶叶从加尔各答驶往智利，这时我就需要行使我的职权了。我必须以疯狂的速度在文件上盖章、签字。接下来又是无所事事的三个月，能做的只有在市场和寺庙里孤独沉思。这是我的诗歌创作生涯中最痛苦的时期。

街道变成了我的宗教信仰。缅甸的街道，唐人街以及那里的露天剧院，还有光彩夺目的纸龙灯。印度人的街道最为简陋，寺庙被某个种姓①拿来当生意做，穷人们只好在外面的泥地上行跪拜礼。市场里成堆的蒌叶②像一座座绿色的金字塔，也像砌成山的孔雀石。带围栏的摊位出售野兽和野禽。身姿袅娜的缅甸女子，嘴里叼着长长的雪茄烟，从蜿蜒的街上走过。我全神贯注地观察着这一切，逐渐着迷于真实生活的样子。

种姓制度将印度人分成各个等级，就像有平行六面体楼座的露天剧场，一层座位比一层高，神明则坐在最高层。而英国人也依次保持着他们自己的"种姓制度"，从小店店员，到专业人员和知识分子，再到出口商，最后是舒舒服服待在屋顶花园里的公职人员和银行家这些贵族。

这两个世界相互隔绝。印度人不能进入供英国人使用的地方，英国人过的生活也远离当地的混乱动荡。这种局面给我带来了些麻烦。我那时乘坐一种专供途中短暂约会的小型马车，我的英国朋友看到后，善意地向我提出，作为领事，无论如何都不能乘坐这样的交通工具。他们还提醒我，不要经常去某家热闹的波斯餐厅，而我在那里用透亮的小茶杯，喝到了世界上最好的茶。这些是他们给出

---

① 曾在印度、孟加拉国、斯里兰卡等国普遍存在的一种以血统论为基础的社会体系，其中以印度最为严重。

② 也称槟榔叶，产于东南亚，自带一股沁人心脾的清香，味道辛辣，所以常被用作调味品。

的最后忠告,在那之后,他们就再也不理会我了。

他们对我的孤立让我高兴到了极点。那些偏狭的欧洲人没什么意思,毕竟,我来东方不是要同暂住于此的殖民者一起生活,而是去感受另一个世界的古老文明,和这个不幸的人类大家庭朝夕相处。我如此深入去了解当地人民的心灵和生活,以至于爱上了一位这里的姑娘。她在外时衣着似英国人,并称自己为乔西·布丽丝,但不久她便让我看到回家后的她在私人生活中的样子:把衣服换成颜色绚丽的纱笼①,再用起不为外人所知的缅甸姓名。

鳏夫的探戈

我的情感生活变得麻烦起来。温柔的乔西·布丽丝占有欲越来越强,逐渐妒忌成疾,令人感到恐惧。若非如此,也许我会和她白头偕老。我喜欢她的赤足,别在她黑发上的白色花朵闪闪发光。但是,她会时常控制不住脾气,野蛮得发起疯来。我收到的海外信件会让她忌妒得狂怒;发给我的电报还没拆封就被她藏了起来,连我的呼吸都能惹恼她。

有时候我会被一束光惊醒,看到有幽灵在蚊帐另一端移动。那就是她,一袭白衣,挥舞着当地锋利的长刀。也是她,在床边绕来绕去,几个小时都没有下定决心杀死我。她曾对我说:"你死了,我就不用担惊受怕了。"转天,她举行了神秘仪式,以使我不会变心。

她最终还是会杀死我的。但幸运的是,我收到了调令,要前往锡兰工作。我悄悄为逃离做准备,舍弃了衣服和书,在某一天像平

---

① 一种服装,类似筒裙,由一块长方形的布系于腰间,盛行于东南亚、南亚、阿拉伯半岛、东非等地区。

常一样离家，登上了带我去远方的那艘船。

带着深深的悲伤，我抛弃了乔西·布丽丝，这个如缅甸豹子一样的女人。船刚从孟加拉湾启航，我便开始动笔写《鳏夫的探戈》，献给那个我失去了她，她也失去了我的女人，因为愤怒的火山会不停在她的血液里沸腾。黑夜如此广阔，大地如此孤寂！

鸦片

……整条街都是鸦片……吸食鸦片的人躺在矮凳上……他们身处印度真正神圣的地方……这里全然不见奢侈品、装潢品和丝绸垫子……只有未上漆的厚木板、竹烟管和中国瓷枕……庄严和朴素的气息在寺庙中寻不到，却在这里流动着……精神恍惚的人一动不动，也不发出任何声响……我吸了一管……没什么感觉……氤氲出温暖的乳白色烟雾……吸了四管后，我病了五天，一种恶心感从脊髓里升起，从大脑中落下……畏光，厌世……鸦片的副作用……难受的感觉不止这些……说了很多话，写了很多字，在海关里检查过无数次行李箱和手提包，为了拦截将要被带出境的毒品，这著名的、神圣的毒品……我必须克服这种反胃的感觉……我要去熟悉，去体验，才有资格对其做出评判……我吸了很多管鸦片，终于了解到……没有出现幻境和错觉，也不会突然失常……但气力慢慢被消耗掉，就像无限柔和的旋律在空气中流淌……逐渐失去感知力，内心一片空虚……手肘和脖子轻微活动，四轮马车、鸣笛声和街上的喧闹声逐渐混为一体，那是一种令人愉悦的睡意朦胧的感觉……我明白了为什么种植园的工人、做散工的人和整天不停拉活的黄包车夫会昏昏沉沉、纹丝不动地躺在那里……

鸦片并不像别人描绘的那样，是异国情调的天堂，而是被剥削者的避难所……到鸦片馆里来的都是些可怜人……这里没有绣花坐垫，跟奢华完全不沾边……连一线光亮都没有，吸食鸦片的人半睁着的眼睛里也没有神采……他们在休息吗？他们睡着了吗？……我永远不得而知……没人说话……从来都没人说话……没有家具，没有地毯，什么都没有……破旧的长凳被人摸得十分光滑，上面放着几个长枕……除了寂静和浓烈得令人极为反感的鸦片味之外，一无所有……毫无疑问，这里有条通往毁灭的路……权贵的鸦片，殖民者的鸦片，是专供被殖民者食用的……在鸦片馆入口，客人可以看到获准供应量、编号和经营许可……在鸦片馆内，笼罩着缭绕的烟雾和无边的寂静，客人在停息中减轻痛苦，舒缓疲劳……朦胧的静谧，无数破碎梦境的残渣在这里找到了平静的落脚处……那些半睁着眼、精神恍惚的人在鸦片之海里沉浸一小时，就可以在山顶享受一整夜的美妙休憩……

从那以后，我再没有去过鸦片馆……我已经了解了……已经体验了……我也触及了那些不易被触及的……隐藏在鸦片烟雾背后的东西……

锡兰[①]

锡兰，这个世界上最美的大型海岛，在一九二九年就有了和缅甸、印度相同的殖民机构。英国人固守着自己所在的街区和俱乐部，围绕着他们的是一大群乐师、陶工、织工、种植园苦工、身穿黄袍

---

① 斯里兰卡旧名，热带岛国，形如印度半岛的一滴眼泪，镶嵌在广阔的印度洋海面上。

的僧侣和雕刻于石山上的巨大神像。

英国人每晚都穿着礼服,印度人的魁梧身材令人甘拜下风,身处于他们之间,我只能选择独处,因此,那是我人生中最孤单的时期,却也是记忆中最耀眼的一段时光,好像一道极其明亮的闪电停在我的窗前,将我的命运从里到外全部照亮。

我住在韦拉瓦特郊区新建的一座临海小房子里。那里人烟稀少,海浪拍打着附近的礁石。大海的声响在夜晚愈发明显。

天亮了,被清晨洗过的大自然令人陶醉。我一早就混在渔夫之中。甩出长长鱼漂的钓鱼船像一只只海蜘蛛。五彩斑斓的鱼被人们从水里拉上来,就像从茂密森林中飞出的鸟儿,有的如颜色异常鲜亮的天鹅绒,闪着深蓝磷光,还有的形状如带刺的气球,皱缩成一团小小的皮囊。

我惊恐地看着这场海洋珍宝大屠杀。鱼被切成块卖给穷人。弯刀将大海深处那些天赐的食物劈成碎块,把它们变成血淋淋的商品。

沿着海岸悠然前行,走到大象洗澡的水坑处。我的狗伴我左右,因此我不会迷路。从平静的水面伸出一个一动不动的灰色蘑菇:很快它变成一条蛇,然后又出现了一个巨大的脑袋,最后升起一座长着象牙的山。迄今为止,世界上从未有哪个国家和这里一样,能看到那么多头大象在路上做工。和马戏团及动物园完全不同,这里是另一番神奇的景象:它们将木材搬上搬下,就像辛勤劳作、身强力壮的熟练工一样。

狗和獴[①]是我仅有的伙伴。初出森林的獴在我身边成长,在我

[①] 食肉目灵猫科獴属的哺乳动物,身体修长,四肢较短,浑身密被灰褐色的皮毛,一些种类有杂色的斑点,四肢棕黄,鼻尖,耳朵小,尾巴长,体毛和尾毛均较粗长、蓬松,绒毛稀少,尾巴的颜色较浅或具有环形的斑纹。

床上睡觉，在我桌上吃饭。没人能想象一只獴的天性会如此亲人。我的小宠物熟悉我的生活作息，它整日在我的手稿上散步，跟在我身后奔跑。我午睡的时候，它也蜷缩在我的枕边，以野生动物惯有的警觉，断断续续睡着。

我驯养的獴在邻里间很出名。经常与可怕的眼镜蛇展开勇敢搏斗，为獴赢得了一种神话般的威望。看过几次它们之间的战斗，我觉得獴是靠十足的灵活性和花白色的厚皮毛，骗过并迷惑了那些爬行动物，从而获得胜利。村民们认为，獴和那些有毒的敌人斗争过后，会去寻找解毒的药草。

我的獴每天陪我在海边长时间散步，有天下午，它的名气招来了附近所有的孩子，他们成群结队地来到我家。原来是街上出现了一条大蛇，孩子们来请我那只家喻户晓的獴——基里亚——出战，并准备好了为它庆功。我手里抱着我的獴，带着队伍前进，身后跟着我的崇拜者们——一群身上只围了遮羞布的泰米尔[①]和僧伽罗[②]孩子。

那是一条可怕的黑环蛇，或是拉塞尔蝰蛇，一咬致命。它正在一条白色自来水主管上的杂草间晒太阳，就像雪地上的一根鞭子那么明显。

我的跟随者们静静地站在我身后。我顺着管道向前走，在距离毒蛇两米远的地方把獴放了出去。基里亚嗅到了危险的气息，慢慢朝毒蛇爬去。我和我的小伙伴们都屏住了呼吸。一场恶战即将打响。那条盘踞的蛇高高抬起头，张开嘴，用可以催眠的眼睛盯着那只小

[①] 南亚民族之一，主要分布在印度的泰米尔纳德邦、安得拉邦、喀拉拉邦，以及斯里兰卡的东部和北部地区。

[②] 南亚国家斯里兰卡人口占多数的民族。

动物。獴继续向前缓慢移动。然而，就在距离猛兽的血盆大口几厘米的时候，它准确地意识到了即将要发生的事情。于是，它高高一跃，飞快地朝反方向逃去，将毒蛇和旁观者甩在后面，一溜烟跑回了我的卧室。

三十多年前，在韦拉瓦特郊区，我就这样身败名裂了。

前些天，我的姐姐拿给我一个笔记本，里面是我最早期的诗歌，写于一九一八年和一九一九年。重读这些诗，我对孩童期和青春期曾怀有的忧伤，以及那个时期所写作品散发出来的文人的孤独感，着实感到忍俊不禁。年轻的作家若不被孤独感包围，便无法创作，即便那孤独是想象出来的，同样，成熟的作家若没有人际交往和社会经验，也写不出任何东西。

在韦拉瓦特的那段岁月，我品尝到了什么是真正的孤独。我一直睡在行军床上，像个士兵，也像个探险家。陪伴我的只有一张桌子，两把椅子，我的工作，我的狗，我的獴，以及白天过来做家务，晚上回自己家的男孩。严格说来，他不算伙伴，东方仆人的身份迫使他比影子还安静。他的名字叫巴兰比，不知现在有没有改。我从不需要对他下达任何命令，他总是把一切都安排妥当：我的饭菜已经上桌，我的衣服刚刚熨好，威士忌酒摆在露台。他似乎忘了怎么讲话，只会露着大板牙笑。

在这种情况下，孤独并不是酝酿写作情绪的必备条件，而是像监牢的墙一样坚不可摧的东西。即使撞得头破血流，无论大叫还是大哭，都不会有人来管你。

我知道，在湛蓝的天空另一边，在金黄的沙滩那一头，跨过原始森林、毒蛇和大象，有成百上千的人在水畔劳作、歌唱，他们把火点燃，制作各种容器；还有热情似火的女人，赤身裸体地躺在薄薄的垫子上，睡在广阔无垠的星空下。但是，我怎样才能不被当作敌人，去靠近那个令人心潮澎湃的世界呢？

慢慢地，我对这座岛愈发熟悉。一天晚上，我穿过科伦坡漆黑的街区，去参加一个晚宴。我听到阵阵歌声从一座没有灯光的房子里传出。我让人力车停下。站在大门前，一股浓烈的香味向我袭来，显然，这是属于锡兰的香气：混合着茉莉花、汗水、椰子油、鸡蛋花和木兰的味道。一张张黝黑的脸融入夜色和香气，他们邀请我进去。我轻轻坐在垫子上，这时那个吸引我停住脚步的神秘人声又响起了，男孩或是女子的歌声，颤抖着，啜泣着，上升到难以置信的音高后戛然而止，然后降至极低，如同影子般漆黑，与鸡蛋花的香味汇成一片，缠绕在阿拉伯式图案里，如泉眼将水喷射到至高点，触碰到天空后突然回落，水晶般的重量快速投向茉莉花丛中。

我在那里待了很久，被鼓声和歌声的魅力深深吸引，之后，我继续赶路，内心仍陶醉在那无法用语言描述的谜一样的情绪和源自大地的神妙旋律中。那是被音乐填满，用芳香和黑暗包裹的土地。

英国人身穿黑、白两色礼服，已经入座。

"很抱歉，我在路上耽搁了，听了会儿音乐。"我这样告诉他们。

他们，这些在锡兰生活了二十五年的人们，以优雅的举止表达了不可思议的感受。音乐？当地有懂音乐的人？对此，他们无人知晓，当成新鲜事来听。

这是一道始终横在英国殖民者和广阔亚洲世界之间的鸿沟。它证实了一种毫无人性的孤立，一种对亚洲人的价值和生活的全然不知。

狭隘的殖民主义当中也有例外，我后来才知道。士兵俱乐部里的一个英国人突然失去理智，爱上了某位印度美人。他立刻被开除，像麻疯病人一样被同胞孤立。而这时又发生了另一件事：为了赶走一位僧伽罗农民并剥夺他的土地，殖民者下令将他的房子烧毁。负责焚烧房子的英国人叫伦纳德·伍尔芙，是个正派的官员。他拒绝执行命令后被开除。返回英国后，他写下了《密林中的村庄》一书，那是迄今有关东方世界的最佳出版书籍之一。无论站在真实生活的角度还是文学的角度，这都是一部杰作，而事实上，在他妻子的名望对比下，这部作品却有些黯然失色。她就是弗吉尼亚·伍尔芙[①]，享有世界声誉的伟大的意识流文学作家。

随着那层难以穿透的硬壳逐渐被敲开，我结交到了几个好朋友。与此同时，我发现年青一代将自己沉浸在殖民文化中，谈论的都是英国新近出版的书籍。我还了解到钢琴家、摄影家、评论家兼电影摄影师莱昂内尔·温特[②]是文化生活的中心人物，而这文化生活，在帝国的临终哀鸣和对锡兰尚未开发的价值估量之间来回撕扯。

莱昂内尔·温特拥有大量藏书，并能收到英国最新出版的各类书籍，他有一个既奢侈又慷慨的习惯：每周派人骑单车，将一麻袋书运送到我那距离市区很远的房子里。因此，我在那段时间里阅读了无数本英国小说，其中包括非公开发表于佛罗伦萨的首版《查泰莱夫人的情人》[③]。劳伦斯的作品以其充满诗意的笔触和聚焦于人与

[①] 弗吉尼亚·伍尔芙（1882年1月25日~1941年3月28日），英国女作家、文学批评家和文学理论家，意识流文学代表人物，被誉为二十世纪现代主义与女性主义的先锋，两次世界大战期间的伦敦文学界核心人物，代表作有《达洛维夫人》《到灯塔去》等。

[②] 莱昂内尔·温特（1900年12月3日~1944年12月19日），锡兰钢琴家、摄影师、文学收藏家、评论家、电影摄影师。20世纪30年代初开始拍摄锡兰岛照片，并以摄影师身份扬名海外。

[③] 英国作家D.H.劳伦斯创作的最后一部长篇小说，首次出版于1928年。

人之间隐秘关系的某种强大引力，给我留下了深刻的印象。然而，我很快看出，尽管他才华横溢，却像其他许多英国的伟大作家一样，因爱好对读者说教而受挫。D.H.劳伦斯所开设的这门性教育课，与我们从生活和爱情中习得的几乎没什么关系。最终他令我感到厌烦，但这并没有减少我对他的钦佩之情，他那折磨人的高深莫测的性探索，因为毫无价值而变得更加令人痛苦。

在锡兰的那些日子里，还有一件事令我记忆犹新，那便是猎捕大象。

一个地区的大象繁殖过多，就会损毁房屋和农田，对人类生活造成伤害。农民们用了一个多月的时间，顺着一条宽宽的河流沿岸，用草地野火、篝火和手鼓声逐渐将野生象群围拢起来，把它们赶到森林的某个地方。从早到晚的火焰和噪音让这些巨兽们不知疲倦，像一条缓慢流淌的河水向岛屿的西北方向移动。

某天，人们围好畜栏，将森林的某块地方圈了起来。我目睹了第一头大象通过一条窄路走了进去，发现自己被围困为时已晚。而后，越来越多的大象走上了这条不归路，近五百头庞大健壮的野兽困于其中，进退触篱。

最强壮的几头公象冲向围栏，试图将其撞倒，然而，无数支长矛伸进来进行阻止。于是它们退到畜栏中央，去保护母象和小象。象群的团结友爱令人动容。它们发出类似于马嘶声或喇叭声的痛苦嚎叫，绝望地将最弱小的树木连根拔起。

这时突然来了两位驯兽师，他们各自骑着一头高大的被驯养的大象进入围栏。这两头象就像平常见到的警察一样，站在被俘虏的大象两侧，用象鼻抽打它，迫使它不再乱动。接着，猎人用粗绳将它的一条后腿绑到一棵粗壮的树上。就这样一头接着一头，象群在无助中被制服了。

困兽几天拒绝进食,但猎人们了解其弱点,在短时挨饿后拿来大象最爱吃的植物嫩芽和嫩茎。没有被俘的时候,它们需要在森林中跋涉千万里才能寻觅到这样的食物。最终,象群屈服了,开始进食,与此同时被驯服,开始学习做繁重的苦工。

科伦坡的生活

在科伦坡看不到任何革命的迹象。这里的政治氛围不同于印度。一切都被压抑的平静吞没。这个国家向英国人进贡世界上最好的茶叶。

在这个被分割成好几层级的国家内,英国人占据金字塔的顶端,他们在带有花园的大型住宅里居住。下面一层是中产阶级,和南美国家的中产阶级很像,他们被称为公民,现在或许依然如此,这些人是先前布尔人①的后裔,即上世纪殖民战争时期流亡到锡兰的荷兰裔南非人。

再往下是锡兰的佛教徒和伊斯兰教徒,总共数百万人。最底层则是来自印度南部的移民,他们讲泰米尔语,信仰印度教,这几百万人是收入最少的人群。

在所谓的"上流社会"里,奢华的服饰和珠宝在科伦坡的私人俱乐部中大放异彩。两个自命不凡的人你争我斗:一个是冒牌的法国权贵,莫尼伯爵,一帮人追捧他;另一个是无忧无虑的波兰雅士,

---

① 阿非利卡人,旧称"布尔人",是南非和纳米比亚的白人种族之一。以17世纪至19世纪移民南非的荷兰裔为主,融合法国、德国移民形成的非洲白人民族、讲阿非利堪斯语(又称南非语或南非荷兰语)。

我的朋友温策尔，他在仅有的几个时尚沙龙里出尽风头。他极有智慧，也非常愤世嫉俗，对世间万物无所不晓。他的职业很特别——"文化与考古珍宝保护人"——一次陪他出公差的经历让我大开眼界。

考古挖掘工作使两座宏伟的古城重见天日，它们分别是阿努拉德普勒和波隆纳鲁瓦，曾被无边无际的森林吞没。古城的柱子和走廊在僧伽罗的阳光下重放光彩。当然，一切能被运送的东西，都在仔细打包后坐上了开往伦敦大英博物馆的轮船。

我的朋友温策尔非常擅长这项工作。他去到偏远的寺院，以佛教僧人满意的条件，将那些非凡的千年石像搬到公务货车上，这些古物终将被送往英国的各个博物馆。当温策尔在原石像位置放上日本制造的彩绘赛璐珞[①]佛像时，身披藏红花色长袍的僧人脸上露出了发人深省的满足神情。他们将用虔诚的目光瞻仰新来的神像，把它们安置在神坛上，在那里，碧玉佛像和花岗岩佛像曾微笑了几个世纪。

我的朋友温策尔是大英帝国一件出色的产物；换句话说，他是一个高雅又奸诈的艺术家。

有件事情的发生给阳光热烈的日子蒙上了阴影。我的缅甸情人——性格暴烈的乔西·布丽丝——不期而至，住到了我家对面。她从家乡远道而来。她以为除了仰光，其他地方都没有大米，就背了一袋过来。她还带来了我们共同喜欢的保罗·罗伯逊[②]的唱片，以及一卷长地毯。她一天到晚地站在门口，留意谁来过我家，然后

[①] 指塑料所用的旧有商标名称，是商业上最早生产的合成塑料，无色透明，可以用来制造电影软片以及仿造玳瑁、象牙等。

[②] 保罗·罗伯逊（1898年4月9日~1976年1月23日），美国著名男低音歌唱家、演员、社会活动家，1927年在美国著名音乐剧《游览船》中演唱了《老人河》一曲，由此一举成名。

扑上去辱骂对方。我看到被妒忌吞噬的她以威胁的语气声称要烧掉我的房子，还攻击过一个前来拜访的温柔甜美的欧亚姑娘。

殖民地警察认为，街道的安宁被破坏主要源于她那无法自控的行为，他们警告我，若不收留她，就将她驱逐出境。我苦恼了几天，左右为难，既因她爱而不得的痛苦而心软，又对她感到惧怕。我不敢让她踏进我的家门一步。她是一个为爱痴狂的恐怖分子，什么事都做得出来。

终于在某一天，她决定离开了。她求我送她上船。船要启航之时，我必须上岸了，她拨开周围的乘客，在爱与悲伤的冲动下亲吻我，我的脸上全是她的泪水。她吻我的手臂，吻我的衣服，像在进行宗教仪式，又突然弯下身去吻我的鞋，我完全来不及阻止。当她再次站起身来，脸上沾满了面粉一样的东西，那是我擦拭白色鞋子用的滑石粉。我无法要求她取消回程计划，同我一起走下这艘永远将她带走的船。理智阻止我这样做，但我的心里从此留下了一道永不磨灭的伤疤。那无法抑制的悲伤，那沾着白色粉末的脸上淌下的痛苦泪水，在我的记忆里始终鲜活。

我就快写完《大地上的居所》第一卷了。但我的创作进展缓慢。远隔重洋的孤寂将我和我的世界分开，我又无法全身心投入到周遭的陌生世界中去。

我把经历过的事，即那些悬浮于真空里的种种，集中起来作为自然事件写进了我的书中，因此，"与其说是它用墨水写的，不如说是用生命的血液著作而成"。我试着让自己的风格更加纯粹，更多地依赖于一种自然而生的忧伤。我不惜用自我耗尽的痛苦方式，坚持真实和有效的表现手段（这正是诗歌的组成部分）。写作风格不仅基于人，也基于围绕着人的一切，若人呼吸的空气没有被写进诗里，诗便没有生命：因无法呼吸而死气沉沉。

在科伦坡郊区生活的那段漫长又孤独的时间里，是我阅读量最大，获得愉悦感最多的时期。我有时会回到兰波、克维多①或普鲁斯特②的文字中去。《在斯万家那边》③让我重温青春时期所经历的精神折磨、爱情体验和忌妒感受。我还体会到，在被普鲁斯特称为"轻飘于空中、散发着香气"的凡德伊④的奏鸣曲乐句中，不仅可以尽情享受令人愉悦的、细腻的音乐表达，还可以感受到一种不顾一切的激情。

在那样孤独的环境中，我需要找到书中描绘的音乐，然后去聆听。在我的一位音乐家朋友帮助下，经过探究，我们了解到普鲁斯特笔下的凡德伊可能是舒伯特、瓦格纳、圣－桑⑤、福莱⑥、丹第⑦、赛萨尔·弗兰克⑧这些音乐大师的融合。我所受的音乐教育少之甚

---

① 克维多-比列加斯（1580年~1645年），西班牙作家，因擅长在作品中运用类比、借喻、隐喻、对语、对比、转义等修辞手法，被视为西班牙警句主义文学的代表人物。

② 马塞尔·普鲁斯特（1871年7月10日~1922年11月18日），20世纪法国最伟大的小说家之一，意识流文学的先驱与大师，也是20世纪世界文学史上最伟大的小说家之一。

③ 马塞尔·普鲁斯特的长篇小说《追忆似水年华》之第一卷。

④ 《追忆似水年华》一书中的作曲家，其奏鸣曲为整部小说的核心概念之一。

⑤ 夏尔·卡米尔·圣－桑（1835年10月9日~1921年12月16日），法国钢琴、管风琴演奏者、作曲家。

⑥ 加布里埃尔·于尔班·福莱（1845年5月12日~1924年11月4日），法国作曲家、管风琴家、钢琴家、音乐教育家。

⑦ 保罗·马利·西奥多·樊尚·丹第（1851年3月27日~1931年12月2日），法国作曲家、音乐教师。

⑧ 赛萨尔·弗兰克（1822年12月10日~1890年11月8日），法国作曲家、管风琴演奏家。

少，对这些音乐家几乎一无所知。他们的作品对我来说就像遗失的或无法打开的盒子。我的耳朵只能勉为其难地辨认出最为大众熟知的曲目，对于其他则茫然不解。

在对这本著作的继续探索中——对文学的研究多于音乐——我最终得到了一盒包含三张唱片的音乐集，收录了赛萨尔·弗兰克的钢琴和小提琴奏鸣曲。可以肯定的是，凡德伊的乐句就在其中。这一点绝对毋庸置疑。

对我来说，能够深深吸引我的只有文学。普鲁斯特这位最伟大的充满诗意的现实主义者，在书中敏锐地描绘了令他又爱又恨的处于垂死挣扎中的社会，同时也表现出对于许许多多艺术作品、绘画作品、大教堂、女演员和书籍的满腔热情。然而，尽管他的洞察力可以照亮任何所及之处，他仍时常带着强烈的情感投入到奏鸣曲的无限魅力及使人重获新生的乐句之中，而这种情愫几乎从未在其他描述性段落里流露。他写下的音符带我重回曾经的生活，让远离过去的我再次体会那遗失在内心深处的不易察觉的情感。我要乘着音乐的翅膀，在普鲁斯特的旋律中翱翔，去领略那充满魔力的音乐表达。

乐句落入阴暗的深渊，音调逐渐下沉，痛苦的感觉随之延长、加重，仿佛在悲伤中建造一座哥特式结构，涡旋形图案不断重复，尖顶随着节奏无穷尽地攀升。

由忧郁孕育出的旋律并不排斥其痛苦根源，在上扬中寻觅一条凯旋的出路。当钢琴演奏出的黑色音符伴随时间左右，陪同音乐不停地生死循环之时，乐句仿佛缠绕成一轮悲伤的涡旋。钢琴用伤感又亲密的语言一次次重复着坎坷的新生，直至爱与痛苦在死亡和凯旋中交汇在一起。

对我来说，毫无疑问，那段乐句、那首奏鸣曲所传达的就是这样的意境。

夜幕降临时，黑暗如同暴徒一样，一拳打在我那位于韦拉瓦特椰树林间的房子上。但每个夜晚，那首奏鸣曲都陪伴着我，引导着我，包围着我，在我心里填满它永恒的悲伤，凯旋的惆怅。

直至今天，那些细读过我的作品的评论家之中，尚未有人看出我正坦言的这一秘密所带来的影响，因为《大地上的居所》一书中大多数作品是在韦拉瓦特完成的。尽管我的诗歌"既不轻飘于空中，也不散发着香气"，但它们是带着悲伤落在地上的，我认为书中时常以悲剧色彩示人的风格，与那时常伴我左右的音乐所带给我的深刻感悟有关。

几年后，我回到智利，在一次聚会上遇到国内三位年轻的音乐大师。我记得那是一九三二年，在玛尔塔·布鲁内特①的家中。克劳迪奥·阿劳②正在角落里与多明戈·圣克鲁斯③和阿曼多·卡瓦哈尔④交谈。我走过去，但他们都没有理会我，继续泰然自若地聊着音乐和作曲家。于是我打算显摆一下，主动谈起了我所知道的那唯一一首奏鸣曲。他们心不在焉地看了看我，居高临下地对我说："赛萨尔·弗兰克？为什么要听赛萨尔·弗兰克？你该去听听威尔

---

① 玛尔塔·布鲁内特（1897年~1967年），智利女作家，青年时代曾周游欧洲，并在智利驻外使馆任职，一生著有多部反映社会现实的长篇小说和故事集，代表作有《山谷深处》《有害的牲畜》等。

② 克劳迪奥·阿劳(1903年2月6日~1991年6月9日)，智利钢琴家。

③ 多明戈·圣克鲁斯（1899年7月5日~1987年1月6日），智利作曲家、音乐教育家、律师，是智利现代音乐的代表人物，号称"智利的亨德米特"。

④ 阿曼多·卡瓦哈尔·基罗斯（1893年~1972年），智利作曲家、教育家、智利管弦乐队指挥、共产主义战士。

第①。"接着他们继续交谈,将我埋葬于自己的愚昧无知中,我至今仍未能从中挣脱出来。

新加坡

科伦坡的独居生活不仅沉闷乏味,而且令人懒散。在邻里间,我只结识了几个朋友。不同肤色的姑娘光顾过我的行军床,短暂的男欢女爱后不留任何痕迹。我的身体是一簇孤独的篝火,日夜燃烧在热带海岸上。一位名叫帕齐的姑娘经常带着她的几个朋友过来,其中有布尔人,有英国人,还有达罗毗荼人②,她们的肤色有的黝黑,有的金黄。她们在床上与我逢场作戏,不要回报。

其中一个女孩向我讲述了她造访"群居房"的经历。"群居房"是她们给一帮合住于几座小房子里的英国青年所取的代号,这些人为了节省食物和日常开支而群居在一起。这个女孩告诉我,她有次和十四个英国青年做爱,说这话时言语中未流露出一丝玩世不恭的态度,仿佛在说一件无比寻常的事情。

"为什么会这样呢?"我问她。

"那晚他们搞了个派对,就我一个女孩在场。他们播放留声机,我便和每个人都跳一会儿舞。跳舞的时候,我们就随便溜进一个房间,那样一来,所有人都开心。"

她不是妓女。确实如此,她只是殖民主义的又一件产物,是从

---

① 朱塞佩·威尔第(1813年~1901年),意大利作曲家。代表作有《纳布科》《弄臣》《茶花女》《游吟诗人》《奥赛罗》等。

② 南亚使用达罗毗荼语系诸语言各民族的统称,又称德拉维达人,主要分布在印度、斯里兰卡和巴基斯坦。

帝国主义的树上掉落下来的坦率又慷慨的果实。她的故事让我记忆犹新,我从此对她有了恻隐之心。

我那座孤单的小房子与都市化的现代建筑相去甚远。租下它的时候,我想知道厕所在什么地方,却怎么也找不到。实际上它位于房子的最后面,离浴室很远。我好奇地查看了一番,它是一个中间挖洞的木厢,非常像我小时候在智利乡下见过的人造设施——架在深井或流水上面的厕所——而这里有所不同的是,盛放污秽的容器是一个简易的金属桶,搁在圆洞下面。

我发现金属桶到了每天早上就变干净了,却全然不知里面的污秽是如何消失的。某天,我比往常早起了一会儿,被看到的情景惊呆了。

一个贱民阶层的泰米尔人——我在锡兰见过的最漂亮的女人——如一尊黑色雕像一般走到房子后面。她穿着红、金两色纱丽,布料是最廉价的那种,赤裸的脚踝上戴着沉重的镯子。她的鼻子两侧各有一个闪闪发光的小红点,那肯定只是普通的玻璃饰品,但戴在她身上却如红宝石一般。

她步态庄严地走向厕所,没有侧目看我一眼,也无意去确认屋内是否有人。她将那个满是污秽的桶顶在头上,以女神一般的姿态走远了。

她如此美丽,尽管职业卑微,却令我念念不忘。她像一只丛林动物,来自另一个世界,过着另一种生活,刻意回避人类。我叫她,她不回应。之后,我有时会在她途经的地方放上丝绸或水果作为礼物,她却不看也不听地直接略过。我那卑躬屈膝的付出,在她神秘的魅力之下,变成了一位冷漠女王恪守本分的仪式演出。

一天早上,我做好了破釜沉舟的准备。我紧紧抓住她的手腕,凝视她的双眼。因为语言不通，我无法和她交谈。她面无笑容地由着我带她走，很快就赤身裸体地躺在了我的床上。她楚腰纤细，丰乳肥臀，如同印度南方的千年雕像。而这确实像是一个男人在与一尊雕像交欢。她从始至终睁大了眼睛，毫无反应。她理应鄙视我的。这种体验我后来再没经历过。

读到那封电报时我简直无法相信。外交部给了我新的任命，并发来通知。我将卸任科伦坡领事，前往新加坡和巴达维亚①履行同样的职责。这个变动让我从贫穷的第一层级上升到第二层级。在科伦坡，我可以入账 166.66 美元（如果有的话）；现在，身兼两个殖民地的领事，我可以入账双份，即 333.32 美元（如果有的话）。这意味着，至少就目前而言，我不用再睡行军床了。我的物质需求并不高。

但我的獴——基里亚——该何去何从呢？把他送给街坊里那些没有教养的孩子们？他们已经知道它无法与毒蛇对抗。这个方法不可取，因为他们不会善待它，不会像我一样，让它上桌吃饭。将它放生回森林，恢复原始状态？绝对不行。毋庸置疑，它已经失去了自我防卫的本能，猛禽会在它毫无防备时一口将它吞下。可我怎样才能带它一起走呢？这么一个特殊乘客是不被允许登船的。

所以，我决定让我的僧伽罗男仆巴兰比跟我一起踏上旅程。这是一个既奢侈又疯狂的决定，巴兰比完全不会讲我们要去的地方——马来半岛和印度尼西亚——当地的语言。不过，这样一来我们可以把獴藏在甲板上的篮子里。巴兰比和我一样了解它的习性。海关虽然不好对付，但机灵的巴兰比可以搞定他们。

---

① 印尼首都和最大商港雅加达的旧名。

我们就这样离开了锡兰岛，我带着獴，喜忧参半地奔向另一个未知的世界。

很难理解智利为什么要在世界各地设立那么多领事馆。一个挤在南极周边角落里的小小共和国，向地球另一端的群岛、海岸、礁石派遣并供养了那么多官方代表，这看起来确实不寻常。

在我看来，事实上，这些领事馆刚好证实了我们南美人沉浸在一系列幻想和狂妄自大中无法自拔。但是，就像我曾提到的，这些遥远的地方向智利运输了黄麻和制作蜡烛用的石蜡，最重要的货物是茶叶，大量的茶叶。我们智利人每天要喝四次茶，但我们不会种植茶叶。曾经有次硝矿工人举行大罢工，起因就是这种外来物品供应不足。还记得有一天，几个英国出口商边喝威士忌，边向我询问，我们智利人拿这么多茶叶来做什么用。

"我们拿来喝。"

（如果他们期待从我这里探出一些有关智利茶叶产业开发方面的秘密，那么很遗憾，我让他们失望了。）

智利驻新加坡领事馆设立已有十年。那时，二十三岁的我带着年龄所赋予的自信下船登岸，巴兰比和我的獴紧跟在后。我们直奔来福士酒店①。到酒店后，我将存了不少的脏衣服送去清洗，然后坐在走廊上休息。我懒洋洋地瘫倒在安乐椅上，点了一两杯杜松子酒喝，也可能是两三杯。

这一切跟萨默塞特·毛姆描述的非常一致，直至我想到在电话簿上找一下领事馆的联系方式。该死，根本查不到！我立刻给英国政府办公室打去紧急电话。他们在查询后回复说，当地并没有智利

---

① 始建于 1886 年，世界仅存的几个最大的 19 世纪旅店之一，深为作家和影星所喜爱。毛姆、吉朴林、康拉德和卓别林是其最著名的住客。

领事馆。我又跟他们提起智利领事曼西拉先生，他们却说不知道这个人。

我崩溃了，我手里的钱仅够支付一天的住宿费和洗衣费。然后，我突然意识到，这个有名无实的领事馆应该位于巴达维亚，于是我决定回到来时乘坐的那艘邮轮，船还停在港口，目的地正好是巴达维亚。我让服务员把浸泡在洗衣盆里的衣服捞出来，巴兰比将它们卷成湿漉漉的一包，我们以极快的速度赶往码头。

船梯正在收起，我气喘吁吁地爬了上去。曾一起同行的乘客和船员都一脸惊讶地看着我。我回到那天早上刚刚告别的船舱，躺在了我的铺位上，闭上眼睛，这时邮轮驶离了那个倒霉的港口。

我在船上认识了一位犹太女孩。她叫克鲁齐，金色头发，橙色眼睛，偏胖，性格热情洋溢。她告诉我，她在巴达维亚有份不错的工作。在邮轮的告别派对上，我和她坐在一起。觥筹交错间，她不停地拉我去跳舞，我跟着她笨拙地跳着时下流行的慢速舞步。最后一夜，在我的船舱里，我们在融洽的氛围中耳鬓厮磨，明白是机缘让我们在这里短暂相拥，且仅此一次。我和她讲述了我的遭遇。她轻声宽慰我，身上散发出来的那种自在和温柔让我心动。

作为回报，克鲁齐向我袒露了她去巴达维亚所做工作的真正性质。有一个类似国际组织的群体为亚洲权贵输送欧洲姑娘作为性伴侣。她可以在一位印度王公[①]、一位暹罗王子和一位中国富商之间选择一个。她选了最后一个，那个性情温和的年轻人。

第二天登岸时，我看到了中国富豪的劳斯莱斯座驾，并透过花朵图案的汽车窗帘，瞧见了主人的侧影。然后，克鲁齐消失在了人

---

① 王公或大公，印度阶级社会的最上层，城邦的统治者，殖民时期在印度各方势力中受到宗主国英国殖民者的宠爱。

群和行李之间。

我在荷兰饭店安顿好,准备去吃午餐时,看到克鲁齐进来了。她扑到我怀里,不停啜泣着。

"他们要把我赶走,明天就得离开。"

"是谁要赶走你?为什么要这么做?"

她呜咽地向我讲述了她的不幸遭遇:刚要坐上那辆劳斯莱斯时,移民局官员就拦住了她,并对她进行了严酷的审问。她只好交代了一切。荷兰当局认为她给中国人当小妾的行为是一种严重的罪行。最终,在她同意不去找那个男人并承诺转天乘坐原班邮轮返回西方后,他们将她释放了。

最让她感到伤心的是,她让那个一直等待她的男人失望了,这种情绪可能与气派的劳斯莱斯有关。尽管如此,克鲁齐内心还是多愁善感的。除了利益受挫之外,她落泪还有其他原因:她受到了羞辱和深深的冒犯。

"你知道他的住址或电话号码吗?"我问她。

"知道,"她说,"但我担心他们会因此逮捕我。他们恐吓我,说要把我关进监狱。"

"你没什么害怕失去的。去看看那个梦里都是你的男人吧,虽然他根本不认识你。你至少欠他几句话。这时候还怕什么荷兰警察?以牙还牙地跟他们扯平,去看一眼你的中国男人。小心点,避开他们的视线,这样做你心里能舒服点。等你离开这里时,会开心一些。"

那天深夜,她回来了。她见到了"邮购"她的追求者。她把会面的全部经过讲给我听。那是一位有文化的东方人,受法国文化熏陶,法语讲得很好。他遵循中国体面婚姻的风俗习惯结了婚,过着无聊的生活。

这位黄皮肤追求者为他来自西方的白皮肤情人准备了一套房子,里面有花园、蚊帐、路易十六时代风格的家具,还有一张巨大的床,当晚他们试用过了。房子的主人伤感地向她展示了他为她准备的各种精致小物件,银色的刀叉(他自己只用筷子),摆满欧洲饮品的酒吧间,以及装满水果的冰箱。

然后,他在一个上了锁的大箱子前停了下来,从口袋里掏出一把钥匙,打开了箱子。展现在克鲁齐眼前的是最令人费解的珍宝:成百上千条柔软的丝绸内裤——这些女性精致私物被放置在那件因檀香木的刺鼻气味而神圣化的家具里。不同种类的丝绸,颜色一应俱全:从紫色到黄色,从深浅不同的粉色到神秘的绿色,从耀眼的红色到闪亮的黑色,从钢青色到婚纱白色。很明显,这是一个恋物癖者为了自己的感官享受所收集起来的彩虹般的男性色欲。

"我看呆了,"克鲁齐一边说着,一边又抽泣起来,"我随便抓了几件,你看,就是这些。"

我也被这种人类的神秘癖好触动了。我们这位一本正经的中国进出口商人,像蝴蝶采集家一样收集着女士内裤,做着一件无人能想到的事情。

"送我一件吧。"我对她说。

她挑了一件白、绿两色的内裤,轻轻地抚摸它,然后递给我。

"克鲁齐,请在上面留些字给我。"

她小心翼翼地把内裤铺平,在绸纹面写下我和她的姓名,除了字,上面还留下了她滴落的几颗眼泪。

第二天,她没打招呼就离开了,从此我们再没见过。那条被她题过词,也沾过她泪水的内裤夹在我的衣服和书之间,跟随我的行李箱漂泊了很多年。后来,不知是哪个厚脸皮的女访客把它从我家顺走了。

巴达维亚

在汽车旅馆还没有出现的那个时代,荷兰饭店是个难得的住处。它有一座很大的中心建筑,用作餐厅和办公室,另有作为客房使用的一幢幢独立平房,其间隔着小花园和粗壮的树木。无数鸟类栖息在高高的树冠上,鼯鼠①在树枝间飞来飞去,昆虫的叫声让人仿佛置身于大森林。巴兰比尽力照顾着我的獴,它到了新住处后越来越不听话。

这边确实有智利领事馆,至少能在电话簿上查到。第二天,休息好后,我穿上更加得体的衣服,去了领事馆办公处。智利领事馆馆徽挂在一座大楼的正面,那是一家航运公司的办公楼。众多员工中的一位将我带到了经理办公室,经理是个荷兰人,面色红润,身宽体胖,看起来更像一个码头工人,完全没有航运公司经理的气质。

"我是新来的智利领事,"我自我介绍道,"首先,感谢您的帮助,其次,如果您能向我简要介绍领事馆的工作内容,我将不胜感激。我希望立刻履行职责。"

"我是这里唯一的领事!"他气哄哄地说。

"怎么回事?"

"先把你们欠我的钱还给我。"他大声说道。

这个人可能懂些航运,但无论使用哪种语言,他都不懂礼貌用语。他一边言辞无状地叫嚷着,一边怒气冲天地嚼着一支方头雪茄

---

① 也称飞鼠或者蝙蝠鼠,松鼠亚科的一种啮齿类动物,身上独特的结构飞膜,可以帮助其在树中间快速地滑行。

烟,空气都被污染了。

这个野蛮人不给我一点插话的机会。他因愤怒以及雪茄烟咳嗽起来,声音震耳欲聋,手边又没有漱口水,就只好吐几口痰来缓解。我终于能插进一句自卫的话了:"先生,我不欠您什么,也不需要付给您什么。据我所知,您是名誉领事,也就是名义上的领事。如果这事有待商榷,我认为用这种大声叫嚷的方式解决不了问题,也让我难以消受。"

后来我明白了,这个粗鲁的荷兰人所说的话都是讲道理的。这家伙是一场骗局的受害者,当然,这既不能归咎于智利政府,也不能归咎于我。曼西拉是引起荷兰人愤怒的罪魁祸首。我了解到曼西拉这个人从未履行过驻巴达维亚领事的职责;他已经在巴黎住了一段时间了。之前他们达成协议,曼西拉让荷兰人代他行使职权,并把每个月收到的文件和钱款寄给他。曼西拉承诺每个月付给他一笔酬金,却从未兑现过。因此,这个幼稚的荷兰人将他的怒气如坍塌的屋顶一样发泄在我身上。

转天,我感觉非常不适。高烧、感冒和鼻血让我十分无助。我浑身发烫,大量出汗。鼻子开始流血,小时候在特木科的寒冷气候中也有过同样症状。

我竭尽全力,前往位于茂物①的政府办公楼。办公楼坐落在华丽的植物园内。官僚们艰难地把他们的蓝眼睛从文件上移开。他们满头是汗,拿起同样汗淋淋的笔写下我的名字,汗珠也随之滚落。

出来的时候我感觉更难受了。我沿着林荫道向前走,在一棵大树下面坐了下来。这里的一切都是清新自然的,生活散发着平静而

---

① 印度尼西亚古代王国的首都。

有活力的气息。面前一棵棵巨树将笔直、光滑的银色树干伸到百米高的天空中。我在搪瓷标牌上得知了它们的名称,都是些我不熟悉的桉树品种。一股冷调香气从天而降,钻进我的鼻隧。是其中那棵最高大的树怜悯了我,用一阵芬芳恢复了我的体力。

植物园内庄严的氛围,各式各样的树叶,纵横交错的藤蔓,枝叶间海星一般的兰花,金刚鹦鹉的尖叫,猴子的嘶鸣——这被圈起来的景色和声响如同森林般深不见底,或许是它们使我重拾对未来的信心和对生活的热忱,不再像残烛微光一般忽隐忽现。

回到饭店的时候,我的精神状态好多了,我坐在客房走廊里,桌子上放着信纸,我的獴也在上面;我决定给智利政府发封电报。我需要墨水,于是叫来了饭店里一位男服务生,用英语问他要,希望能送一瓶过来。他看起来丝毫没有听懂我说的话,又叫来另一个和他一样穿着白衣,打着赤脚的男孩,来帮忙理解我那令人困惑的要求。但还是没用。我一边说着"Ink",一边拿着钢笔做出往墨水瓶里蘸取的动作,这时已有七八个人围过来给第一个男孩出主意,他们不约而同地从自己的口袋里掏出钢笔,重复我的动作,高声喊着"Ink, ink",同时笑得不能自已。他们以为这是一种刚学到的仪式。我绝望地跑到对面的客房,身后跟着一列白衣侍者。

有张桌子孤零零地摆在那里,幸运的是,上面放着一个墨水瓶,我把它拿起来,在一张张惊诧的面孔前晃了晃,对他们嚷道:"This! This!"

他们全都笑了,一起大声说:"Tinta! Tinta!"

我这才知道,墨水的马来语也是 tinta,跟西班牙语一样。

我拿回了我的领事职权。我争取到的"遗产"有:一枚破旧的橡皮图章,一块印泥,几个装有盈亏账目的文件夹。身在巴黎老谋深算的领事暗中操控,早已把利润塞进口袋。被他蒙骗的荷兰人把那沓无关紧要的文件递给我,这个五大三粗的男人一脸挫败,一边冷笑着,一边嚼着方头雪茄烟。

我时不时需要签署领事发票①,再将破旧的公章盖在上面。这样一来我就拿到了美元,再换成荷兰盾,以勉强维持生活所需:伙食费、住宿费、巴兰比的薪水以及照料我的獴——基里亚——的花销(它长大了很多,每天要吃三四个鸡蛋)。此外,我还得以分期付款的方式给自己买一件白色晚礼服和一件燕尾服。有时,我会独自坐在一家拥挤的露天咖啡馆里,喝杯啤酒或杜松子酒,旁边是宽阔的河道。也就是说,我又过上了那绝望而又平静的生活。

旅馆餐厅的 rice table② 非常奢华。十到十五个侍者列队走进餐厅,手里高举着盘子,鱼贯而过。每个大盘子都分成几格,每一格里都装着一道妙不可言的、让人回味无穷的精致美食。米饭铺在这些种类繁多的食物底下。我一向贪吃,而且长久以来食不果腹;我从十几个侍者端的盘子里各挑了些食物,直到我的盘子里堆成了小山,进口的鱼、不知名的蛋、奇特的蔬菜、回味无穷的鸡、上等的精品肉,这些东西像旗子一样插在我的午餐顶峰。中国人说,食物必须色、香、味三者俱佳。我所在饭店的 rice table 除了拥有这三个优点外,还多了一个:量大。

就在那段时间,我的獴不见了。基里亚有个危险的习惯:我走到哪儿,它跟到哪儿,而且脚步又快又轻。街上来回穿梭着汽车、

---

① 出口方根据进口方国家驻出口国领事馆或其邻近地区领事馆规定的固定格式内容填制并经领事签证的发票,作为有关货物进口报关的前提条件之一。

② 源于荷兰语"Rijsttafel",意为盛有米饭的餐桌,指摆满餐桌的极其丰盛的餐食,是殖民时期的遗存,文化杂糅的产物。

卡车、人力车，走动着荷兰人、中国人、马来人，所以跟着我就意味着跳进这人来人往、车水马龙的地方。对于一只在这世上只认识两个人的獴来说，难以应对这样的状况。

不可避免的事情发生了。有天我回到酒店，看到巴兰比的脸，就知道悲剧降临了。我什么都没问他，但是当我坐到走廊上的时候，基里亚没有跳到我的膝上，也没有用它那毛茸茸的尾巴蹭我的头。

我在报上刊登了一则寻獴启事："丢失獴一只，对'基里亚'这个名字有反应。"没有任何消息。邻居们都没见过它。也许它已经死了。它就这样永远地消失了。

作为獴的监护人，巴兰比感到十分愧疚，不敢在我面前出现，悄悄地打理着我的衣服和鞋子。某些晚上，我似乎听到基里亚站在树上冲我尖叫。我打开灯，打开窗户和门，在椰子树上仔细寻找。那不是它。基里亚遭到了它所认识的这个世界的背叛，它的信任在这个危机四伏的城市森林里破碎了。我悲伤了很长一段时间。

羞愧的巴兰比准备回国。对于他的离开我并不开心，但獴确实是我们之间唯一的纽带。一天下午，他过来给我看他新买的衣服，这样他就可以穿着体面地回到锡兰。他一身白衣地突然出现在我面前，扣子一直系到脖领处。最让人吃惊的是他那乌黑的头上戴着一顶巨大的厨师帽。我忍不住笑了出来。巴兰比没有生气，反而亲切地对我笑着，包容了我的无知。

我在巴达维亚的新住处位于一条名为普罗博林戈的街上。家里有一间客厅、一间卧室、一间厨房和一间浴室。我未曾有过私家车，却有个一直空着的车库。房子虽然不大，但足够我使用。我雇了两个爪哇人——给我做饭的是一位待人和气、亲切可爱的老农妇，服侍我吃饭、帮我打理衣服的是一个小伙子。我在这个房子里写成了《大地上的居所》。

我越来越孤独，打算步入婚姻。我遇到了一个克里奥尔人——确切地说，是一位带着一点马来血统的荷兰姑娘——我非常喜欢她。她个子高挑，性情温和，对艺术和文学一无所知。（几年之后，我的朋友玛格丽塔·阿吉雷①这般描述我的这段婚姻："聂鲁达于一九三二年返回智利。两年前，在巴达维亚，他与定居在爪哇的荷兰姑娘玛丽亚·安东涅塔·哈根纳尔结婚。她以领事妻子的身份为傲，认为美洲这片土地极具异国情调。她不会讲西班牙语，但她去学了。然而，毫无疑问，她学不会的不仅仅是语言。尽管如此，她十分依恋聂鲁达，他们经常形影不离。聂鲁达称呼他这位身材高挑、表情严肃、态度平和的妻子为'玛鲁卡'。"）

我的生活很简单。我很快就结识了另一些友善的人。因为语言相通，古巴领事及其夫人顺理成章地成为了我的朋友。卡帕布兰卡②的这位同胞像上了发条的机器一样喋喋不休地讲话。他是古巴独裁者马查多③的官方代表。但他告诉我，政治犯们的财物——手表、戒指，有时甚至是金牙——会出现在哈瓦那湾捕获的鲨鱼肚子里。

德国领事赫兹十分崇尚现代造型艺术，例如弗朗兹·马尔克④

---

① 玛格丽塔·阿吉雷（1925年12月30日~2003年12月15日），智利作家、评论家。聂鲁达首部传记作者，该书于1967年出版。

② 何塞·卡帕布兰卡（1888年~1942年），古巴国际象棋棋手，国际象棋历史上的传奇人物之一。

③ 格拉尔多·马查多（1871年~1939年），古巴独立战争英雄，后成为独裁者和古巴共和国的第5任总统（1925年~1933年），被称为加勒比海地区的墨索里尼，被推翻后流亡美国而死。

④ 弗朗兹·马尔克（1880年2月8日~1916年3月4日），德国表现派画家。"蓝骑士"派创始人和新美术家协会成员，以动物研究画著称。代表作有《蓝马》等。

的《蓝马》,威廉·莱姆布鲁克[①]刻意拉长的人体雕像。他是个敏感的人,具有浪漫气质,是个拥有百年文化遗产的犹太人。

我有次问他:"名字时常出现在报纸上的希特勒,这个反犹太主义、反共产主义的领导人,你认为他会掌权吗?"

"不可能。"他对我说。

"为什么不可能呢?历史上遍布荒唐至极的事件。"

"你并不了解德国,"他斩钉截铁地说,"在那里,像他这样疯狂的煽动者甚至无法拿下一个村庄。"

我可怜的朋友,可怜的领事赫兹!那个疯狂的煽动者差一点就统治了全世界。而天真的赫兹,带着他所有的文化和高贵的浪漫主义,一定在某个可怕的、不知名的毒气室里丧了命。

[①] 威廉·莱姆布鲁克(1881年1月4日~1919年3月25日),德国雕刻家。他的作品以拉长的形状和比例为特点。

西班牙在心中

费德里科这个人

经过两个月的海上航行，我于一九三二年回到了智利。一度遗失在手稿中的《热情的投掷手》和在东方完成的《大地上的居所》也在祖国出版了。一九三三年，我被任命为智利驻布宜诺斯艾利斯领事，八月份到达当地。

费德里科·加西亚·洛尔迦几乎和我同时抵达布宜诺斯艾利斯，他来此地是为了执导他的悲剧《血的婚礼》，该剧由洛拉·门布里维斯剧团演出。我们在布宜诺斯艾利斯碰面之前并不相识，后来经常一起受到其他作家和朋友们的邀约。当然，我们也共同经历过一些事情。有人诋毁费德里科，也有人诋毁我，我直到现在还有反对者。这些人企图将我们从公众的视野中抹去。有一次就发生了这样的事：国际笔会准备为费德里科和我在广场饭店举办的宴会得到了大量关注，有人便不停打电话，以我们的名义散布着"晚宴已取消"的谣言。他们是如此的死缠烂打，甚至打电话给酒店经理、电话接线员和厨师，想方设法让他们不接待也不备餐。但最终他们没有得逞，费德里科和我还是与百名阿根廷作家会面了。

我们想出了一个令人耳目一新的主意。我们准备了一段"双人致辞"。你们可能不知道什么是双人致辞，我当时也是。费德里科，这个总有新奇想法的人，对我解释道："两个斗牛士可以同时与同一头公牛搏斗，并共享一个斗篷。这是最冒险的斗牛表演方式之一，也因此十分罕见，一个世纪内不超过两三次，而且只能由亲兄弟或至少有血缘关系的两个斗牛士来做。这种方式叫作'双人斗牛'。我们发表致辞的方式异曲同工。"

这就是我们要做的事，事先没告诉任何人。当我们起身感谢国际笔会主席为我们举办的宴会时，我们像两个斗牛士一样，一起发言。参会者都坐在一张张分开的小桌子旁，费德里科在宴会厅的一端，我在另一端。我身边的人以为我搞错了，拽着我的上衣让我坐下，费德里科那边也一样。我们开始致辞了，我说完"女士们"，他接着说"先生们"，我们的词句穿插在一起，直到说完最后一句，就像单人讲话一样流畅。这段致辞是献给鲁文·达里奥的，尽管没人会觉得加西亚·洛尔迦和我是现代主义作家。我们一致认为鲁文·达里奥是西班牙最具创造力的诗人之一。

那段致辞的内容如下：

聂鲁达：女士们……

洛尔迦：……先生们：斗牛中有一种名为"双人斗牛"的表演，两位斗牛士共举一块斗篷，智斗公牛。

聂鲁达：费德里科和我将交替表达，语言间相互衔接，一起对这次盛情款待表达谢意。

洛尔迦：在这样的聚会上，诗人通常会娴熟流畅地朗诵他的生动诗句，亲自向同伴们和朋友们致敬。

聂鲁达：然而，我们要在你们之间留个座位，给一位已故的鳏夫，他被掩埋在死亡的黑暗之下，他比别人死得更伟大。耀眼夺目的他曾与生活为伴，现在他已离去。我们将站在他炽热的阴影下，呼喊他的名字，直到他的力量从遗忘中一跃而起。

洛尔迦：在我们将企鹅般温柔的拥抱，献给儒雅诗人阿马多·比亚尔[①]后，我们要在宴会上提起一个伟大的名字，我们可以肯定的是，这个名字的出现将会震碎酒杯，掀飞叉子，去追寻那双渴望已

[①] 阿马多·比亚尔（1899年~1954年），阿根廷诗人、剧作家。

久的眼睛,再用一阵浪潮将桌布浸染。这位讲西班牙语的美洲诗人就是:鲁文……

聂鲁达:达里奥。因为,女士们……

洛尔迦:先生们……

聂鲁达:布宜诺斯艾利斯的鲁文·达里奥广场在哪里?

洛尔迦:鲁文·达里奥的雕像在哪里?

聂鲁达:他喜爱公园。鲁文·达里奥公园在哪里?

洛尔迦:鲁文·达里奥的玫瑰花店在哪里?

聂鲁达:鲁文·达里奥苹果树和鲁文·达里奥苹果在哪里?

洛尔迦:鲁文·达里奥的手部模型在哪里?

聂鲁达:在哪里?

洛尔迦:鲁文·达里奥长眠在他的故乡尼加拉瓜,埋葬在一尊石膏做成的狮子下面,就是那种有钱人摆在家门口的狮子。

聂鲁达:将一尊邮购来的狮像献给创造它的人,将一头黯淡无光的狮子献给照耀万物的人。

洛尔迦:他用一个形容词就让我们听到了森林的声音。就像文字大师路易斯·德·格拉纳达①修士用柠檬、鹿蹄和无数恐怖的软体动物来定义星群:我们带着瞳孔中的暗影,坐上护卫舰,被他送到海上,在天色最灰暗的那个下午,他铺设了一条无限宽广的杜松子酒广场,并以浪漫主义诗人的身份,用亲切的语言与南风用心交谈,他带着对一切时代的怀疑、嘲讽和遗憾,将手放在科林斯式②

---

① 路易斯·德·格拉纳达(1504年~1588年),西班牙作家、萨拉曼卡学者。

② 古典建筑的一种柱式,源于古希腊,柱头用莨苕作装饰,形似盛满花草的花篮。雅典的宙斯神庙采用的正是科林斯柱式。

柱头上。

聂鲁达：从本质上讲，他那光辉的名字，连同他心中强烈的悲伤和疑惑，他盘旋走下深不见底的地狱阶梯、登上代表名誉之堡垒的经历，以及他身为诗人的伟大，这一切永远无与伦比，值得我们铭记于心。

洛尔迦：作为一名西班牙诗人，他具有当代诗人所匮乏的渊博与慷慨，在西班牙，他既为孩子们提供了指引，也影响了老一辈大师们，例如巴列-因克兰①、胡安·拉蒙·希梅内斯②、马查多兄弟③。他的声音好比我们历史悠久的语言沟渠中的水和肥料。从罗德里戈·卡罗④到阿亨索拉兄弟⑤和胡安·德尔·阿吉霍⑥先生，使用西班牙语的人从未有谁像鲁文·达里奥一样拥有如此丰富的词汇，如此互斥的辅音，如此猛烈的情绪，如此多样的形式。从委拉斯贵

---

① 巴列-因克兰（1866年10月28日~1936年1月5日），西班牙小说家、戏剧家、诗人，被誉为"西班牙的詹姆斯·乔伊斯"。

② 胡安·拉蒙·希梅内斯（1881年11月23日~1958年5月29日），西班牙诗人、散文家。1936年因西班牙内战爆发流亡国外，辗转迁居波多黎各；1956年获诺贝尔文学奖。代表作有《遥远的花园》《悲情咏叹调》《一个新婚诗人的日记》《三个世界的西班牙人》等。

③ 曼努埃尔·马查多（1874~1947）和安东尼奥·马查多（1875年~1939年），兄弟二人均为西班牙诗人、戏剧家。

④ 罗德里戈·卡罗（1573年~1647年），西班牙诗人、作家、历史学家、考古学家、律师、牧师。

⑤ 巴托洛梅·莱昂纳多·德·阿亨索拉（1562年~1631年），西班牙诗人、历史学家；卢佩西奥·莱昂纳多·德·阿亨索拉（1559年~1613年），西班牙诗人、戏剧家。

⑥ 胡安·德尔·阿吉霍（1567年~1623年），西班牙诗人、作家、音乐家。

支①的风景到戈雅②的篝火,从克维多的忧郁到马略卡岛上乡村姑娘们苹果般的可爱脸庞,达里奥四海为家,走遍了西班牙的广袤土地。

聂鲁达:潮水把他带到了智利,北方温暖的大海将他留在那里,遗弃在崎岖不平的岩石海岸上,并以风浪的力量和声响冲击着他,瓦尔帕莱索黑色的风吹起海盐之歌,将他包围。今晚,让我们用流动着烟雾、声音、境遇和生命的空气刻画他,一如他那流动着梦境与声音的壮丽诗篇。

洛尔迦:但是,我要为这座空气雕像注入血液,就像海水为珊瑚枝带来活力一样,再为他安上神经,如同照片中的一簇闪电,为他装上人身牛头怪的脑袋,上面覆盖着由一群蜂鸟组成的贡戈拉③笔下的雪,还要镶上一双饱含泪水的眼睛,目光茫然游离。也不能忘了他的缺点:几乎被篱芥吞没,间隙里回荡着长笛声的书架;使他酩酊大醉的白兰地酒瓶;他那惹人喜欢的俗气;以及令他的多数诗歌充满人性的那些厚颜无耻的语言技巧。他的杰作所包蕴的丰富内涵超越了规则、形式和流派。

聂鲁达:西班牙人费德里科·加西亚·洛尔迦和我这个智利人,将把今晚在场的朋友们所赋予我们的荣耀移交给那个伟大的影子,他比我们拥有更高尚的歌声,他曾用独一无二的嗓音,向我们脚下的阿根廷土地致敬。

---

① 迭戈·罗德里格斯·德·席尔瓦·委拉斯贵支(1599年6月6日~1660年8月6日),西班牙画家。

② 弗朗西斯科·何塞·德·戈雅-卢西恩特斯(1746年3月30日~1828年4月15日),西班牙浪漫主义画派画家。

③ 贡戈拉·伊·阿尔戈特(1561年~1627年),西班牙黄金时代诗人、剧作家、著名文学流派"贡戈拉主义"(夸饰主义)的创始者。

洛尔迦：智利人巴勃罗·聂鲁达和我这个西班牙人，说着同样的语言，缅怀着同一个人——这位伟大的尼加拉瓜、阿根廷、智利及西班牙诗人。

聂鲁达和洛尔迦：让我们举杯，向他的荣耀与尊贵致以崇高的敬意！

记得有天晚上，我在一次难忘的艳遇中得到了费德里科出其不意的帮助。那次，我们受到一位百万富翁的邀约，此类有钱人只能在阿根廷或美国见到。他天生不拘一格，白手起家，靠一份哗众取宠的报纸积累了巨大财富。对于这位充满活力的暴发户来说，他的豪宅是他梦想成真的地方。房子被一个巨大的公园环绕着，车道两旁排列着数百个笼子，里面关着产自世界各地、五颜六色的野鸡。他收藏的古董书是以电汇的方式从欧洲各地的书商拍卖会购买而来的，内容相当广泛，应有尽有。然而，最引人注目的是他那间巨大阅览室的地板，一张张豹子皮铺在上面，它们被缝制在一起，形成一张巨大的地毯。我听说这个人在非洲、亚洲和亚马逊地区都有代理专门负责收集豹子、豹猫以及各种名猫的皮毛，这些动物身上的斑点此刻就在我的脚下，在这个富丽堂皇的阅览室里闪闪发光。

这就是纳塔利奥·博塔纳的家。这个声名狼藉、实力雄厚的资本家，在布宜诺斯艾利斯主导着公众舆论。在餐桌前，费德里科和我坐在主人的两侧，对面是一位身材高挑、气质脱俗的女诗人，用餐过程中，她那双碧绿色的眼睛总是盯着我看，却不常注视费德里科。晚宴里包含一道烤牛肉，八或十个高乔人①用一辆巨大的手推车把一整头公牛抬到滚烫的煤炭旁。傍晚的天空蓝得彻底，繁星满天。阿根廷人的伟大发明——带皮烤牛肉——的香气，与潘帕斯草原的气息、三叶草和薄荷的味道，以及上千只蟋蟀和蝌蚪的叫声交融在一起。

晚饭后，那位女诗人、我和费德里科从桌子旁站起来，向灯火通明的游泳池走去。费德里科·加西亚·洛尔迦对这一切感到非常开心，满面笑容。他有说有笑地走在最前面，兴致高昂。他就是这样的人，幸福感就像他的皮肤一样，是他身体的一部分。

一座高塔矗立在游泳池上方，俯视着波光粼粼的水面。白色的石灰塔身在夜晚的灯火中闪着光。

我们慢慢爬上了塔的最高瞭望台。三个风格各异的诗人站在那里，远离尘世。游泳池仿佛在下面眨着它的蓝眼睛。再远一点，我们可以听到晚宴那边传来的吉他声和歌声。头顶繁星密布，夜空低沉得似乎触手可及，像是要将我们围裹起来，淹没在夜色的深渊里。

我把那个高挑的金发女孩搂在怀里亲吻，发现她性感、丰满，女人味十足。令费德里科没想到的是，我们顺势躺倒在瞭望台上，我正要给她脱衣服时，看到费德里科那双大眼睛正盯着我们，不敢相信面前的情景。

"离开这里，去给我们放哨，别让任何人上来！"我冲他喊道。

费德里科兴冲冲地跑开，去执行他作为助手和哨兵的任务，我

---

① 拉丁美洲民族之一，分布在阿根廷潘帕斯草原和乌拉圭草原以及巴西南部平原地区，属混血人种，由印第安人和西班牙人长期结合而成，保留较多印第安文化传统，讲西班牙语，习惯于马上生活，英勇强悍，曾在19世纪初叶拉丁美洲独立战争中起过重要作用。

和那位女士即将要完成献给星空和夜晚的阿佛洛狄忒①的仪式。然而这时,不幸的是,费德里科滚下了黑暗的塔楼台阶。我们费了好大劲才把他扶起来。之后他跛了两个星期。

米格尔·埃尔南德斯②

我担任驻布宜诺斯艾利斯领事的时间不长。一九三四年初,我被调往巴塞罗那,担任同样的职务。智利驻西班牙总领事图里奥·马奎拉先生是我的上司。顺便提一句,他是我遇到的智利领事部门中最敬业的官员。他是一个严肃的人,以沉默寡言著称,对我非常和蔼可亲、善解人意。

图里奥·马奎拉先生很快就发现我极不擅长减法和乘法,而且不会算除法(我一直没能学会)。于是他对我说:"巴勃罗,你应该去马德里生活,那里才有诗意。巴塞罗那这里只有讨厌的乘法和除法,没有你的用武之地,我来处理就可以了。"

就像被施了魔法一样,一夜过后,我就成了智利驻西班牙首都马德里的领事。我还见到了加西亚·洛尔迦和阿尔维蒂的朋友。他们人数众多。短短几天内,我就融入了西班牙诗人的群体中。当然,西班牙人和拉丁美洲人是不同的——差别产生于各自的骄傲或者错误。

和我同辈的西班牙人相比于拉丁美洲人,更加友爱团结,更

---

① 古希腊神话中爱情与美丽的女神,同时也是性欲女神,奥林匹斯十二主神之一。

② 米格尔·埃尔南德斯(1910年10月30日~1942年3月28日),西班牙诗人、剧作家,代表作有《月中小狗》《人民风》《相思歌谣》等。

讲义气。我觉得我们拉丁美洲人更加开放，更多地接触其他语言和文化。他们很少有人会讲除西班牙语以外的其他语言。因此德斯诺斯①和克利瓦尔②来马德里时，我不得不承担起翻译的任务，以使他们和西班牙作家之间能够顺利交流。

　　青年诗人米格尔·埃尔南德斯是费德里科和阿尔维蒂的朋友之一。我认识他时，他刚从家乡奥里韦拉过来，穿着帆布鞋和农民特有的灯芯绒裤子，之前他放过羊。我把他的诗作发表在我的诗歌刊物《绿马》上，我非常欣赏他的作品迸发出来的光辉和活力。

　　米格尔是个农民，身上散发着乡村的气息。他的脸像一块泥土，又像一个刚从根茎上拔下来的土豆，还保留着土地的清新气味。他在我的房子里生活和写作。我那些描绘了别样风光和大地的美洲风格诗篇对他产生了影响，慢慢地改变了他。

　　他给我讲了许多有关兽类和禽类的故事，内容朴实。他是从大自然里走出来的作家，就像一块未经雕琢的石头，带着森林的清新和难以抗拒的生命力。他会告诉我，把耳朵贴在熟睡的母山羊肚皮上是如此令人激动。你可以听到奶汁流到乳房上的声音，这种神秘的声音，只有那位山羊诗人听得到。

　　他还和我谈起夜莺的歌声。他来自西班牙东部，那里到处都是花满枝头的橘子树和夜莺。因为我的祖国没有这种令人崇敬的鸟儿歌唱家，为之疯狂的米格尔便尽其所能地在我面前进行生动的模仿。他会爬上街头的一棵树，在最高的树枝上吹起口哨，仿效他所喜爱

---

　　① 罗伯特·德斯诺斯(1900年7月4日~1945年6月8日)，法国超现实派诗人，在抵抗运动中因主办地下报纸被德国占领军逮捕，并死于集中营。
　　② 勒内·克利瓦尔（1900年~1935年），法国超现实主义作家，代表作有《我的身体与我》。

的本地鸟儿,鸣啭不停。

他没有生计来源,我便试着帮他找份工作。在西班牙,诗人很难找到工作。最终有位子爵,同时也是外交部的高级官员,给出了正面回应,愿意全力帮助米格尔。他读过米格尔的诗并为之赞叹,表示只要米格尔说出想担任的职务,就能得到任命。

我欣喜若狂地说:"米格尔·埃尔南德斯,你的未来终于有着落了。子爵可以为你安排,你将成为一名高级职员。快告诉我你想做什么工作,他们会给你发任命书。"

米格尔陷入了思考。他那张过早出现皱纹的脸上笼罩着忧虑。几个小时过去后,直到傍晚时分他才给我答复。因为生计问题得到了解决,他神采奕奕地对我说:"子爵能不能让我在马德里附近看管一群山羊?"

关于米格尔·埃尔南德斯的记忆永远无法从我心里抹去。东部沿海一带夜莺的歌声如此高亢,仿佛在黑夜和橙花之间翱翔,令他沉醉。这歌声融入了他的血液,融入了他那质朴无华的诗歌之中。西班牙东部沿海一带浓烈的色彩、香气和声音,与阳刚青年的活力和气息相互交汇。

他那张典型的西班牙人的脸,被阳光雕刻出轮廓,像一块播种过的田地,圆润得有些像面包或地球的形状。在这张因风吹日晒而坚忍不拔的脸上,一双眼睛炽热地燃烧着,散发出充满力量与柔情的光芒。

我看到了诗歌的元素从他的话语中不断涌现,又因一个新的壮举,一束野性的光辉,一种灿然一新的魔力而重组起来。在我成为诗人,浪迹天涯的全部岁月里,我可以说,生活从未给予我特权,让我见识到像他这样如此具有天赋、对文字如此了如指掌的才子。

《绿马》

费德里科、阿尔维蒂(他所住的公寓在我家附近,俯瞰着一条林荫道,那便是他的"迷失的树林[①]")、雕塑家阿尔贝托[②](来自托莱多的面包师,当时已成为抽象派雕塑大师)、阿尔托拉吉雷[③]、贝尔加明[④]、伟大的诗人路易斯·塞尔努达[⑤]、无可限量的比森特·阿莱克桑德雷以及建筑师路易斯·拉卡萨[⑥]——我们这些人每天要么分成几拨,要么所有人一起聚在某人家里,或在咖啡馆里碰面。

我们会从卡斯特拉纳大道或邮局酒馆出发,去往我那位于阿圭列斯区的家——"花之家"。我们从一辆双层巴士的上层下车,吵吵闹闹地结队去吃饭、喝酒、唱歌,我的同胞,伟大的科塔波斯[⑦],称这种巴士为"低音大号"。在我这些沉浸于诗歌和欢愉氛围的年轻伙伴中,有诗人阿图罗·塞拉诺·普拉哈[⑧],有才华横溢、性格有趣的画家何塞·卡瓦列罗[⑨],有从安达卢西亚直奔我家的安东尼

---

① 拉法埃尔·阿尔维蒂的作品名。
② 阿尔贝托·桑切斯·佩雷斯(1895年4月8日~1962年10月12日),西班牙画家、雕塑家。
③ 曼努埃尔·阿尔托拉吉雷(1905年~1959年),西班牙诗人、主编、出版商、印刷商。
④ 何塞·贝尔加明·古特雷斯(1895年12月30日~1983年8月28日),西班牙作家。
⑤ 路易斯·塞尔努达(1902年9月21日~1963年11月5日),西班牙诗人。
⑥ 路易斯·拉卡萨(1899年~1966年),西班牙建筑师。
⑦ 阿卡里奥·科塔波斯·巴埃萨(1889年4月30日~1969年11月22日),智利作曲家。
⑧ 阿图罗·塞拉诺·普拉哈(1909年~1979年),西班牙诗人。
⑨ 何塞·卡瓦列罗(1915年6月11日~1991年5月26日),西班牙画家。

奥·阿帕里西奥,还有其他许多人,他们现今与我天各一方,有些已不在人世,但是他们的友谊就像我的灵魂或身体的一部分,是不可或缺的存在,令我无比怀念。

那时的马德里啊!我会和加利西亚画家马鲁贾·马洛①一起去贫民区闲逛,寻找卖细茎针草和草席的地方,桶匠及绳匠聚集的街巷,令她爱不释手的西班牙绸缎店铺。西班牙气候干燥,岩石众多,烈日炙烤着地面,在平原上撩起火花,在尘雾飞扬中筑起光之堡垒。唯有诗人才是西班牙真正的河流:克维多的深绿色河水涌起黑色浪花;卡尔德隆②的水流唱着动听的歌;阿亨索拉兄弟的河流清澈见底;贡戈拉是一条红宝石之河。

我只见过巴列-因克兰一次。他很瘦,留着相当长的白胡子,面色如一张泛黄的纸,他仿佛是从自己的某本书中走出来的人一样,而那书把他压扁了。

我第一次见拉蒙·戈麦斯·德拉·塞尔纳③是在他的地下咖啡馆——庞波咖啡馆,后来又在家里见过他。我永远也忘不了拉蒙洪亮的嗓音,他坐在咖啡馆里,用这嗓音引导着谈话和笑声、思想的流向和团团烟雾。在我看来,拉蒙·戈麦斯·德拉·塞尔纳是西班牙语最出色的作家之一,他的才气与博学可以与克维多和毕加索相提并论。拉蒙·戈麦斯·德拉·塞尔纳的每一页作品都像寻觅于物质世界与精神世界,深究于真相与虚幻之中的探索者,他所知道

---

① 马鲁贾·马洛(1902年1月5日~1995年2月6日),西班牙超现实主义画家。

② 卡尔德隆·德·拉·巴尔卡(1600年1月17日~1681年5月25日),西班牙剧作家、诗人。

③ 拉蒙·戈麦斯·德拉·塞尔纳(1888年7月3日~1963年1月13日),西班牙作家,独创了"克雷戈里亚"文体。代表作有《斗牛士卡拉乔》等。

和写过的有关西班牙的事情，别人都不曾了解。他创造了一个神秘的宇宙。他用自己的双手改变了语言的句法规则，并在上面留下了指纹，没有人可以抹掉。

我见过几次安东尼奥·马查多，身穿黑色公证服，坐在他最爱的咖啡馆里，沉默寡言，像一棵年迈的西班牙古树一样亲切又平和。顺便提一句，胡安·拉蒙·希梅内斯，这个诗歌界的毒舌老顽童，说他总是满身烟灰，口袋里装的都是烟蒂。

胡安·拉蒙·希梅内斯这位伟大的诗人，亲自向我展示了传说中的西班牙式妒忌的全貌。其实这位诗人不需要嫉妒任何人，因为他的作品是本世纪黑暗之初一束耀眼的光芒，而他却假装过着隐士般的生活，在暗处猛烈抨击任何他认为可能会使他黯然失色的事物。

年青一代的诗人——加西亚·洛尔迦、阿尔维蒂、豪尔赫·纪廉[1]和佩德罗·萨利纳斯[2]——都曾备受胡安·拉蒙这个大胡子恶魔的针对。胡安·拉蒙每天把矛头指向这个或那个人，每周日会在《太阳报》上发表一篇精心撰写的、说我坏话的评论性文章。但我选择了放过自己，也放过别人，因此一直未作回应。直到现在，对于自己在文学上遭受的各种攻击，我从未做出过任何回应。

诗人曼努埃尔·阿尔托拉吉雷有一台印刷机，他也做过印刷工。有一天，他来到我家，告诉我他要出版一本在西班牙版式最精美、品质上乘的诗刊。

"只有一个人可以胜任这本刊物的主编职位，"他对我说，"这

---

[1] 豪尔赫·纪廉(1893年1月18日~1984年2月6日)，西班牙诗人，1976年获塞万提斯文学奖。
[2] 佩德罗·萨利纳斯（1891年11月27日~1951年12月4日），西班牙诗人。代表作有《预兆》《可靠的偶然》等。

个人就是你。"

我曾是个雄心勃勃的杂志创办人,然而,不是我很快放弃了合作,就是被解除了合作关系。一九二五年,我创办了《梅花牌中的马》杂志。在那个时期,我们写作不打标点,并通过乔伊斯的作品中所描写的街道,认识了都柏林。温贝托·迪亚斯·卡萨努埃瓦[①]常穿一件高领毛衣,这对当时的诗人来说是非常大胆的穿着。他的诗歌一如既往的高雅,读起来令人愉悦。罗萨梅尔·德尔·巴列[②]总是从头到脚一身黑,就像人们心中诗人该有的样子。这两位杰出的朋友是我的积极合作者,其他很多人我都忘记了。但不管怎样,我们那匹奔腾的骏马震撼了时代。

"好吧,曼诺利托[③],我来做主编。"

曼努埃尔·阿尔托拉吉雷是一位出色的印刷工,他亲手用博多尼活字字体[④]排版。他用自己的诗歌和天使般勤劳的双手为诗坛增添荣誉。他还印刷了佩德罗·德·埃斯皮诺萨[⑤]的诗集《赫尼尔河传说》。那些珍贵的诗篇在严谨的排印过程中熠熠生辉,仿佛文字在熔炼炉中被重新铸造,光耀夺目。

我主编的前五期《绿马》诗刊在书摊上出现了,版式精致。我喜欢看曼努埃尔总是一副喜笑颜开的样子,他挑选铅字,放进字盘,然后用脚踩动小小的印刷机。他有时会把印刷好的刊物放进他女儿帕洛玛的婴儿车里运走。街上的人们都赞叹道:"多好的父亲!带

---

① 温贝托·迪亚斯·卡萨努埃瓦(1906年~1992年),智利诗人、外交家、教育家。
② 罗萨梅尔·德尔·巴列(1901年~1965年),智利诗人。
③ 曼努埃尔的昵称。
④ 意大利字体设计师G.博多尼设计的一种现代活字字体。
⑤ 佩德罗·德·埃斯皮诺萨(1578年~1650年),西班牙诗人。

着孩子走这么危险的路!"

诗歌就是孩子,骑上了她的《绿马》。诗刊上发表了米格尔·埃尔南德斯的第一首新诗,当然还有费德里科、塞尔努达、阿莱克桑德雷和纪廉(是那个杰出的西班牙人纪廉)的诗作。神经质的跨世纪诗人胡安·拉蒙·希门尼斯继续在每周日对我冷嘲热讽。拉法埃尔·阿尔维蒂不喜欢这个刊名:"为什么是绿马?应该起名叫'红马'。"

我没有给这匹马换颜色。拉法埃尔和我也没有因此争论不休。我们不会为任何事争吵。世界上有足够多的空间可以容纳各种颜色的马和诗人。

第六期《绿马》留在了维里亚托街的印刷厂里,还没来得及整理和装订。那是一期献给胡利奥·埃雷拉-雷西格[1](来自蒙得维的亚的第二个洛特雷阿蒙[2])的专刊,里面还刊载了西班牙诗人为他写的纪念文,然而,这一切珍贵的文字都在那里销声匿迹,半路夭折,无处可寻。这期刊物原定于一九三六年七月十九日出版,但那天的街头战火纷飞,一位名叫弗朗西斯科·佛朗哥[3]的名不见经传的将军在非洲驻地发起反抗共和国的叛乱。

---

[1] 胡利奥·埃雷拉-雷西格(1875年1月9日~1910年3月18日),乌拉圭诗人、剧作家、散文家,因对现实不满,一生避世隐居。早期诗歌具有浪漫主义色彩,后转向现代主义。

[2] 洛特雷阿蒙(1846年~1870年),法国诗人,其作品以罕见的复杂性和极端性著称,展示了一个深受语言谵妄症困扰的病态狂人的形象。洛特雷阿蒙被后来的超现实主义流派视为先驱和灵感之源。

[3] 弗朗西斯科·佛朗哥(1892年12月4日~1975年11月20日),西班牙内战期间推翻民主共和国的民族主义军队领袖,西班牙国家元首、大元帅、西班牙首相、西班牙长枪党党魁。1936年发动西班牙内战,自1939年开始到1975年独裁统治西班牙长达30多年。

罪恶发生在格拉纳达

就在我写下这几行字的时候，西班牙官方正在庆祝胜利多年的起义——竟然已经这么多年了！此时此刻，在马德里，最高统帅正在检阅他的部队，他身穿蓝金相间的制服，被他的摩尔卫队簇拥着，身旁坐着美国、英国和其他几个国家的大使。军队里多数士兵都没有经历过那场战争。

但我见证过。百万西班牙人倒在地上，百万人流离失所！那根沾满鲜血的刺似乎永远不会从人类的良心上拔下来。尽管如此，此刻正在摩尔卫队面前接受检阅的小伙子们对那场恐怖战争的历史真相或许并不知情。

对我来说，这场战争始于一九三六年七月十九日晚。我认识一位机敏能干、为人友善的智利人，名叫博比·德格拉纳，他是在普莱斯马戏大舞台举办的摔跤比赛的发起人。我对这项"体育运动"的严肃性表达了保留意见，他则劝服我那晚带上加西亚·洛尔迦一起去大舞台，看看这种表演到底有多真实。我说服了加西亚·洛尔迦，并约好见面时间。我们原本会别有兴致地观看戴着面具的穴居人、阿比西尼亚扼杀者和凶险猩猩的野蛮表演。

然而，费德里科并没有出现。那一刻他已走上了死亡之路。我们再也见不到对方了：他奔赴了与另一个扼杀者的约会。于是，对我的诗歌产生影响的西班牙内战，以一位诗人的失踪而拉开了序幕。

多么难能可贵的诗人啊！我从未见过有谁像他一样，内心澄澈，才华横溢，兼具优雅与风采。费德里科·加西亚·洛尔迦有着多到不可思议的魅力，他是个可以生产快乐并吸引快乐的人，再如行星一般将心中的光芒散发出去。他心胸开阔，幽默风趣，世故又守旧，有非凡的音乐天赋，也是个出色的滑稽剧演员，他胆小且迷信，光芒四射，高贵无比，他是西班牙历代文化的缩影，是西班牙流行和传统的缩影。身为阿拉伯人和安达卢西亚人的后裔，他像茉莉花一样，为西班牙的整个舞台增添了光彩和芬芳。唉，可是他永远地离开了。

加西亚·洛尔迦对隐喻的超凡驾驭能力令我折服，凡他所写都深深吸引我。他有时也会让我诵读他的新作，读到一半又打断我，喊着："停下，停下，我都被你影响了！"

无论在热闹的剧场里，还是在静谧的环境中，无论在茫茫人海里，还是在小众群体中，他都有能力创造美好。我从未见过谁拥有如此神奇的双手，也从未见过哪个兄弟比他更爱笑。他笑，他唱，他弹琴，他跳跃，他创作，他闪耀着璀璨的光芒。我这位可怜的朋友，天赋异禀且无所不能，他是金匠，是诗坛这个伟大蜂房里的一只雄蜂，但有时也是自身才华的挥霍者。

"听着，"他会抓住我的胳膊，对我说，"你看见那扇窗户了吗？你不觉得它 chorpatelic 么？"

"chorpatelic 是什么意思？"

"我也说不上来，不过，一个人应该知道什么样的东西 chorpatelic，什么样的东西不 chorpatelic，不然就太糊涂了。你看，那条狗就特别 chorpatelic！"

他还告诉过我，他曾受邀去一所男校参加一场《堂吉诃德》纪念活动，当他走进教室时，孩子们正在女校长的带领下唱着：

弗朗西斯科·罗德里格斯·马林[①]（*博士*）

---

① 弗朗西斯科·罗德里格斯·马林（1855年~1943年），"塞万提斯学"著名的实证主义研究者。

评注的这部著作,

无论在何处,

都会被永远铭记。阿门。

在加西亚·洛尔迦去世几年后,有一次我做了一个关于他的演讲,听众里有人向我提问:"在你的《颂费德里科·加西亚·洛尔迦》中,你为什么说人们为了他把医院漆成蓝色?"

"听着,我的朋友",我答道,"向诗人提这样的问题,就像问一个女人芳龄一样。诗歌不是静态的东西,而是动态的水流,常常会从创作者自己的手里溜走。诗歌的原料是由存在的事物及不存在的事物一起组成的,但这种说法有时又是错的。无论如何,我会尽量给您一个诚恳的回答。在我看来,蓝色是最美的颜色。它会使人联想到人类所认知的宇宙,好比通向自由和欢乐的苍穹。费德里科活着的时候,他的个人魅力总能制造出欢乐的磁场。我那句诗大概的意思是,在他不可思议的魅力影响下,即便是医院,那个充满悲伤的地方,也能蓦然变成美丽的蓝色建筑。"

费德里科对他的死是有预感的。有一次,他从戏剧巡演回来后,给我讲了他遇到的一件怪事。他同"茅屋剧团"一起来到卡斯蒂利亚①某个偏远的村庄,在村边扎营。舟车劳顿后,因为过度疲累,费德里科难以入眠。他天一亮就起床了,一个人到外面闲逛。天气很冷,这种天寒地冻的气候似乎是卡斯蒂利亚专为游客——他这个外来人而准备的。白色的晨雾一团团聚拢起来,给万物营造出了可怕的氛围。

一道锈蚀的巨大铁栅栏。损毁的雕像和柱子倒在枯枝败叶之间。

---

① 西班牙历史上的一个王国,由西班牙西北部的老卡斯蒂利亚和中部的新卡斯蒂利亚组成。它逐渐和周边王国融合,形成了西班牙王国。

他在一处古老的庄园门前停了下来,那是一座封建庄园的大花园入口处。废弃的景象、灰暗的天色、刺骨的寒冷,让孤独感更加明显。费德里科突然间感到不安,仿佛这个黎明时分不太寻常,有事情要发生。他坐在了一根倒下的柱头上。

一只小羊羔走到废墟之间吃草,它就像从天而降的天使,把孤独带到人间,又如娇嫩的花瓣般飘落到这一片孤独之上。诗人感到有了陪伴。就在这时,一群野猪也闯了进来。四五头半野生状态的黑色野兽,蹄子如石头一样坚硬,看起来饥肠辘辘。很快,费德里科看到了令人毛骨悚然的一幕:野猪扑向羊羔,将它撕碎后吃掉了。眼前的景象令诗人惊骇万分。

目睹了在那个孤寂之地发生的血腥事件后,费德里科带着剧团立刻继续赶路。内战爆发前三个月,费德里科在给我讲述这个故事时,仍觉心有余悸。后来,我越来越强烈地感到,这件事是他死亡的预示,是这场让人难以置信的悲剧的先兆。

费德里科·加西亚·洛尔迦不是被枪决的,他是被暗杀的。谁都不会想到,他有朝一日会被人杀害。在所有的西班牙诗人中,他是最受爱戴、最受欢迎的,也因拥有非同一般的快乐个性,他最像个孩子。谁能相信,这个世界上竟有这般残暴之人,在他的故土格拉纳达,对他犯下如此滔天罪行?

对我来说,这个罪行是长期斗争中最令我痛苦的一件事。西班牙从来都是角斗士的战场,是一个鲜血满地的国家。斗牛场带着它的祭品和残酷的高雅,在浮夸场景的渲染下,重复着光明与黑暗之间古老的生死较量。

宗教法庭囚禁过弗里尔·路易斯·德莱昂[①]；克维多在地牢里受尽折磨；哥伦布曾脚戴铁链蹒跚而行。埃尔·埃斯科里亚尔的藏尸所是著名的景观，就像如今的阵亡将士纪念碑一样，一座十字架矗立在百万个亡灵和无数黑暗的记忆之上。

西班牙在心中

时光飞逝。我们在战争中逐渐失利。诗人们和西班牙人民并肩作战：费德里科在格拉纳达被杀害。米格尔·埃尔南德斯从牧羊人变成了战士，身穿战服，在前线朗诵他写的诗。曼努埃尔·阿尔托拉吉雷继续做着他的印刷事业，他把其中一个印刷基地开设在赫罗纳附近的东部战线，在一座古老的修道院里。我的著作《西班牙在心中》就是在那里，以特殊方式装印的。我相信，在浩瀚书海的非凡历史中，没有几本书有过如此罕见的诞生过程和命运。

前线的士兵们学会了排字，但没有纸。他们找到一台旧研磨机，决定就地造纸。在一颗颗炸弹落地的间隙里，在战争进行的过程中，一种混合了各种东西的奇特纸浆被制造出来。从一面敌旗到一个摩尔士兵血迹斑斑的战服，他们把能弄到的一切都扔进了机器。尽管材料非同寻常，造纸者又毫无经验，成果却非常漂亮。为数不多幸存下来的几册，其印刷技术和以出奇方式制成的书页令人叹为观止。多年后，我在华盛顿国会图书馆看到了其中一本，作为我们这个时代最稀有的藏书之一，被陈列在一个展柜里。

我的书刚装印完成时，共和国的溃败就突然降临了。成千上万

---

① 弗里尔·路易斯·德莱昂（1527 年~1591 年），文艺复兴时期欧洲西班牙帝国奥古斯丁修会修士、诗人、翻译家。

的难民挤满了由西班牙通往国外的道路。这是一次大逃亡,是西班牙历史上最悲痛的事件。

东部战线的幸存者也在逃亡的队伍之中,其中包括曼努埃尔·阿尔托拉吉雷以及参与造纸和装印《西班牙在心中》的士兵们。我的书是他们的骄傲,在死亡的威逼下,他们仍奋力将我的诗歌印刷成册,面世于众。我了解到,许多人的麻袋里装的不是食物和衣服,而是印好的书。他们把书扛在肩上,踏上了奔赴法国的漫漫长路。

流亡的庞大队伍遭受了数百次轰炸。士兵们倒在路上,书散落一地。剩下的人继续无休止地逃亡。在边境的另一边,到达国外的西班牙人受到残暴的对待。这本慷慨激昂的书在激烈战斗中诞生和消亡,余下的最后几册葬身于火海之中。

米格尔·埃尔南德斯到智利大使馆寻求保护,该大使馆在战争期间曾收容过四千名佛朗哥追随者。卡洛斯·莫拉·林奇大使自称是米格尔的朋友,却拒绝保护这位伟大的诗人。几天后,他被逮捕入狱。三年后,他在狱中死于肺结核。被囚禁的夜莺是无法生存的。

我的领事职责已完结。因为我参加了保卫西班牙共和国的战斗,智利政府决定撤销我的职务。

战争和巴黎

我们抵达巴黎。我和拉法埃尔·阿尔维蒂及其妻子玛丽亚·特蕾莎·莱昂① 合租了位于钟表堤岸的一套公寓,周围环境极其安静。从屋里望出去,可以看到新桥、亨利四世雕像以及在塞纳河岸边垂

---

① 玛丽亚·特蕾莎·莱昂(1903年10月31日~1988年12月13日),西班牙作家。

钓的渔夫。公寓后身是奈瓦尔①笔下的多芬广场，弥漫着树叶的自然香和餐馆的美食味。"法国"作家阿莱霍·卡彭铁尔②就住在那里，他是我认识的态度最中立的人士之一，从不敢对任何事情发表意见，包括恶狼般扑向巴黎的纳粹党人。

站在阳台向右望去，可以看到巴黎古监狱的黑色塔楼，在我看来，那巨大的金钟就是这个街区的最后边界。

在法国的那些年里，我有幸与国内文学界最重要的两位人物——保罗·艾吕雅③和阿拉贡④——成为亲密的朋友。无论过去还是现在，他们都是极其真实，富有强大生命力的作家，是法国文坛上最具影响力的超凡典范，同时又是历史角度上不可动摇的道德捍卫者。他们也是极少有的彼此间差异如此之大的两个人。我常与保罗·艾吕雅一起消磨时光，十分享受那充满诗意的乐趣。如果诗人们如实回答民意调查，他们便会泄露出一个秘密：没有比消磨时间更加美好的事了。对于消遣这种和时间一样古老的事情，每个人都有自己的风格。和保尔在一起，我完全感觉不到白天和黑夜的流

---

① 钱拉·德·奈瓦尔（1808年5月22日~1855年1月26日），法国象征主义和超现实主义诗人、作家、翻译家。

② 阿莱霍·卡彭铁尔（1904年12月26日~1980年4月24日），古巴著名小说家、散文家、文学评论家、新闻记者和音乐理论家。1928年因反对马查多独裁统治被捕入狱，后流亡巴黎。

③ 保罗·艾吕雅（1895年12月14日~1952年11月18日），法国诗人、超现实主义运动发起人之一。1920年与阿拉贡等人参加达达主义团体，1924年参与发起超现实主义运动。

④ 路易·阿拉贡（1897年10月3日~1982年12月24日），法国诗人、小说家、编辑。一战时应征入伍当医助，战后参加达达主义和超现实主义文学运动；1927年加入法国共产党；1931年出访苏联，转向社会现实主义；二战时应征入伍，获军功勋章；法国沦陷后，转入地下参加抵抗运动。

逝,也从不在意我们谈论的事情是否重要。阿拉贡是一台集聪慧、好学、毒舌和善辩于一身的电子机器。离开艾吕雅家时,我总是莫名其妙地微笑着。但和阿拉贡相处几个小时后,出门时我会感到精疲力竭,因为这个男人总是恶魔般地迫使我不停思考。我和这两位朋友建立起坚定不移的友情,或许他们最吸引我的地方,就是他们的伟大才华在本质上的天壤之别。

南希·丘纳德[①]

我和南希·丘纳德决定创办一本诗刊,我将其命名为《世界诗人捍卫西班牙人民》。

南希在法国外省的乡间别墅里有一台小印刷机,我忘记地名了,只知道距巴黎很远。我们到达她家时已是夜晚,一轮明月挂在天上。雪花和月光像帷幔一样在庄园四周飘动。我满怀兴奋地出去散步。回来的路上,冰冷的雪花倔强地在我头上盘旋。我完全迷失了方向,在白茫茫的夜里摸索着走了半个钟头。

南希有印刷经验。在她与阿拉贡做情人时,出版了他们共同翻译的《猎鲨记》[②]。刘易斯·卡罗尔[③]的这首诗的确很难翻译,我相

[①] 南希·丘纳德(1896年3月10日~1965年3月17日),英国作家、女继承人和政治活动家,出生于英国上层阶级,一生中的大部分时间都致力于打击种族主义和法西斯主义。

[②] 路易斯·卡罗于1874年创作的打油诗,此诗借鉴了小说《爱丽丝镜中奇遇》中的短诗《无聊的话》,但是它是一个独立的作品,于1876年由麦克米伦出版社首次出版。

[③] 刘易斯·卡罗尔(1832年1月27日~1898年1月14日),英国著名作家、数学家、逻辑学家、圣公会牧师、摄影家。代表作有《爱丽丝漫游奇境记》《镜中世界》等。

信只有在贡戈拉的作品里，才能找到这般马赛克式的疯癫诗句。

我是第一次做排版工作，肯定没有比我再糟糕的排字工了。在我笨手笨脚的操作下，字母 p 被倒置，印成了 d。其中一行诗句里出现两次的 párpados（眼睑），印出来都成了 dardapos。之后很多年，南希都用这个词来称呼我，以示惩罚。"我亲爱的 dardapo……"她从伦敦寄来的信件，都以这样的方式开头。然而，这本诗刊问世后得到了广泛关注，我们设法出版了六七期。除了冈萨雷斯·图尼翁[①]、阿尔维蒂和几位法国战斗诗人的作品之外，我们还刊登了威斯坦·休·奥登[②]、斯彭德[③]等诗人壮志激昂的诗篇。这些英国绅士们永远不会知道，为他们的诗歌排版时，我迟钝的手指受了多少罪。

不时会有英国诗人前来拜访，他们是南希的朋友，是衣襟上别着白花的纨绔子弟，他们也写些反对佛朗哥的诗。在思想史上，没有一个话题能像西班牙战争那样给诗人带来如此强烈的影响。西班牙的血腥像一块磁石，让那个伟大时代的诗歌不寒而栗。在人类发展的历程中，对诗人来说，从未有过像西班牙内战这般内容丰富的题材。泼洒在西班牙大地上的鲜血是一块磁铁，让一个伟大时期的诗坛为之瑟瑟发抖。

我不知道这本刊物的出版是否算成功，因为西班牙战争在这个时候以灾难性的方式结束了，而第二次世界大战也以灾难性的方式开始了。尽管这场战争规模巨大，无比残酷，英雄鲜血满地，但它

---

① 冈萨雷斯·图尼翁（1901年3月10日~1943年5月9日），阿根廷作家。

② 威斯坦·休·奥登（1907年2月21日~1973年9月29日），英裔美国诗人，继托马斯·艾略特之后最重要的英语诗人。

③ 斯蒂芬·斯彭德爵士（1909年2月28日~1995年7月16日），英国诗人、小说家、散文家，其作品以社会不公和阶级斗争为主题。

并没有像西班牙内战那样牢牢抓住诗坛众人的心。

不久之后,我便不得不离开欧洲,返回祖国。南希也很快和一位斗牛士一起来到智利,而斗牛士却在圣地亚哥抛弃了斗牛和南希·丘纳德,做起了香肠和冷盘生意。但我亲爱的朋友,这个来自上流社会、自命不凡的女人,是不会轻易认输的。她在智利找了一位诗人作为情人,这个游手好闲的巴斯克人有些才能,却没有用武之地。另外,南希的新情人还是一个不可救药的酒鬼,晚上经常对这位贵族出身的英国女人大打出手,使得她在面对公众时不得不戴上一副巨大的墨镜。

南希是我见过的最不寻常的人物之一,她不切实际、顽固不化、大胆无畏、可悲可怜。作为丘纳德夫人的女儿、丘纳德家族的唯一继承人,她在一九三〇年做了件震惊伦敦的丑事——与萨沃伊饭店引进的首批爵士乐队中的一名黑人乐师私奔。

丘纳德夫人发现女儿已离家出走,还留下了一封信,她在信中骄傲地告知母亲,自己将和黑人同甘共苦。这位贵妇立刻去找她的律师,决定一分钱也不给女儿留下。我所认识的这位浪迹天涯的年轻女子就是这样被剥夺了英国贵族的继承权。经常光顾她母亲沙龙的,有乔治·摩尔[①](据说是南希的生父)、托马斯·比彻姆[②]爵士、年轻的阿尔多斯·赫胥黎[③]以及后来的温莎公爵(当时是威尔士亲

---

① 乔治·摩尔(1873年11月4日~1958年10月24日),英国哲学家、新实在论及分析哲学的创始人之一。

② 托马斯·比彻姆(1879年4月29日~1961年3月8日),英国指挥家。

③ 阿尔多斯·赫胥黎(1894年7月26日~1963年11月22日),英国作家,祖父是著名生物学家、作家托马斯·赫胥黎;父亲是《康希尔杂志》编辑、传记作家伦纳德·赫胥黎;母亲是诗人,批评家马修·阿诺德的侄女;长兄是英国生物学家、作家朱利安·赫胥黎。

王)。

南希·丘纳德予以回击。在她被母亲剥夺继承权的当年十二月,所有的英国贵族都收到了一本红皮小册子作为圣诞礼物,名为《黑人和白人小姐》。我从没见过比这更尖酸刻薄的言行。其中某些段落的犀利程度,不输斯威夫特①的文笔。

她为黑人辩护的论据对丘纳德夫人及英国社会有如当头一棒。她说过这样的话——我是凭记忆引述的,她的原话要更具说服力:"假设您,这位白人夫人,或者更确切地说,您这样的贵族,被一个更强大的部落绑架、殴打并戴上锁链,然后被带到离英国很远的地方当作奴隶被卖掉,当作丑陋的人类样本被展示,在鞭子的抽打下被迫做着苦工,吃糠咽菜。这样的话,您的种族还能留下什么呢?而黑人们遭受过所有这些暴力和残忍,甚至更多。然而,在经历了几个世纪的苦难之后,他们仍是最优秀、最高雅的竞技者。他们创造出了一种比其他任何音乐都更流行的新音乐。您,以及像您一样的白人,能在不公平的对待下获得成功吗?那么,哪一种人更胜一筹呢?"

这样的内容,长达三十页。

从那以后,南希再也无法在英国生活了,从此,她投身于为黑人发声的事业中。在埃塞俄比亚遭受入侵期间,她前往亚的斯亚贝巴。之后,她又抵达美国,去声援几个斯科茨伯勒黑人男孩,他们因没有犯过的无耻罪行而受到指控。最终,几个黑人青年被种族主义的美国法官判了刑,南希·丘纳德也被民主的美国警察驱逐出境。

---

① 乔纳森·斯威夫特(1667年11月30日~1745年10月19日),爱尔兰作家、政论家、讽刺文学大师,以《格列佛游记》《一只桶的故事》等作品闻名于世,曾被高尔基称为"世界文学创造者之一"。

一九六九年，我的朋友南希·丘纳德在巴黎逝世。当死亡的痛苦突然来袭时，她几乎赤身裸体地乘坐旅馆的电梯下楼。她就这样倒在了电梯里，永远地合上了那双美丽的天蓝色眼睛。

身故时她的体重只有三十五公斤，瘦得只剩一副骨架。在与世界上存在的不公正进行漫长斗争的过程里，她的身体累垮了。而她所得到的，只有日益孤寂的生活和凄凉无助的告别。

马德里的代表大会

西班牙内战日益激烈，但西班牙人的抗争精神却让全世界为之动容。国际纵队[①]已参与到战斗中。在一九三六年时，我看见他们身穿战服抵达马德里。这群由不同年龄、不同肤色的人组成的兵团，令人敬佩。

现今是一九三七年，我们身在巴黎，当务之急是组织一次世界各地反法西斯作家代表大会，会议将在马德里召开。也就是从那个时候起，我对阿拉贡有了更多的了解。他首先让我感到惊讶的，是他那令人难以置信的工作能力和组织能力。他口述、修改所有信件，并能全部记住。哪怕是最微小的细节，他也从不放过。在我们那间小小的办公室里，他总是长时间地连续工作。而众所周知的是，他还写了多本厚厚的散文集，他的诗是最美的法文。我见过他校改他翻译过的英俄两国作家的作品，看到他在印刷校样上重新改写。他真是一个非凡的人，我从那时起才发觉。

我已没有领事职务，因此身无分文。我到阿拉贡负责的文化保

[①] 西班牙内战期间，各国反法西斯志愿者为支援西班牙共和国而组成的兵团。

护组织工作,这样每月可以拿到四百(旧)法郎的收入。与我持续了多年婚姻的妻子黛丽娅·德尔·卡莉尔①是人们眼中腰缠万贯的地主,但她其实比我还穷。我们住在一家摇摇欲坠、破旧不堪的旅馆里,一楼的房间供那些来去匆匆的情人住。几个月来,我们食不果腹,吃得很差。然而,这个反法西斯的作家代表大会却成功召开了。珍贵的回复从四面八方寄来,其中包括爱尔兰民族诗人叶芝和瑞典著名作家塞尔玛·拉格洛夫②的信件。他们太过年迈,无法前往像马德里这样被围困和轰炸的城市,但全都支持保卫西班牙共和国。

我一直认为自己是个微不足道的人,特别是在实际事务或高尚使命方面。因此,当我收到西班牙政府寄来的一张数目可观的银行汇票时,我目瞪口呆,这笔钱用来支付会议费用,也包括来自其他各洲代表的旅费。几十位作家在巴黎聚集。

对于如何处理这笔钱,我完全不知所措,最终决定将其交给代表大会的筹备组织。"我对这笔钱没什么想法,也不知道该拿它怎么办。"我对拉法埃尔·阿尔维蒂说,他那时刚好从巴黎中转。

"你这个大傻瓜,"拉法埃尔说,"为了捍卫西班牙,你丢掉了领事职务,你穿着破了洞的鞋东奔西跑,却不懂得留下几千法郎来保障你的工作及基本生活开销。"

我看了看我穿的鞋,它们确实破了洞。阿尔维蒂买了双新鞋作为礼物送给我。

几小时后,我们将和所有参会代表抵达马德里。为了给前来参会的作家们办理各种手续,黛丽娅、安帕罗·冈萨雷斯·图尼翁和

---

① 聂鲁达第二任妻子。
② 塞尔玛·拉格洛夫(1858年11月20日~1940年3月16日),瑞典女作家,1909年获诺贝尔文学奖。

我忙得不可开交。办理法国出境签证时,我们遇到了无数问题,因此,我们实际上占领了巴黎警察局总部,被戏称为"临时居留证"的东西就是在那里签发的。有时候,我们自己要在护照上加盖一种叫作"tampon"①的法国特有的最高证明标识。

和那些挪威人、意大利人、阿根廷人一起来的,还有历经重重险阻的墨西哥诗人奥克塔维奥·帕斯②。他的到来令我十分自豪。两个月前,我收到了他那时唯一的一本著作,书中蕴含着真挚的希望。当时还没有人认识他。

我的老朋友塞萨尔·巴列霍阴沉着脸来找我。他之所以生气,是因为他的妻子——其他人都忍受不了的那个女人——没有拿到会议组发放的火车票。我很快为她搞到一张,然后交给巴列霍,而他离开时的面色依然还像来时那样阴沉。他一定遇到了烦心事,我几个月后才弄明白。

事情是这样的:为了参加代表大会,我的同胞比森特·维多夫罗也来到了巴黎。维多夫罗和我闹翻了,我们之间形同陌路。但他和巴列霍是密友,在巴黎的那些天,他利用这个机会对这位朋友说了许多我的坏话。在我和巴列霍进行了一番唇枪舌剑后,一切便都明了了。

驶离巴黎的列车第一次载满这么多作家。在车厢通道上,我们或认出彼此,或擦肩而过。有些人睡着了,有些人一根接一根地抽着烟。在那个历史时期,对许多人来说,西班牙既是谜题,也是谜底。

---

① 法语,意为"印章"。
② 奥克塔维奥·帕斯(1914年3月31日~1998年4月19日),墨西哥诗人、散文家,1990年获诺贝尔文学奖。

巴列霍和维多夫罗也在车上。安德烈·马尔罗[①]在车厢里停下脚步,跟我聊了一会儿,他的脸总是一抽一抽的,雨衣搭在肩膀上。这次他是一个人来的,过去我总看见他和飞行员科尼格利翁-莫里尼埃——安德烈在西班牙领空冒险时的得力助手,陪他一起见证失而复得的城池,承担运送飞机至共和国的重要使命——结伴同行。

我记得这列火车在边境停留了很久。维多夫罗看起来像是弄丢了一个手提箱。当时大家都在因火车延误而忧心忡忡,四处忙碌,所以没人有心情去管他的事。这位智利诗人在错误的时机到站台上寻找他的手提箱,而这次旅行的领队马尔罗正在那里。马尔罗天性容易激动,又因各种难题缠身,情绪已濒临崩溃。也许他没见过维多夫罗,也没听过这个名字。当维多夫罗走过来,和他说自己丢了手提箱时,马尔罗仅剩的一点耐心也荡然无存了。我听见他喊道:"现在是给别人找麻烦的时候吗?走开!该死!"

很遗憾,我亲眼目睹了这个智利人虚荣心受挫的一幕。我其实是希望那一刻我在千里之外的,但生活就是这样变化无常。我是维多夫罗在那列火车上最讨厌的人。而更糟糕的是,这一事件的唯一旁观者,不是与我们同行的上百位作家中的任何一个,而是与他来自同一国家的我。

当我们再次出发时,夜色已深,火车驶过西班牙乡间,我想到了维多夫罗和他的手提箱,以及他所经历的烦闷时刻。于是,我对几位来我的隔间串门的中美洲青年作家说:"你们也去看看维多夫罗吧,他肯定一个人心情低落地待着呢。"

[①] 安德烈·马尔罗(1901年11月3日~1976年11月23日),法国小说家、评论家,1936年加入支援西班牙共和国的国际纵队,担任外国空军部队的总指挥;逝世后安葬于先贤祠。

二十分钟后,他们回来了,脸上都挂着笑容。维多夫罗对他们说:"别再跟我提丢手提箱的事了,这没什么大不了的。真正重要的事情是,芝加哥、柏林、哥本哈根、布拉格这些城市的大学都授予了我荣誉称号,而你们那个小国的袖珍大学却始终对我一无所知。我甚至没有被邀请去做一次关于神创论的讲座。"

我这位伟大的诗人同胞真的无可救药了。

我们终于抵达马德里。接待客人并安排住宿的时候,我决定去看看我一年前离开的住处。我的书和其他东西都留在那里了。我住的那间公寓位于一座名叫"花之家"的大楼里,挨着大学校园的大门。佛朗哥的先遣部队已经到达了那里,而这片住宅区已被易手好多次了。

身穿战服、背着枪杆的米格尔·埃尔南德斯弄来一辆小货车,帮我搬运留在房子里的那些我最心爱的书籍和物品。

我们上到五楼,怀着激动的心情打开房门。高射炮炸碎了窗户和几面墙壁。书从书架上掉了下来,埋在碎石堆里。从这片废墟中找到想要的东西是不可能的。我胡乱地翻找着。奇怪的是,那些多余的、最无用的东西都不见了,肯定是被入侵或防卫的士兵们拿走了。锅碗瓢盆和缝纫机散落一地,但至少幸存了下来,而我的领事礼服、波利尼西亚面具和东方刀具却已无影无踪。

"战争就像梦境一样反复无常啊,米格尔。"

米格尔在散落的纸张中找到一些我的手稿。我这一生中唯有这一次见识到如此杂乱无章的场面。

我对米格尔说:"我什么都不想拿了。"

"什么都不拿?连本书都不拿吗?"

"一本书也不拿了。"

然后我们开着空车离开了。

面具和战争

……我的家位于两个战区之间……一边是向前进发的摩尔人和意大利人，另一边是或前进、或后退、或停步不前的马德里保卫者……大炮打穿墙壁……窗户被炸得粉碎……我在散落一地的书本中看到了炸弹的碎片……然而，我的面具不见了……那些面具是我从暹罗、巴厘岛、苏门答腊、马来群岛、万隆收集来的……镀金的、灰白的、番茄红的面具有着银色的、蓝色似恶魔般的眉毛，我陷入回忆之中，想到它们是我第一次独自前往东方时唯一的纪念品，那些地方曾以茶叶味、粪便味、鸦片味、汗水味、浓郁的茉莉花味、鸡蛋花味和街头腐烂的水果味迎接我的到来……那些面具让我想起最纯粹的舞蹈，神庙门前的舞蹈……带着神秘色彩的水滴状木质饰品，是花的神话留下的痕迹，在空气中勾勒出梦境，描绘着与我的美洲人天性格格不入的习俗、鬼怪以及神秘故事……之后……或许士兵们戴着面具，在射击的间隙从我家窗户探出头去，想以此吓住摩尔人……扔在那里的许多面具都碎了，溅上了血迹……还有一些被炮弹打落，从五楼滚了下去……佛朗哥的进攻路线就在这些面具前方……一群目不识丁的雇佣兵在它们前面呼啸而过……三十个亚洲神祇的面具，在它们的最后一舞——死亡之舞——中从我家升天了……休战时刻……形势有了扭转……我坐在那里，看着那些残骸碎片，以及草地上的斑斑血迹……透过新开的窗口——那些被炮火打穿的洞……我凝望校园以外的远方、平原、古堡……突然觉得西班牙在我看来空空如也……就好像我的最后一批客人永远地离开了……有的戴着面具,有的没戴,站在枪林弹雨中,站在豪迈战歌中,他们斗志昂扬,进行着令人难以置信的防守,有的战死,有的幸存,而对我来说,一切都结束了……这是宴会结束后的寂静……在这最终的宴会之后……随着面具的丢失和毁灭,随着士兵们的不请自来,我的西班牙不复存在了……

出发,寻找阵亡者

我选定了一条路

很久以后,我在智利正式入党时才取得党证,但我认为,早在西班牙内战时期,我就将自己视为一名共产党员了。许多事情促成了我坚定不移的信仰。

尼采哲学研究者莱昂·费利佩[①]与我在思想上相互对立。这位朋友人缘极好,他最吸引人的地方是他在纪律方面的无政府主义倾向以及热衷嘲谑的叛逆个性。在内战最激烈的时候,他很容易就被伊比利亚无政府联盟的大肆宣传所蛊惑。他经常去到无政府主义者阵线中,在那里阐述观点,并朗读自己写的反传统诗歌。这些充满祈祷和咒骂的观点及诗歌反映了一种模糊的自由主义和反教权主义的意识形态。在马德里,像温室里的花朵一样盛开的无政府主义团体被他深深吸引了,而那时,其余的人都在前线,战争正步步逼近。这些无法无天的无政府主义者把电车和公共汽车涂成一半红色、一半黄色。他们留着长长的头发和胡子,戴着用子弹做成的项链和手镯,在西班牙的死亡狂欢节上扮演主角。我看到他们中有几个穿着具有象征意义的皮鞋,这种一半红色、一半黑色的鞋子一定让鞋匠们费了一番功夫。谁都不要觉得这是场无害的表演。他们身上可都带着刀具、左轮手枪、步枪和卡宾枪。他们成群结队地坐在大楼入口处,抽烟吐痰,炫耀自己的装备。他们所关注的,是向那些受到惊吓的租客收取租金,或让他们主动交出自己的珠宝、戒指和手表。

一天深夜,我与莱昂·费利佩在我家街角的咖啡馆偶遇,他那

[①] 莱昂·费利佩(1884年4月11日~1968年9月17日),20世纪重要的西班牙语诗人,在隐喻与寓言中探讨人类的普遍境遇与个人内心的挣扎。

时刚做完一场支持无政府主义的讲座,准备回家。这位诗人披着一件西班牙斗篷,和他那拿撒勒人①式的胡子很相配。走出咖啡馆的时候,他那身颇具浪漫气质的优雅服饰掠过了一个生性易怒的教友。我不清楚是不是莱昂·费利佩老派的绅士风度惹恼了那位后卫军"英雄",我只知道,我们刚往前走了几步,就被一群无政府主义者拦住了,领头的就是那个在咖啡馆觉得自己被冒犯了的家伙。他们要检查我们的证件,看过一眼后,这位西班牙诗人就被两个武装人员带走了。

他被带到我家附近的一个刑场——夜晚时分,从那里传来的枪声经常让我难以入眠。正在这时,我看到两个从前线归来的武装民兵。我向他们说明了莱昂·费利佩是谁,以及他被指控的罪行,多亏了他们,我的朋友才得以获释。

这种意识形态的混乱和无端的指控让我陷入思考。我听说过一个奥地利无政府主义者的功绩,这位留着金色长发、眼睛近视的老人,专长是带人去"散步"。他组建了一个小团体,取名为"黎明",因为他们总在天亮时分采取行动。

"您是否有过头痛?"他向受害者发问。

"是的,当然,有时会头痛。"

"这样的话,我给您一种止痛药吧,效果显著。"这位奥地利无政府主义者说道,同时将他的左轮手枪对准对方的额头,扣动了扳机。

诸如此类的团伙在马德里漆黑的夜晚到处游荡。而共产党人是唯一一支对抗意大利人、德国人、摩尔人和长枪党人的团体组织,

---

① 原指巴勒斯坦北部加利利地区拿撒勒的土著居民,在《新约》中特指自幼在该地长大的耶稣。

也是坚持抵抗和进行法西斯斗争的精神力量。

总而言之:一个人必须要选择一条他要走的路。在那个悲惨的时代,身处黑暗和希望之间的我选定了这样一条路,并且永不后悔。

拉法埃尔·阿尔维蒂

诗歌是一种和平行为。和平造就了诗人,正如面粉做成了面包。

纵火犯、好战分子、豺狼,都在追捕诗人,他们想将诗人们烧死、杀死、咬死。一个剑客在一座阴暗公园的树下将普希金杀死。一群疯狂的战马从裴多菲①的尸体上践踏而去。拜伦在希腊因为反战而丢掉性命。西班牙法西斯主义者以暗杀本国最伟大的诗人开启了战争。

拉法埃尔·阿尔维蒂是幸存者。他本有无数次是必死无疑的。有一次是在格拉纳达,和洛尔迦一样。还有一次,死神在巴达霍斯等待他。在阳光普照的塞维利亚,在加的斯和圣玛丽亚港,以及在他的家乡小城,都有人寻找他,想要杀死他、吊死他,给诗坛带来又一次的致命打击。

然而,诗歌并没有消亡,它像猫一样有九条命。他们折磨它,将它拖到街上,向它吐口水,把它当笑柄,他们试图吊死它、驱逐它、把它扔进监狱,向它开枪,但它都活了下来,脸上干干净净,笑容像谷粒般灿烂。

---

① 裴多菲·山陀尔(1823年1月1日~1849年7月31日),匈牙利爱国诗人和英雄、自由主义革命者、1848年匈牙利革命的重要人物之一,裴多菲·山陀尔被认为是匈牙利民族文学的奠基人,同时也是匈牙利著名爱国歌曲《国民歌》的作者。

初识阿尔维蒂时,他穿着蓝色衬衫,打着红色领带,走在马德里的街道上。我知道他是一名人民战士,当时投身于这项艰苦事业的诗人还不多。西班牙的丧钟还未敲响,但他料到了接下来会发生什么。他来自南方,出生在涛声滚滚的海边和黄玉般葡萄酒的酒窖旁。他的心从葡萄中吸收热情,从海水中汲取奔放。从降生那一刻起他就是一个诗人了,但早年间的他对此并未察觉。后来整个西班牙都知道了,再后来,全世界都知道了。

对于我们这些有幸会讲卡斯蒂利亚语[①]的人来说,拉法埃尔·阿尔维蒂的作品体现了西班牙诗歌的所有辉煌品质。他不仅是天生的诗人,还是一位能工巧匠。他的诗就像一朵冬日里奇迹般绽放的红玫瑰——空中飘着贡戈拉式的雪花,玫瑰长着豪尔赫·曼里克[②]式的根茎和加尔西拉索[③]式的花瓣,散发着古斯塔沃·阿道夫·贝克尔[④]式的忧郁芬芳。西班牙诗歌的精髓在他晶莹剔透的酒杯中汇聚一堂。

这朵红玫瑰为西班牙那些竭力阻止法西斯主义的人照亮了道路。全世界都知道这段英勇且悲壮的故事。阿尔维蒂写下史诗般的十四行诗,去到兵营和前线朗读,除此之外,他还开创了诗歌的游击战,开创了诗歌的反战运动。他的作品在炮火的轰鸣中长出翅膀,又在全世界上空翱翔。

---

① 即西班牙语。
② 豪尔赫·曼里克(1440年~1479年),西班牙诗人。代表作有《为亡父而作的挽歌》。
③ 加尔西拉索·德·拉·维加(约1501年~1536年),西班牙"新体诗"第一位伟大诗人。
④ 古斯塔沃·阿道夫·贝克尔(1836年~1870年),西班牙诗人、散文家。

作为一个文笔斐然的诗人，在整个世界至关重要的时刻，他为我们展现了诗歌的意义。在这一点上，他很像马雅可夫斯基[①]。诗歌造福于人类，这种影响力的基础是力量、柔情、欢乐和人的真实本性。没有了这些，诗歌只能发声，却不能歌唱。而阿尔维蒂的诗永远在歌唱。

智利的纳粹分子

我又一次乘坐三等舱回到了祖国。在拉丁美洲，虽然没有像塞利纳[②]、德里厄·拉罗谢尔[③]或埃兹拉·庞德[④]这样的著名作家变成叛徒为法西斯主义效劳的例子，但强大的法西斯运动力量也在这里滋生着，其中一些人得到了希特勒主义势力的经济资助。各种小团体纷纷涌现，他们穿成纳粹冲锋队的样子，举起手臂行法西斯礼。除小团体外，欧洲大陆的旧封建寡头政治集团一直站在任何形式的反共势力一边，无论它来自德国还是极"左"的克里奥尔人。另外，

---

① 弗拉基米尔·弗拉基米罗维奇·马雅可夫斯基（1893年7月19日~1930年4月14日），苏联诗人。1908年加入俄国社会民主工党，三次因革命活动被捕；十月革命后创作了思想性、艺术性兼备的大量诗篇，号召人民保卫苏维埃政权；1925年发表长诗《列宁》，被认为是苏联诗歌中社会主义现实主义的奠基作。

② 塞利纳（1894年~1961年），法国小说家。代表作有《长夜漫漫的旅程》。

③ 德里厄·拉罗谢尔（1893年1月3日~1945年3月15日），法国作家。1934年发表论著《法西斯社会主义》，公开站在法西斯一边；二战爆发后与德国占领者合作，出任《新法兰西评论》杂志社社长；法国解放后数月自杀。

④ 埃兹拉·庞德(1885年10月30日~1972年11月1日)，美国诗人、文学评论家、意象派诗歌运动的重要代表人物、美国艺术文学院成员。

不要忘了，在智利、巴西和墨西哥的某些地区，德国人后裔占人口的绝大部分。这些人很容易被希特勒烜赫一时的登台和德国长盛不衰的神话所吸引。

在希特勒获得胜利并大肆宣扬的那些日子里，在智利南部某个小村庄或小镇的街道上，我不止一次不得不在满是纳粹标志的旗帜下行走。有一次，在南方的一个小镇，为了使用一台电话机，我向"元首"行了礼，这种无意识的动作完全出于无奈。店铺老板是德国人，他拥有镇上唯一一部电话机，而电话机的位置摆放得十分巧妙，要想摘下听筒，就必须把胳臂举到同样高抬着手臂的希特勒画像前。

我那时是《智利曙光》杂志的主编。这门文学大炮（我们没有其他武器了）的弹药，全都射向正在把别的国家一个个吞噬掉的纳粹。希特勒驻智利大使向智利国家图书馆捐赠了所谓新德意志文化书籍。作为反击，我们让读者把被希特勒禁止的、忠实于真实德意志文化的相关书籍寄给我们。这是一段极为重要的经历。我收到了死亡威胁，也收到了许多打包整齐的装满污秽书籍的包裹，还有全套的《冲锋报》——这本色情杂志由尤利乌斯·施特莱彻[①]主编，内容充斥着虐待狂和反犹太主义，几年后将他送上了纽伦堡的绞刑

[①] 尤利乌斯·施特莱彻（1885年2月12日~1946年10月16日），纳粹党的早期成员之一，反犹报刊《冲锋报》的创始人和出版人。1945年5月被美军俘获，在纽伦堡国际军事法庭上被判反人类罪，后被绞刑处决。

台。然而,海因里希·海涅①、托马斯·曼②、安娜·西格斯③、爱因斯坦、阿诺德·茨韦格④的德文版作品也陆续寄来了。当收到的书籍近500册时,我们把它们送去了国立图书馆。

令人大吃一惊的是,国立图书馆竟对我们大门紧锁。

然后我们组织了一次游行,举着尼莫拉⑤牧师和卡尔·冯·奥西茨基⑥的肖像走进了大学礼堂。当时礼堂中正在举行由外交部长米格尔·克鲁查加·托科纳尔先生主持的某个仪式。我们把书籍和肖像小心翼翼地放在演讲台上。那一仗我们赢了。他们接受了那些书。

黑岛

我决心要全身心地投入到文学创作中去。在西班牙的经历让我

---

① 海因里希·海涅(1797年12月13日~1856年2月17日),德国抒情诗人、散文家,被称为"德国古典文学的最后一位代表"。

② 托马斯·曼(1875年6月6日~1955年8月12日),德国小说家、散文家,1929年度获得诺贝尔文学奖。代表作有《布登勃洛克一家》《魔山》等。

③ 安娜·西格斯(1900年11月19日~1983年6月1日),德国著名作家。1928年发表中篇小说《圣巴巴拉岛的渔民起义》,获得克莱斯特文学奖;1932年至1933年发表长篇小说《战友们》及《人头悬赏》。1933年1月31日希特勒上台,这两部小说被德国法西斯列为禁书焚烧,安娜·西格斯从此踏上流亡之路。

④ 阿诺德·茨韦格(1887年11月10日~1968年11月26日),德国犹太作家、编剧,代表作有《格里斯查中士之案》等。

⑤ 弗里德里希·古斯塔夫·埃米尔·马丁·尼莫拉(1892年1月14日~1984年3月6日),德国著名神学家、信义宗牧师,以反纳粹的斯图加特悔罪书及诗歌《起初他们追杀共产主义者》而闻名。

⑥ 卡尔·冯·奥西茨基(1889年10月3日~1938年5月4日),德国记者、作家、政论家、著名的反法西斯和平战士。

变得更加强大和成熟。弥漫在我诗歌中的苦涩该告一段落了。我的《二十首情诗和一首绝望的歌》中主观的忧思,和《大地上的居所》中苦闷的忧伤即将终结。我开采出一条矿脉,它不在地下岩石中,而是在书页里。诗歌能为我们人类服务吗?它能在人类的争斗中寻得一席之地吗?我在不理性和消极中已跋涉太久,必须停下来了,我要去寻找一条通向人道主义的路,虽然它被当代文学所摒弃,却深深植根于人类的愿望中。

我开始创作我的《漫歌》。

为此,我需要一个适于写作的环境。我在黑岛这个无人知晓的地方找到了一座面朝大海的石房子。房主埃拉迪奥·索夫里诺先生是个资深的西班牙社会主义者,也是一名海军上校。这座石房子本是他为自己和家人建造的,但他愿意卖给我。我要如何筹得房款呢?我把《漫歌》的写作计划提交给当时与我合作的埃尔西亚出版社,但被拒绝了。一九三九年,另一家出版社向我伸出援手,直接将房款付给房主,这样一来,我在黑岛上终于拥有了一座可以用来创作的房子。

我迫切需要写一部意义重大的诗集,把各个历史事件、地理条件、人民的生活和斗争汇集在一起。黑岛的荒凉海岸带和汹涌的海水使我能够充满激情地进行新的创作。

把西班牙人给我带来

然而,生活将我从这里掳走。

西班牙人移居外国的消息传到了智利。超过五十多万的男男女女、士兵平民越过了法国边境。在法国,受反动势力的压迫,莱昂·布鲁姆①政府把他们赶入集中营,分散送到要塞和监狱,将他们集中在靠近撒哈拉沙漠的非洲地区。

智利政府已改朝换代。西班牙人民经历的人生沉浮给智利人民带来了新的力量,现在,我们拥有了一个进步的政府。

智利人民阵线政府决定派我去法国,去执行在我一生中所承担的最崇高使命:将西班牙人从法国监狱中解救出来,并送到我的祖国。如此一来,我的诗歌将会成为来自美洲的璀璨光芒,照耀着背负痛苦的人群,他们身上所展现的英勇独一无二。我的诗歌将和来自美洲的物质援助合而为一,以接纳西班牙人的方式去偿还一笔古老的债务。

其实我那时刚做过手术,一条腿上还打着石膏——这就是我当时的身体状况——我离开了我的隐居处,去会见共和国总统。佩德罗·阿吉雷·塞尔达②先生亲切地接见了我。"没错,把成千上万的西班牙人给我带来。我们给他们所有人提供工作。把渔夫给我带来。把巴斯克人、卡斯蒂利亚人、埃斯特雷马杜拉③人都给我带来。"

几天后,我动身前往法国,拖着打着石膏的腿,去把西班牙人接到智利。我所执行的任务十分明确,任命文件上写明我是负责西

---

① 安德烈·莱昂·布鲁姆(1872年4月9日~1950年3月30日),法国左派政治家、作家、文学和戏剧评论家。1936年至1937年任人民阵线联合政府首脑,成为法国第一位社会党籍(也是第一位犹太人)总理,执政期间,实行了变革,提高了工人待遇。

② 佩德罗·阿韦利诺·阿吉雷·塞尔达(1879年2月6日~1941年11月25日),智利律师、教育家、政治家、总统(1938年~1941年在位)。

③ 西班牙中西部一个自治区和历史区。基督徒再度征服伊比利亚半岛时,将摩尔人领土的外围地区命名为埃斯特雷马杜拉。自中世纪后期该地名被用来指大致为现代地区。

班牙移民事务的领事。抵达智利驻巴黎大使馆后,我亮出了我的证件。

祖国的政府和政治局势已今非昔比,但驻巴黎大使馆依然如故。将西班牙人送去智利的想法激怒了我们衣着光鲜的外交官。他们把我安置在厨房旁边的一间办公室里,用各种方法搅乱我的工作,甚至拒绝提供纸张给我写作。各类不受欢迎的人——受伤的老兵、作家、没了工作的医生和律师、各种熟练工人——纷纷涌向大使馆门口。

为了见到我,他们经历了千辛万苦,我所在的办公室位于四楼,大使馆的人却使坏地将电梯停掉。许多西班牙人在战争中受过伤,或是非洲集中营的幸存者;看到他们如此费力地爬上四楼,而那些残忍的官员却幸灾乐祸地看着这一切,我的心都碎了。

一个心怀叵测的人

人民阵线政府传来消息,说要派来一位临时代办①,没想到的是,此人的到来却让我的生活变得更糟。起初我很高兴,以为新来的使馆临时负责人或许能清除以往外交人员在西班牙移民事务上给我设置的重重阻碍。一位身材苗条的年轻人戴着夹鼻眼镜,从圣拉扎尔火车站走出来,神态像个年迈的书呆子。他大约二十四五岁。他用他那尖细的女人般的声调对我说,他视我为他的领导,还告诉我他此行的唯一目的就是成为我的帮手,完成将那些"光荣的战败

---

① 指在外交代表大使或公使缺位或因故不能执行职务时,被委派代理其职务的外交人员。临时代办由外交人员中等级最高者担任,并以该名义行使使馆首长的职权。

者"送往智利的伟大任务,说话的时候,他的声音因激动而断断续续。多了个助手,我还是很满足的,但这个人让我感到不舒服。尽管他对我大献殷勤且奉承有加,但看起来却有些虚伪。后来我才知道,随着智利人民阵线的胜利,他突然态度大变,离开了耶稣会组织的哥伦布骑士团,成为共产主义青年团的一员,该团广泛招募成员,并极为看重他这类人在智力方面的优势。这位阿雷拉诺·马林写过几个剧本和一些文章,是位博学多才的演讲者,似乎无所不知。

第二次世界大战迫在眉睫。来自德国的轰炸随时有可能在夜间降临巴黎,各家各户都接到了有关遭遇空袭时如何避难的指示。我每天晚上回到我那位于塞纳河畔维尔尼斯镇面向河水的小房子,每天早上怀着沉重的心情走出家门,返回大使馆。

短短几天内,这位新来的阿雷拉诺·马林就得到了我从未受过的重视。我曾将他介绍给内格林[①]、阿尔瓦雷斯·德尔·瓦约[②]和几位西班牙政党领袖。一周后,这位新上任的官员就跟他们打得火热,还有一些我不认识的西班牙领导人进出他的办公室。我不知道他们的谈话都涉及什么内容。他有时会叫我过去,给我看他为母亲买的钻石或翡翠,还和我说起一位性感的金发女郎,他在她身上花的钱超过在巴黎夜总会的花销。阿雷拉诺·马林还和阿拉贡一家过从甚

---

① 胡安·内格林(1894年2月3日~1956年11月4日),前西班牙第二共和国总理(1937年~1939年在位)。
② 阿尔瓦雷斯·德尔·瓦约(1891年~1975年),曾任西班牙共和国外交部长。

密,尤其是阿拉贡的夫人艾尔莎·特里奥莱[①],曾在一两部小说中提到过他。大使馆曾帮助阿拉贡一家躲避反共镇压;在那时,阿雷拉诺·马林对他们关怀备至,还不时送去小礼物,此人的心理必定引起了艾尔莎的兴趣。

我的感觉并不敏锐,但他对奢靡和财富的欲望就在我眼前愈发膨胀,让我逐渐意识到这一点。他频繁更换汽车,还租下豪宅。每一天,性感的金发女郎似乎都会向他提出新的要求,而这让他越来越疯狂。

为了处理一个紧要的移民问题,我不得不前往布鲁塞尔。走出我住的简陋旅馆时,我竟碰上了这位新来的助手,风度翩翩的阿雷拉诺·马林。他大呼小叫地走过来,邀请我当天一起吃饭。

我们在他住的那家布鲁塞尔最贵的酒店见面。他叫人用兰花装饰餐桌。很自然地,他点了鱼子酱和香槟。吃饭的时候,听着东道主滔滔不绝地说着他的奢侈计划、他即将奔赴的旅行以及他购买的珠宝,我默不作声,忧心忡忡。我觉得自己像在听一个疯疯癫癫的暴发户说话;他那双锐利的眼睛,他自以为是的言论——这一切都让我感到不适。我决定采取直言不讳的方式,开诚布公地告诉他我的想法。我提议去他房间喝咖啡,因为我有话要对他说。

我们上楼的时候,有两个陌生人从楼梯口朝他走上来。他用西班牙语告诉他们稍等会儿,他几分钟后就下来。

一走进他的房间,我就把喝咖啡的事情放到了一边,我们的谈

[①] 艾尔莎·特里奥莱(1896 年 9 月 12 日~1970 年 6 月 16 日),法国作家,出生于莫斯科一个俄罗斯犹太家庭,二战期间参加抵抗运动。1945 年,艾尔莎·特里奥莱成为第一位被授予龚古尔文学奖的女作家。她与路易·阿拉贡是一对 20 世纪法国文坛上享有盛誉的夫妻。

话氛围很紧张。我对他说:"我觉得你走上了一条错误的路。你越来越拜金。可能你还太年轻,对这一点认识不清,但我们肩负的政治责任十分重大。数千名移民的命运掌握在我们手中,可不能当它是儿戏。你的风流韵事我并不想去了解,但我要让你知道我对你的忠告。很多人在过完不幸的一生后会说:'没人劝告过我,没人提醒过我。'你以后可不要说这样的话。我说完了,告辞了。"

我看了他一眼,泪水从他的眼里滚落到嘴角。我有些懊恼。是不是我的话太重了?我走过去,拍了拍他的肩膀说:"不要哭!"

"我哭是因为气愤。"他说。

我转身离开,没再多说一句话。那两个等他的人看到我下楼,立刻走上去进入他的房间。返回巴黎后,我也再没见过他。

这个故事很久以后在墨西哥才有了结局,当时我是智利驻墨西哥总领事。一天,一群西班牙难民邀请我共进午餐,其中两个人认出了我。

"你们是怎么认识我的?"我问。

"在布鲁塞尔,您从您的同胞房间里走下来时,有两个人走上楼梯去找他,我们就是那两个人。"

"噢,后来怎么样了?我一直很想知道。"

他们的讲述出人意料。当时他们看到阿雷拉诺·马林泪流满面,情绪异常激动,他啜泣着说:"我刚刚经历了人生中最大的一次打击。聂鲁达已经去向盖世太保告发你们是危险的西班牙共产党员了。我想说服他不要去,但他连多等一会儿都不肯。你们现在只有几分钟的时间逃命了。把你们的手提箱交给我吧,我会帮忙保管,过后再想办法给你们送去。"

"这个浑蛋!"我大声说,"不过幸好你们还是从德国人手里逃了出来。"

"是啊,但是手提箱里装的是西班牙工人联合会的九万美元,我们之后再也没见到这笔钱。"

再后来,我听说这个心怀叵测的家伙带着他的巴黎情妇去近东旅行,寻欢作乐了很长一段时间。顺便提一句,那个欲壑难填的性感金发女郎,原来是巴黎大学的一名金发男学生。

之后的某一天,他向媒体公开宣告脱离共产党。"意识形态上的强烈差异迫使我做出这个决定。"他在写给各报社的信中如是说。

一位将军和一位诗人

每个曾经历失败或遭受囚禁的人,都是一部多章节的小说,里面有眼泪、欢笑、孤独和诗句。其中一些故事令我惊叹。

我曾遇到过一位空军上将,瘦高个儿,军校毕业,拥有各种头衔。来自西班牙的他漫步于巴黎街头,身上有着堂吉诃德的影子,宛如卡斯蒂利亚的杨树,古老而挺拔。佛朗哥的军队把共和地区一分为二,这位埃雷拉将军必须在一片漆黑中巡航,视察防御工事,向被左右分开的两个地区发出命令。在最黑暗的夜晚,他驾驶着灯光全部熄灭的飞机飞越敌区。佛朗哥军队的炮火不时从他身边掠过,但将军对黑暗中的航行感到厌倦了,于是他学起了盲文。掌握了这种为盲人书写的文字后,他就开始在执行危险任务时用手指阅读,内战的炮火和痛苦在下方肆虐。将军告诉我,他读完了《基督山伯爵》,刚开始读《三个火枪手》时,他的盲文夜读就因战败和流放不得不中断了。

另一个让我感触颇深的故事,主人公是安达卢西亚诗人佩德罗·加菲亚斯①,他在流亡后落脚在苏格兰一个贵族的城堡里。城堡空无一人,而加菲亚斯这个不安分的安达卢西亚人每天都到当地的小酒馆去;他不会说英语,只会说连我都听不太懂的吉卜赛西班牙语,所以他总是一个人默默地喝着啤酒。这位沉默寡言的顾客引起了酒馆老板的兴趣。一天晚上,当其他酒客都走了以后,酒馆老板请他留下,他们一起在壁炉旁静静地喝酒,炉火噼啪作响,像在和他们说话。

这样的邀请成了一种习惯。加菲亚斯每天晚上都受到酒馆老板的招待,他也没有妻子和家庭,一样孤独。他们渐渐开口交谈了。加菲亚斯用安达卢西亚人特有的惊叹声和咒骂声讲述了西班牙战争。酒馆老板静静地听着,当然,他一个字也听不懂。

那位苏格兰人也倾诉他的痛苦,也许是妻子将他抛弃的经历,也许是几个儿子的赫赫战绩——他们穿着军装的照片就摆在壁炉上——我说"也许",是因为在他们持续了几个月的奇特交谈里,加菲亚斯同样一个字也听不懂。

这两个孤独的人都用自己的语言投入地谈论着自己的事情,尽管无法听懂对方,他们之间的友谊却越来越坚固。每晚见面并聊到凌晨,对两人来说都成了生活的必需。

后来,加菲亚斯不得不前往墨西哥,告别的那天他们喝酒聊天,拥抱哭泣。这两个孤独灵魂的分离,反而将他们紧紧联系在一起。

"佩德罗,"我常会这样问他,"你觉得他都对你说了什么?"

"巴勃罗,虽然他的话我一个字也听不懂,但听他说话时,我总是觉得,我确实明白他想表达的意思。我也确定,我所讲的他也

---

① 佩德罗·加菲亚斯(1901年5月27日~1967年8月9日),西班牙诗人,曾流亡墨西哥。

都能理解。"

温尼伯号

一天早上，我到达大使馆时，接到一封很长的电报。使馆里每个人都在对我微笑，这很奇怪，因为他们早就不跟我打招呼了。电报里一定有让他们开心的内容。

这是一封来自智利的电报，签发人是佩德罗·阿吉雷·塞尔达总统先生本人，我就是从他那里得到的明确指示，将这些西班牙流亡者送上开往智利的船。

电报的内容令人震惊，我们这位好总统于今晨得知，我正安排西班牙移民前往智利，他极为诧异，并要我否认这个离谱消息的真实性。

而让我极为诧异的是总统的这封电报。组织、审查、挑选移民的工作十分艰巨，而且我还要孤军奋战。还好，西班牙共和国流亡政府理解我所担负使命的重要性。然而，每天都会涌出意想不到的新阻碍。与此同时，成千上万聚集在法国和非洲集中营里的流亡者，有数百名已经离开或正准备离开那里，前往智利。

西班牙共和国流亡政府设法买到一艘船——温尼伯号。这艘船经过改装，增加了载客量，停靠在波尔多附近的小港——特洛姆皮洛普鲁普的码头上。

我该怎么办？第二次世界大战迫在眉睫，而这项耗时许久且至关重要的工作是我一生中无比重大的事件。我向受迫害者伸出援手，便意味着他们即将获救，而这也展示了我的祖国欢迎并保护他们的真情实感。然而，总统的这封电文即将摧毁一切愿景。

我决定找内格林商量一下。我有幸与胡安·内格林总统、阿尔瓦雷斯·德尔·瓦约部长及其他西班牙共和国的几位政客成为朋友。内格林是其中最受人爱戴的领袖。在我看来，西班牙的高层政治总是有点狭隘、守旧、目光短浅。而内格林是有远见的，他的格局覆盖欧洲，甚至全世界。他曾就读于莱比锡，在大学享有声望。在巴黎，他极有尊严地维护着如影子般脆弱的流亡政府。

我们聊了聊。我向他说明了情况，给他讲了总统那封出人意料的电报，它让我看起来像个给流亡者编织白日梦的江湖骗子。目前有三种解决方案。第一种令人憎恶——直接向西班牙人宣布移民智利的计划已被取消。第二种颇为戏剧化——公开表达我的抗议，结束任务，持枪自尽；第三种很有挑战性——和移民一起登船，不经批准前往瓦尔帕莱索，不去考虑后果。

内格林靠在椅背上，吸着他那根巨大的雪茄。"不能打个长途吗？"他说着，一丝忧郁的笑容掠过嘴边。

那段时间欧洲和美洲之间通电话需要等待数小时，困难得让人难以接受。在震耳欲聋的杂音和不时的突然中断之间，我终于听到了远隔万里的外交部长的声音。我们的交谈断断续续，每句话都要重复二十次，我们对着电话拼命地叫嚷，并不知道对方是否听清了自己的话，只听到大海号角般的声响在电话里回荡，但我认为我已经向奥尔特加部长表明，对于总统下达的取消原计划的命令，我不服从。我也确定听到他要我等到第二天。

自不必说，我在巴黎的小旅馆里度过了一个心神不安的夜晚。第二天下午，我得知外交部长已于当天上午递交辞呈。他也不赞成取消移民计划。内阁摇摇欲坠，我们的这位好总统，因政治压力临时中断了计划，现在又恢复了他的权威。于是，我收到一份新的电报,指示我继续推进移民工作。

我们终于把流亡者送上了温尼伯号。丈夫和妻子、父母和子女,这些长期分隔在欧洲或非洲两端的人们在登船点重新团聚。每列火车进站时,等待的人群都涌上前去。他们奔跑着,哭喊着,从一簇簇伸出窗外的脑袋中认出自己的亲人。最后大家都上了船。其中有渔夫、农民、工人、知识分子,他们代表着力量、英雄气概和勤劳。我的诗歌在斗争中为他们找到了安身之所,这让我的内心充满自豪。

我买了份报纸,在塞纳河畔维尔尼斯镇的街头散步,路过一座古老的城堡,鲜红的藤蔓爬上废墟,一直向上延伸到石板砌成的塔楼。古堡的石块和大理石令我不禁遐想,几个世纪前,就在这里,龙沙①和七星诗社②的诗人们曾欢聚一堂,用古体金字书写下十一音节诗句。我打开报纸。第二次世界大战就在这一天爆发了。在那个古老破败的村庄里,那份从我手中掉落的报纸,以污浊的黑色墨水印成的粗体字宣告着这个消息。

所有人对此早有预料。希特勒已经吞并了许多领土,而英法两国的政客们却急忙将更多的城池、王国和人民奉献给他。战乱带来的重重烟雾蒙蔽了人们的良知。从我住处的窗户望向巴黎荣军院③,我看到第一批分遣队正列队出发,这帮还没学会如何穿军装的年轻

---

① 彼埃尔·德·龙沙(1524年~1585年),法国第一位近代抒情诗人,1547年组织七星诗社;1550年发表《颂歌集》四卷,声誉大著;1574年所写组诗《致埃莱娜十四行诗》被认为是他四部情诗中的最佳作品。

② 16世纪中期法国文学团体,由七位人文主义诗人组成,其中以龙沙和杜贝莱最为著名,主要贡献为诗歌语言改革和诗歌理论进步。

③ 又称"巴黎伤残老军人院"。1670年2月24日路易十四下令兴建一座用来安置他的军队中伤残军人的建筑,从此荣军院"应旨而生"。如今荣军院依旧行使着它初建时收容安置伤残军人的功能,同时也是多个博物馆及拿破仑墓所在地。

人,径直奔赴死神的血盆大口。

他们的离去是悲伤的,这是无法掩盖的事实。这就像一场不可能打赢的战争,用语言无法形容。沙文主义势力在街头追捕进步的知识分子。对他们来说,敌人不是希特勒的门徒,也不是赖伐尔[①]之辈,而是法国的进步思想。智利大使馆经历了重大调整,我们收留了伟大诗人路易·阿拉贡。他在大使馆住了四天,夜以继日地写作,外面成群的暴徒在寻找他,想要他的命。他在这里完成了长篇小说《街车顶层的乘客》。第五天,他穿上军装,奔赴前线。这是他第二次参加与德国的对抗。

在那些暗无天日的时间里,我渐渐习惯了欧洲政府的优柔寡断。他们无法容忍持续不断的革命或地震,却允许致命的战争毒气渗透到我们呼吸的空气和食用的面包中。由于担心遭遇轰炸,这座宏伟的大都市每晚都停止用电,曾经灯火通明的城市中心区被厚重的黑暗笼罩,七百万人共享这昏天黑地,此般记忆如今仍萦绕在我心中。

在这个时代的尾声,我又一次独自驻足于新发现的土地之上,仿佛整个漫长的旅途都是徒劳的。我陷入痛苦里,再次感受到孤独,就像分娩时的阵痛一样,那令人不安的开始被超乎寻常的恐惧填满,而我早期诗歌的灵感就是从这种恐惧中诞生的,我的创作描绘出了一片新的暮色。我该何去何从?我该踏上哪条路?哪里指向安宁之地?哪里又通往休憩之所?我把光明和黑暗上上下下、里里外外翻了个遍,却什么也找不到,除了我用双手倍加谨慎创造出来的空虚。

然而,一直最靠近我的,也是最根本、最广泛、最出乎意料的存在,如今第一次出现在我的旅途中。我曾为整个世界深思熟虑,

[①] 皮埃尔·赖伐尔(1883年6月28日~1945年10月15日),法国政治家、国务活动家,第二次世界大战期间与纳粹德国合作。

却从未担忧过人类。我残酷而痛苦地探索过人们的内心；我看到了城市，空荡荡的城市，但没有站在人类的角度去思量；我见过惨淡的工厂，却未曾真正体会遍布于屋顶下、街道上、车站中以及城市和乡村里的苦难。

第一颗子弹射穿西班牙吉他①，涌出的不是音乐而是鲜血，这时我的诗歌如同幽灵般停留在人类遭受苦难的街头，直至血流成河，冲毁草木。从那以后，我的路途与众人的路途汇聚在一起。刹那间我明白了，我要从孤独的南方迁至北方，我那些卑微的诗歌可以作为手帕，去擦干剧痛中淌下的汗水，也可以成为刀剑，去争取赖以生存的食物。

前路被拓宽，变得深刻且持久。此刻，我们正矗立在大地之上，想要无限占有存在着的一切。我们无须探寻任何奥秘，我们就是奥秘本身。我的诗歌成为空气里的物质部分，同时存在于海底和地下，它踏入铺满奇异植被的走廊，它在光线充足的时间与太阳的幽灵对话，它勘探隐藏在神秘大地深处的矿坑，它在秋天和人类之间建立已被遗忘的联系。天色渐暗，却不时被磷光般闪烁的恐怖雷电照亮；与平庸直白的文字相去甚远的语言结构，隐现于远方；一片新大陆从我的诗歌最深处升起。多年来，我居留在这片土地上，了解这个王国，触摸神秘海岸，抚平朵朵浪花，探索万物生灵，走遍千山万壑；在这里，我度过了黑暗、孤独、久远的岁月。

---

① 吉他的祖先，可追溯到公元前两三千年前古埃及的耐法尔，古巴比伦和古波斯的各种古弹拨乐器。

墨西哥,一朵带刺的花

政府派我去墨西哥

政府派我去墨西哥。我的记忆里塞满了无数世间的苦难经历和混乱局面，这让我处于崩溃的边缘，一九四〇年，我来到阿纳瓦克高原，去呼吸阿方索·雷耶斯①所称赞的最纯净的空气。

墨西哥有仙人掌和蛇；这里繁花盛开，荆棘丛生，常年气候干燥，飓风肆虐，它轮廓分明，色彩鲜艳，有着强大的爆发力和创造力，以其魅力和非凡的光芒将我包围。

这些年，我走遍了这里的各个集市。墨西哥并不在刺耳的电影主题曲中，也不在墨西哥人戴着大草帽、蓄着小胡子、别着左轮手枪的刻板印象里，想要了解它，就要深入一个个集市。墨西哥是深红色和有着磷光般色泽的青绿色披肩。墨西哥是满地的陶碗、陶罐，以及爬满虫子的水果。墨西哥是无边无际的乡野，长满了周身黄刺的钢青色仙人掌。

所有这些都能在世界上最美的集市里找到。水果和羊毛，陶土和织布机，它们将墨西哥人的勤劳双手所拥有的惊人技能展露无遗。

我在墨西哥到处游走，沿着不断闪光的陡峭海岸线，走遍了所有海岸。我从锡那罗亚州的托波洛班波港口出发，经过这个半球的各个土著地名，那些难听的名字是神明留下的，后来，比神明仁慈一些的人类统治了这片土地。我穿过那些神秘、壮丽的古老音节。索诺拉、尤卡坦；从纳亚里特到米却肯，各种香气混杂在一起，飘向如同冷却的火盆一样伫立的阿纳瓦克，在那里，你可以闻到哈尼齐奥岛的烟雾，哈利斯科玉米和龙舌兰的香气，帕里库廷新火山的

---

① 阿方索·雷耶斯（1889年5月17日~1959年12月27日），墨西哥著名作家，该国最高国际文学奖项因其命名为"阿方索·雷耶斯文学奖"。

硫黄味，夹杂着帕茨夸罗湖的水产潮气。墨西哥因其古老和历史、音乐和地理，成为最后一个神奇的国度。当我像流浪汉一样，在那些经年累月被鲜血蹂躏，任苔藓和殷血交织铺垫的岩石上行走时，我感到自己年迈而有力，有资格徒步于这亘古永存的事物之间。陡峭的山谷被巨大的岩壁隔断；高山耸立，如同被刀削过一般；广阔无垠的热带森林里热闹非凡，里面有树木，有蛇，有鸟，有传说。这片辽阔的土地经历了人类世世代代的斗争，目力所及之处都已变得适于居住，在这里，我发现我们智利和墨西哥是整个美洲差异最大的两个国家。我从不认同传统的外交辞令对我们的评判，例如日本大使看到智利的樱桃树，英国人领略我们沿海的雾，阿根廷人或德国人感受我们的雪，都说我们和其他国家没什么不同。我喜欢这个星球拥有奇丽多姿的风景，喜欢各个纬度上结出不一样的果实。我并不是贬低墨西哥这片我热爱的土地，说它和我那海水盈盈、粮食满仓的家乡毫无相似之处。我坚持强调我们的差异，只为了我们美洲在各个层面上都能够得到展现，彰显其高度和深度。在美洲，甚至在整个地球上，没有哪个国家比墨西哥及其人民更富有浓厚的人情味。他们有过辉煌的成就，也犯过重大的错误，人们从中看到了慷慨大方与朝气蓬勃，以及取之不尽的历史与无限的发展空间。

有一天，我们绕路去了一个渔村，那里的渔网是透明的，好像巨大的蝴蝶飞回水中去找寻它们丢失的银鳞；我们还去了矿区中心，看到刚从地下开采出来的矿石从坚硬的铸锭变成金碧辉煌的几何形状；道路上隐约可见天主教修道院，看起来粗壮、多刺，宛若巨大的仙人掌；经过市场时，视线里各种颜色、各种味道的蔬菜摆放在一起，如同令人眼花缭乱的鲜花——像这样走过墨西哥的多重风景，我们来到了被湮没的尤卡坦，这世上最古老的民族，崇拜神明的玛雅文化的摇篮。在这里,大地曾被历史的变迁和文明的萌芽所震撼。与龙舌兰①并肩而生的,是浸透着人类智慧和鲜血的废墟。

穿过最后几条路,我们来到了广阔的地域,墨西哥原住民曾将他们的刺绣文化隐藏在森林之中。我们在那里看到一种新的水源——地球上最神秘的水。它不是大海,不是小溪,不是河流,不是我们所知道的任何一种水。在尤卡坦半岛,水是存在于地下的,大地可能会突然裂开,形成巨大的天然水井,周围长满热带植物,碧绿的水和天空一样深远。玛雅人发现了这种天然水井,并用他们特有的仪式进行膜拜。像所有宗教一样,玛雅人的信仰源于对生存的需求和对丰收的渴望,大地为隐藏在地下的水而裂开,干旱随之被战胜。

几千年来,原住民的宗教和入侵者的宗教先后为这神圣的天然水井增加了神秘感。婚礼仪式后,成百上千的处女佩戴着花环和金饰,浑身珠光宝气,被扔进深不见底的水流里。花环和金冠会从深处浮上水面,但少女们却被金链子牢牢地拴在水底的淤泥里。

几千年后,只有极少数珠宝被找到,如今陈列在墨西哥博物馆和美国博物馆的橱窗里。我走进那片荒野,不为寻找金子,只为觅索溺亡少女们的哭喊。在鸟儿的尖叫声中,我似乎听到了处女们嘶哑的痛哭;当它们疾速飞过那千古不朽的幽暗深水时,我仿佛看见了逝去的黄种少女们柔弱的手。

有一次,我看到一只鸽子停在近旁的一座雕像上,那雕像刻画得生动,一只石手伸向不朽之水上方的空中。鸽子可能是被鹰追赶而来。它不属于那个地方,那里只有叫声结结巴巴的走鹃,羽毛极

---

① 龙舌兰,俗名世纪植物、龙舌兰或美国芦荟,是天门冬科的一种开花植物,原产于墨西哥和美国得克萨斯州。

其漂亮的绿咬鹃,以及青绿色的蜂鸟和一些猛禽——为了展现战功卓著的抢掠屠杀,它们霸占了森林。那只鸽子站在雕像的手上,像热带岩石上的一片雪花。我凝视着它,因为它来自另一个世界,来自一个遵守规则的和谐国度,来自毕达哥拉斯学派[①]的基础理论或地中海地区文化[②]的观念形态。停歇在黑暗边缘的它尊重我的沉默,因为我已融入这个古老的、沾满鲜血的原始美洲世界,我的目光追随它的行迹,直至它消失在天空之中。

墨西哥的画家

绘画主导着墨西哥知识分子的生活。墨西哥城的画家们以历史、地理、内乱和激烈争议等各种角度来描绘这座都市。何塞·克莱门特·奥罗斯科[③]这位瘦削的独臂巨人,和戈雅一样,在他变化无常的国度里拥有崇高的地位。我常和他交谈,从他身上完全看不出他作品中展现的暴力。他曾是动作轻柔的陶工,因工伤失去左手后,用另一只手创造多样的世界。他画笔下的士兵及其女人,被监工枪杀的农民,装着钉在十字架上的可怕尸体的石棺,见证了我们的残忍,是美洲本土绘画中不朽的作品。

---

① 也称"南意大利学派",由古希腊哲学家毕达哥拉斯(公元前580年~公元前490年)及其信徒组成,成员多为自然科学家,把美学视为自然科学的一个组成部分,认为美表现于数量比例上的对称和和谐,和谐起于差异的对立,美的本质在于和谐。

② 一种独特且多元的文化体系,它融合了不同民族、宗教和历史背景的元素,形成了丰富多彩的文化景观,具有开放性和包容性,强调和谐与平衡。

③ 何塞·克莱门特·奥罗斯科(1883年11月23日~1949年9月7日),墨西哥讽刺画画家,擅长政治题材壁画。

那些年，迭戈·里维拉[①]创作了许多作品，也和大家有过不少争论，这位身材魁梧的画家是个传奇人物。让我感到奇怪的是，他没有长着代表邪恶的有鳞鱼尾和分趾蹄。迭戈·里维拉一直在编造故事。第一次世界大战之前，伊利亚·爱伦堡在巴黎出版了一本书，名为《胡利奥·胡列尼托的非凡冒险》，里面记录了里维拉捉弄大众的种种事迹。三十年后，迭戈·里维拉仍是一位伟大的画家和讲荒诞故事的大师。他曾提议吃人肉，说这是备受美食家们青睐的健康饮食，并把食谱分发给各种年龄段的烹饪者。除此之外，他还不遗余力地将女同性恋理论化，坚持认为这是唯一正常的关系，在他的指导下发掘出来的最古老历史遗迹刚好证明了这一点。

他有时会滔滔不绝地和我聊上几小时，转动着那双深邃的印第安人的眼睛，给我讲述他的犹太人身世。另一些时候，他又忘记了先前说过的话，向我发誓说他是隆美尔[②]将军的父亲，并要我一定为他保密，因为一旦泄露，可能会引发严重的国际争端。他那极具说服力的腔调，以及对那些最微乎其微、最让人难以置信的细节从容描述的样子，俨然一个了不起的江湖骗子，但凡认识他的人都永远不会忘记他散发出来的魅力。

---

　① 迭戈·里维拉(1886年12月8日~1957年11月24日)，墨西哥社会现实主义画家，20世纪最负盛名的壁画家之一，被视为墨西哥国宝级人物。

　② 埃尔温·隆美尔（1891年11月15日~1944年10月14日），纳粹德国陆军元帅、军事家。

大卫·阿尔法罗·西凯罗斯①因参与了武装突袭托洛茨基②的事件，当时正被关押在狱中。我在监狱里面见过他，也在监狱外面见过他，因为我们曾一起和监狱长佩雷斯·鲁尔福少校外出，在某个不为人注意的地方喝酒。我们会在深夜返回，我和大卫拥抱告别，然后他继续留在狱中。

有次和西凯罗斯一起外出回来时，在街上碰到了他的兄弟杰西·西凯罗斯。他是一个极不寻常的人，用"神出鬼没"这个词来形容他最贴切不过了。他沿着墙边悄悄移动，不发出任何声响，也不做出任何能被觉察到的动作。你会突然发现他就在你身后或旁边。他很少讲话，即便开口，音量还没耳语高。他携带装有四五十支手枪的旅行袋时都是静悄悄的。我曾在一个偶然的场合下，不经意间打开了旅行袋，震惊地发现里面全是黑柄、珍珠柄和银柄手枪。

但这并不代表什么。他和他性格暴躁的兄弟大卫一样热爱和平。杰西同样富有艺术天分，他会演哑剧。他可以不动身体，不动双手，不发出任何声音，只利用面部肌肉，就能生动地展现恐怖、痛苦、欢乐、温柔等一系列表情。他带着那张幽灵般的苍白面孔穿行在人生的迷宫里，时不时提着那一袋从未使用过的手枪。

脾气火暴的画家曾把公众吓坏。他们有时会争论到剑拔弩张的程度。有一次，迭戈·里维拉和西凯罗斯辩论到词穷时，两人分别掏出巨大的手枪，几乎同时扣动扳机，他们没朝对方开枪，而是冲

---

① 大卫·阿尔法罗·西凯罗斯（1896年12月29日~1974年1月6日），墨西哥画家，20世纪20年代，他与里维拉和奥罗斯科一同发起了墨西哥壁画运动。

② 列夫·达维多维奇·托洛茨基（1879年11月7日~1940年8月21日），苏联时期著名政治家，第四国际建立者。1927年11月被开除出党，1940年8月于墨西哥遭暗杀。

着剧院天花板上石膏天使的翅膀射击。当沉重的石膏翅膀从观众头顶上方落下时,人们纷纷逃离出去,于是,这场争论在空无一人的、弥漫着浓烈火药味的剧院大厅里落下帷幕。

鲁菲诺·塔马约^①那时不在墨西哥。他的画作从纽约寄来,内容复杂且充满激情,就像市场里的水果或编织品一样,饱含墨西哥风情。

迭戈·里维拉的绘画作品和大卫·阿尔法罗·西凯罗斯的不能相提并论。迭戈描绘的线条遵循古典主义法则,他用绵延起伏的笔触,以一种历史学家的书法,逐渐将墨西哥的过往联系起来,把各种事件、风俗习惯及悲剧故事生动地表现了出来。而西凯罗斯的风格犹如爆发的火山,他惊人的绘画技巧和长久的辛苦钻研交融在画中。

西凯罗斯多次从监狱出来与我会面聊天,在这期间,我们一起密谋了帮他重获自由的方案。我亲自为他办理了签证,他带着妻子安吉莉卡·阿雷纳莱斯前往智利。墨西哥曾在智利奇廉创办过一所学校,那时已被地震摧毁,西凯罗斯在那所"墨西哥学校"里画了一幅气势非凡的壁画。智利政府暂停了我的领事职务两个月,以此方式回报我对祖国文化的贡献。

拿破仑·乌维科

我决定访问危地马拉。我们坐车出发,穿过特万特佩克地峡——墨西哥的黄金地带,那里的女人打扮得花枝招展,空气中弥漫着蜂蜜和糖的气味。接着,我们到达恰帕斯大森林。这里夜晚的声响令

---

① 鲁菲诺·塔马约(1899年8月25日~1991年6月24日),墨西哥画家。

人畏惧,像是森林发来电报,我们停下了车。成千上万的蝉遍布四周,发出震耳欲聋的叫声。神秘的墨西哥让绿荫笼罩着古老的建筑、久远的绘画、珠宝和纪念碑、巨型头像和动物石雕。这一切都躺在森林里,那是神话般的墨西哥所拥有的无尽财富。越过边境,在中美洲最高的山脊上,危地马拉狭窄道路上的风景使我眼花缭乱——先是藤本植物和庞大的草木;而后是高山上平静的湖泊,如同大手大脚的神灵们遗落的眼睛;最后是松树林和宽阔的原始河流,海牛从水中探出头来,像人一样。

我和米格尔·安赫尔·阿斯图里亚斯①共度了一个星期,当时他还没有因写作而成名。我们相处得很好,就像亲兄弟一样,几乎每天都待在一起。晚上,我们会一起做出行计划,商讨转天是去雾霭缭绕的遥远山区,还是去联合果品公司②修建的热带港口。

危地马拉人没有言论自由的权利,谁都不敢谈论政治。隔墙有耳,议论的话可能会被告发。有时我们把车停在高原上,确保没人躲在树后偷听时,才会展开热切的讨论。这个独裁者名叫乌维科③,统治了危地马拉很多年。他虎背熊腰,有着一双冷酷残忍的眼睛。他的话就是金科玉律,在危地马拉,没有他的明确批准,任何事都不准做。我认识他的一个秘书,此人现在是我的朋友,一位革命者。他曾因一件小事回了句嘴,就被乌维科当场绑在总统办公室的柱子

---

① 米格尔·安赫尔·阿斯图里亚斯(1899年10月19日~1974年6月9日),危地马拉小说家、诗人,1967年获诺贝尔文学奖。

② 美国热带水果贸易企业,主要经营业务为将第三世界国家种植园中生产出的蔬菜、水果(以香蕉和菠萝为主)销往美国和欧洲。联合果品公司凭借对市场和运输的垄断,使危地马拉民族经济遭到灾难性的破坏。

③ 豪尔赫·乌维科·卡斯塔涅达(1878年11月10日~1946年6月14日),危地马拉军人、独裁者。

上无情地鞭打。

年轻的诗人们要为我举办一场诗歌朗诵会。他们给乌维科发去一封电报,以获得批准。礼堂里坐满了我的朋友,还有许多年轻的学生。我很高兴将我的诗歌读给大家听,它们似乎给这座巨大监狱的窗户开了一道小小的缝隙。警察局长坐在前排,十分显眼。后来我才知道,那时有四挺机枪对准了我和听众,警察局长一旦公然离座打断我的朗诵,机枪就会立即开火。

但是什么事也没有发生,那家伙没有离开,而是坐着听完了我的诗歌朗诵。

后来有人想让我认识一下独裁者——这个有拿破仑情结的人。他喜欢在额头上留一小缕头发,并在拍照时多次摆出拿破仑的招牌姿势。我被告知拒绝这个提议是危险的,但我宁愿不同他握手,并尽快返回墨西哥。

手枪选集

那个时期的墨西哥,携带枪支者比开枪杀人者还多。国内曾掀起一阵崇尚四十五毫米口径左轮手枪的热潮。人们动不动就拔出他们的手枪。议会候选人和报纸曾经发起"收枪"运动,但他们很快意识到,收掉墨西哥人心爱的手枪,比拔下他的一颗牙要难得多。

有一次,一群诗人邀请我乘坐一艘铺满鲜花的小船出游。近二十位诗人相聚在霍奇米尔科湖,他们带我在湖水和鲜花间游览,小船穿过迷宫般的沼泽地,自阿兹特克人①开始,这里就被用来供

---

① 北美洲南部墨西哥人数最多的一支印第安人。

人们坐着满载鲜花的船只游赏。整艘船由各种颜色、各种样式的鲜花装饰。墨西哥人的手和中国人的手一样,无论用石头、银子、黏土还是康乃馨,都创造不出任何丑陋的东西。

在船上,有位诗人喝了很多龙舌兰酒之后,坚持要我用他那把刻着金银图案的漂亮手枪朝天空射击,以此表达对我的崇高敬意。这时,紧挨着他的另一位诗人赶忙拔枪,激动到忘乎所以的他挡住第一个人的枪,请我用他的枪射击。其他人也纷纷掏出自己的手枪,一场混战开始了:他们手中的枪在我头顶萦绕,每个人都坚持要我选他的而不选别人的。场面愈加混乱,一把把手枪在我鼻子前挥舞,从我腋下穿梭,情况变得越发危险,我突然想到一个主意,拿过一顶墨西哥特有的大草帽,以诗歌与和平的名义,请所有人把枪放进去。每个人都听从了我的号召,我就这样将所有武器没收,并带回住处保存了好几天。我坚信,我是以诗人的荣誉编纂"手枪选集"的唯一一人。

"聂鲁达"的来历

全世界的优秀人才汇聚在墨西哥:战争在欧洲绵延不断,当早已占领法国和意大利的希特勒军队取得一次又一次的胜利之时,来自各个国家的流亡作家聚集在墨西哥争取自由的阵线中。安娜·西格斯[1]和已离世的捷克幽默作家埃贡·艾尔温·基希[2]均在其列。

---

[1] 安娜·西格斯(1900年11月19日~1983年6月1日),德国著名作家。作为世界反法西斯文学的代表作之一,她的长篇小说《第七个十字架》与《死者青春常在》蜚声于国际文坛。

[2] 埃贡·艾尔温·基希(1885年4月29日~1948年3月31日),捷克新闻记者、报告文学家。

基希留下的几本著作引人入胜，我非常钦佩他的出众才华、孩子般的好奇心以及变戏法时的灵巧熟练。他一走进我家，就会从耳朵里掏出一颗鸡蛋，或是将七枚硬币接连吞下，而这些硬币是这位一贫如洗的杰出流亡作家的宝贝。我们在西班牙时就已相识，他一直对我改用"聂鲁达"这个名字的缘由表示好奇，于是我开玩笑地回应道："伟大的基希，你或许了解雷德尔①上校的秘密"——一九一三年奥地利著名的间谍案——"但你永远也弄不明白有关我姓名的奥秘。"

事实也的确如此。他死于布拉格，他的祖国在解放后将所有能颁发的荣誉都给了他，然而，这个好管闲事的人却永远不知道"聂鲁达"这个名字的来历。答案其实十分简单且平平无奇，因此我小心翼翼地保守着秘密。十四岁的时候，我的父亲一直反对我在文学上的作为。他不想自己的儿子成为一位诗人。为了不让他发现我最早期的作品，我便取了一个他完全不会察觉到任何关联的姓氏。我在一本杂志上看到了这个捷克名字，当时并不知道这是一位深受该国人民喜爱的伟大作家的名字，这位优雅的抒情及叙事诗人的纪念碑就矗立在布拉格的马拉·斯特拉纳区。许多年后，当我到达捷克斯洛伐克时，第一时间就去他那蓄着胡子的雕像脚下放上一朵鲜花。

---

① 阿尔弗雷德·雷德尔（1864年~1913年），奥地利陆军情报首脑、俄罗斯帝国在奥地利的重要间谍。1913年暴露身份后自杀。

珍珠港事件前夕

来自萨拉曼卡的文塞斯劳·罗塞斯①,毛拉公爵②的亲戚、北美畅销书《在光辉的地方》的作者、共和党人士康斯坦西亚·德拉莫拉③,还有诗人莱昂·费利佩④、胡安·雷哈诺⑤、莫雷诺·比利亚⑥、埃雷拉·彼得雷⑦,画家米格尔·普列托⑧和罗德里格斯·卢纳⑨经常来我家做客。他们都是西班牙人。著名的第五团团长,化名为"卡

---

① 文塞斯劳·罗塞斯(1897年2月3日~1992年3月29日),西班牙教育家、翻译家。

② 安东尼奥·毛拉·伊·蒙塔内尔(1853年5月2日~1925年12月13日),西班牙政治家,曾5次出任首相(1903年~1904年,1907年~1909年,1918年,1919年,1921年~1922年在位)。

③ 康斯坦西亚·德拉莫拉(1906年1月28日~1950年1月27日),西班牙政治活动家、作家。

④ 莱昂·费利佩(1884年~1968年),西班牙诗人。

⑤ 胡安·雷哈诺(1903年10月20日~1976年7月4日),西班牙诗人、作家、记者。

⑥ 莫雷诺·比利亚(1887年2月16日~1955年4月25日),西班牙诗人。

⑦ 埃雷拉·彼得雷(1909年10月27日~1977年2月7日),西班牙诗人。

⑧ 米格尔·普列托·安吉塔(1907年11月17日~1956年8月12日),西班牙画家。

⑨ 罗德里格斯·卢纳(1910年~1985年),西班牙画家,西班牙内战时期流亡墨西哥。

洛斯"的维托里奥·维达利①，以及马里欧·蒙塔尼亚那②这两位意大利流亡者饱经风雨，他们可以讲出许多令人惊叹的故事，行为习惯也总在不断变化之中。雅克·苏斯戴尔③和吉尔贝·梅迪奥尼也在访客之列。他们是戴高乐一派的领袖，自由法兰西的代表人物。来自中美洲一些国家——危地马拉、萨尔瓦多、洪都拉斯——自愿或被迫的流亡者也云集在墨西哥，于是这里充满了国际风情，有时候我的家——位于圣安赫尔区的一幢旧别墅——如同全世界的心脏一样不停跳动着。

苏斯戴尔当时是左翼社会主义者，多年后，作为阿尔及尔政变的政治领袖，他给戴高乐总统惹了很多麻烦。关于这位苏斯戴尔，我必须讲讲我和他之间有关联的一件事。那是早在一九四一年的事情。当时纳粹已经包围了列宁格勒，并进一步深入苏联领土。加入柏林－罗马－东京轴心④的狡猾的日本军事领导人陷入了困境——一旦德国赢得战争的胜利，他们应得的利益可能会被剥夺。各种各样的谣言在全球范围内流传。强大的日本军团将在东方发动进攻，而这个关键时刻正在步步逼近。与此同时，在华盛顿，一个日本和平使团正在向美国政府大献殷勤。毫无疑问，日本人定会发动一场

---

① 维托里奥·维达利（1900年9月27日~1983年11月9日），意大利共产党领袖，1921年参与创立意大利共产主义青年团；西班牙内战爆发后，被共产国际派往西班牙协助西共开展军事工作，曾用"卡洛斯·孔特雷拉斯"的化名担任第五团团长；共和国覆灭后返回墨西哥，曾参与刺杀托洛茨基。

② 马里欧·蒙塔尼亚那（1897年6月22日~1960年8月8日），意大利政治家、记者。

③ 雅克·苏斯戴尔（1912年2月3日~1990年8月6日），法国政治活动家、人类学家，曾赴墨西哥从事人类学考察。

④ 第二次世界大战时法西斯德、意、日三国结成的侵略同盟。

突然袭击，因为"闪电战"以血腥的方式在当时盛行。

为了把故事讲得更加清楚，我必须提及一条将日本和智利连接起来的古老日本航线。我不止一次在这条航线上乘船旅行，因此了解至深。这些船只停靠在我们的港口，船长们花时间购买废铁并进行拍摄。他们沿智利、秘鲁和厄瓜多尔的海岸线航行并中途停靠，最远到达墨西哥的曼萨尼约港，从那里他们掉转船头，驶向太平洋对岸的横滨。

于是有一天——那时我是智利驻墨西哥总领事——我接待了七个日本人，他们急于取得智利签证。他们来自美国西海岸的旧金山、洛杉矶以及其他港口。他们的脸上流露出不安的神色。这几个人穿得很讲究，证件也齐全；看起来像是工程师或企业高管。

我当然会问他们，为什么刚到墨西哥就要第一时间乘坐班机前往智利。他们回答说，他们打算搭乘一艘日本邮轮，而这艘船就停靠在托科皮亚港——智利北部运输硝矿的港口。我反驳说，没有必要去大陆另一端的智利乘船，因为这艘船也会停靠曼萨尼约港，如果他们愿意的话，甚至可以步行前往，时间是够用的。

他们交换眼神后尴尬地笑了，用日语交谈起来，又和一同前来的日本大使馆秘书商量了一会儿。使馆秘书决定对我实话实说："听着，我的同行，这艘船碰巧改变了航线，不在曼萨尼约停靠了。所以，这些杰出的专家必须去智利港口登船。"

我的头脑里闪过一个模糊的念头：这件事事关重大。我让他们把护照、照片、在美国的工作资料等材料交上来，让他们转天再来。他们不同意。他们要立刻拿到签证，不惜一切代价。我尽力拖延时间，向他们解释说我没有当场签发签证的权力，我们第二天再商谈。

他们走了，就剩下我一个人了。

我将这件谜一般的事情从头至尾思索了一遍。他们为什么从美国乘班机匆忙赶来，并如此着急地办理签证？这艘日本邮轮为什么三十年来第一次改变航线？这一切意味着什么呢？

我突然想明白了。这显然是一群消息灵通的重要人物，因为某个重大事件即将发生，这帮日本间谍才匆忙从美国撤离。毋庸置疑，日本要挑起战争。而我讲到的这几个日本人了解内情。

我得出的结论让我极度紧张。我该怎么办？我不认识同盟国中驻墨西哥的英国和美国代表。我只与官方委派的戴高乐将军的代表们有直接接触，他们可以和墨西哥政府进行联络。我立刻与他们取得了联系，并说明了情况。我们掌握了这些日本人的名字以及相关重要信息。如果法国决定干预，日本人的行动就会受到限制。在戴高乐的代表面前，我一开始急切地提出观点，后来，在他们漠不关心的态度下，我变得不耐烦了。"年轻的外交官们，"我对他们说，"揭露那几个日本间谍的秘密，是一个让你们获得荣耀的机会。至于我，我不会给他们签证。但你们必须马上做出决定。"

这场交涉被漫不经心地应付了两天。苏斯戴尔对此事毫不在意。他们无动于衷，而我，一个智利领事，也无法再多做些什么。由于我拒绝为他们办理签证，这几个日本人迅速取得外交护照，赶到智利大使馆，并及时抵达托科皮亚港登船。一个星期后，珍珠港遇袭的消息轰动了全世界。

作为软体动物学家的我

多年前，智利的一家报纸刊登了一篇报道，内容关于我的挚友、著名的朱利安·赫胥黎①教授，讲述了他抵达圣地亚哥时，在机场询问我在哪儿的事情。"您说的是诗人聂鲁达？"记者们问他。

"不是。我不认识什么诗人聂鲁达。我想找的是 malacologist 聂鲁达。"

这是个希腊语单词，意思是"软体动物学家"。

这篇报道本意是要惹怒我的，而我听了后却很高兴。这不可能是真的，因为我和赫胥黎已相识多年，他是个机灵的家伙，比他有名的弟弟阿尔多斯②聪明得多，也真诚得多。

在墨西哥，我经常漫步于海滩上，或潜入清澈、温和的水中，去收集美妙的贝壳。后来，在古巴和其他地方，我通过交换、购买、接受馈赠、偷盗（世上再也没有我这样诚实的收藏家了）的方式，收藏了越来越多的海洋珍宝，直到它们填满我家中一个又一个房间。

我拥有来自中国海、菲律宾海、日本海和波罗的海的最稀有的标本；还有南极的海螺和古巴的彩色蜗牛；以及像加勒比海舞者一样，穿着红色、橙色、蓝色或紫色服饰的彩蚌。但我得承认，有一种罕见的标本我并不拥有，那是来自巴西马托格罗索州的蜗牛壳。我曾经见过一个，但买不了，我又无法去森林里寻找。那个蜗牛壳周身碧绿，像一块崭新的翡翠一样美丽。

我连最遥远的海域都去过，这让我俨然成为一个狂热的收藏家。我的朋友们也开始搜寻起海螺，变成了腹足动物爱好者。

当我收集的甲壳超过一万五千枚时，我所有的架子都被塞满了，

---

① 朱利安·赫胥黎（1887年6月22日~1975年2月14日），英国生物学家、作家、人道主义者，其祖父为著名的生物学家、作家托马斯·赫胥黎。

② 阿尔多斯·赫胥黎（1894年7月26日~1963年11月22日），英国作家。

连摆放在桌子和椅子上的那部分也多得直往下掉。有关贝类学或软体动物学的书——随你怎么叫都行——填满了我的藏书室。于是有一天，我把所有的收藏品装进巨大的板条箱里运到母校，作为我的第一次捐赠。那时候，这可是一批绝好的收藏品。像任何一所优秀的南美洲学校一样，我的母校赞誉有加地收下了这笔馈赠，并将它们藏在了地下室。从那以后，再没有人见过这些甲壳。

《阿劳卡尼亚》

我曾被派去遥远的群岛工作，身在远方的我听到大海对我哼唱，寂静的世界里万物都在诉说着我的孤独。然而，冷战和热战腐蚀着领事职务，每个领事都成了一台没有个性的机器，无权做出任何决定，以至于让人不由得去猜疑，这样的职务与警察的工作大同小异。外交部坚持要我检查移民者的种族血统；非洲人、亚洲人和犹太人都不被允许进入我的国家。

这是一个极度愚蠢的政策，连我也成了它的受害者，那时候，我创办了一本精美的杂志（没拿一丁点国库的资助），取名为《阿劳卡尼亚》，书的封面选取了一张长相可爱的阿劳卡尼亚人露齿微笑的照片。当时的共和国总统是佩德罗·阿吉雷·塞尔达先生，他那张和蔼而高贵的面孔具有我国混血人种的所有特征，尽管如此，外交部长还是仅凭书的封面对我进行了严厉的斥责，他认为我的这个做法不成体统。

众所周知，阿劳卡尼亚人被击溃了，并最终被遗忘或被征服。而历史是由胜利者或那些获得战利品的人书写的。但是，几乎没有比阿劳卡尼亚更可敬的种族了。总有一天，我们会看到阿劳卡尼亚大学，看到用阿劳卡尼亚文字印刷的书籍，到那时我们就能意识到，我们失去了多少他们所具备的高贵品质——磊落、清白和火山般强大的能量。

一些南美洲国家本身就是多种族血统混合繁育的产物，而这荒谬的"种族主义"主张则是殖民主义的污点。他们想建立一个平台，只有那些唯利是图的人、白种人或浅肤色人种有权站在上面，在纯种雅利安人①或自命不凡的侵略者面前进行他们的表演。还好这一切都将成为历史，联合国代表中已不乏黑人和蒙古人；简单来讲，随着智慧含量的增加，各种族的枝叶都逐渐呈现出五彩缤纷的色泽。

终于在某一天，我厌倦了我的总领事职务，并与之永远地告别了。

神奇与神秘

此外，我意识到，墨西哥这个披着前哥伦布时期②文明外衣的国家，充斥着压抑、暴力和民族主义，即便没有我的到来或参与，也会照此发展下去。当我决定回国时，我对墨西哥生活的了解，甚至比刚来时还少。艺术和文学在竞争激烈的圈子里蓬勃发展，任何圈外人想要支持或反对某人或某团体的话，后果将不堪设想：他会遭到所有人的抵制。

当我就要准备离开时，我有幸参加了一场声势浩大的聚会：近三千人群集在晚宴中，还不包括那没挤进来的数百人。几位领袖对此表示支持。墨西哥仍是美洲的试金石，古代美洲的太阳历

---

① 欧洲19世纪文献中对印欧语系各族的总称。
② 又称印第安时期，指美洲在明显受到来自欧洲文化影响前的历史时期。

石[①]——光明、智慧和神秘交汇于此——在这里雕刻而成并非偶然。

在墨西哥，一切都可以发生，一切也都发生了。反对派唯一的报纸得到了政府的资助。这是任何人都能想象得到的最独裁的民主政体。

我想起了一个令我深受震撼的悲伤故事。一家工厂的工人发动了一场旷日持久的罢工，事情一直没有得到解决。罢工者的妻子们聚在一起，商议后决定一同去找总统，打算向他讲述他们所遭受的贫困和痛苦。她们当然没有携带武器，去的路上还弄来一些鲜花，想要送给总统及其夫人。到达政府大楼时，一名卫兵拦住了她们，不准再往前踏入一步。总统是不会接待她们的，想要表达诉求只能到相关部门去。不管怎样，她们必须立刻撤离，这是最后通牒。

妇女们为自己辩护，说她们不会惹麻烦的，只想把花送给总统，并请求他尽快解决罢工问题。她们的孩子食不果腹，不能再这样下去了。但卫兵拒绝传达任何消息。妇女们也不肯离开。

就在这时，驻守政府大楼的卫兵扣动扳机，子弹刺破空气，枪声接连响起。六七名妇女当场死亡，另有多人受伤。

第二天举行了一场仓促的葬礼。我原以为会有一支庞大的队伍跟在被杀害的妇女灵柩后面，但到场的只有少数人。对了，工会领导人发表了讲话。众所周知，他是位杰出的革命家。他在墓地的演讲风格无可挑剔。转天，我在报纸上阅读了全文，却没从中找到一句表达抗议或愤怒的话语，以及提出对这一暴行的责任人进行审判

---

① 现存于墨西哥城国立人类学博物馆的著名石雕作品，阿兹特克文明的重要遗产之一，中央雕刻了太阳神托纳提乌的形象，四周则环绕着与阿兹特克历法及宇宙论相关的图画文字和符号；这些符号不仅代表了阿兹特克人的宇宙观和世界观，还体现了他们对时间流逝和季节更替的深刻理解。

的要求。两周后,甚至没有人谈论这次大屠杀了。后来我也再未见过任何人在文字中提起这个事件。

这位总统就像个阿兹特克统治者,比英国王室还要高高在上千百倍。无论是一时戏言还是郑重其事,所有报纸都不能对他有任何非议,否则就会立刻遭到打击。

在墨西哥发生过的悲剧事件都披上了一层美丽外衣,过后却成为令人惊骇的寓言——这些寓言和维系生命的脉搏,和血迹斑斑的骨骼渐行渐远。在火山下积极讨论存在主义的哲学家们虽然满腔华丽辞藻,看起来却愚不可及。平民的行动时断时续,阻碍重重。围绕王权的阶层等级分明,表现出极为统一的顺从。

但是,在墨西哥,各式各样的魔法总是一再出现:从正在贫瘠的菜园里种豆子的农民突然看见火山,到人们狂热地搜寻科尔特斯[1]遗骸——据说他在墨西哥这片土地上安息了许多个世纪,那顶黄金头盔一直戴在头上,此外,对阿兹特克统治者瓜特穆斯[2]遗骸的寻找也掀起了同样的热潮。这些尸骨在四个世纪前就失踪了,由神秘的印第安人守护的它们现在突然到处出现,却出乎意料地一次又一次消失在深不可测的黑夜之中。

墨西哥就像一只流浪的小鹰,始终在我的血液里盘旋。唯有死神才能在我这个长眠不醒的战士心上将其折断翅膀。

---

[1] 埃尔南·科尔特斯(1485年~1547年),出身西班牙贵族,大航海时代西班牙航海家、军事家、探险家,阿兹特克帝国的征服者。

[2] 瓜特穆斯(1497年~1525年),中美洲阿兹特克的末代统治者(1520年~1521年在位),曾为保卫特诺奇提特兰(现今墨西哥城)而出色地抵抗西班牙征服者科尔特斯,最后因不敌而投降,其后被绞死。

黑暗中的祖国

马丘比丘①

外交部当即接受了我的辞职申请。

由于主动结束了外交职务,我可以随时回到祖国的怀抱,这让我感到莫大的快乐。我认为,一个人应该生活在他的祖国,一旦脱离故土,就会以这样或那样的形式阻碍灵魂散发光芒。我只能生活在我的故乡,我必须把我的脚、我的手、我的耳朵紧贴在大地上,去聆听水流和树荫的移动,去感受我扎根进土壤中汲取养分的过程。

但是,在回智利之前,我又为我的诗歌铺垫了一层新的阶梯,让它变得更加成熟。

回国途中,我去了一趟秘鲁的马丘比丘遗址。那时候公路还没有建成,我们是骑马上去的。在最高处,我看到古老的石头建筑被葱郁的安第斯山群包围着。急流从数世纪以来被侵蚀和风化的城堡上倾泻而下。白色的雾气在威尔卡马约河上氤氲而起。站在这座石头城的中心点,矗立于这个荒芜人烟、傲然挺立的世界中央,我感到自己无比渺小,却也似曾相识地在内心升腾起一种归属感。在很久以前,我的双手似乎在这里劳动过,开挖过沟渠,打磨过岩石。

我觉得自己不仅是智利人,也是秘鲁人,我属于美洲这片土地。在那些险峻的山顶上,在那些辉煌的、散落的废墟中,我找到了继续创作诗歌所需要的理想信念。

于是,我的诗歌《马丘比丘之巅》在那里诞生了。

---

① 南美洲最重要的考古发掘中心,秘鲁最受欢迎的旅游景点。马丘比丘在克丘亚语中为"古老的山脉"之义,也被称作"失落的印加城市",是保存完好的前哥伦布时期的印加遗迹。

盛产硝石的南美大草原

一九四三年底,我再次来到圣地亚哥。我在用分期付款方式购置的房子里住了下来。我把我所有的书都塞进了这座被树木环绕的房子,重新开始了艰苦的生活。

我再次寻觅祖国的美妙之处——女人的可爱,大自然的壮丽,同行的作品,同胞的智慧。这个国家没有改变。田野旁的村庄睡意朦胧,贫穷的矿区令人心碎,涌入乡村俱乐部的人们风度翩翩。我必须做出决定。

我的决定让我心烦意乱,也让我感受到片刻的荣耀。

有哪个诗人会因此而懊恼呢?

数年后,库尔齐奥·马拉巴特①采访了我,他在文章中说得好:"我不是共产主义者,但如果我是一位智利诗人,我会和巴勃罗·聂鲁达一样。你必须选择一个立场,要么与卡迪亚克②为伍,要么和那些没上过学或没有鞋穿的人站在一起。"

一九四五年三月四日,这些没上过学、没有鞋穿的人选举我为参议员。我将永远引以为豪——来自智利最艰苦地区,来自铜和硝石大矿区的数千民众将选票投给了我。

在大草原上行走,费力且艰苦。那里已经有半个世纪没下过雨了,沙漠在矿工的脸上留下了印记。他们面色焦黑;他们的孤独和被忽视的处境都凝固在黑色的眸子里。越过沙漠,走进深山,去拜

---

① 库尔齐奥·马拉巴特(1898年6月9日~1957年7月19日),意大利政治记者、小说家和剧作家。

② 安托万·德拉莫特·卡迪亚克(1658年~1730年),法国探险家,底特律城的开拓者。这里泛指帝国主义者。

访贫苦生活的人们，去了解他们所从事的非人道劳动，去体会那些与世隔绝、深陷不幸的人将希望全部寄托于你的感觉，这可不是一件轻松的事。但我的诗歌开辟了一条沟通路径，让我可以走动在他们之间，并被这些过着穷苦生活的人们接纳为永远的兄弟。

我忘了是在巴黎还是在布拉格，我忽然对当时在场的朋友们所拥有的渊博知识产生出小小的疑惑。他们之中多数是作家，其余的是学生。

"我们谈论了许多和智利有关的事，"我对他们说，"大概因为我是智利人。但你们真的了解我那遥远的祖国吗？例如，我们使用什么交通工具？是大象、汽车、火车、飞机、自行车、骆驼还是雪橇？"

多数人态度认真地回答：大象。

智利没有大象，也没有骆驼。但我明白，从冰封的南极向上延伸至常年无雨的盐矿和沙漠，这样的国家是多么地令人费解。作为这片荒野上的居民们选举出来的议员，作为无数从未穿过衬衫、打过领带的硝矿和铜矿工人的代表，我必须在这片沙漠中跋涉多年。

进入那一片片低地，面对绵延不绝的沙土，仿佛登上月球一样。在这看起来有如星球般空旷的地域中，蕴藏着我国的巨大财富，而那些白色的肥料和红色的矿物必须从干旱的土地和石山中开采出来。世界上很少有这样生活如此艰苦、快乐如此贫乏的地方。为了培育一株最不起眼的花朵，为了饲养一条狗、一只兔子或一头猪，人们都需要付出数不清的代价来运送水源。

我来自共和国的另一端。我出生在拥有茂密森林的绿色大地上。我的童年是雨雪交加的。眼前这月球般的沙漠是我生命中的一个转折点。在议会中代表那些人——代表他们孤立无援的生活，代表他们巨大无边的土地——也是一项艰巨的任务。光秃秃的大地上没有一株植物,没有一滴水,这是一个巨大而难以捉摸的谜。在森林里,在河边,一切事物都在对人类说话。而另一方面,沙漠也是沉默寡言的。我无法听懂它的语言,它的沉默就是它的语言。

多年以来,各个硝矿公司在南美大草原上建立了许多真正的侯国、领地或帝国。英国人、德国人以及形形色色的入侵者占领了产地,将公司的名字写在了那里。他们强行使用自己的货币,禁止人们举行任何集会,还取缔了政党和民众的报刊。未经特别许可不准进入他们的地盘,当然,能得到特别许可的人寥寥无几。

一天下午,我在玛丽亚·埃伦娜硝石矿开采点的机械车间里与工人们交谈。巨大的车间地面总是被水、油和酸弄得泥泞不堪。泥污上铺了块木板,几位工会领导人陪同我走在上面。"这些木板,"他们告诉我,"是我们用连续十五次的罢工、八年的请愿和七个人的生命换来的。"

死亡事件发生在一次罢工期间,该公司的私人警察带走了七名罢工领导人。警察们骑着马,工人们被绳子捆着,步行跟在后面,穿越荒凉的沙滩。仅仅几声枪响后,这些人就失去了生命。他们的尸体被遗弃在沙漠的烈日和严寒中,直至被同伴们找到后才得以安葬。

事情发生的前些年,情况还要糟得多。例如,一九〇六年在伊基克,罢工者从各硝矿公司来到城区,直接向政府提出他们的要求。因长途跋涉而疲惫不堪的几千人聚集在学校对面的市政广场上休息。他们打算天亮后去见市长,向他递交请愿书。但是,他们永远没有机会了。黎明时分,由一名上校率领的部队包围了广场,一言不发地开枪杀人。六千多人在那场大屠杀中丧生。

一九四五年，情况有所好转，但有时候我觉得，那些人们被屠杀的日子似乎又回来了。比如有一次，我被禁止在工会会场里向工人们发表演说。于是我把他们叫到会场外面，在沙漠中，我向他们讲解当前形势，以及我对如何摆脱现状所进行的分析。现场约有两百人。突然，我听到发动机的震动声，接着便看到一辆军用坦克朝我们驶来，在距离仅不足四五米的地方停下。坦克的盖子打开了，一挺机枪探了出来，对准了我。随后，一名军官从机枪旁笔直地站了起来，穿着整洁时髦，但神情极其严肃，我继续讲话时，他就一直盯着我。事情的经过就是这样。

庞大的工人阶级（其中很多人是文盲）对共产党人的信任来自路易斯·埃米利奥·雷卡瓦伦[①]在这片沙漠地区发动的斗争。雷卡瓦伦从一个单纯的工人鼓动者，一个旧时的无政府主义者，变成了一个伟大超凡的人物。他用自己的力量，让这个国家到处可见工会和联合会。最终，他出版了超过十五种报纸，专门用于捍卫他所创建的各个新组织。所有这一切都是在身无分文的条件下做成的，所需钱款全靠工人们萌发的觉悟得以筹集。

我参观过雷卡瓦伦的印刷厂，这几个印刷厂曾英勇地工作过，四十年后仍在发挥作用。其中一些印刷机遭到过警察的破坏，后来又得到了精心的修理。被认真焊接过的机器再次运转起来，但巨大的疤痕清晰可见。

在那些漫长的旅途中，我逐渐习惯了住在沙漠居民简陋的房子、棚屋或茅舍里。几乎每次都会有一群人举着横幅在硝矿公司门口等候我的到来。接着会有人把我带到住处。我住的地方整天都有男男

---

① 路易斯·埃米利奥·雷卡瓦伦（1876年7月6日~1924年12月19日），智利社会主义工人党（智利共产党的前身）主席、智利工人运动领袖。

女女不停进出，向我抱怨工作环境或个人遇到的问题。他们诉说的委屈如果被外国人听到，一定会觉得滑稽又任性，甚至荒唐无比。例如，茶叶短缺会引发一场后果严重的罢工。谁能想象得到，在如此荒凉的地方，这种英国人特有的生活必需品对人们来说是不可或缺的？事实就是这样，智利人每天都要喝好几次茶，不然没法生活。有些光着脚的工人不悦地问我，这种他们离不开的外国饮品为何如此稀缺，还歉然地与我辩解道："我们如果不喝茶，就会头疼得厉害。"

在最荒凉的大地上，在最沉寂的天空下，封闭在这片静默之地的人们，对政治有着寻常的好奇心。他们想知道南斯拉夫的状况，也想知道中国的状况。他们关心社会主义各国遇到的问题和发生的变化，关心意大利大罢工的结局，关心战争传闻，关心在遥远的地方爆发的革命。

我参加过数百个集会，它们之间每一个都相距甚远，但我听到的请求都一样：朗诵我的诗歌。人们会选择某些诗歌让我朗读。当然，我永远不会知道，他们是否完全理解了我的作品。当我朗读时，想从现场鸦雀无声的气氛和听众毕恭毕敬的态度中找到答案及证据，是件很困难的事。但这又有什么关系呢？作为最有文化的傻瓜之一，在荷尔德林①和马拉美②的作品里，我也有许多诗篇从未读懂。但坦白讲，在读这些诗时，我内心的敬仰一点不少。

当餐桌上出现炖鸡——南美大草原上的稀有食物，整顿饭就

---

① 弗里德里希·荷尔德林（1770年~1843年），德国著名诗人，古典浪漫派诗歌的先驱，曾被世界遗忘了将近一个世纪。

② 马拉美（1842年~1898年），法国诗人、散文家，法国现代主义和象征主义诗歌的领袖。

会变得很有节日氛围。最常成为我们盘中餐的是炖豚鼠，那是最令我难以下咽的东西。艰苦的环境让这种生来就要死在实验室里的小动物变成了一道受欢迎的菜肴。

在我住过的许多房子里，我睡的床和修道院的床有两个共同的特征：床单雪白且浆得很硬，自己都能立住；床板的硬度堪比沙漠的地面。这里的人们不知道床垫是什么，只睡过光秃秃的硬板子。

尽管如此，我依然有幸可以睡得很香。和一大群朋友住在一起时，我也能毫不费力地沉沉睡去。白天的气候总是干热难耐，空气中就像烧着一块煤炭，但当夜色降临后，凉爽的气息在繁星点点的夜空下，于沙漠中蔓延开来。

我的诗和我的生活就像一条美洲河流，它源自智利南部隐秘山脉的深处，水流湍急，绵延不绝地奔向大海。我的诗在流淌过程中，不排斥任何可以随它而去的东西；它接受激情，展现神秘，并深入人心。

我不得不经受痛苦，奋勇挣扎，去爱，去歌颂；我分享过世上的胜利和失败，也品尝过面包和鲜血的滋味。一位诗人还能要求什么呢？所有的抉择——眼泪或亲吻，孤独或友爱，都被我写进了诗中，并成为不可缺少的部分，我为我的诗歌而活，我的诗歌也为我的奋斗输送养料。我得过许多奖，它们如蝴蝶般易逝，如花粉般脆弱，而我所获得的最大奖项虽极其难得，却可能被一些人蔑视。我经历了艰难的学习和漫长的探索，跨过了文字表达的重重阻碍，终于成为人民的诗人。这就是我获得的最高荣誉，而不是我的著作和诗歌被译成不同的语言，也不是我的文字在多本书籍中得到注解或剖析。在洛塔煤矿深处，一位走出隧道的男人站在炽热阳光笼罩下的硝矿中，仿佛脱离地狱一般，他的面容因艰苦的工作而扭曲，他的眼睛因漫天的灰尘而红肿，他向我伸出一只粗糙的手，手上的老茧和掌纹如同南美大草原的地图，他对我说："我认识你很久了，我的兄弟。"眼睛炯炯有神。这一时刻对我来说无比重要，仿佛为我的诗歌佩戴上一顶桂冠。在荒凉的大草原上，一位工人走出矿山隧道，智利的风和夜，以及满天繁星不时在对他说："你并不孤单；当你承受苦难时，有位诗人在精神上始终与你为伴。"

一九四五年七月十五日，我加入了智利共产党。

冈萨雷斯·魏地拉①

我和我的同志们力求将人民遭受的不公正苦难带去参议院，这期间经历了种种困难。舒适的议会大厅似乎铺上了隔音垫，以阻挡来自受苦群众的呼喊声。与我立场相反的代表是发表爱国演说方面的真正专家，在他们徐徐展开的假冒丝绸挂毯般的长篇大论下，我被压得喘不过气来。

突然间，我们又有了希望；总统候选人之一的冈萨雷斯·魏地拉发誓要维护公平正义，他生动的口才使他收获了很多支持。我被任命为他的竞选经理，并把这个好消息带到全国各地。

最终他以绝对优势当选总统。

但是，在我们克里奥尔人的美洲，一种令人大跌眼镜的转变常常会发生在总统身上。我所说的这位新任国家元首就迅速更换了朋友圈子，他让家人与"贵族"联姻，并逐渐从单纯的煽动者变成一

---

① 加夫列尔·恩里克·冈萨雷斯·魏地拉（1898年11月22日～1980年8月22日），智利律师、外交家、政治家，1946年至1952年任智利总统。

位专制君主。

但冈萨雷斯·魏地拉并不符合典型的南美独裁者的身份背景。玻利维亚的马里亚诺·梅尔加雷霍①和委内瑞拉的戈麦斯将军都出身草根。从某种意义上说，这些人也有其伟大之处，他们经受过的苦痛久久无法平息，驱使他们变成了独裁者。至少，他们是在战斗中亲历过枪林弹雨的领袖。而冈萨雷斯·魏地拉则是密谈室中的少数权贵，是一个没有担当的小丑，也是一个虚张声势的弱者。

在我们美洲的动物群系中，真正的独裁者是巨型蜥蜴，是史前陆地上庞大封建制度的幸存者。那位智利的叛徒不过是个外行暴君，在蜥蜴类动物中只算得上一只毒蜥蜴。但是，他带来的破坏足以对智利造成严重伤害，使其倒退数百年。智利人民尴尬地面面相觑，无法完全搞清楚这一切是如何发生的。

此人就像一名八面玲珑的杂技演员。他以一个引人注目的左翼人物身份，在这部充满谎言的喜剧中，无可争议地获得了冠军。没有人对此产生怀疑。在这样一个政治家往往过于严肃或看起来过于严肃的国家里，轻浮的表演是受欢迎的，而当这位康加舞②者中途转变方向时，一切为时已晚：监狱里挤满了政治受害者，甚至设立了皮萨瓜集中营这样的地方。而警察国家作为新事物也成立了。唯一的出路就是按兵不动，转为地下斗争，为恢复尊严而战。

冈萨雷斯·魏地拉的许多朋友，那些始终支持他直至竞选结束的人，因无法接受他的转变，立刻被关进了位于高山上或沙漠里的

---

① 曼努埃尔·马里亚诺·梅尔加雷霍·巴伦西亚（1820年4月13日~1871年11月23日），玻利维亚军人，1864年发动政变，推翻德阿查，自己出任玻利维亚总统，担任总统期间，实行残暴的独裁统治。

② 一种古巴舞蹈，其特点为不论在街头还是在野外，只要有节奏强劲的音乐响起，人们可以马上摇摆着身体，跟着节奏跳起来。

监狱中。事实上，和过去一样，他身边的上层阶级，凭借其经济实力，再次将我国政府吞噬。然而，这一次却没那么容易消化，于是智利经历了一场介于晕厥和濒死之间的痛苦。

在美国的保护下，我们票选出来的总统变成了一个邪恶的吸血鬼。尽管他在总统府附近设立了私人公寓和妓院，在里面铺上地毯、挂上镜子，寻欢作乐以满足他的肉欲，但他的良心一定不会让他安稳入眠。这个可鄙之人的思想不堪且扭曲。就在他发动反共镇压的同一天晚上，他邀请两三位工人领袖共进晚餐。餐后，他同工人领袖们一起走下总统府楼梯并拥抱他们，他一边抹着眼泪，一边说："我之所以哭，是因为我已下令逮捕你们。你们一出大门就会被抓，不知道我们以后是否还能再见。"

分离的身体

我的演讲越来越激烈，议会大厅里总是挤满了听众。我很快就被盯上了，警察要来逮捕我。但我们诗人的身体里始终燃烧着烈焰，翻滚着浓烟。

浓烟化成了诗歌。历史的车轮与我的个人经历并列前行，和我们古代美洲的主题极为相似。在那到处躲藏的危险年月里，我完成了我最重要的诗集《漫歌》。

我每天更换住所。到处都有人收留我。总有一些我不认识的人，以他们的方式表达想要我留宿几日的愿望。他们想为我提供庇护，哪怕只几小时，或几星期。我走过田野、港口、城市、营地，我去过农民、工程师、律师、水手、医生和矿工的家。

有一个名为"分离的身体"的古老创作主题，常见于我们所有国家的民歌中。歌手想象他的双脚在一个地方，肾脏在另一个地方，继而描述他的整个身体分散在乡村和城市各处。而这就是我在那些日子里的感受。

在那些带给我温暖的住处里，我想起一座隐藏在瓦尔帕莱索贫困山区中的两居室房子。这家人把我安置在其中一个房间里，活动受限于窗边的一块地方，透过窗子的一角，我能观察到港口的生活。从那个简陋的瞭望台上，我只能看到街道的一小部分。夜晚时分，我看到人们熙熙攘攘地走过。这是一个贫穷的地区，我窗下那一百米的狭窄街道汇集了这一区域的所有灯光。沿街两边都是矮矮的小商店和旧货店。

被困在角落里的我，好奇心无比旺盛。我有很多猜想，却得不到解答。例如，为什么那些过路的人，不论表情冷漠还是行色匆匆，总在一家店铺前停下脚步？橱窗里到底陈列了什么商品如此吸引人？我见过一家人带着扛在肩上的孩子久久站在那里。我看不见他们凝视着那扇神奇橱窗时的痴迷表情，但我可以想象出来。

半年后，我才知道那是家鞋铺。由此我得出结论：鞋子是人们最感兴趣的东西。我决定对此进行调查研究并写成文章。我一直没时间去落实这个想法，实现我在如此奇特的境况中许下的誓言。然而，我的诗中却出现过不少鞋子。它们咔嗒咔嗒地走进我的许多诗句里，尽管我从未刻意将其作为写作素材。

我的住处会迎来突然造访的客人与我进行长谈；他们想不到近在咫尺的地方，就在用纸板和旧报纸做成的薄薄一层隔断那里，住着一位天知道有多少职业猎人正在追捕的诗人。

星期六下午和星期日上午，这家人中的一位姑娘会和心上人——一位青年工人——在家里会面。他赢得了姑娘的心，但还没有赢得全家人的信任,因此不知道有关我的事。我从窗户一角向外窥视,看到骑着自行车在整个居民区里送鸡蛋的他从车上下来。没过多久,我就能听到他哼着小曲从外面走进来。这个人威胁到了我的安宁。之所以说"威胁",是因为他不停向离我仅几厘米远的姑娘求爱。姑娘会邀请他去公园或电影院谈柏拉图式的恋爱,但他会大胆地拒绝。我暗暗咒骂这个无辜的送鸡蛋工人,因为他不喜欢走出家门。

家里其他人——守寡的母亲、两个可爱的女儿和两个当水手的儿子——都参与了收留我的秘密活动。两个儿子在港口卸香蕉,有时会因为没有船只愿意雇用他们而气愤不已。我从他们那里得知,一艘旧船正在被拆毁。我躲在隐蔽的角落里指挥他们将船头那尊美丽的雕像搬走,藏到港口的一个仓库里。多年后,当我那东躲西藏的流亡经历已成往事时,我才知道"她"是谁。那尊赏心悦目的木雕女像,就像所有古老帆船上的雕像一样,有着一副希腊面孔,当如今我在海边写这部回忆录的时候,这张美丽脸庞正用忧伤的眼神凝视着我。

他们的计划是让我跟随其中一个儿子一起上船,藏在他的住舱里,等船抵达瓜亚基尔,我在卸香蕉时登岸。他对我说,当船在这个厄瓜多尔港口抛锚时,我要像一位穿着讲究的旅客一样现身于甲板上,嘴里还要叼着一支雪茄,虽然我从来不抽。出发在即,这家人决定为我赶制一身合适的西装——既优雅而又不失热带风情——他们悉心为我量体裁衣。

我的衣服很快就做好了。接过它的时候,我感到自己从未这样开心过。家里的几个女人从当时一部著名电影《乱世佳人》中找到了灵感。而两个男孩对优雅的认知来自纽约黑人住宅区的舞厅和加勒比地区的酒吧以及低档舞厅。那件双排扣上衣配有一条腰带，上衣长及我的膝盖，裤脚紧裹住我的脚踝。

我把这心地善良的一家人为我做的漂亮衣服收好后，始终没有机会穿上。那之后，我从未出现在任何一艘船上，也不曾穿得像个假克拉克·盖博①，在卸香蕉的时候，于瓜亚基尔登岸。相反，我走上了一条寒冷的路。我动身前往智利最南边，也是美洲的最南边，准备翻越山脉。

森林中的一条路

里卡多·丰塞卡在此之前一直是我党的总书记。他意志坚定，脸上常挂着笑容，和我一样是南方人，来自气候寒冷的卡拉韦。我的地下生活、我的藏身之处、我的秘密出行、我的作品出版，都由他负责；最重要的是，对于我的藏身之处，他严格保密。在我隐匿的一年半时间里，唯一知道我每天晚上在哪里吃饭和睡觉的人，就是我们这位独具魅力的年轻领袖——总书记里卡多·丰塞卡。然而，他的身体逐渐衰弱，最后只剩下燃烧在眼中的绿色火焰；他的笑容渐渐暗淡下去，一天，我们的好同志与世长辞。

在我党还处于地下状态的时期，来自瓦尔帕莱索的一位健壮的码头工人被选为新的领导人，他叫加洛·冈萨雷斯，长着一副令人费解的看似一本正经的面孔。我需要提一下，众所周知，我党是一个有过种种意识形态弱点的历史悠久的组织，尽管如此，党内从未出现过个人崇拜。智利人的觉悟，这个靠自己的双手完成一切的民

---

① 克拉克·盖博（1901年2月1日~1960年11月16日），德裔美国电影男演员，在电影《乱世佳人》中饰演男主角白瑞德。

族的觉悟,永远可以克服这些弱点。在智利的历史中,很少出现独裁领导人,我们的政党也反映了这一点。

然而,在地下时期,斯大林时代的金字塔式政策在智利也产生了些许个人崇拜的氛围。加洛·冈萨雷斯无法与党组织的多数成员保持联系。迫害愈演愈烈。成千上万的囚犯被关押在皮萨瓜无人海岸上的一个特殊集中营里。加洛·冈萨雷斯过着革命活动频繁的地下生活,但地下组织领导层与党的主体间的联络愈加匮乏。他是一个伟大的人,一位人民的智者,一名勇敢的战士。

他收到了我的下一步逃亡计划,这一次必须严格执行。我要被转移到距首都一千公里的地方,再从那里骑马翻越安第斯山脉。阿根廷的同志们会在途中等我。

日落时分,我们幸运地由一辆车安全载送。我的朋友劳尔·布尔内斯当时是骑警队医生,用他那辆毫无疑问不会受到攻击的汽车将我带到圣地亚哥郊外,在那里,党组织接管了我的安置事宜。在另一辆专为长途旅行而装备的车里,一位党的老同志——司机埃斯科瓦尔正等着我。

我们日夜兼程。白天,为了增强胡须和眼镜的伪装效果,我用毯子把自己裹得严严实实,尤其在车子穿过城镇或停下来加油的时候。

我们在正午时分经过特木科。我没在城里逗留,所以没被人认出,我的逃亡路线只是恰好经过这里。车子驶过帕德雷·拉斯·卡萨斯的桥梁和村庄。我们在离市区相当远的地方停了下来,坐在一块石头上吃东西。我能听到山坡下小溪的潺潺流水声,那是我的童年在和我道别离。我在这座城市长大,我的诗歌就诞生于这山水之间,汲取落雨的声音,再如树木般融入森林之中。现在,在通往自由的路上，我在特木科停留片刻，再次听到曾教会我歌唱的溪水声。

我们继续赶路。途中我们只经历过一次短暂的担忧。高速公路中央一位神情庄严的警察拦住了我们的车。我吓得说不出话来，结果是虚惊一场。警官让我们开车载他到一百公里开外的地方去。他坐在司机埃斯科瓦尔同志旁边，和他亲切闲谈。我假装睡觉以避免讲话。我的声音太好认了，连这里的石头都辨得出。

我们顺利抵达目的地——一个看起来无人居住的木材庄园，四周被湖水包围。想来到这里，首先要横渡广阔的兰科湖，从灌木丛和参天大树间登岸，再骑马走一段路，到达迈韦湖后乘坐另一艘船。这座房子掩藏在丘陵乡村和巨型植物间，大自然漫无边际的喧闹声将其庇护，几乎不会被人发现。我听过这样的说法：智利是世界上最后一片安宁之所。这里被森林覆盖，被白雪和湖泊包围，着实为这个星球上为数不多的适合居住的地方之一。

和这个地区的一切事物一样，我的住处是临时安排的。铸铁火炉里塞满了像是刚从森林里砍来的木柴，不分日夜地烧着。南方的大雨不停砸着窗户，似乎要闯进屋里来。雨水主宰着看不见阳光的森林、湖泊、火山和黑夜，并凶猛地向人类的落脚处进击，它没有原则，也不知满足。

我与豪尔赫·贝雷特——那位等候迎接我的朋友——只是点头之交。他是一名退役飞行员，既务实又喜欢冒险，穿一双长筒靴和一件短而厚的战斗夹克，有一种天生的领袖气质，带着军人骄傲姿态的他莫名与周围环境融合在一起，尽管这里唯一像军队一样整齐划一的只有森林里的参天大树。

房子的女主人患有神经官能症，身体虚弱，经常发牢骚。这地方孤寂难耐，气候寒冷又雨水不断，她觉得连环境都在欺辱她。尽管她几乎整天唉声叹气,这里的饮食起居依然可以正常运转,吃的东西也都很健康,全部新鲜产自森林和湖泊。

贝雷特经营一家木材厂,专为瑞典和丹麦供应铁路枕木。锯树的声音像是刺耳的哀号,整日响个不停。先是大树被锯断后倒向地面的深沉撞击声。每隔五到十分钟,黑暗中的大地都会在像鼓被敲击时一样颤动,那是多脉假山毛榉、智利罗汉松和落叶松倒地时的猛烈撞击声,它们是千年前由风播种到这里的巨型产物。接着,锯切树干时的尖声哀鸣响起。锯子发出尖厉刺耳的金属声,像一把粗野的小提琴在演奏,紧跟在大地欢迎众神的沉闷鼓声后,营造出听传奇故事时的紧张感,深邃又无边的恐怖气氛蔓延开来。大森林在逐渐消亡。我怀着沉重的心情听着它的哀鸣,仿佛我的到来就是为了聆听那人们习以为常的最古老声音。

大老板即森林的主人是一个圣地亚哥人,我之前不认识他。他计划在夏天时来此考察,这个消息令人提心吊胆。老板的名字叫佩佩·罗德里格斯,别人告诉我,他是个拥有织布厂及其他业务的现代资本家,工作繁忙但总是神采奕奕、精力充沛,他同时也是一个彻头彻尾的极端保守派,是智利极右翼政党的重要成员。对于我来到他的领地这件事,他并不知情,而他的个人背景对我来说是有利的。没有人会找到这儿来,地方当局和警方都是这个大人物的忠实臣民。我正在他的地盘享受着食宿招待,而且几乎没可能碰到他。

我即将再次启程。山上就要下雪了,安第斯山脉可不是闹着玩的。我的朋友们每天都在研究路况。所谓"路"其实是个夸大的说法。事实上,我们要在很久以前就被腐殖质和积雪覆盖的小径上跋涉。等待是一种折磨。阿根廷那边的朋友也一定在等着接应我了。

当一切似乎已准备就绪时,豪尔赫·贝雷特,这位木材厂统领告诉我有情况发生。他愁容满面地说，大老板已经在路上了，两天后应该就到。

我很沮丧。我的逃亡计划还未完成。这一切千辛万苦的努力，如今很有可能因我的停留被大老板发现而功亏一篑。所有人都知道他是迫害我的冈萨雷斯·魏地拉的密友。所有人还知道冈萨雷斯·魏地拉已悬赏要我的首级。该怎么办呢？

贝雷特从一开始就强烈建议我和大老板罗德里格斯当面谈谈。"我很了解他，"他告诉我，"他是个大丈夫，不会去告发你。"

我不同意。党的指示要求绝对保密，如果听从贝雷特的建议就等于违反命令。我把想法告诉他，和他进行了激烈的争辩。在权衡了政治上的利弊之后，商量的结果是把我安置在一位印第安酋长家，那是一座盖在森林边缘的小木屋。

我搬了进去，但那边的生活非常不安全。因此，在多次表示反对之后，我终于同意和这门生意、这个锯木厂以及森林的所有者佩佩·罗德里格斯会面。我们约在一个中间地点，既不是他家，也不是酋长的小屋。日落时分，我看见一辆吉普车驶来。一个看起来既成熟又年轻、头发花白、神情坚毅的男人，和我的朋友贝雷特一起下了车。他一开口便对我说，从此以后，他将担负起保护我的责任。在当前形势下，谁也不敢威胁我的安全。

我们的谈话并不热烈，但他渐渐让我信服。天气十分寒冷，于是我邀请他到酋长家里继续我们的谈话。他一声令下，一瓶香槟、一瓶威士忌连同若干冰块就出现在了眼前。

喝到第四杯威士忌时，我们大声争论起来。这个人在自己认定的事情上是个专制主义者。他见多识广，和我讲了一些有趣的事，但那近乎傲慢的语气让我非常不悦。我们都激动地拍着酋长家的桌子，但喝完那瓶酒后，气氛相对缓和了下来。

从那以后我们一直是朋友。他最大的优点之一是身为一个日理万机的人所拥有的绝对坦率。他也会以一种独特的方式朗读我的诗，他那充满智慧且富有阳刚之气的声音，仿佛让我的诗歌以崭新的面貌得以重生。

罗德里格斯准备返回首都继续忙他的生意。临行前他代我做了最后的指示。他把下属都召集到我身边，用他惯常的口吻命令他们："下星期莱加雷塔先生会通过走私者开辟的那条路进入阿根廷边境，这期间如果遇到任何阻碍，你们就再打通一条路，让他能够顺利到达。放下你们手里所有木材活儿去开辟路径。这是我的命令。"

莱加雷塔是我当时的化名。

佩佩·罗德里格斯这个专横跋扈的封建领主，两年后因破产及受迫害而离世。他被指控领导了一次大型走私活动，在监狱里关押了好几个月。对于一个生性傲慢的人来说，这一定是种难以忍受的痛苦。我始终不确定他所犯的罪行是否确有其事。但我肯定的是，几年前我们的寡头政治集团会因渴望得到慷慨人士罗德里格斯发来的邀请函而辗转难眠，当他们看到他受审且破产，便立刻弃之不顾。至于我，我仍然站在他那边，也永远无法忘记这个人。佩佩·罗德里格斯就像个小国王，他曾下令在森林中开辟六十公里的道路，为了帮一位诗人获得自由。

安第斯山脉

安第斯山脉中有几条过去走私者开辟的隐蔽通道，这些小路地形险恶、陡峭难行，因此山村警察不愿费力到此巡逻。河流和悬崖会挡住旅行者的去路。

我的同伴豪尔赫·贝雷特率领擅长探路的老练骑手护送我前行,我的老朋友维克托·比安基也加入了五人队伍,他曾作为几个土地纠纷案的测量员来过这里。他第一眼没认出我来。在藏匿的这一年半时间里,我蓄起了浓密的胡子。作为一名资深探险家,得知我穿越森林的计划后,他立刻表示要用他宝贵的经验为我们提供帮助。他攀登过阿空加瓜山,在那次惨烈探险中,他是仅有的生还者之一。

在黎明时分庄严氛围的笼罩下,我们成纵队前行。童年过后的这些年月里,我没再骑过马,而我现在却骑行在那条通道上。安第斯山脉南部的森林中生长着许多互不交搭的参天大树,其中有巨型落叶松、智利美登木、贴巴木和针叶树。多脉假山毛榉的树干粗得惊人。我停下来量了量,直径或有一匹马那么长。树木成荫,抬头看不见天空。积攒了几世纪的落叶形成一层腐殖质,马蹄一步一个脚印。我们所经过的是原始大自然这座宏伟的教堂。

我们走在隐秘的禁区中,不放过任何可以跟随的微弱指引。没有前人留下的足迹,没有马蹄踏过印痕,我和四位同行的骑手在迂回曲折中探路,克服各种阻碍——高大粗壮的树木、不可逾越的河流、巨大的岩石、荒凉的雪地,常常是边猜测,边寻找通往自由的道路。我的同伴们有把握找到正确的路径,他们知道该从哪个方向穿过茂密的草木,但为安全起见,把我独自留下时,他们会用砍刀在大树的树皮上划下一道道痕迹,以帮助引导他们回到原地。

每个人都向前走着,沉醉在无边的孤独中,沉醉在绿色和白色的寂静里:树木,长长的藤蔓,沉淀了几百年的腐殖质,歪斜在面前挡住去路的枝干——这一切都是大自然令人眼花缭乱的神秘杰作,与此同时,和严寒及降雪一起加剧的还有追捕的威胁。孤独、危险、寂静和逃亡的紧迫感,一齐向我袭来。

有时,我们沿着走私者或逃犯留下的模糊足迹前进。在安第斯山脉,不知有多少人曾遭遇严寒之手的突袭,在暴风雪中丧生,被足有七层楼高的积雪埋葬。

在那荒凉之地里前人走过的痕迹两旁,我看到了一些像是人为搭建的景观。一根根折断的树枝堆在一起,它们是数以百计的旅行者献上的植物祭品,已经历过很多个冬天。这些高高的纪念亡灵的木制坟墓,让我们想起那些无法继续前行的人们,被永远地留在了那皑皑白雪之下。我的同伴们也用他们的砍刀,将那些碰到我们头顶的,从针叶树树顶、从仅剩的叶片在暴风雪来临前瑟瑟发抖的橡树上垂下来的枝条砍断。我也在每一座木坟上留下一个如木制名片般的纪念物,这根从森林里砍下的树枝,用来装饰无名旅行者的坟墓。

我们必须渡一条河。从安第斯山脉顶峰倾泻而下的水流,释放出令人眩晕、不容小觑的力量而形成瀑布,以其由惊人的高度聚集起来的能量和速度,撞破了土地与岩石。但这次我们遇到的是一片缓流形成的水潭,水面如同巨大的镜子。马儿走了进去,踩不到水底,就游向对岸。我骑的马很快就要被水淹没,我开始因坐不稳而摇晃起来,双脚在水中胡乱踢蹬,马儿挣扎着把头露出水面。我们终于渡了过去。刚到对岸时,我的向导们,也就是陪伴我的那些农民笑着问我:"您很害怕吧?"

"非常害怕。我以为我的末日到了。"

"我们拿着绳子跟在您身后呢。"他们说。

"我父亲就在那儿落水的,"其中一个补充道,"水流把他卷走了。但我们不会让这种事发生在您身上。"

我们继续前进，进入了一条打通花岗岩的天然隧道，造就它的可能是一条现已消失的湍急河流，也可能是形成群山的那次地壳运动。没走几步，我骑的马就开始不停打滑，他们试图在这片岩石丛生的洼地里站稳，可还是滑倒了，马蹄铁上迸出火花。我不止一次从马上摔下来，倒在岩石上。马的鼻子和腿都流血了，但我们仍顽强地在这条漫长、壮丽又艰苦的道路上前行。

在那片蛮荒的森林里，有意想不到的景色在等着我们。突然间，面前碧草如茵，在群山的怀抱中，一小片草地出现在眼前：泉水盈盈，草色青青，花香阵阵，小溪潺潺，头顶是湛蓝的天空，慷慨的阳光普照着大地。

我们在这片妙不可言的风景停留，就像游客参观圣地，而更为神圣的是之后的仪式。骑手们纷纷下马。草地中央摆放着一只公牛的头骨，像是某种仪式行为。我的同伴们一个接一个地默默走上前，在骨窝里放下几枚硬币和一些食物。我也加入了他们的行列，为那些像尤利西斯①一样粗鲁的归乡者，为那些能在头骨里找到面包和资助的逃亡者们，献上一份心意。

但这令人难忘的仪式并没有就此结束。我的同伴们脱下帽子，跳起了一种奇特的舞蹈，他们沿着先前的过路人留下的舞步轨迹，绕头骨单脚跳着。看着他们不可思议的举动，我隐约感觉到，未曾谋面的人们也是可以相互交流的，即使在世界上最遥远、最偏僻的地方，陌生人之间的关心同样存在，求助的愿望也能够得到回应。

那天夜里，我们到达了边境前的最后几道山谷，再往前走就离开了祖国，几年内无法回来。这时，我们竟看到了火光，这是人类

---

① 罗马神话中的英雄，对应希腊神话中的英雄奥德修斯，在特洛伊战争中献木马计，使得希腊联军获胜，后在归国返航途中经历重重艰险。

生活的确切证据。走近后，几间摇摇欲坠的棚屋出现在面前，不像有人居住的样子。我们走进其中一间，借着火光，看到房间中央烧着巨大的圆木，日夜燃烧的树干释放出的烟雾顺着屋顶裂缝飘出，在黑暗中蔓延开来，有如一张深蓝色的面纱随风飘扬。我们还看到成堆的奶酪，是住在山上的人们做好后存放在那里的。我们发现有几个人挤在火堆旁，像胡乱堆放在一起的麻袋。寂静中，吉他声和歌声从黑暗中燃烧的炭火里升腾而起，我们在旅途中第一次听到人的声音。那是一首关于爱和远方的歌，是对遥不可及的春天、已然告别的城市和大而无边的生活的怀念和哀悼。他们不知道我们是谁，他们对逃亡者毫无概念，也没听过我的诗歌或我的名字。或许他们是知道的？不管怎样，那晚我们在火堆旁一起唱歌、一起吃东西，然后穿过黑暗走进几个简陋的房间。那里有温泉流经，我们不禁跳进这来自大山的温暖之中。

我们在温泉里嬉戏，不亦乐乎，长途跋涉带来的劳累感被一扫而空。精神焕发的我们仿佛受过洗礼般重生。黎明时分，我们骑着马，唱着歌，踏上被阴云笼罩的祖国境内最后几公里路，身体里充满了新鲜空气，推动我们奔向那等在前方的世界光明之路。让我记忆犹新的是，我们准备付给山民们一些钱，以回报他们的付出和款待——歌声、食物、温泉、住宿，但他们毫不犹豫地拒绝了报酬，说他们只是为我们做了力所能及的事情，仅此而已。"仅此而已"，这句默默无闻的"仅此而已"有许多暗含的意思，也许是一种认可，也许代表了我们共同的梦想。

圣马丁德洛斯安第斯

一间废弃的棚屋就位于边境之上。我自由了。我在小屋的墙面上写道:"再见了,我的祖国。我要走了,但我始终记挂着你。"

一位智利朋友应该在圣马丁德洛斯安第斯等我们了。这个阿根廷的村镇非常小,所以别人只告诉我:"到最好的旅店去,佩德里托·拉米雷斯在那里等你。"但事情往往是这样的:我们发现在圣马丁德洛斯安第斯并非仅有一家最好的旅店,而是两个。该选哪一个呢?我们错过了第一家旅店——它坐落在漂亮的小镇广场上,因此最终选择了价格更高的、位于小镇边上的另一家。

没想到的是,这家旅店太豪华了,不愿接待我们。几天来在马背上的旅途,加上我们肩上的麻袋、满脸的胡茬以及灰头土脸的样子,都引来了敌意的目光。谁都不敢让我们住下。旅店经理更是如此,入住这家旅店的客人都是来自苏格兰的英国贵族,他们到阿根廷来钓鲑鱼。我们身上毫无贵族气质。经理想要把我们赶走,他以夸张的眼神和手势声称最后一间空房十分钟前也被预订了。

就在这时,一位明显是军官模样的绅士出现在门口,身边跟着一个金发女郎,看起来像是电影明星。他用雷鸣般的声音吼道:"住手。谁也不准把智利人赶走!他们就住这里!"我们住了下来。我们的这位保护人长得很像贝隆[①],他的女伴也很像贝隆夫人[②],我们都在想:就是他们!但后来,当我们梳洗完毕换好衣服,坐在桌边

[①] 胡安·贝隆(1895年10月8日~1974年7月1日),阿根廷民粹主义政治家、阿根廷总统(1946年~1955年、1973年~1974年在位)。

[②] 艾薇塔·贝隆(1919年5月7日~1952年7月26日),阿根廷前总统胡安·贝隆的第二位夫人,又称"贝隆夫人",被誉为"阿根廷永不凋谢的玫瑰"。

享用一瓶大概是香槟的饮品时,才知道此人是当地驻防部队的指挥官,而他的女伴是一位从布宜诺斯艾利斯来看望他的女演员。

我们谎称自己是木材商,准备来此做一笔不错的买卖。指挥官叫我"山里人"。出于友谊和对冒险的热爱,维克托·比安基一直陪我来到这里,他拿起一把吉他,用他挑逗性的智利歌曲迷倒了阿根廷的男男女女。然而,三天三夜过去了,佩德里托·拉米雷斯还没来接我。我简直要疯了。我们连一件干净的衬衫都没有了,也没钱去买新的。维克托·比安基说,一个正经的木材商至少要有几件干净的衬衫。

与此同时,那位指挥官请我们去他的驻地吃了一顿午餐。我们之间的情谊越来越深,他坦言道,尽管外貌相像,但他其实是反对贝隆的。对于智利总统和阿根廷总统谁更糟糕的问题,我们争论了很久。

一天早上,佩德里托·拉米雷斯突然闯进我的房间。"你这个浑蛋!"我冲他大喊大叫,"你干什么去了,这么久才来?"原来,不可避免的差错还是发生了。他一直耐心地在广场上的那家旅店等我。

十分钟后,我们乘车驶过大草原。我们夜以继日地赶路。阿根廷人偶尔会停下来喝杯马黛茶,然后我们继续出发,穿越那片漫长而又乏味的土地。

持护照在巴黎

当然,我在布宜诺斯艾利斯最头疼的事就是如何弄到一个新的身份。越过阿根廷边境时使用的假证件想必无法满足我横跨大西洋并在欧洲各地游走的需求了。怎样才能拿到新证件呢？收到智利政府的消息，阿根廷警方也在四处寻找我。

在这个危急时刻，一些沉睡在我记忆中的事情被唤醒。我的中美洲老朋友，危地马拉小说家米格尔·安赫尔·阿斯图里亚斯当时正担任驻布宜诺斯艾利斯的外交官。我俩的相貌大体相似。我们一致认为彼此的长相都可归为 chompipe 一类，这是危地马拉和墨西哥部分地区所使用的印第安语，意思是"火鸡"。因为鼻子长且脸部和身体较丰满，看起来就像汁多味美的火鸡。

他到我的藏身之处来看我。

"火鸡兄弟，"我对他说，"把你的护照借我用下。请允许我以米格尔·安赫尔·阿斯图里亚斯的身份去往欧洲并享受其中。"

这么说吧，阿斯图里亚斯一直是个自由主义者，与政治积极分子相去甚远。听了我的请求，他丝毫没有犹豫。几天后，在"阿斯图里亚斯先生，请这边走"和"阿斯图里亚斯先生，请那边走"的话语声中，我跨过了分隔阿根廷和乌拉圭的宽阔河流，来到蒙得维的亚，经过机场和警察岗哨，最终抵达巴黎，这一路上，我都伪装成这位著名的危地马拉小说家。

但到了法国，身份问题再次让我困扰。那本新到手的护照不可能逃过保安局的严格审查。我不能再假冒米格尔·安赫尔·阿斯图里亚斯，只得回归巴勃罗·聂鲁达的身份。但如何让这一切变得合理呢？来法国的是米格尔·安赫尔·阿斯图里亚斯，而巴勃罗·聂鲁达并未现身。

帮我出主意的人让我到乔治五世饭店登记入住。他们告诉我："在那里，混在国际名流当中，不会有人找你要证件。"于是，我听取建议去住了几天，没有过多担心我的山里人打扮在这个高贵而优雅的环境里是多么格格不入。

后来毕加索来找我了，他是个天才画家，而他的善良可以与他的天分媲美。见到我，他激动得就像个孩子，因为他刚刚发表了有生以来的第一次演讲，演讲的主题就是关于我的诗歌、我受的迫害，以及我的逃亡。现在，这个现代绘画的人身牛头怪天才，带着如亲兄弟般的情谊将我从困境中拉了出来，并照顾到了所有细节。他去找当局协商；还给许多人打去电话。我不清楚为了我的事，他少画了多少杰出的作品。他浪费了许多对他来说无比宝贵的时间，对此我感到非常愧疚。

当时，一个和平大会正在巴黎召开。我于最后一刻现身会场，只为了去朗诵一首我的诗。所有代表都向我致以掌声。很多人以为我死了。他们想不到我竟能躲过智利警察的残酷追捕。

第二天，法国新闻社的资深记者阿尔德雷特来到我住的饭店。"当媒体报道你在巴黎的消息时，"他说，"智利政府断然否认，认为出现在这里的是你的替身；他们声称巴勃罗·聂鲁达还在智利，正在被追捕，很快将落网。对此我们要如何回应呢？"

我想起一次关于莎士比亚的作品是否出自他本人之手的争论，那次讨论主题荒谬、过程烦琐，马克·吐温插话道："真正写出那些戏剧的不是威廉·莎士比亚，而是另一个与他同日同时出生，又同一天去世的英国人，更巧的是，他的名字也叫威廉·莎士比亚。"

"就说我不是巴勃罗·聂鲁达，"我对那位记者说，"而是另一个为自由而战的智利诗人，名字也叫巴勃罗·聂鲁达。"

为我办理证件不是件容易的事。阿拉贡和保罗·艾吕雅在帮我。那期间我不得不过着半地下生活。

许多人收留过我，弗朗索瓦丝·吉鲁①夫人是其中之一。我永远不会忘记这位独特且充满智慧的女性。她住在巴黎皇家宫殿，在科莱特②隔壁。她收养了一个越南小男孩。当时，法国军队正在做之后美国人接手的工作：在遥远的越南领土滥杀无辜。所以她收养了这个孩子。

在她的住处，我看到了最出色的毕加索作品之一。那是他在前立体主义③时期的一幅大尺寸画作。画中一对红色的长毛绒窗帘垂下来，就像是左右合并的两扇窗户，下面是摆着法棍面包的桌子，面包横放着，足有整张桌子那么长。这幅画令我顶礼膜拜。桌上的那条法棍犹如古代圣像画里的中心人物，也像埃尔·格列柯④在埃尔埃斯科里亚尔画的《圣莫里斯的殉教》。我给这幅画起了个名字：《圣面包的升天》。

有一天，毕加索来我的藏身之处看我。我把他领到那幅他多年前的画作跟前。他完全记不起这幅作品了。他十分认真地端详起来，陷入一种非同寻常的神伤状态，他很少这样。十多分钟里他一直沉默不语，在那件被遗忘的作品前，一会儿凑近细看，一会儿后退远观。

"这幅画越看越让人喜欢，"在他从沉思中回过神来时，我对他说，"我准备跟我的祖国提议，让博物馆买下它。吉鲁夫人打算卖

---

① 弗朗索瓦丝·吉鲁（1916年9月21日~2003年1月19日），法国首任妇女部长，世界著名女权斗士。

② 西多妮·加布里埃尔·科莱特（1873年1月28日~1954年8月3日），法国国宝级女作家。代表作有《吉吉》《谢里宝贝》等。

③ 又称立方主义，由法国画家乔治·布拉克和西班牙画家巴勃罗·毕加索于1908年在法国创立的艺术运动，其艺术风格强调对形式、颜色和空间的创新处理。

④ 埃尔·格列柯（1541年~1614年），西班牙文艺复兴时期幻想风格主义画家、雕塑家、建筑家。

给我们。"

毕加索转过头去,再次凝视画中的那条赏心悦目的面包,只评论了一句:"确实不错。"

我租下了一座对我来说挺奢侈的房子,位于第十五区的皮埃尔·米勒街,换句话说就是下地狱了。这是聚集了工人和穷人的街区,得坐几个小时的地铁才能到达。这座房子吸引我的地方是它的外形看起来像个笼子。总共三层楼,走廊狭窄,房间面积也都不大,简直就是一个用语言难以描述的高大鸟笼。

一楼最宽敞,有一个烧木材的火炉,被我用作书房和不定时的会客区。楼上两层供我的一些朋友居住,他们几乎都是智利人。画家何塞·万徒勒里[1]和内梅西奥·安图内斯[2]曾住过那里,还有其他人,我记不清了。

那段时间,我接待了三位苏联文学界的杰出人物:诗人尼古拉·吉洪诺夫[3]、剧作家亚历山大·柯涅楚克[4](他也是乌克兰一名政府官员)和小说家康斯坦丁·西蒙诺夫[5]。我以前从未见过他们。

---

[1] 何塞·万徒勒里(1924年3月25日~1988年9月17日),智利画家,曾在中国居住多年,1973年8月其个人画展在北京开幕,50多幅包括油画、版画、素描的展出作品反映了智利人民和拉丁美洲人民的生活和斗争,描绘了当地的社会风俗和美好河山。

[2] 内梅西奥·安图内斯(1918年5月4日~1993年5月19日),智利画家。

[3] 尼古拉·吉洪诺夫(1896年12月4日~1979年2月8日),苏联诗人、小说家。

[4] 亚历山大·柯涅楚克(1905年5月25日~1972年8月14日),苏联剧作家。

[5] 康斯坦丁·西蒙诺夫(1915年11月15日~1979年8月28日),苏联作家、小说家、诗人、剧作家。

他们紧紧拥抱我，好像我是失散多年的兄弟一样。除了拥抱，每个人还给了我一个响亮的吻，斯拉夫男人之间的吻代表友谊和尊敬，我很不习惯。多年以后，我明白了这种兄弟间阳刚之吻的含义，在某次讲起一段逸事时，我便以这样的方式开场："第一个吻我的男人是一位捷克斯洛伐克领事……"

智利政府不喜欢我。无论在国内还是国外，都对我怀有敌意。无论我走到哪里，当地政府都会接到通知或电话，智利当局不想让我好过。

我得知法国外交部收到一封有关我的信件，大致内容是："聂鲁达和他的妻子黛丽娅·德尔·卡莉尔经常往返西班牙，为苏联人传信。他们从俄国作家伊利亚·爱伦堡那里获取消息，聂鲁达也常和他一起秘密前往西班牙。为了与爱伦堡保持更密切的联系，聂鲁达租了一套公寓，和这位苏联作家成为邻居。"

这可真是一派胡言。让·理查德·布洛赫①的朋友是外交部的重要官员，我因此看到了这封信。我向那个官员解释说，他们想把我驱逐出法国，而且用了最荒唐的理由。我告诉他，我非常渴望见到爱伦堡，但可惜一直没有机会。那位重要官员同情地看了我一眼，承诺会对此进行核查。然而，核查工作始终未曾开始，那些荒谬的指控也就成立了。

于是，我决定向爱伦堡自我引荐。我知道他每天都去圆亭咖啡馆，在俄罗斯时间（即日落时分）吃午饭。"我是巴勃罗·聂鲁达，来自智利的诗人，"我对他说，"据警方说，我们是很好的朋友。他们还说我和你住在同一栋楼里。因为你的缘故，他们要把我赶出法

---

① 让·理查德·布洛赫 (1884 年 5 月 25 日~1947 年 3 月 15 日)，法国小说家、评论家、剧作家。

国,既然如此,我就想着至少要跟你见个面,握个手。"

我相信爱伦堡从未对世界上任何事感到过讶异。然而,在他那浓密的眉毛和蓬乱的灰发下面,我看到了一种茫然的神情。"我也想见见你,聂鲁达,"他说,"我喜欢你的诗。不过,先吃点阿尔萨斯酸菜吧。"

在那之后,我们成为挚友。我猜,从见面的那天开始,他就着手翻译起我的西班牙语诗集了。我必须承认,法国警察无意中促成了一段令我最心满意足的友谊,也为我提供了一位最杰出的俄语翻译。

一天,于勒·苏佩维埃尔[①]来看我。那时我已经有了属于自己的有效智利护照。这位年迈而高贵的乌拉圭诗人那时已很少外出。对于他的来访,我既觉得意外,又十分感动。

"我给你捎来一个重要口信。我的女婿贝尔托要见你。我不清楚是什么事。"

贝尔托是警察局长。我们去了他的办公室。老诗人和我在他的办公桌对面坐下。桌子上摆放了许多部电话机,我从未见过这场面。一共有多少?我觉得不少于二十部。他一脸聪明和精明,隔着满桌的电话机看向我。我坚信,这张桌子上挤满了通往巴黎地下生活的每一条线路。我想起了方托马斯[②]和梅格雷探长[③]。

出乎我意料的是,这位警察局长读过我的诗,并理解得很好。

---

① 于勒·苏佩维埃尔(1884年1月16日~1960年5月17日),法国诗人、小说家、剧作家。一生多次获奖,其中包括1949年法国评论奖、1955年法兰西学院文学大奖等,1960年被法国诗人选为"诗人王子"。
② 法国系列侦探小说中的虚构人物,精通各种易容术和犯罪手段。
③ 比利时侦探小说家乔治·西默农(1903年~1989年)笔下的著名侦探。

"我收到智利大使吊销你护照的请求。大使说您用的是外交护照,那是违法的。这个信息准确吗?"

"我用的不是外交护照,"我回答,"那不过是一本公务护照。我是我们国家的参议员,因此有权持有这个证件。我带在身上了,您可以查看,但不能吊销,因为这是我的私人物品。"

"护照延期了吗?谁给办理的?"贝尔托先生拿着我的护照问我。

"当然延期了,"我对他说,"至于是谁办理的,我不能说。不然智利政府会撤销他的职务。"

警察局长仔细查看了我的证件。然后,他拿起那无数电话机中的一部,吩咐接通智利大使的电话。他们之间的会谈是当着我的面进行的。

"不,大使先生,我不能这么做。他的护照是合法的。我不知道是谁给延期的。我重申一遍,不应该吊销他的护照。我做不到,大使先生,很抱歉。"

显然,电话那头的大使仍不妥协,贝尔托的声音中也明显流露出一丝恼怒。他终于放下听筒,对我说:"他像是您的死敌。不过,你愿意在法国待多久就待多久。"

我和苏佩维埃尔一起告辞了。老诗人不太明白发生了什么。对我来说,一种胜利和厌恶交织在一起的感觉充满了我的身体。那个骚扰我的大使,那个同智利迫害者狼狈为奸的家伙,就是吹嘘他和我的友谊,且从不放过任何机会来讨好我的华金·费尔南德斯,当天早上,他还托危地马拉大使给我捎来口信,以表关心。

根

爱伦堡边读我的诗边翻译,他责怪道:你的诗中写了太多"根",实在太多了。这是为什么呢?

确实如此。边境生活的根深深地扎进了我的诗里,再也拔不出来。我的生命是一次漫长的朝圣之旅,不管身在何方,它总能自我转向,回到南方的森林,回到我已失去的茫茫森林。

在那里,具有强大生命力的、存活了七百年的巨树会突然死去,有的被狂风连根拔起,有的被暴雪摧残,还有的在大火中焚毁。我曾听见巨树在森林深处轰然倒下的声响:一棵橡树重重落地,发出沉闷的哀嚎,仿佛一只巨手敲着大地的门,请求予以埋葬。

然而,树根却被遗忘在那里,暴露在充满敌意的时间、潮湿、苔藓和接连不断的损害之下。

当我们遇到横躺在林间小径上的枝干时,会感叹再没有什么比这些因受伤或烧伤而张开的巨手更壮美的东西了,它们向我们诉说葬于地下之巨树的秘密,以及树木的枝叶如何得到滋养,植物王国又如何向下深深扎根。这些粗糙又悲壮的巨手,展示了一种全新的美:它们是来自大地深处的雕刻,是大自然的神秘杰作。

有一次,我和拉法埃尔·阿尔维蒂在奥索尔诺附近一起散步,四周到处是瀑布、灌木丛和树林。拉法埃尔观察到,每根树枝都各不相同,叶子也似乎以独有的风格在争奇斗艳。他说:"它们看起来就像是造园师为设计一座华丽的公园而挑选出来的一样。"多年以后,在罗马,拉法埃尔还回忆起那次散步和我们国家森林的丰富植被。

这就是森林那时的样子。但现在却不是了,再也不是了。回忆起童年及青年时期在博诺安和卡拉韦之间的旅行,或在托尔滕沿岸的游历,我就忍不住伤怀。曾见过多少奇妙的景象啊!雨后肉桂树的优雅姿态和迷人芬芳,苔藓有如严冬里长出的胡须,挂在森林的无数张脸上!

我拨开落叶,试着寻找闪闪发光的甲虫——那些金色甲虫在阳光下发出彩虹般的光泽,在树根处跳着一场微型的芭蕾舞。

后来,当我骑马穿过那条山脉,去往阿根廷边境时,在参天大树形成的绿色穹顶下遇到了阻碍:有一桩树根比我们的马还要高,挡住了前方的去路。我们只得动了斧头,艰难地打通路径。那些树根就像是倒塌的教堂:曾经的宏伟赤裸裸展现于眼前,令我们倍感震撼。

流亡始末

在苏联

一九四九年,在我刚刚脱离流亡生活时,应邀首次前往苏联,去参加普希金诞辰一百五十周年的纪念活动。暮色时分,我如约到达波罗的海沿岸这颗寒冷的明珠——古老、崭新、高贵、英勇的列宁格勒。这座彼得和列宁之城也和巴黎一样,拥有守护它的"天使"。这里的天使是灰色的:钢灰色的大街,铅灰色的石头宫殿,还有灰绿色的大海。世界上最华丽的博物馆,沙皇的珍宝,以及他们的绘画、制服、耀眼的珠宝、礼服、武器、餐具,全都呈现在我眼前。还有新展出的不朽的纪念物:奥罗拉号巡洋舰,它用炮火声援列宁思想,推翻了往日的围墙,打开了历史的大门。

我此行的目的是赴约,去见一位一百多年前辞世的诗人,无数不朽传奇和小说的作者——亚历山大·普希金。他是诗人中的王子,受人爱戴,抓住了伟大苏联的心。为了举行他的一百五十周年纪念活动,俄国人一砖一瓦地修复了沙皇的宫殿。一面墙从被纳粹炮火夷为平地后的碎石瓦砾中重新崛地,恢复成昔日的模样。他们参考了宫殿曾经的设计图和当时的文献,安装上色彩斑斓的窗户、精雕细刻的飞檐和富丽堂皇的柱顶。他们要建造一座纪念馆,来致敬一位上世纪的杰出诗人。

在苏联,首先让我印象深刻的是它的辽阔,是这个大国人民的团结一致,是平原上摇曳不停的白桦树、奇迹般保存完好的广袤森林、川流不息的浩瀚江河和麦田里如波浪般起伏奔腾的骏马。

我第一眼就爱上了这片土地,并且意识到,它不仅为地球上每一个人类生活的角落上了深刻的一课,即如何衡量事物的可能性,以及生产合作的实行不断取得进步,我还感知到,在这成片的保留了丰富自然风光的草原上，一次非凡的历史性跨越即将发生。全人类都知道，伟大的真理正在酝酿之中，整个世界都在拭目以待。有些人在惶恐中等待，有些人只是静候，还有些人相信他们已预知到即将发生的事情。

森林中，成千上万身穿传统节日服饰的农民一起聆听普希金的诗。那里的一切——人、树叶、钻出麦苗的广阔土地——都充满着生机。大自然似乎与人类结成了胜利的联盟。从米哈伊洛夫斯基森林里诵读的普希金诗歌中，必然会诞生出飞往其他星球的人。

纪念活动正进行时，突然下起了瓢泼大雨。一道闪电落在近旁，烧焦了一个人和他躲雨的那棵树。眼前的一切似乎都是暴雨景观的一部分。而且，以雨为伴的主题早就出现在了我的诗集里，与我密不可分。

苏联的乡村不断发生着变化。大规模的城市和运河正在建设中；地理环境自身也在改变。虽然是第一次访问，我感觉已与这里建立了密切的关系，与此同时，一切似乎又都超出了我的理解范畴。

在莫斯科，作家们生活是不平静的，他们各抒己见，辩论不休。我在那时了解到，帕斯捷尔纳克①和马雅可夫斯基是苏联最出色的诗人，很久之后，四处散布丑闻的西方人才认识他们。马雅可夫斯基是一位大众诗人，心胸开阔的他有着雷鸣般洪亮的嗓音和青铜般坚毅的面容，他颠覆了语言的陈规，并直面政治题材中最艰难的挑战。帕斯捷尔纳克是一位思想顽固的伟大诗人，他具有形而上学的

---

① 鲍利斯·列奥尼多维奇·帕斯捷尔纳克（1890年2月10日~1960年5月30日），苏联作家、诗人、翻译家，1958年获诺贝尔文学奖，后因受到苏联文坛的猛烈攻击，被迫拒绝诺贝尔奖。代表作有《云雾中的双子座星》《生活是我的姐妹》等。

内在精神，但政治上却是一个实打实的保守派，对于国家的变革，不及一个开明的教堂执事看得长远。然而，那些对帕斯捷尔纳克一成不变的政治观点展开最严厉批判的评论家们，却经常在我面前背诵他的诗。

苏联的教条主义长期存在于文艺界，这一点不置可否，不过，这种教条主义一直被认为是弊端，并不断遭到公开反对。才华出众的教条主义者日丹诺夫①发表过多篇批判文章，在其影响下，个人崇拜高涨，使得苏联文化发展严重僵化。但四面八方都有反驳的声音，人们懂得，生活比教条更强大、更顽强。革命就是生活；教条主义已无路可走。

爱伦堡年事已高，但仍然是苏联文化中最真诚、最热情的鼓动者之一。我经常去拜访他，他有时住在位于高尔基大街的公寓，家中的墙上挂着毕加索的油画和版画，有时住在莫斯科附近的别墅里。爱伦堡对植物无比热衷，没事就待在他的花园里，一边拔着杂草，一边对身边发生的一切发表评论。

后来，将我的诗歌完美译成俄文的诗人基尔萨诺夫②成了我的好朋友。像所有的苏联诗人一样，基尔萨诺夫是一位热情的爱国者。他的诗歌展现了俄语璀璨的文采和优美的韵律，他的诗句如瀑布般从笔尖倾泻而下。

我在莫斯科城里或乡下经常拜访的还有另一位诗人——土耳

---

① 安德烈·亚历山德罗维奇·日丹诺夫（1896年2月26日~1948年8月31日），苏联政治家。1934年，日丹诺夫被调任联共（布）中央委员会书记，并在此后的14年间一直控制苏联的意识形态。作为斯大林的得力助手，参与了斯大林意识形态模式的塑造和苏联文化体制的建立。

② 基尔萨诺夫（1906年9月18日~1972年10月27日），苏联诗人，一生致力于研究各种实验性的叙事诗体裁。

其传奇作家纳齐姆·希克梅特[①]，他曾在祖国被荒唐的政府关押过十八年。纳齐姆被指控企图煽动土耳其海军叛乱，因而受到地狱般的惩罚。审判是在一艘军舰上进行的。他告诉我，他被迫在舰桥上行走，直到累得无法站稳，然后被关进了厕所，地上的粪便堆了半米高。我的这位诗人兄弟感到体力逐渐衰减耗竭。恶臭熏得他头晕目眩。这时他突然想到：折磨我的人正盯着我，他们想看我倒下，想看我受苦。尊严使他恢复了力量。他开始歌唱，起初是低声吟唱，音量逐渐提高，最后变成昂首高歌。他唱了所有会唱的歌，还有全部他能记起的情诗、他自己的创作、农民的歌谣以及人民的战歌。他把所知道的一切都唱了出来。他就这样战胜了污秽和折磨。听到这些，我对他说："你是为我们大家而唱的，我的兄弟。对于要做的事情，我们不再怀疑和顾虑，并且知道，我们也要开始歌唱了。"

他还和我讲过人民在他的国家所遭受的苦难。在土耳其，农民们受到封建领主的残酷迫害。纳齐姆眼睁睁看着他们被送进监狱；眼睁睁看着他们把分发到手的面包皮换成烟草。结果是，他们从惊慌失措地看着草地，到后来几乎一脸贪婪地仔细盯着。某天他们会把几片草叶塞进嘴里，逐渐发展成抓起一把一口吞下，最后，他们会像马匹一样趴在地上吃起草来。

纳齐姆强烈反对教条主义，在苏联度过了多年流亡生活。他热爱这片接纳他的土地，并由衷表达道："我相信诗歌的未来。之所以相信，是因为我生活在一个灵魂对诗歌的渴求超过一切的国度。"

---

① 纳齐姆·希克梅特（1902年1月20日~1963年4月3日），土耳其著名诗人，1921年去莫斯科东方大学学习时结识马雅可夫斯基，深受苏联文学的影响。回国后从事进步的文学活动，多次遭到当局迫害，后逃亡苏联。纳齐姆曾获列宁国际和平奖金。

人们需要亲自去体会这些振奋人心的文字中蕴含的意义。苏联人民备受作家们的关怀，所有图书馆、教室、剧院的大门都向他们敞开。在讨论文学活动的目的时，这一点不应该被遗忘。一方面，新的形式，对现存一切的迫切更新，必须超越并打破文学的模式。另一方面，又怎能不与这样一场深刻而广泛的革命步调一致呢？怎能不把一个在政治、经济和社会制度上面临彻底变革的国家所拥有的胜利、冲突、人类问题、富足、进步和成长视作个人的当务之急呢？怎能不和一个遭受残暴侵略，被冷酷殖民主义者和形形色色的蒙昧主义者包围的民族风雨同舟呢？面对如此重大的事件，文学或艺术能秉持一种虚无缥缈、无关痛痒的态度吗？

天空是白色的。下午四点天就黑了。从那一刻起，夜幕笼罩了整个城市。

莫斯科是一座属于冬季的城市，一座美丽的冬季城市。积雪落在一个又一个数不清的屋顶上。永远干净的路面闪闪发光。空气有如坚硬的透明玻璃。柔和的钢铁颜色，羽毛般飞舞的娇小雪花，成千上万来来往往的行人似乎感觉不到寒冷，这一切将我置身于这样的梦境：莫斯科变成一座巨大的冬宫，到处都是无与伦比的装饰，有的光怪陆离，有的惟妙惟肖。

气温零下三十度的莫斯科犹如火与雪组成的星球，是大地胸膛里一颗燃烧着的心。

我向窗外望去，看到了街上的仪仗队。发生什么事了？就连纷纷落下的雪花都静止了。原来是伟大的维辛斯基[①]的葬礼正在进行中。街道戒严以确保送葬队伍通过。四周一片深沉的肃静，冬天的

[①] 安德烈·雅奴阿列维奇·维辛斯基（1883年12月10日~1954年11月22日），苏联法学家、外交家。

心脏也暂停了跳动，只为悼念这位伟大的战士。维辛斯基这团火焰在祖国苏联归了根。

送葬队伍经过时，仪仗队行持枪礼。戴着手套，穿着高筒靴的士兵中不时有人抬手、顿足，像是跳了几下舞步。除此以外，他们看起来一动不动。

一位西班牙朋友告诉我，第二次世界大战期间，在一场轰炸之后的极寒日子里，他看到莫斯科人在街上吃冰淇淋。我这位朋友说："当我看到他们在一场可怕的战争中，在温度零下的天气里能如此平静地吃着冰淇淋，我就知道，他们一定会打赢这场仗。"

公园里的树木被积雪覆盖，白茫茫一片。在莫斯科的冬天，再没有比公园里这些晶莹剔透的雪花更美的东西了。在阳光的照射下，半透明的雪花仿佛燃起了白色火焰，花朵图案却丝毫没有融化。这里树木林立，雪花盛放得好似春天的花园，透过这片风景，可以瞥见克里姆林宫的塔楼、有着千年历史的细长尖顶以及圣巴西勒教堂的金色圆顶。

在离开莫斯科郊区，前往另一个城市的路上，我看到几条宽阔的白色通道。那是水面已冻结成冰的河流。寂静的河床上，不时出现全神贯注垂钓的渔夫身影，好像停在光滑桌布上的苍蝇。渔夫在长长的冰面上驻足，选定一个地方，然后钻一个洞，直至能看到隐藏在下面的水流。铁器打洞的声音把鱼儿们都吓跑了，所以不会很快钓到。渔夫撒下一点食物将它们引诱回来。他放下鱼钩等待，在那极冷的天气里，一等就是几个小时。

我想说的是，作家的工作和这些北极区渔民干的活儿有许多共同之处。作家必须去找寻那条河，如果遇到河水结冰的情形，就要在冰面上钻洞。他必须抱持着极大的耐心，忍受着恶劣的环境、充满敌意的批评以及各种嘲讽,找到深流,投下合适的鱼钩,在一番努力过后,可能只钓到一条小鱼。如此一来他必须再次拿起鱼竿,顶着寒风,冒着雨雪,不顾耳边的负面评价,再次垂钓,最终钓上来一条又一条的大鱼。

我应邀去参加一次作家代表大会。主席台上坐着伟大的渔夫们——苏联杰出的作家们。法捷耶夫①满头银发,和颜悦色;费定②长着一张英国渔夫式的瘦削脸庞,轮廓锐利;爱伦堡的头发乱蓬蓬的,他身上的衣服总是皱的,即便是第一次穿,也给人一种和衣而眠过后的感觉;在场的还有吉洪诺夫。

台上还有远道而来的其他苏维埃共和国的文学代表,他们带来了蒙古风情和最新出版的书籍,我过去从未听过这些人的名字,他们来自没有文字的游牧国家。

再访印度

一九五〇年,我临时接到任务,前往印度。在巴黎,约里奥-居里③派人找到我,委托我去执行一项任务。这次新德里之行是要与不同政见的人物接触,实地评估加强印度和平运动的可能性。

---

① 亚历山大·亚历山德罗维奇·法捷耶夫(1901年12月24日~1956年5月13日),苏联作家、社会活动家,曾任苏联作家协会总书记,代表作有《毁灭》《青年近卫军》等。

② 康斯坦丁·亚历山大罗维奇·费定(1892年2月24日~1977年7月15日),苏联作家。

③ 让·弗雷德里克·约里奥-居里(1900年3月19日~1958年8月14日),法国物理学家居里夫妇的女婿,原姓氏为约里奥,与伊雷娜·居里结婚后,为纪念居里这一伟大姓氏,采取了夫妻双姓合一的方式。1935年夫妻共获诺贝尔化学奖。

约里奥-居里是世界保卫和平大会的主席。我们进行了长时间的交谈。尽管印度一向被认为是倡导和平主义的典范,但和平主义者的意见却没有得到当局的足够重视,约里奥-居里对此表示担忧。和平主义在印度历史悠久、根深蒂固,总理尼赫鲁本人就是以倡导和平著称于世的。

约里奥-居里交给我两封信:一封是给孟买某位科学家的,另一封要亲自递交到总理手中。被选中历经长途跋涉去执行如此简单的任务,这令我迷惑不解。或许是考虑到我年轻时在印度生活过几年并对其有着深厚的情感。要不然就是因为我写过《让那伐木者醒来》这首长诗并获得了当年的和平奖,巴勃罗·毕加索和纳齐姆·希克梅特也被授予这一荣誉。

我登上飞往孟买的航班,三十年后重返印度。如今它已不再是争取解放的殖民地,而是一个独立的共和国了:这是甘地的梦想,一九二八年,我参加过他早期举办的代表大会。在那个时期结识的朋友,那些如兄弟般向我倾诉他们奋斗故事的大学生革命者们,也许现在都已不在人世。

飞机落地后,我直奔海关。之后我要去某家饭店,将其中一封信件交给物理学家拉曼[①],然后继续出发,前往新德里。想不到我在当地遇上了麻烦。我等了很长时间才拿到我的手提箱。一帮想必是海关检查员的人将我的行李翻来覆去查了个遍。我经历过许多次行李检查,但从没见过这样的。我的行李并不多,只有一个装着衣物的中型手提箱和一个放着洗漱用品小皮包。我的长裤、内裤和鞋子都被高高举起,被五个人一起检查了一遍。连衣服的口袋和缝合

[①] 钱德拉塞卡拉·拉曼(1888年11月7日~1970年11月21日),印度物理学家、爵士、英国皇家学会院士,1930年获诺贝尔物理学奖。

线都被仔细查看过。为了不蹭脏衣服,之前我在罗马的旅馆房间里找来一张皱巴巴的报纸,将鞋子包了起来。我记得那应该是份《罗马观察家报》。他们把报纸摊在桌子上,对着光查看,然后像对待一份秘密文件一样小心翼翼地折起来,和我的其他文件放在一起。我的鞋子也被里里外外研究过了,仿佛那是两只独特的化石标本。

这次不可思议的检查持续了两个小时。他们把我的文件(护照、通讯簿、递交总理的信件和那张《罗马观察家报》)细心地打了个捆,并在我面前郑重地用火漆将其密封,接下来才准许我去往饭店。

我竭力保持住智利人声名在外的耐心,告诉他们如果没有身份证件,哪家饭店也不会让我登记入住,而且我这次去印度的目的是亲手向总理递交信件,但那封信也被密封了,我无法完成任务。

"我们会通知酒店接待你。至于那些文件,会及时归还于你的。"

我想,这就是那个我在青年时代亲眼见证过为了争取独立而奋勇斗争的国家。我合上行李箱的同时也闭上了嘴巴。一个词闪过我的脑海:去他的!

我在饭店里碰见了巴埃拉教授,跟他讲了我之前的倒霉经历。他是一个和善的印度人,不在意此类事情。他对自己的国家秉持一种宽容的态度,将其视作成长阶段的必经之路。相反,我在那场闹剧中感受到的是一种非正常的形态,我原本期待着一个刚独立不久的国家会欢迎我的到来,结果却大相径庭。

约里奥-居里的朋友——我转交信件的那位物理学家是印度核物理研究所的负责人。他邀约我去参观他们研究所的设备,并告诉我,总理的妹妹待会儿要请我们共进午餐。这就是我一如既往的运气,将来也定会如此:别人一只手拿棍子猛击我的肋骨,另一只手献上一束花作为补偿。

核研究所是个干净、亮堂、生气勃勃的地方，男男女女穿着薄薄的白色工作服，如水流般绕过各个仪器、黑板和托盘，在走廊里穿梭。我对科学知识知之甚少，但那次参观于我而言是一次心灵的洗涤，洗掉了我在海关遭受的屈辱。我依稀记得见过一个碗状物，里面装着水银。金属能够展现出动物才有的某种生命形态，这让我发出了前所未有的惊叹，它的动感、形成的液态球面以及发生的神奇变化令我不禁思潮起伏。

我已经忘了那天与我们共进午餐的尼赫鲁的妹妹叫什么名字。在她面前，我的坏脾气都不见了。她很漂亮，打扮得像个外国女演员，身穿一袭耀眼的纱丽，佩戴的珠宝显得她十分贵气。我当下就被深深吸引了。看着如此优雅的女人用手吃饭，把戴着珠宝的纤长手指伸进米饭和咖喱酱里，这幅画面带来的反差感尤为强烈。我告诉她，我要去新德里拜访她的妹妹和保卫世界和平的朋友们。她回应说，她认为所有印度人都应该加入其中。

当天下午在饭店，我拿回了我的文件。密封文件的火漆已被虚伪的警方去掉。他们肯定给所有东西一一拍照过了，连我的洗衣账单也不放过。后来我才知道，我的通讯簿里所有联系人都被拜访过并接受了审问。其中包括里卡多·吉拉尔德斯①的遗孀，她当时是我的妻妹。此人是位肤浅的神智学者，亚洲哲学是她唯一的爱好；她住在印度一个偏远的村庄里，就因为名字出现在我的通讯簿里，她被警方多次打扰。

我到达新德里的当天，就见到了六七位印度首都的大人物，他们坐在遮阳伞下躲避烈日。这些人里有作家、哲学家、印度教或佛

---

① 里卡多·吉拉尔德斯（1889年2月13日~1927年10月8日），阿根廷作家。

教的僧侣，都很亲切可人，毫无自命不凡的架势。他们一致认同，和平运动的践行者们坚持仁慈和体谅的传统，并以他们古老国家的精神作为行动准则。此外，他们还做了英明的补充——任何宗派主义或霸权主义倾向都应得到纠正：无论是共产党人、佛教徒还是中产阶级都不该擅自操控这场运动。关键之处在于，所有派别都应为此做出贡献。我同意他们的观点。

我的老朋友，作家兼医生的胡安·马林博士，是智利驻印度大使，晚饭时他来看我。他绕了几个弯子才告诉我，他和印度警方见过面。警察局长以当局与外交官交谈时一贯的冷静态度通知他，我在印度的行迹让政府感到担忧，希望我可以尽早离境。我对大使说，我只是和六七位知名人士在饭店花园里聊了会儿天，而他们的观点在我看来也是众所周知的。我还告诉他，从我把约里奥-居里的信件交给印度总理的那一刻起，我就不想在此久留了，我曾满怀情感地支持这个国家的奋斗历程，但如今它却无缘无故地对我失礼。

这位大使曾是智利社会党的创建者之一，可能由于年龄和外交特权，他不再坚持立场。对于印度政府的愚蠢态度，他没有表现出愤恨的情绪，我也没再请求他给予支持。我们和和气气地告别了——完成了来访任务，他卸下了重重的负担，而我希望从他那里得到同情和友谊的所有幻想也随之永远地破灭了。

尼赫鲁让我第二天上午去办公室见他。他起身和我握手，脸上不带一丝欢迎的笑意。他的脸被媒体拍过太多次了，无须再赘述。那双冰冷的黑眼睛毫无感情地看着我。三十年前，在一次为争取独立而举办的大会上，经人介绍，我与他和他的父亲相识。我向他提起这件事，他的脸色却没有丝毫变化。他以极简单的言语回应我的每句话，并始终用冷漠的目光审视我。

我把他的朋友约里奥－居里的信递给他。他表示非常尊敬这位法国科学家，不慌不忙地读起了那封信。居里在信中提到了我，并请尼赫鲁协助我完成任务。他把读完的信放回信封后，一言不发地看着我。我突然意识到，我的出现引起了他难以自控的厌恶感。一个想法闪现在我的脑海中，这个面色发黄的人一定有过糟糕的经历，也许是身体上的，也许是政治或情感上的。他的身上表现出一种高高在上、威风凛然的气质，似乎已习惯于发号施令，却缺乏领袖人物所具有的力量。他的父亲潘迪特·莫蒂拉尔出身于封建领主家族，曾是甘地的财务主管，他不仅用自己的政治智慧领导民族独立斗争，还用雄厚的资产帮助了国大党。我想，也许我面前这位沉默不语的人不知不觉中又变回了"领主"身份，像对待一个赤脚农民那样，正以冷漠而轻蔑的眼神凝视着我。

"我回到巴黎后，要如何回复约里奥－居里教授呢？"

"我会给他回信的。"他冷淡地回应道。

我沉默了几分钟，仿佛过了一辈子那么长。显然，尼赫鲁完全不想再搭理我了，但他没有表现出丝毫的不耐烦，仿佛我可以无须任何理由地待在那里，去承受因浪费这样一位重要人物的时间而产生出来的愧疚感。

我觉得有必要就我这次执行的任务再和他说几句话。当下，冷战随时都有白热化的危险。一场新的灾难可能会将人类吞噬。我跟他讲了核武器的可怕性。想要避免战争，人们就要团结起来，这一点至关重要。

沉浸在思绪中的尼赫鲁好像没有听到我的话。过了一会儿，他说："事实上，不同派系在以和平为借口互相攻击。"

"就我个人而言，"我说，"我认为所有谈论和平或愿为和平做出贡献的人都可以被看作同一派系,他们在做着同一件事。除了鼓吹复仇和战争的人,我们不把任何人排除在外。"

又是一阵沉默。我明白,谈话结束了。我站起身来,伸手和他握别。他一语不发地与我握手。走到门口时,他友好地问道:"我能为您做点什么吗?您有什么需要吗?"

我这人反应很慢,而且不幸的是,我从不耍心机。然而,那一刻,我平生第一次使了坏:"哦,对了!我差点忘了。虽然在印度生活过,但我从来没去过泰姬陵,我在新德里,刚好可以就近去一趟。但是警察不准我离开市区,并且要尽快返回欧洲,我错失了参观这座宏伟建筑的好机会,明天就要离开了。"

我很高兴自己发起了这一攻击,我迅速告辞,离开了他的办公室,返回饭店。饭店经理正在前台等我。"我有个口信要向您转达。政府办公室刚刚打来电话,说您随时可以去参观泰姬陵。"

"帮我把账单准备好,"我说,"很抱歉,我不去了。我要立刻去机场,乘最近的一班飞机回巴黎。"

五年后,我有幸在莫斯科参加一年一度的列宁和平奖委员会会议,我是评委之一。在提名和表决年度候选人的时候,印度代表提出了尼赫鲁总理的名字。一丝笑容掠过我的脸庞,其他评委都不明白其中的含义,我投出了赞成票。于是,荣获该国际奖项的尼赫鲁成为世界和平的捍卫者之一。

初访中国

革命胜利后我去过中国两次。第一次是在一九五一年,我和别人一起,负责将列宁和平奖授予孙中山的遗孀——宋庆龄女士。

将这枚金色奖章授予宋庆龄女士的提议来自中国当时的副总理兼作家郭沫若。郭沫若与阿拉贡同是评委会副主席。安娜·西格斯、电影工作者亚历山德罗夫①、爱伦堡、我以及其他几个我不记得的人,都是评委会的成员。阿拉贡、爱伦堡和我结成了秘密联盟,我们一致努力将此奖项在其他年份颁给了毕加索、贝托尔特·布莱希特②和拉法埃尔·阿尔维蒂。当然,此事并不容易。

我们乘火车经由西伯利亚大铁路前往中国。踏上那列传奇的火车,就像登上一艘在陆地航行的船,驶向无边而神秘的远方。向窗外望去,眼前的一切都是黄色的。仲秋时节,满目尽是银白色的桦树,黄色的花朵开满枝头。草原、寒漠或针叶林在目光所不能及的更远处。火车不时停靠在新城市的车站,我和爱伦堡会走下火车舒展身体。我们看到农民们带着包裹和行李箱,挤在候车室里等火车。

我们没时间在那些小城市里四处逛逛。这些城市看起来没什么差别;都立着一座斯大林的水泥雕像:有的被漆成银色,有的被漆成金色。我们见到了几十个一模一样的雕像,也说不清银色和金色哪个更难看。回到火车上,爱伦堡继续用他那充满怀疑色彩的诙谐谈吐将我逗笑,整整一周时间都是如此。爱伦堡是个非常爱国的苏联人,但他还是面带嘲讽的笑容,与我谈论了那个时代生活的种种方面。

他曾跟随红军去过柏林。毋庸置疑,他是有史以来最杰出的战地记者。红军战士挺喜欢这个性格腼腆的怪人。不久前,在莫斯科,

---

① 格里高利·瓦西里耶维奇·亚历山德罗夫(1903年1月23日~1983年12月16日),苏联电影导演、编剧、演员。

② 贝托尔特·布莱希特(1898年2月10日~1956年8月14日),德国电影剧作家。

他把两件战士们送给他的礼物拿给我看，那是他们从德国废墟里挖出来的东西——一支比利时军械工人为拿破仑·波拿巴制造的步枪，以及两本一六五〇年法国印制的龙沙诗集。那两本小书有的地方被烧焦了，有的地方留下了雨痕或血渍。

爱伦堡把拿破仑那支漂亮的步枪捐给了法国博物馆。"我要它有什么用？"他一边对我说，一边抚摸着加工过的枪杆和擦得锃亮的枪托。至于龙沙的那两本小书，他爱不释手地留了下来。

爱伦堡非常热爱法国。在火车上，他为我诵读了一首他秘密写下的诗。那是一首歌颂法兰西的诗歌，他将这个国家称作他深爱的女人。

之所以说这首诗是秘密写下的，是因为在当时的苏联，世界主义是备受谴责的。报纸上经常刊载蒙昧主义者的批判文章；在他们看来，一切现代艺术都是世界主义的产物。受到指控的作家或画家会名誉扫地，从人们的视野中消失。因此，爱伦堡这首示爱于法国的诗就像一朵隐秘盛开的花朵，不得不被保护起来。

爱伦堡向我展示的许多东西，很快就永远消失在斯大林的黑夜中了，我更愿将其归咎于他们所持的不同政见和摈斥异己的做法。

爱伦堡头发蓬乱，皱纹深邃，牙齿上有积年累月的烟渍，一双灰色的眼睛目光冰冷，笑容也充满惆怅，看起来俨然一个充满绝望的怀疑主义者。我对这场大革命刚刚有所了解，还未看到其中一些险恶的细节。对于当时普遍的庸俗品味和那些涂满金银的雕像，我并没有在意。而时间会证明我是错的，不过，即使是爱伦堡也没有充分意识到这场悲剧所带来的严重后果。其深广程度在之后的第二十次代表大会上得到完全揭示。

火车以蜗牛般的速度在金黄色的旷野上行驶,掠过一棵棵桦树，日复一日地前进。我们越过乌拉尔山脉,在西伯利亚穿行。

一天,我们在餐车里吃午饭时,看到一个士兵自己占了一张桌子,喝得烂醉。他面色红润,笑容可掬,不停地向服务员索要生鸡蛋,然后兴奋地把蛋打碎扔进盘子里,接着再要几个。从他乐不可支的笑容和充满孩子气的蓝眼睛里可以看出,他的兴致越来越高。这个举动他一定重复了很久,蛋黄和蛋清开始从盘子里溢出,快要流到地上了。"同志!"士兵兴高采烈地招呼服务员,继续索要鸡蛋,为他的成果添砖加瓦。

我的目光被眼前这个超现实主义景象牢牢吸引住,在西伯利亚如同海洋般的一片虚无之中,它显得如此天真,如此出人意料。

不知所措的服务员终于叫来了乘警。全副武装的警察居高临下地看着那个士兵。士兵没有理会,继续不停地将鸡蛋打破。我料想警察会把这个浪费鸡蛋的人从他的白日梦中叫醒。然而接下来看到的事情令我难以置信。身材魁梧的警察在士兵身边坐下,温柔地抚摸他的金发,面带微笑地轻声和他说话,说服他停下。然后,那位警察忽然轻轻地将士兵从座位上抱起来,像哥哥一样拉着他的手臂,走向车门,走向车站,走向小城的街道。

我难过地想象,如果一个可怜的印度醉汉在一列穿越赤道的火车上不停打破鸡蛋,他将会迎来什么样的下场。

在穿越西伯利亚的那些日子里,每天早上和下午都能听到爱伦堡精力充沛地敲打字机键盘的声音。他在火车上完成了《第九个浪头》,这是他在《解冻》之前发表的最后一部小说。至于我,只是偶尔写了几首献给玛蒂尔德[①]的情诗,后来在那不勒斯匿名出版。

---

① 玛蒂尔德·乌鲁蒂亚(1912 年 5 月 5 日~1985 年 1 月 5 日),智利女歌唱家,聂鲁达第三任妻子。

我们在伊尔库茨克下了车。转乘去往蒙古的飞机之前，我们漫步在位于西伯利亚边境的贝加尔湖畔，去欣赏这扇沙皇时代通向自由的大门。囚犯和流放者无不向往着这片水域，那是唯一可能的逃生通道。贝加尔湖！贝加尔湖！当俄罗斯人唱起古老的歌谣时，低沉的声音仍在重复呼喊着这个名字。

湖泊研究所邀请我们共进午餐。科学家们向我们透露了他们不曾对外公布的研究成果。乌拉尔山脉的形成先于贝加尔湖，湖水好似山脉的一双眼睛，其深度至今无法确定。从两千英尺深的海底可以捕捉到一些外形奇特的鱼，它们是来自漆黑海底的盲鱼。我的食欲当即被勾起，便向科学家们询问能否在餐桌上品尝到这种不寻常的鱼。我是世界上为数不多吃过那些深海鱼，同时啜饮上好的西伯利亚伏特加的人。

我们从那里乘飞机前往蒙古。我模糊地记得那片如月球般贫瘠的土地，虽然第一批印刷厂和高等学府已经建立，人们仍住在游牧民族的帐篷里。围绕乌兰巴托的是一望无际的荒地，很像祖国的阿塔卡马沙漠，只有驼群才能打破它的孤独，并为其增添古老的韵味。顺便提一句，我品尝了用无比精美的银杯盛放的蒙古威士忌。每个民族都在酿酒这件事上发挥着自己的才能。这种威士忌是用发酵的骆驼奶酿造的。每每回忆起它的味道，我都激动得颤抖。在乌兰巴托度过的时光太美好了！而如我这般沉醉在那些隽美名字中的人感触更深。生活在其中，就像居住在为我而建的梦想中的房子里一样。同样地，在新加坡、撒马尔罕这些地方，我也沉浸在每一个音节里无法自拔。我希望当我死去的时候，可以被埋葬在一个精挑细选的动听名字里。这样一来，在大海的近旁，我的骨头就能听到那些美妙音节的吟唱。

中国人是世界上最爱展露笑容的人。他们笑着经历过无情的殖民主义，经历过革命、饥荒和屠杀，这是其他民族无法做到的。中国孩童的微笑，是这个人口众多的国家所收获的最美的稻谷。

但是中国人的笑分两种。一种是小麦色的脸庞上展开的纯朴笑容。这是农民和广大人民群众的笑。另一种是面具般的假笑，可以随时戴上，随时摘下。这是官员们的笑。

我和爱伦堡第一次到达北京机场时，不知该如何辨别这两种笑。最真诚的笑容来自中国的作家、小说家和诗人，他们陪伴了我们很多天，以崇高的热情迎接我们的到来。于是我们见到了斯大林奖得主、作家协会主席——小说家丁玲，还有茅盾、萧子璋以及老共产党员、中国的诗歌王子——其作品极具艺术魅力的艾青；他们会讲法语或英语。多年后，他们全被文化大革命搞垮了。但在当时，他们都是中国文学界里万众瞩目的人物。

第二天，在列宁奖（当时被称为斯大林奖）的颁奖仪式结束后，我们去苏联大使馆赴宴。除获奖人宋庆龄女士以外，周恩来、年迈的朱德元帅等几位要人也出席了宴会。苏联大使曾是保卫斯大林格勒的英雄，典型的苏联军人，他一边唱歌，一边不停地举杯。我被安排坐在宋庆龄女士旁边，她很端庄美丽，是那个时代最受尊敬的女性。

我们每个人面前都有一个装满伏特加的小玻璃瓶，供自己斟酒。"干杯"这两个字频频响起，这是中国的一句祝酒词，要求你将一杯酒一饮而尽，一滴不剩。坐在我对面的朱德元帅不停地往杯子里倒酒，脸上带着农民式的开怀笑容，每隔几分钟就劝我干一杯。宴会结束后，我趁这位年迈的军事战略家不注意的时候，尝了一口他那瓶伏特加。我的怀疑得到了证实。元帅吃饭时喝的是白水，而我却灌下了不少火辣辣的酒。

喝咖啡的时候，我的邻座、我们为其授予勋章的孙中山的遗孀——杰出的宋庆龄女士，从她的烟盒里取出一支烟，含着优雅的笑意递向我。"不，我不抽烟，谢谢您。"我说。我对她的烟盒大加赞美，她告诉我："这是我生命中非常重要的一件纪念品。"那是一个令人惊叹的物件，纯金材质，镶了钻石和红宝石。我仔细端详了一番，又称赞了几句，就将它物归原主。

她很快就忘记了我已将烟盒归还，当我们起身离席时，她转过身来，目光敏锐地看着我说："请问，我的烟盒呢？"

我确定已还回了烟盒，但还是尽力在桌子上下找了一遍，没有找到。她的笑意不见了，一双黝黑的眼睛向我投来冷峻的目光。这个神圣的物件怎么也找不到，我开始荒谬地觉得自己对此负有责任。那严厉的眼神差点让我相信自己就是个珠宝大盗。

幸好，当我快要无法承受的时候，我看到烟盒又出现在了她的手中。她肯定是在自己的手提袋里找到的。笑容再次呈现在她的脸上，而我很多年都没有再笑出来。我猜想，或许文化大革命使她永远遗失了那个精美的金烟盒。

那个年代的中国人身上穿的全都是蓝色衣服，那是一种男女同款的工服，统一的蔚蓝色。没有衣衫褴褛的人，也没有小汽车。每个地方都挤满了从四面八方涌来的人群。

那是革命胜利后的第二年。各地肯定都有物资短缺等困难，但在我们的北京之行中却看不到这些。一些细枝末节的事会让我和爱伦堡特别困扰。我们想买一双袜子或是一块手帕，都会变成国家大事。中国的同志们为此进行了讨论。经过紧张的研究过后，我们一群人开着车离开了饭店。我们坐的车在前面，安保人员、警察和翻译坐的车在后面。汽车呼啸而行，在始终拥挤的人群中开辟出一条路。我们驶过众人避让出来的狭窄通道，如雪崩般声势浩大。到达商店后，我们的中国友人急忙跳下车，迅速清场戒严，把身体当作路障，留出我和爱伦堡进出的通道。我们低着头走了进去，十五分钟后，又低着头走了出来，各自手里拿着一小包东西，并下定决心再也不出来买袜子了。

诸如此类的事情常常让爱伦堡很恼火。我再来说说有关吃饭的事。酒店为我们提供的是从殖民统治者那里继承来的难吃的英国菜。然而我是中国菜的狂热爱好者，我对年轻的翻译说，我十分想品尝下北京名菜。他回答说他要去问一下。

我不清楚他是否真去问过了，但我们还在继续咀嚼酒店里难以下咽的烤牛肉。我再次和他提起此事时，他若有所思地告诉我："同志们已经开了几次会商议此事，马上就能解决了。"

第二天，接待组的一位要员来看我们。摆好一副恰如其分的笑容后，他问我们是否真的想吃中国菜。爱伦堡给出了肯定回答，说非常想吃。我补充道，我从小就知道广东菜，渴望品尝闻名遐迩的地道北京菜。

"这事有点麻烦。"这位中国同志忧心忡忡地说。沉默了一会儿，他摇了摇头，接着说："几乎不太可能。"

爱伦堡露出了他那一贯的怀疑论者的苦笑。而我却气得要命。"同志，"我对他说，"请为我准备回巴黎的证件。既然没法在中国吃到中国菜，那我就去拉丁区吃，在那里这不成问题。"

我的强烈反应起了作用。四小时后，在众多人员的陪同引领下，我们来到一家著名餐厅，那里的烤鸭已有五百年历史。于是，我们吃了一顿令人难忘的美味菜肴。

这家餐厅昼夜营业，离我们入住的饭店不到三百米。

船长的诗

在漂泊不定的流亡中，我来到一个从未去过的国家，并深深地爱上了它，那就是意大利。那个国家的一切对我来说都是不可思议的，尤其是意式的简朴，体现在橄榄油、面包和葡萄酒等事物上。就连警察也是如此……那里的警察从没虐待过我，只是夜以继日地监视我。这我到处都能碰到他们，包括睡梦中与喝汤时。

作家们邀请我去朗诵我的诗歌。我怀着满腔诚意在不同场合朗诵过——大学校园，圆形露天剧场，热那亚的码头工人面前，佛罗伦萨的羊毛艺术宫、都灵、威尼斯。

在座无虚席的观众面前朗读，我的心情无比愉悦。我旁边的人会用纯正的意大利语复述我的诗句，我喜欢听到如此华丽的语言为我的诗歌增添光彩。然而，警察对此却不大喜欢。用西班牙语朗诵没有问题，但意大利语版本必须做出删减。"和平"这个词已被"西方"世界摒弃，因此赞颂它是件危险的事，尤其我的作品又倾向于人民的斗争。

对于那些人民政党在选举中获胜的城市，我都被当作贵宾来接待。我多次被授予荣誉市民称号。在米兰、佛罗伦萨和热那亚我都受到了这样的礼遇，议员们会在我朗诵之前或之后授予我荣誉。名人、贵族和主教齐聚大厅。我代表我遥远的祖国与他们共饮香槟。在与众人逐个行拥抱礼、吻手礼之后，我终于走下了市政厅的台阶。而警察就在大街上等着我，他们从不给我一刻喘息的时间。

在威尼斯发生的事就像一出闹剧。我在礼堂里朗诵我的诗歌，并再次被授予荣誉市民称号。但警察却要我离开苔丝狄蒙娜①出生并遇害的城市,他们日夜守在我住的饭店门口。

我的老朋友维托里奥·维达利,绰号"指挥官卡洛斯",专程从的里雅斯特赶来听我的诗歌朗诵。他陪我乘坐贡多拉在运河上游览,一座座尘灰色的建筑从身边掠过。至于警察,他们比之前更加纠缠不休,一直跟随我们身后几步远的地方。我决定像卡萨诺瓦②一样,逃离这个企图将我禁锢的威尼斯。我和维托里奥·维达利以及恰巧在威尼斯遇上的哥斯达黎加作家华金·古铁雷斯③一起,以飞快的速度向前跑。两个威尼斯警察跟着我们紧追不舍。我们迅速跳上威尼斯唯一一条装有发动机的贡多拉,那是共产党员市长的船。这条市政当局的贡多拉在河面上飞速行驶,而另一派人则像慌张的鹿群一样四下寻找船只。他们踏上一条配有金色装饰的黑色船只,这种颇具浪漫气息的贡多拉是专供威尼斯情侣乘坐的。那船远远地跟在后面,像鸭子追赶海豚一样了无希望。

这般穷追不舍在某天早上达到了极限。警察来到我的住处时不算很早,因为在那不勒斯没人赶早上班,警察也是如此。他们借口我的护照上有错误,要我随他们去趟市政府。在那里,他们给了我一杯浓缩咖啡,并告诉我必须于当日离开意大利。

我对意大利的热爱也帮不上什么忙了。

"一定有误会。"我对他们说。

---

① 莎士比亚经典悲剧《奥赛罗》中主人公奥赛罗的妻子。
② 贾科莫·卡萨诺瓦(1725年4月2日~1798年6月4日),极富传奇色彩的意大利冒险家、作家。1755年在威尼斯被捕入狱,第二年成功越狱,逃往巴黎。
③ 华金·古铁雷斯(1918年3月30日~2000年10月16日),哥斯达黎加作家、战地记者、记者、共产主义活动家。

"绝对没错。我们都很敬重您,但您必须离开这个国家。"

然后他们拐弯抹角地告诉我,是智利大使馆要求我离境的。

我乘那天下午的火车离开。朋友们来车站送我。我被亲吻、鲜花、呼喊包围。保罗·里奇[1]、阿利卡塔兄弟,还有许多其他人都来了。Arrivederci[2]。再见。再见。

在去罗马的火车上,监视我的警察竭尽全力将我照顾好。他们帮我把手提箱拿上车并安置好,还给我买来了《团结报》和《国家晚报》(非右派报纸)。他们找我要签名,有的是给自己要,有的是帮亲友要。我从没见过这么有礼貌的警察。"我们感到很抱歉,阁下。我们是穷人,要为家庭考虑,所以必须服从命令。其实我们不想……"

到了罗马火车站,我必须从这里转车去边境,我从窗口看到一大群人,还听到有人在喊叫。那是一片极其混乱的景象。一捧捧鲜花举过人们头顶,向车站涌来。"巴勃罗!巴勃罗!"

我走下火车的台阶,颇有派头地被保护着,俨然成为一场混战的中心。不到几秒钟的时间,我就被包括男女作家、记者、议员在内的近一千人从警察手中拉了出去。随后,警察又把我从他们那里夺了回来。在这颇具戏剧性的时刻,我认出了几张名人的面孔。阿尔贝托·莫拉维亚[3]及其同是小说家的妻子艾尔莎·莫兰黛[4],著名

---

[1] 保罗·里奇(1908年~1986年),意大利画家。

[2] 意大利语"再见"。

[3] 阿尔贝托·莫拉维亚(1907年11月22日~1990年9月26日),20世纪意大利著名小说家、新闻记者、杂志主编、国际笔会主席。

[4] 艾尔莎·莫兰黛(1912年8月18日~1985年11月25日),意大利著名女作家,阿尔贝托·莫拉维亚之妻。1957年曾随丈夫访问中国。

画家雷纳托·古图索①，还有其他诗人和画家。《基督停留在埃博利》的著名作者卡洛·莱维②向我递来一束玫瑰。就在这时，鲜花洒落在地上，帽子和雨伞飞舞起来，拳头声如爆炸般响彻四周。警察们占了下风，我的朋友们又一次把我抢了过去。混战中，我看到温柔的艾尔莎·莫兰黛用丝绸阳伞打了一个警察的头。突然间，几辆行李搬运车推了过来，一个胖乎乎的搬运工在警察的背上甩了一棍子。这些都是罗马人民给予我的支持。骚乱愈演愈烈，警察只好把我拉到一边，恳请道："跟您的朋友们说说吧。叫他们冷静下来……"

人们喊道："把聂鲁达留下。不要让聂鲁达离开意大利！让诗人留下！让智利人留下！把奥地利人赶出去！"（奥地利人是指阿尔契德·加斯贝利③，当时的意大利总理。）

混乱持续了半个小时后，一道上级命令传来，准许我留在意大利。我的朋友们纷纷与我拥抱、亲吻，我踩着打斗中散落一地的鲜花，难过地走出了车站。

第二天早上，我在一位享有议会豁免权的议员家里醒来；我是被画家雷纳托·古图索带过去的，他不相信政府的承诺。我收到了一份从卡普里岛发来的电报，来自著名的历史学家埃德温·塞里奥④，我并不认识他本人。对于我的遭遇，他表示愤慨，认为这是

---

① 雷纳托·古图索（1912年12月26日~1987年1月18日），意大利画家。

② 卡洛·莱维（1902年11月29日~1975年1月4日），意大利画家、作家，代表作有《基督停留在埃博利》等。

③ 阿尔契德·加斯贝利（1881年4月3日~1954年8月19日），意大利政治家，1945年至1953年担任意大利总理。

④ 埃德温·塞里奥（1875年6月28日~1960年1月24日），意大利海军工程师、建筑师、地质学家、植物学家、政治家、记者、作家，20世纪上半叶卡普里岛文化生活的核心人物。

一种暴行，是对意大利传统和文化的亵渎。最后，他提供给我卡普里岛上的一幢别墅，让我过去居住。

这一切就像一场梦。当我和我的玛蒂尔德——玛蒂尔德·乌鲁蒂亚，一起到达卡普里岛时，梦一样的不真实感更加强烈了。

我们在一个冬夜抵达这座仙境般的岛屿。壮阔的灰白色海岸在夜幕中若隐若现，既未知又静美。接下来会怎样呢？我们将经历什么？一辆小巧的马车在等我们。马车在夜深人静的街道上不断上坡行驶，经过一座座静谧的白房子和一条条狭长的小巷子。车子终于停了下来，车夫把我们的行李搬进一座同样为白色、看似空无一人的房子里。

我们走了进去，看到巨大的壁炉里火焰燃得旺盛。被枝状烛台的火光照亮的地方站着一个高个子男人，头发、胡须和衣服是清一色的白。他就是历史学家和博物学家埃德温·塞里奥先生，坐拥半个卡普里岛。昏暗中的他就像童话故事里的神父一样。他年近九十，是全岛最受尊敬的人物。

"把这里就当成你自己的家，不会有人来打扰的。"

出于周全考虑，他走后没有再来找我们，而是叫人捎来简短的字条，上面用漂亮的笔迹写了一些消息或建议，并附上他花园里的一片叶子或一朵花。在我们看来，埃德温·塞里奥代表了意大利那颗宽厚、慷慨和芬芳的心。

后来我开始阅读他的作品，他的书虽然没有阿克塞尔·蒙特[①]的那么出名，但却更加真实。德高望重的塞里奥常常以调侃的口吻

[①] 阿克塞尔·蒙特（1857年10月31日~1949年2月11日），瑞典知名医生、精神病学家、作家，曾是位于卡普里岛的意大利豪宅圣米歇尔别墅的主人。

说:"卡普里的广场就是上帝的杰作。"

我和玛蒂尔德在彼此的爱中寻求安全感。我们去阿纳卡普里①远足。这座小岛被分隔成上千个小果园,自然风光秀丽,得到了太多的赞誉,却都是千真万确的评价。在岩石之间,饱受风吹日晒的干旱土地上,生长出矮小的草木和花朵,形成一片精致而美妙的风景。在这个不露锋芒的卡普里岛,只有经过漫长的旅行,褪掉游客的身份之后,才能真的去感受遍地的岩石和精致的葡萄园,了解谦和、勤劳、质朴的岛民,以及领略这座岛屿引人入胜的独特魅力。当你和这里的人、事、物有了共同之处,当马车夫和卖鱼妇都已和你熟识,当你融入这座不愿崭露头角的贫穷小岛时,你便可知道在哪里有好酒,哪里能买到卡普里当地人吃的橄榄。

我们在小说中读到的那些卑鄙行径,可能会发生在高高的宫墙里面。然而,在与世隔绝的时间里,在世上最朴实无华的人群中,我却享受着幸福的生活。那真是段难忘的时光!整个上午我都在写诗,下午玛蒂尔德用打字机将我的诗稿逐字敲出来。这是我们第一次生活在一起。在那个美得令人陶醉的地方,我们的爱情愈加深厚。我们再也分不开了。我在那里完成了《船长的诗》,这是一本关于爱的诗集,其中激情与痛苦并存,后来在那不勒斯匿名出版。

现在我要讲讲这本我最具争议的书。在很长一段时间里,它都是一个秘密般的存在,我的名字久久没有出现在书的封面上,就好像我否认写过它,它也好像不知道自己的父亲为何人。非婚生子女是私生子女,照这样说来,《船长的诗》就是一本私生书。

这本书收集了我在欧洲流亡期间在不同地方写下的诗歌,于

---

① 卡普里岛西边叫阿纳卡普里,东边叫卡普里。

一九五二年在那不勒斯匿名出版。我对玛蒂尔德的爱，对智利的思念，各种强烈的情感充斥在书的每一页。

首次印刷前，画家保罗·里奇弄来优质的纸张，古老的博多尼活字，以及从庞贝古城废墟里拓印的版画。他还列了一份订购名单，像兄弟般对我无私奉献。这本精美的书很快出版了，只印了五十册。我们为此搞了一个隆重的庆功宴，桌子上摆满了鲜花、水果以及水一样清透的葡萄酒——来自卡普里岛独特的葡萄品种。当然，朋友们的欢呼声在席间不时响起，对于我们的爱情，他们交口赞誉。

一些持怀疑态度的批评家提出，这本书是出于政治动机才匿名出版。他们说："党持反对态度，这本书的出版未获批准。"但这并非事实。幸运的是，我们党并不反对关于美的表达。

事情的真相是，我不想让这些诗伤害到我曾经的爱人黛丽娅。黛丽娅·德尔·卡莉尔，我先前的最佳伴侣，在我的诗歌作品最高产的时期，她像一条坚硬又甜蜜的绳索捆绑着我，是我十八年来的完美拍档。这本书里充满了防不胜防的炽热的爱，那会像一块石头一样击中她温柔的心。这才是我匿名出版的深意，仅此而已，完全出于个人原因，不该被恶意揣测。

后来，这本书仍无署名地长大成人，变成了一个私生勇士。它越来越为大众熟知，我最终不得已承认了它。现在，由船长署上姓名的那些"船长的诗"正昂首阔步走在路上——即在书店和图书馆的货架上接受人们检阅。

结束流亡

我的流亡生活即将结束。那是在一九五二年。我们经瑞士到达戛纳，从那里可以搭乘一艘意大利邮轮前往蒙得维的亚。这次我们不想在法国见任何人，所以只把行程告诉了艾利斯·加斯卡，他是我忠实的翻译，也是我的老朋友。然而，我们在戛纳却遇到了意料之外的情况。

在轮船公司附近的街上，我见到了保罗·艾吕雅和他的妻子多米尼克。他们听说我来了，正等着邀请我共进午餐。毕加索也在场。后来我们又碰到了智利画家内梅西奥·安图内斯和他的妻子伊内斯·菲格罗亚，他们也一同前去吃饭。

那是我最后一次和保罗·艾吕雅见面。他身穿睡衣一般的蓝色套装站在戛纳的阳光下，那样子至今在我的记忆里清晰可见。我永远不会忘记在戛纳明晃晃的街道上，在堪比非洲烈日般的太阳光辉下，他的脸庞黝黑又红润，他的蓝眼睛炯炯有神，他的笑容透着无尽的孩子气。艾吕雅是专程从圣特罗佩赶来与我告别的；他把毕加索也带来了，并安排了午餐。聚会准备就绪。

然而，一件始料未及的蠢事毁了那一天。玛蒂尔德没有乌拉圭签证，我们必须立刻前往该国领事馆。我们叫了一辆出租车，到了之后我在门口等她。看到出来迎接的领事，玛蒂尔德放心地笑了，此人看起来很友善。小伙子嘴里哼着《蝴蝶夫人》选段，身穿一件汗衫和一条短裤——这并非领事一贯的装束。而玛蒂尔德万万没有想到，在他们的交谈过程中，这个家伙的谈吐却酷似一个勒索者。这个与平克顿[①]有几分相像的人，在办事过程中设置了种种障碍，想借机多收钱。他折腾了我们整整一上午，导致午餐时喝下的鱼肉汤对我来说也味同胆汁。耗费了好几个小时，玛蒂尔德才拿到

---

① 歌剧《蝴蝶夫人》的男主人公。

签证。其间，平克顿不停增加额外的手续让她办理：拍照、兑换法郎来支付打去波尔多的长途电话费。本应免去的签证费竟收了不止一百二十美元。我甚至以为玛蒂尔德要错过航班了，这样的话我也不走了。在很长一段时间里，我都认为那是我人生中最痛苦的一天。

七零八碎的海洋学

我是个海洋业余爱好者。这些年来，我所获得的信息与海洋没什么关联，因为我一直在陆地上奔波。

我正在返回智利的途中，我要回到我那紧邻海洋的祖国了，我乘坐的邮轮正在靠近非洲海岸。古老的海格力斯之柱①从身边经过，如今它已全副武装，扮演帝国主义最后的守卫者。

我心无旁骛地望着大海，真正的海洋学家不会带着文学的趣味去欣赏海洋，而是像鲸目动物一样，以专业人士的视角洞悉一切，对海的表面和深底了如指掌。

我一直很喜欢看海洋学方面的书籍，我的书架上还摆着一张渔网。我最喜欢翻阅威廉·毕比②的作品，或是关于南极海涡螺科动物的精彩专著。

浮游生物很吸引我——这些富有营养价值的带电生物如同闪电般将海洋染成紫红色。因此我才知道，鲸鱼几乎只靠食用这些数不尽的海洋生物来获取营养。最微小的植物和那些不真实的纤毛虫

---

① 在西方经典中形容直布罗陀海峡两岸边耸立海岬的短语。一般认为，北面一柱是位于英属直布罗陀境内的直布罗陀巨岩，而南面一柱则在北非，但确切是哪座山峰一直没有一致说法。

② 查尔斯·威廉·毕比（1877年7月29日~1962年6月4日），美国博物学家。

类遍布在我们摇摇晃晃的陆地上。游动中的鲸鱼张开巨大的嘴巴,把舌头抬到上颚,让这些充满生命的海水涌入口中,从中摄取营养。我在黑岛时,那些经过窗前游向南太平洋热带岛屿的蓝鲸就是这样摄食的。

那也是智利人猎捕最多的齿鲸——抹香鲸的洄游路线。智利水手常常用它们来刻画自己的故事。他们有的用小刀在鲸鱼的牙齿上刻下一箭穿心的形状或纪念爱情的图案,有的在上面画出船或恋人的形象,稚气十足。然而,我们的捕鲸人,是海洋半球上最勇敢的人,他们跨过麦哲伦海峡和合恩角,穿越南极区,经受住南极的风暴,不只为了取下凶恶的抹香鲸的牙齿,还为了获得它们身上珍贵的鲸脂,尤其是这种庞然大物藏在高高隆起的肚子里的小小龙涎香囊。

我从远方而来,将地中海最后的蓝色圣地——卡普里岛的岩洞及周边的海面和海底——留在了身后,在那里,美人鱼爬上礁石,去梳理被翻腾的大海弄乱的蓝色秀发。

我在那不勒斯的水族馆里看到了水母,这种既像银器又像蒸汽的带电远古生物一会儿上升,一会儿下沉,漂浮的身躯仿佛跳着庄严且忧伤的舞蹈。水母的身体下方被唯一有电的带子环绕,这让其他任何深海奇珍望尘莫及。

许多年前,当我还年轻时,在令人绝望的印度参观了一个神奇的水族馆。水族馆位于马德拉斯,我至今还记得那里有发光的鱼、有毒的海鳗、身披火焰和彩虹的鱼群,更令人难忘的是那些异常严肃的章鱼,它们谨慎而缓慢地爬行,像一台台长着无数眼睛、腿和吸盘,储存了无数信息的金属计算机。

我们都是从维克多·雨果的《海上劳工》一书中首次了解这种

巨型章鱼的（维克多·雨果也是一只长有触手、形态多样的诗歌章鱼），我只在哥本哈根的自然历史博物馆里见过不完整的章鱼触手。那确实像传说中的海怪，古代海洋里令人畏惧的生物，它会抓住一艘帆船，把它拖住，压在身下，再紧紧将其缠住。我所见的那部分浸泡在酒精里的触手，足有三十余米长。

不过，我真正想要追寻的是独角鲸的踪迹，或者不如说是独角鲸的标本。我的朋友们对北海海域这种巨型海洋独角兽几乎一无所知，以至于我自认为是独角鲸的独家代言人，我甚至觉得自己就是头独角鲸。

独角鲸真的存在吗？这种性情温和的独特海洋生物，额头上那象牙般的矛有四五米长，上面的螺旋纹路一直延伸到尖端，难道成千上万的人都无视独角鲸及其相关传说，还有它那妙不可言的名字吗？

我只想说，独角鲸这个名字在海底世界的众多名字中独占鳌头，听起来像是一只会唱歌的海洋高脚杯，或是用水晶制成的马刺。那为什么没人知道它的名字？为什么独角鲸这个词没有出现在姓或名里？为什么没有以独角鲸命名的建筑？

全都没有。独角鲸被一种神秘色彩笼罩着，它潜伏在水流中跨越大洋，长长的象牙剑浸没在未知的海水里。在中世纪，狩猎独角兽是一项神秘的审美运动。从古至今，陆地上的独角兽总会出现在人们的挂毯上，围绕在这耀眼生物周围的是皮肤白皙、衣着高贵的妇人，还有啁啾鸣啭或扑动美丽羽翼的鸟儿像光环一样飞旋在它的头顶，衬托其庄严。至于独角鲸，中世纪的君主们将它那神话般的躯体作为贵重的礼物赠予他人。用酒冲服从它的角上刮下的粉末，可以实现人类亘古不变的梦想——身体健康、青春永驻、精力充沛。

有一次，我在丹麦的某个地方闲逛，走进一家贩卖自然历史文物的老店——我们美洲人还不知道有这种买卖，但这实在是家吸引人的店铺。我看到角落里有三四根独角鲸的角，最大的一根五米长。我将它们握在手里，像舞剑一样挥动着，然后在久久的抚摸中体会它们的触感。

将角当作长矛，刺向并不存在的、想象中的海洋漩涡——我的举动被年迈的店主看到了。于是我把每一根角放回原处。我只能买下最小的那根——从婴儿独角鲸身上取下的小角，想必它是带着自己天真的刺，去寒冷的北极海域探索的一头小鲸。

我把它收进了我的手提箱里，入住瑞士莱蒙湖对面的小公寓后，我急不可待地要去端详这件来自海洋独角兽的神奇宝贝。我准备把它从手提箱里拿出来。

然而我却找不到了。

我是把它忘在了贝塞纳斯膳宿公寓，还是临走前它滚到了床底下？也或许在一个晚上，它以某种超自然的方式返回了北极圈？

新的一天，我凝望着大西洋上泛起的朵朵浪花。

船头如剪刀破开海面，翻涌起白、蓝、硫黄色的泡沫，形成沸腾的沟谷。

海洋的大门在颤动。

半透明的银色小鱼从上方跃过。

结束流亡生活的我，正在归国途中。

我良久注视着水面。我正远渡重洋，回到深陷苦海的祖国怀抱中。

漫长的白昼覆盖在整个海洋上。

黑夜将再次降临，把这座巨大又神秘的绿色宫殿笼罩在它的阴影里面。

远航归国

我家里的一只小羊羔

我有一个亲戚是参议员,在近几次的选举获胜后,来我在黑岛的家里住了几天。小羊羔的故事就是这样开始的。

热情的参议员拥护者前来为他庆贺。庆祝活动的第一天下午,人们在户外生起一个大火堆,按照智利乡村的特色方式,把整只羊羔穿在木扦子上烤熟。这种被称为"木棍烤全羊"的美食配以葡萄酒一起享用,一旁的克里奥尔吉他拨动着如怨如诉的旋律。

另有一只羊羔留下,等待在第二天的庆祝活动中成为人们的盘中餐。这只命运悬于旦夕之际的小羊羔拴在了我的窗外。它整晚不停地呻吟,用咩咩的叫声诉说哀怨。这时而高亢时而低吟的声音令我无比心碎,我当下决定天一亮就起床将他劫走。

我把羊羔塞进车里,驱车一百五十公里抵达我在圣地亚哥的家,在那里它就不会受到屠刀的威胁了。它一进门就开始贪婪地大口咀嚼我家花园里生机勃勃的花花草草。它十分喜欢郁金香,吃得一朵也不剩。玫瑰由于多刺而逃过一劫,但它却极其兴奋地将紫罗兰和百合狼吞虎咽下去。没有办法,我只能再次将它拴起来。它立刻又开始咩咩叫起来,显然想像上次那样打动我的心。我不知该怎么办了。

现在,华尼托的故事和羊羔的故事就要连在一起了。就在那个时候,南方发生了一次农场工人罢工,那个地区的地主每天只付给佃农二十分工钱。他们以棍棒和监禁的方法将罢工压制住。一个乡下男孩被当时的境况吓坏了,于是跳上一辆行驶中的火车。男孩的名字叫华尼托,是个不谙世事的虔诚天主教徒。列车员例行查票时,男孩说他没有票,他要去圣地亚哥,他以为火车是提供给有旅行需要的人免费乘坐的。列车员自然要把他轰下车，但是三等舱的乘客，那些一向慷慨的乡下人，凑钱为他付了车费。

华尼托腋下夹着一包衣服，走在首都的街道和广场上。他人生地不熟，所以不愿跟任何人说话。在乡下时听说圣地亚哥的小偷比居民还多，他便担心那夹在腋下、用报纸裹着的衬衫和布鞋被人偷走。白天，他漫步在最繁华的街道上，那里的人们总是行色匆匆，把这位来自其他星球的卡斯帕尔·豪泽尔[①]挤到一边去。到了晚上，他又走到人潮拥挤的热闹街区，但这都是些花天酒地、歌舞升平的地方，他的出现就显得更加古怪，像一个面色苍白的牧羊人迷失在一帮不务正业的人之间。他身无分文，吃不上饭，终于在某天跌倒在地，昏死过去。

一群好奇的路人将这个躺在地上的男孩团团围住。他昏倒的地方位于一家小餐馆门前。人们把他抬了进去，放在地板上。有些人认为他的心脏出了问题。另一些人觉得是肝病发作。餐馆老板走过来，看了一眼，说："他这是饿坏了。"刚吃上几口东西，这个昏死的男孩就苏醒了过来。老板安排他去洗盘子，还十分喜欢他。这不难解释：这个乡下男孩洗了成堆的盘子，脸上总是洋溢着笑容。日子过得不错，比起在乡下，他能吃到更多的食物。

城市以一种奇特的方式施展着它的魔法，让牧羊人和小羊羔某

[①] 出身不详的豪泽尔，在1828年5月26日突然出现在德国纽伦堡，样貌看来约16岁，智力低下而且寡言。他所能记起的是一直被关在一个黑屋子里，以水和面包度日，这件事引起了当时国际社会的轰动。当时流传其真正身份为德国巴登省的太子，有人把他与另一个生命垂危的婴儿调换并将他藏匿起来，目的是要巴登皇室的旁系继承皇位，但此推测与后来有关王子亡故的官方消息以及目击证人的私人记载互有冲突，至今仍未有明确说法。

一天相遇在我的房子里。

牧羊人很想去看看这座城市,就冒险走出堆积如山的餐具,去更远一点的地方瞧瞧。他急切地走过一条街,又穿过一个广场,一切对他来说都很迷人。然而,当他想往回走的时候,却没办法回去了。因为不会写字,他没有记下收留他的那家好客餐馆的地址,无法找到回去的路了。他再也找不到了。

他的困境受到了路人的同情,有人建议他来找我,找诗人巴勃罗·聂鲁达。我不知道那个人为什么要这么说。大概是因为智利人习惯于把脑子里浮现的任何奇怪想法都让我承担,再把任何因此产生的后果都归咎于我。这是种古怪的民族习性。

不管怎样,有一天,这个男孩真的来到了我家,并认识了那只被我劫来的小羊羔。既然收留了一只我并不需要的羊,再增加一份负担,即把牧羊人留下也不是什么难事。我交给他一项任务,要他确保这只美食家羊羔不只吃我的花,也要时不时用我花园里的草坪充饥。

他们彼此一见钟情。最初几天,男孩在羊羔的脖子上套了根绳子,就像仪式上授予绶带一样,然后牵着它到处溜达。小羊羔不停地吃,监管它的牧羊人也不停地吃;他们走遍房子的每一个角落,包括我的房间。他们如胶似漆,像是由大地母亲的脐带连在了一起,由人类的自然法则连在了一起。就这样几个月过去了,牧羊人和小羊羔的身形都圆润了起来,尤其是那只羊,胖到就快走不动路了。它有时小心翼翼地走进我的房间,漠不关心地看看我而后转身离开,在地板上留下一小串黑色念珠。

当这个乡下男孩开始思念故乡,告诉我他要返回遥远的故土时,这一切便画上了句号。这是不得已的决定,他必须遵守对守护家乡的神明立下的誓言，也没有办法把羊带走。他们难舍难分地告别。这一次，牧羊人拿着车票踏上了火车。离别的场面令人伤感。

留在我花园里的不只是一只羊羔，更确切地说，是一只难以应付的圆滚滚的肥羊。该如何处理它呢？现在谁能照顾它呢？我肩负了太多政治责任。在我因撰写战斗诗歌遭到迫害之后，我的家里一片狼藉。小羊羔又唱起了它的哀歌。

我只好另找办法，叫我的妹妹把它带走。唉！这次它肯定逃不过那根烤肉棍了。

一九五二年八月到一九五七年四月

一九五二年八月至一九五七年四月，我几乎都在智利度过，其间没有发生什么不寻常的事，也没有什么让读者感兴趣的冒险经历，因此我就不在回忆录中详细记述了。但有几件重要的事情还是应该提一下：在那几年间，先前完成的《葡萄和风》一书出版了；我集中精力撰写《元素颂》《元素颂新集》和《颂歌第三集》；我组织了一次美洲大陆文化代表大会，在圣地亚哥召开，全美洲的杰出人士都出席了会议；我的五十岁生日也是在圣地亚哥庆祝的，世界各地的著名作家都来了：中国的艾青和萧子璋，苏联的伊利亚·爱伦堡，捷克斯洛伐克的德尔达[①]和库特瓦列克，许多拉丁美洲作家都在场，包括米格尔·安赫尔·阿斯图里亚斯、奥利韦里奥·吉隆多[②]、诺拉·兰

[①] 扬·德尔达（1915年4月4日~1970年11月28日），捷克作家、记者、编辑。

[②] 奥利韦里奥·吉隆多（1891年8月17日~1967年1月24日），阿根廷诗人。

赫①、埃尔维奥·罗梅罗②、玛丽亚·罗莎·奥利弗③、劳尔·拉腊④；我把我的藏书和其他财产捐给了智利大学；我作为列宁和平奖（在当时被称为斯大林奖）评委，去了趟苏联，而我自己也在那个时期荣获了该奖项；我和黛丽娅·德尔·卡莉尔永远地分开了；我建起了那座名叫"查斯寇纳"⑤的房子，并和玛蒂尔德·乌鲁蒂亚一起搬了进去；我创办了《智利专刊》杂志，并主编了几期内容；我参加了智利共产党竞选及其他活动；布宜诺斯艾利斯的洛萨达出版社出版了我的作品集，并以圣经纸⑥印刷。

在布宜诺斯艾利斯被捕

就在这段时期的末尾，我应邀参加在锡兰岛科伦坡——我多年前曾生活过的地方——召开的和平大会。那是一九五七年四月的事。

遇上秘密警察似乎并不危险，但如果遇上的是阿根廷秘密警

---

① 诺拉·兰赫（1905年10月23日~1972年8月5日），阿根廷诗人、小说家。
② 埃尔维奥·罗梅罗（1926年12月12日~2004年5月19日），巴拉圭著名革命诗人。
③ 玛丽亚·罗莎·奥利弗（1898年9月10日~1977年4月19日），阿根廷小说家、散文家、评论家、翻译家，1957年获列宁和平奖。
④ 劳尔·拉腊(1913年10月18日~2001年2月22日)，阿根廷小说家。
⑤ 巴勃罗·聂鲁达位于智利首都圣地亚哥的故居。1953年，他为爱人玛蒂尔德·乌鲁蒂亚建造了这座房子。查斯寇纳一词在西班牙语中意为"凌乱的头发"，指的正是玛蒂尔德的一头红发。目前这座房子已成为博物馆，展示聂鲁达生前的不同藏品。
⑥ 一种纸张厚度比较薄的书籍印刷用纸，通常用于页数较多的书籍，比如圣经、百科全书和字典。

察,那又是另一回事了——这种遭遇不乏幽默,但后果却不可预测。那天夜晚,我刚从智利来到阿根廷,准备天亮后前往其他更远的国家。我筋疲力尽地倒在床上,刚要打个盹儿,几个警察就闯了进来。他们洗劫般地搜遍了所有地方:书和杂志被翻过了,衣橱也被检查了一遍,连内衣都没放过。他们在最里面的房间找到我之前,已经将留我们住宿的阿根廷朋友带走了。

"这人是谁?"他们问。

"我叫巴勃罗·聂鲁达。"我回答。

"他病了吗?"他们问我妻子。

"是的,他病了,又经历了舟车劳顿。我们今天到的这里,明天一早坐飞机去欧洲。"

"哦,这样啊。"他们说着,走出了房间。

一小时后,他们开来了一辆救护车。玛蒂尔德提出异议,但也是徒劳,他们是奉命行事。他们要把我带走,无论我疲惫不堪还是精力充沛,身体安康还是疾病缠身,奄奄一息还是生龙活虎。

那是个雨夜。布宜诺斯艾利斯阴沉的天空下起了滂沱大雨。我实在无法理解所发生的一切。贝隆已经下台。阿兰布鲁将军[①]以民主的名义推翻了暴政。然而,生着病又精疲力竭的我却被捕了,我究竟在什么时候、什么地方、以什么方式犯的罪,我不明所以,一头雾水。四个警察用担架抬着我,不管是下楼梯、进电梯还是穿过走廊都很费力。吃了苦头的他们喘着粗气。为了让他们更加不好过,玛蒂尔德用甜美的声音告诉他们,我的体重有一百一十公斤。而我确实看起来不轻,我身上裹着毛衣和大衣,头上蒙着毯子,如同奥

---

① 佩德罗·尤金尼奥·阿兰布鲁·西尔维蒂(1903年5月21日~1970年6月1日),阿根廷总统(1955年~1958年在位)、将军。

索尔诺火山一般的庞然大物，躺在阿根廷民主制度为我提供的担架上。我想象着在我的重压下汗流浃背、喘着粗气的不是抬担架的可怜警察，而是阿兰布鲁将军本人时，我的静脉炎都缓解了一些。

我是以入狱的常规程序被收监的，私人物品也被没收了。他们甚至不许我留下那本用以解闷的有趣的侦探小说。但我确实也没有机会无聊。铁栅栏哐啷哐啷地开了又关。担架穿过一个个院子和一道道铁门，掠过震耳欲聋的叩门声和上闩声，走向监狱的更深处。我突然置身于一群人中间，他们是当晚被捕的两千多名囚犯。而我被单独关了起来；谁也不能靠近我。但是，还是有人从毯子下面伸出手来和我握手，还有士兵把手里的枪放下，拿出纸来找我签名。

他们最终把我安置在楼上最远的一间牢房里，一扇很小的窗户开在高处。我想休息，非常、十分、特别想睡一会儿，但我睡不了。天亮了，阿根廷囚犯们发出震耳欲聋的喧闹声，仿佛在观看河床队与博卡队之间的较量。

几个小时后，阿根廷、智利以及其他国家的作家和朋友们来解救我了。警察把我带出牢房，又带到医务室，归还我财物，然后将我释放。正要离开监狱时，一名身穿制服的狱警走到我面前，把一张纸放在我手里。这是他写给我的一首诗，诗句粗犷，错误连篇，像所有民间艺术一样不加修饰。我想，很少有诗人能从看守自己的人那里得到如此充满诗意的尊敬。

诗歌与警察

在黑岛时，有一天，女仆告诉我们："夫人，巴勃罗先生，我怀孕了。"不久后，她生下一个男孩。我们一直不知道孩子的父亲是谁。她不在乎这个，只一心想让我和玛蒂尔德当孩子的教父教母。但这事行不通，我们当不了。离我们最近的教堂在艾尔塔波，一个风景宜人的小镇，我们经常去那里给旅行车加油。当地的神职人员知道此事后气得头发都竖起来了。"共产党员当教父？绝对不行。聂鲁达不能走进那扇门，即便他怀里抱着你的孩子。"回到家后，女仆垂头丧气地去打扫卫生了。她搞不懂这究竟是为什么。

还有一次，我看见阿斯特里奥先生正深陷痛苦。他是一个老钟表工，是多年来瓦尔帕莱索最好的经线仪工匠，为海军舰队修理过各种仪器。他的老伴，与其共同经营五十年婚姻的妻子生命垂危。我想我应该写一首有关他的诗，能在他痛苦的时候给予些许安慰。他可以读给他临终的妻子听。我不知道这是不是个好的想法。我把诗写了出来，在其中表达了我对工匠和他的手艺的钦佩之情，赞美了在古老时钟的嘀嗒声中度过的如此纯洁的一生。萨里塔·比亚尔把这首诗送去了《团结报》，该报的主编是帕斯卡尔先生，一名教士。他不愿发表这首诗，这首诗就无法与公众见面。之所以是这种态度，就因为诗作者聂鲁达是一位被逐出教会的共产党员。直到阿斯特里奥先生的老伴去世了，那位教士也不愿将这首诗发表。

我想要生活在一个没人被教会驱逐的世界里，任何人都不会被开除教籍。我不会在未来的某一天对那位教士说："您不能给某某人施洗，因为您是反共分子。"我也不会告诉另一位教士："我不会发表您的诗歌及任何作品，因为您是反共分子。"我想要生活在一个不给任何人扣帽子的单纯世界里，人们不用为一条规则、一句话、一个标签而忧虑。我希望人们能够走进所有教堂，也能够读到所有作品。我希望再没有人守在市长办公室门口阻拦和驱赶别人。我希望每个人都能微笑着进出市政大厅。我希望再没有人坐着贡多拉逃走或被身后的摩托车追赶。我希望绝大多数人,甚至所有人,都能表达、阅读、倾听、成长。我从不认同斗争,除非其目的是为了结束一切斗争。我从不认同严惩,除非其目的是为了终结严惩。我已选定一条路,我相信这条路通往永恒的相亲相爱。我为之奋斗的是一种无处不在的、星罗棋布的、取之不尽、用之不竭的美好理想。尽管我的诗歌和警察之间有过多次对峙,尽管发生了许多插曲以及一些听起来有些重复以致我不愿再赘述的事情,还有一些并非发生在我身上而真正经历的人又不会去诉说的事情,我仍然对人类的命运抱持绝对的信心,我更加确信,我们正在靠近一种伟大的、属于全人类的温情。我知道原子弹的危险笼罩在我们所有人的头上,核灾难一旦发生,地球上任何人、任何事物都会荡然无存。而这也不会改变我的希望。在这危急时刻,在这痛彻心扉之时,我们知道真正的光明将会照进那些警醒的眼睛。我们都将彼此理解。我们将携手前行,希望永不会破灭。

再访锡兰

抵制核战争是项全球性事业,为此我再次返回科伦坡。我们乘坐图-104[①]飞机飞越苏联,前往印度,这架了不起的喷气式飞机是专程来运载我们这个庞大的代表团的。整个旅途中我们仅在靠近撒马尔罕的塔什干稍作停留。两天后,飞机将降落在印度的中心地带。

我们在一万米的高空飞行。为了飞越喜马拉雅山脉,我们所乘坐的这只巨大的鸟儿还要继续攀升到将近一万五千米。从这个高度

---

① 由苏联图波列夫设计局设计的双发动机喷气式中程客机。

俯瞰到的景物几乎是静止不动的。最初的几面屏障映入眼帘，那是喜马拉雅山脉蓝白相间的山脊。在某个地方，面目可憎的雪怪正漫步在茫茫孤独之中。望向左边，在诸多的雪冠之中，珠穆朗玛峰的尖顶隐约可见。太阳直射在整片奇异的风景之上，光线剪裁出万物的轮廓、切割出奇形怪状的岩石，雕刻出白雪皑皑、万籁俱寂的壮观景象。

我想到了曾多次翻越的美洲安第斯山脉，它的狂乱、暴怒及肆虐的沙漠在这里并不常见。在我看来，亚洲的山脉更有山的样子，也更加齐整。圆形的山顶就像矗立在浩瀚空间中的寺院和宝塔。荒芜向更远处蔓延。山脉的阴影并不像可怕的石墙高耸而立，而是犹如宏伟寺院里神秘的蓝色花园一样铺展开来。

我告诉自己，我正呼吸着世界上最纯净的空气，从空中俯瞰着地球上最高的山峰。澄澈与骄傲相互交织，速度与雪花缠绵不休，汇集成此刻独一无二的感受。

我们飞往锡兰。我们在新德里转乘印度飞机，此刻在炎热的印度领土上空稍降高度。机翼在猛烈的风暴云间吱吱作响，不停抖动。颠簸中，我的思绪飞去了那个花开满岛的地方。二十二岁时，我在锡兰度过了一段孤独的时光，置身于大自然天堂般的美景中，写着最苦涩的诗歌。

很久以后的现在，我又回到这里，参加这次万众瞩目的和平大会，这次会议得到了该国政府的支持。我看到许多身着藏红花色长袍的佛教僧侣汇聚于此，这数百人沉浸在佛教信徒特有的冥思之中。他们在反对战争、破坏和死亡的斗争中，重申了乔达摩王子即释迦牟尼所宣扬的和平与和谐的古老观点。我想到，我们美洲国家的教会，比如好战的西班牙公立教会，却与之大相径庭。核战争屠杀了千百万无辜的生灵，并将生物污染永远留在了地球上，如果能看到教士在布道坛上抵制这些最严重、最可怕的罪行，对于真正的天主教徒来说，将是多么令人欣慰的事情。

我在韦拉瓦特郊区狭窄的街道上探索着，想去寻觅我曾住过的那座房子。好不容易找到了，周围的树木都已长大，街道的样子也和以前大不相同。

这个承载我那么多苦涩诗作的老地方很快就要被拆除了。大门已被蛀蚀，墙壁也在热带的潮湿中损坏，但仍矗立于此，等待这最后的离别时刻。

我连一个老朋友都没有碰到。然而，这座岛屿又用它那尖厉的声音和浩渺的光辉，打动着我的心。棕榈树下，海水拍击礁石，哼唱起那支古老的曲子。我再次漫步于森林中，又见到了庄严行走的大象，它们挡住了去路；我又闻到了令人陶醉的浓郁芬芳，还听到了绿植生长的声音和森林里的各种响动。我来到狮子岩，一位疯狂的国王在那里建造了一座堡垒。我瞻仰巨大的佛像，影子里的人们就像昆虫一样来来去去，这景象仿佛昨日重现。

又要离开了，我知道，这次离开便再也不会回来。

再访中国

科伦坡和平大会结束后，我与若热·亚马多[①]及其妻子泽莉亚一起飞越印度。印度的飞机上总是挤满了围着头巾的乘客，他们身

[①] 若热·亚马多（1912年8月10日~2001年8月6日），巴西史上最具影响力的作家之一，其代表作《加布里埃拉》被认为是巴西史上最伟大的小说之一。

上五颜六色的,还都随身带着篮子。看起来一架飞机里似乎不可能装下这么多人。飞机在机场降落,一群人下去后,另一群人马上涌了进来。我们要飞过马德拉斯,前往加尔各答。飞机在热带风暴中颠簸。突然间,白天变得比夜晚还要深邃,黑暗将我们笼罩,而后又是一片耀眼的晴空。飞机又开始晃动起来;电闪雷鸣照亮了再次突如其来的黑暗。我看到若热·亚马多的脸色因恐惧由煞白转为土黄,再变得发青,据他所见,我亦如此。飞机内开始漏雨。大颗的雨滴落进客舱,让我想起了冬天时我在特木科的家。但是,这种体验在一万米的高空里并不有趣。有趣的反而是坐在我们后面的一位僧人,他撑起一把伞,带着东方人的恬静,继续阅读他那充满智慧的古老经文。

我们平安抵达缅甸仰光。那时正逢我生活在"大地上的居所"三十周年——三十年前,我这个无名小卒在缅甸开始了新的生活,并写下了那些诗篇。一九二七年,确切地说,在我二十三岁那年,我踏上仰光这片土地。这是一个色彩斑斓的地方,是一座语言难懂,却热情迷人的城市。当时,这块殖民地正遭受英国统治者的剥削和掠夺,但全城干净明亮,街道上一片生机,商店橱窗里展示着殖民主义者带来的种种诱惑。

现在,这已是座半空的城市,商店橱窗里也空空如也,街道上堆满了垃圾。对于一个民族来说,争取独立是一条艰难的道路。在人民觉醒并高举自由旗帜之后,我们必须在艰难险阻和暴风骤雨中开辟出道路。我至今还不了解缅甸独立背后的故事,这些与世隔绝的历史隐匿在壮阔的伊洛瓦底江畔,埋藏在金色的宝塔脚下,但是,眼前遍布大街小巷的垃圾和泛着涟漪的悲伤往事,让人联想到新共和国成立前那震撼人心的至暗时刻。沉重的往昔仿佛还压在人们身上。

乔西·布丽丝——曾对我死缠烂打的昔日恋人——已杳无音讯，她是《鳏夫的探戈》中女主角的原型。关于她的下落，我找不到任何线索，曾与我们住在同一街区的邻居们都已不在人世。

我们乘飞机离开了，跨越分隔缅甸与中国的重重山脉。这片浑然天成的风景有着田园诗般的安宁。飞机从曼德勒起飞后，越过稻田、层层叠叠的宝塔、成百万棵棕榈树以及缅甸人自相残杀的战场，飞进了中国宁静而质朴的景色里。

跨越边境后首先到达的中国城市是昆明，我们的老朋友、诗人艾青已经等候在那里。他那黝黑的脸庞轮廓分明，一双充满灵性的大眼睛流露着善意，他的敏捷思维使这次漫长的旅途不乏愉悦之情。

艾青和胡志明一样，是来自古老东方的诗人，都遭受过殖民主义的压迫，又在巴黎经历了艰苦生活。他们声音柔和且情感饱满，离开故土的监牢重获自由后，他们远渡重洋到国外求学，有时靠在餐馆打工维持生计，但从未对革命失去信心。诗歌中温润如玉、政治上却坚定不移的他们在关键时刻返回祖国，完成自己的使命。

在昆明，公园里的树木都做过整形手术。它们呈现出矫揉造作的形态，时常可见枝丫的截断部位被泥巴包裹着，有些树枝好似受伤的手臂一样缠着绷带。别人带我们去见过园丁——那位以如此不寻常的方式管理公园的邪恶天才。粗壮的老枞树长得不超过三十厘米，我们看到了更矮小的橘子树，枝头挂满了金色谷粒一般的小橘子。

我们还去游览了一个奇伟的石林。岩石奇形怪状，有的细长如一根巨针，有的形态像浪涛翻腾。我们了解到，人们对石头的喜爱已有几世纪的历史。中国古城的广场会用造型奇异的巨石装饰。古代的地方官员会把这种巨石作为最好的贡品献给帝王，上百名奴隶推着石头走上数千公里路途，耗费几年的光景才能将它们运送到北京。

中国对我来说并不神秘。恰恰相反，我能看到其万古千秋的历史、日益巩固的根基和逐渐明朗的秩序，尽管一场震撼人心的社会变革正在进行中。它像是一座结构古朴的巨塔，各式各样的角色——百姓、神话人物、战士、农民和神明——在这里来来往往。别出心裁的事物是不存在的，包括人们脸上的笑容。若想去民间寻找一件制作粗糙的小工艺品，即那种结构有违透视原理却令人惊叹的物件，可以说是白费力气。中国各种材质的娃娃，不管是陶瓷的还是石雕或木刻的，都是数千年前的样式重现。每件事物都具有完美复制的特性。

最让我兴奋的事情发生在一个乡村集市，我看到了用很细的竹条编成的蝉笼。一只只装着蝉的小竹笼以建筑学的精确度巧妙地连接在一起，形成一座将近三英尺高的城堡。看着嫩绿的竹茎上打出的一个个结，我知道，那一双双可以创造奇迹的清白之手已重获新生。农民们看出我对那串蝉笼的喜爱，便不愿收我的钱，直接送给了我。就这样，深居中国的几个星期里，嘹嘹蝉鸣声一直萦绕在我耳畔。上一次收到如此难忘且质朴的礼物，还是在我童年的时候。

我们乘坐一艘载着上千人的轮船，沿长江逆流而上，乘客里有旅人、农民、工人、渔民，个个神采奕奕。我们朝南京的方向行驶数天，看到宽阔的河面上满是船只，人们事务繁忙，成千上万的生灵、日常的挂念和梦想在这条河上纵横交错。平静浩渺的长江是中国的一条主要河流，它有的地方很狭窄，以致船只在驶过湍急的峡谷时困难重重。抬头望去，两岸的峭壁似在空中相接；不时能瞥见一小片云，像是画功娴熟的人用毛笔勾勒而成；悬崖绝壁间，偶尔可见一座小小的房屋。

世间少见这般美到令人窒息的景色。也许只有令人生畏的高加索隘径或麦哲伦海峡可以与之媲美。

与我五年前来这里时相比,中国发生了显著的变化,而随着此次旅行的深入,这种感觉更加明显。

此般印象一开始并不明朗。我注意到街上的人们和以前大不相同。但究竟哪里不同呢?啊,是清一色的蓝衣服不见了。五年前的同一时节,中国的大街小巷里总是人山人海,熙熙攘攘,无论男女老少,都穿着斜纹布或薄棉布质地的蓝色工装。我喜欢这种样式简单、深浅不同的蓝色衣服。看到不计其数的蓝色身影走过街头,很是赏心悦目。

而现在和那时不同了。是怎么回事呢?

纺织业在这五年间得到了大力发展,足以让千百万中国女性穿上各种材质、各种颜色,包括花卉、条纹、波点等各种图案的服装,也足以让千百万中国男性穿上其他颜色和质地更好的面料。

如今,中国的高雅品味成为街头巷尾的一道道彩虹,这是一个制造不出任何丑陋事物的民族,就连最古老的草鞋,都像是一件花朵形状的艺术品。

乘船沿长江游览时,我感受到了传统中国画的真实。山口处,一棵形似小塔的松树扭曲盘旋,使人联想到那些古老的版画。这般令人惊叹的奇丽景致高高耸立于奔涌的长江之上,并在岩石缝隙间,展现着这个优秀民族的人文底蕴:占地五六米宽的秧苗,或是有着五层屋顶的小庙,不禁引人遐想。在更远的秃崖上,我们仿佛看到神话故事中云雾缭绕的场面,恰似世上最资深、最高明的微图画家笔下那仙气飘飘的图景,画中还有几只鸟儿掠过。在这壮丽的自然风光中,简洁质朴又意味深长的诗歌应运而生,它就像疾飞而过的飞禽掠影,又像石壁间的平静溪流反射出的银色光芒。

然而,此番景色的最独特之处在于岩石间微小的矩形耕地上有农民在劳作。在更高处的垂直峭壁顶端,凡是有凹处的地方,只要有适合植物生长的环境,就有中国人在那里耕种。中国的大地母亲辽阔而坚硬。她训练并塑造了这里的人,使他们成为不知疲倦、细致入微又坚韧不拔的劳动者。广袤的土地一望无尽,耕作的人们不辞劳怨,加之一切不公正的现象正逐步消除,这一切将使生活在这个地大物博、历史悠久的国度上的民族更加繁荣兴旺。

在这次长江之行中,若热·亚马多显得急躁不安。船上生活的诸多方面都使他和他的妻子泽莉亚感到不悦。然而,泽莉亚性情平和,再不满也不会发怒。

产生不悦情绪的原因之一是,我们在旅行中被当作特权人士对待,而这违背了我们的意愿。我们有专用的客舱和餐厅,在挤成一团的数百名中国人之间享用这些特权让我们感觉不适。这位巴西小说家看着我,目光中满是对此的嘲讽,嘴里甩出一句句诙谐而尖刻的话。

事实上,对斯大林时代的揭露,已经拧断了若热·亚马多内心深处那根盘绕的弹簧。我们是老朋友,一起度过了多年的流亡岁月,拥有共同的信念和希望。但是,我自知没有他那么坚持己见;我的天性和智利人血脉中的秉性使我更容易理解别人。若热则相反,始终坚定不移。他的良师益友路易斯·卡洛斯·普列斯特斯[①]曾被监禁近十五年,诸如此类令人无法忘怀的事件让他变得性情刚硬。尽管与他有着天壤之别,我却觉得他的态度是合情合理的。

---

① 路易斯·卡洛斯·普列斯特斯(1898年1月3日~1990年3月7日),巴西共产党领袖。

苏联共产党第二十次代表大会的秘密报告掀起了一股巨浪，将我们革命者全部推向新的立场，迫使我们做出新的结论。许多人都感觉自己从痛苦中获得了新生。黑暗和恐怖已经散去，重生的我们紧握真理，继续启程。

然而，航行在长江壮丽的悬崖峭壁之间，若热的人生似乎开启了与过去截然不同的新阶段。他开始变得平静安详，态度和言论也温和了许多。我不认为他是对革命失了信心，他只是把更多的精力放到了自己的创作中，其作品失去了此前惯有的明确的政治特性。他心中的享乐主义仿佛突然被释放了出来，从《味似丁香、色如肉桂的加布里埃拉》这部充满声色与欢乐的杰作开始，若热全心投入写作，陆续出版了几本佳作。

诗人艾青负责接待我们一行人。每天晚上，若热·亚马多、泽莉亚、玛蒂尔德、艾青和我都在专用餐厅吃饭。餐桌上摆满了各式菜肴，有金黄色和绿色的蔬菜，有糖醋鱼，还有用特别方法烹制的、十分可口的鸭肉和鸡肉。然而几天下来，不管我们多么喜欢这些异国风味的食物，也都再也咽不下了。后来，我们找到了一个可以摆脱这些美味菜肴的机会，但过程很是艰难，就像那些盘绕生长的树枝一样曲折复杂。

我的生日刚好就在那时。玛蒂尔德和泽莉亚计划换换口味，用西式晚餐来为我庆祝。那是一顿无比寻常的西餐：用我们的方法做一只烤鸡，配上智利风味的番茄洋葱沙拉。女士们想要制造惊喜，就私下去找我们的好朋友艾青。诗人稍显不安地回答说，他得先和接待组其他人商量一下，然后再作答复。

他们的讨论结果出人意料。当时全国正大力开展节约运动。毛泽东谢绝了大家为他祝寿的建议。在如此严肃的形势下，我们怎么可以庆祝呢？泽莉亚和玛蒂尔德争辩说，我们的想法正好顺应节约的浪潮：我们要用自己的方式烤一只鸡作为晚餐，拿一只再普通不过的鸡取代摆满桌子的丰盛食物，何况那些鸡鸭鱼肉我们常常一口都不吃。第二天，艾青和我们从未见过的倡导节约的委员们又开了一次会，最后得出的结论是，我们的船上没有烤炉。泽莉亚和玛蒂尔德已经和厨师沟通过了，她们便告诉艾青事情并非如此，一个实用的烤炉已经预热，就等着我们把鸡放进去了。艾青眯起眼睛，将目光投向万里长江水。

就在七月十二日，我的生日当天，我们围着餐桌吃上了烤鸡——这场辩论的珍贵战利品。两个番茄和几片洋葱组成了一小盘美味的沙拉。而那张按惯例摆放着琳琅满目的鲜美中国菜肴的大桌子，就在不远处。

一九二八年，我曾途经香港和上海。当时的中国正处于殖民者的铁血政策下，处处可见赌徒、鸦片烟鬼、妓院、夜间抢劫犯、冒牌俄国公爵夫人以及海陆盗贼。停靠在银行大楼前的灰色战舰揭露了殖民者的抢掠，也揭露了其忧患和恐惧，一个自取灭亡的世界正在垂死挣扎。在卑鄙的领事们批准下，许多国家的旗帜飘扬在中国和马来罪犯的海盗船上。妓院由国际公司投资。在这本回忆录的其他章节，我曾讲过在中国遭遇抢劫的经历，我被扒光了衣服掠走了钱，扔在大街上。

当我到达曾经革命的中国时，所有这些记忆都浮现了出来。而今中国已呈现出崭新的面貌，其道德的纯洁程度令人惊叹。各种瑕疵、摩擦和误解相比之下都显得微不足道。我最大的感受来自亲眼看到可喜的变化正发生在这片历史文化悠久的辽阔土地上。全国各地都在进行全新的尝试。封建农业即将经历一场变革。道德风气如同飓风过境之后那样透彻干净。

到重庆后,我的中国朋友带我去参观这座城市著名的桥梁①。我一生都喜爱桥梁。我的父亲,一名铁路工人,向我灌输了他对这种建筑的敬意。他从不管它们叫桥,觉得那是一种亵渎。他称它们为艺术品,而从不把这个称号授予绘画、雕刻或是诗歌。对他来说,只有桥才配得上这个名字。父亲曾多次带我去观赏位于智利南部别具一格的马莱科高架桥。这座矗立在南方苍翠群山之间的桥梁,高大、修长、简洁,像一把绷紧琴弦的钢制小提琴,等待着科伊普伊②的风将它拉响。直到现在,我都认为那是世界上最美的桥。而横跨长江的雄伟大桥又是另一番景象。这座中国最宏伟的建筑杰作,是在苏联工程师的协助下完成的。此外,它还代表着一场旷日持久的斗争宣告结束。数世纪以来,重庆被长江穿城而过,使得其发展缓慢而孤立,落后于时代。

带我参观桥梁的中国朋友们表现出的热情远超过我可怜的双腿的承受能力。他们让我登上高塔,又爬到桥底,去欣赏奔涌了几千年的江水,如今,它被长达几公里的钢铁作品跨越。火车将从铁轨上通过;公路路面供自行车骑行。这伟大的场景令我叹为观止。

晚上,艾青带我们去一家老字号餐馆吃饭,那里供应最具传统特色的菜肴:樱桃肉、五彩莴笋丝、皮蛋、鱼唇。中国烹饪的复杂、多样、创新和形意令人惊叹,无法用语言来形容。艾青为我们做了些讲解。一桌佳肴要达到色、香、味三个标准。这三点都应被严格

---

① 指白沙沱长江铁路大桥,重庆最早修建的长江大桥,也是万里长江第二桥。该桥解决了跨越长江只能靠车船上下转运,进而耗费人力物力、效率低下的问题,一定程度上大大促进了当地的经济社会发展。

② 智利南部阿劳卡尼亚大区马莱科省的一处地名。

遵循：颜色须诱人且和谐，香气须浓郁且美味，味道须鲜美且适口。艾青告诉我们，这家餐馆的菜还多了一个绝佳的要素——声。在盛满美味菜肴的大瓷盘中，最后一刻浇以虾尾汁；再将它们倒在烧热的金属烤盘上，这时会发出类似长笛的声音，这优美的旋律以同样的方式一再响起。

在北京，负责接待我和若热·亚马多的作家协会负责人是丁玲。我们的老朋友、诗人萧子璋和他的德籍摄影师妻子也在场。气氛十分愉悦。我们乘船在湖上观赏荷花，这个巨大的人工湖当初是为末代皇后游乐而建造的。我们参观了工厂、出版社、博物馆和宝塔，还去了皇族后裔经营的世界上最独一无二的餐厅吃饭（独一无二到只有一张餐桌）。我们这两对南美洲夫妇在中国作家协会度过了欢快的时光，一起饮酒、抽烟，有种宾至如归的感觉。

我经常把日报递给我那位姓李的年轻翻译，指着其中一栏看不懂的汉字说："请翻译给我听。"

他用新学会的西班牙语，为我读了有关农业的社论，毛泽东的游泳壮举、马克思主义者的社论、军事新闻……

"停！"我对他说，"还是换一栏读吧。"

就这样，某一天，当我在报纸上指到一条悲伤的新闻时，我惊诧万分。这一栏内容有关一个政治案件，其中涉及那几位每天与我们见面的朋友。然而，他们仍在负责接待我们。这个政治案件似乎不是刚刚发生的，可他们却从没提过一句接受调查的事情，也从没说起他们的前途悬于一线。

若热·亚马多已返程回国。稍后我也将带着苦涩的滋味离开。那感受我至今还没忘怀。

苏呼米的猴子

我已经回到了苏联,并应邀去南方旅行。飞越广袤的土地,抵达目的地后,我已将大草原、工厂、高速公路、苏联的大城市和小城镇全都抛到了身后。我来到巍峨的高加索山脉,那里冷杉遍地,野兽频繁出没。在我的脚下,黑海为迎接我们披上了蓝色外衣。到处都弥漫着橘子树花满枝头的芬芳。

我们所在的地方是阿布哈兹苏维埃社会主义共和国的首都苏呼米。这就是传说中的科尔基斯[①],公元前六世纪伊阿宋[②]来觅取金羊毛的地方,狄俄斯库里兄弟[③]的希腊故土。之后在博物馆,我看到一个近来刚从黑海水域打捞出的巨大的希腊大理石浅浮雕。在这些海岸上,古希腊诸神曾举行他们的神秘仪式。如今这种神秘感已被苏联人民简朴、勤劳的生活所取代。这里的人和列宁格勒的人不一样。这片阳光充足、到处是麦田和大型葡萄园的土地有着另一种腔调——人们讲话带着地中海口音。这里男人走路的姿态也不同,女人则长着意大利或希腊风情的手和眼睛。

我在小说家西蒙诺夫的家里住了几天,我们去黑海温暖的海水里游泳。西蒙诺夫还带我参观了他的果园里美丽的树木。我认识这些树,他每告诉我一棵树的名字,我就活像个爱国的农民一样重复回应道:"我们智利有这种树。这种也有,那种也有。"

---

① 格鲁吉亚一个地区,古希腊神话中阿尔戈号的英雄前来寻找金羊毛的地方。

② 古希腊神话中的英雄,其叔父篡夺王位后,命令他去科尔喀斯觅取金羊毛。伊阿宋率众英雄乘坐阿尔戈号,历经艰险取得金羊毛。

③ 古希腊神话中的孪生神灵,父亲是众神之王宙斯。后来成为双子星座。

西蒙诺夫面带调侃的微笑看着我。我对他说："我真的很遗憾，你大概从没见过我圣地亚哥的家中那些野生葡萄藤，也没在秋天观赏过智利金灿灿的白杨，那颜色简直无与伦比。你要是能在春天看到花团锦簇的樱桃树，闻到智利波尔多树的香气该有多好。你要是能在去往梅里比亚的路上，看到农民们是如何把金色的玉米穗铺在屋顶上该有多好。你要是能把脚伸进黑岛冰冷纯净的水中该有多好。但是，我亲爱的西蒙诺夫，各国之间竖起了壁垒，他们相互为敌，在冷战中交火，我们也因此难以相见。我们可以乘坐如神龙出水般的火箭直冲云天，却没办法在深情厚谊中握住彼此的手。"

"这一切或许会改变的。"西蒙诺夫笑着对我说，向黑海诸神隐没的地方投去一块白色的石头。

品种繁多的猴子是苏呼米的骄傲。利用其亚热带气候的优势，苏呼米实验病理学和治疗研究所培育了世界上所有品种的猴子。进入研究所后，我们看到许多大笼子里关着性情烦躁的猴子和呆头呆脑的猴子，巨型猴子和小型猴子，无毛猴子和有毛猴子，若有所思的猴子和目光炯炯的猴子，还有闷闷不乐的猴子和暴戾恣睢的猴子。

有灰猴子、白猴子和三色臀部的猴子，有表情严肃、身材矮胖的猴子，还有实行一夫多妻制的猴子，这个品种的雄猴不允许雌猴未经允许擅自吃东西，只有等它庄严地用餐完毕，雌猴才可进食。

最先进的生物学研究在此进行。猴子被用来做神经系统和遗传方面的研究，以及对生命奥秘及延长寿命的深入探索。

有只带着两个宝宝的小母猴引起了我们的注意。其中一只幼猴一直跟着母猴，而母猴却带着似人类般的温柔把另一只抱在怀里。所长告诉我们，受宠爱的那只小猴子并不是它亲生的。另一只母猴和它同时分娩，却在幼猴刚出生时死了。这只母猴便立刻收养了这个孤儿。从那时起，它把母爱和时刻怀有的柔情都倾注在养子身上，甚至超过了对亲生孩子的疼爱。科学家们认为，母猴所具有的强烈母性特征会促使它收养更多非亲生孩子，结果它却一只只地拒绝了。它的态度不仅符合生命本能，还体现了母亲之间团结互助的精神。

亚美尼亚

我们正飞往一个充满传奇色彩、人民勤劳坚韧的国度——亚美尼亚。在遥远的南方，阿拉拉特山的雪峰俯视着亚美尼亚的历史发展。据《圣经》记载，这里是诺亚方舟停靠的地方，人类于此得以重新繁衍。亚美尼亚多石、多火山的地貌特征决定了生活的艰难不易。为耕种这片土地，亚美尼亚人做出了难以计量的牺牲，并将他们的民族文化提升至古代世界的最高程度。社会主义给这个历尽苦难的高尚民族带来了惊人的发展和繁荣。数世纪以来，亚美尼亚人惨遭土耳其侵略者的屠杀和奴役，高原上的每一块岩石，修道院里的每一块瓦片上都沾染过他们的鲜血。这个国家的社会主义复兴是个奇迹，也揭穿了苏维埃帝国主义的恶意谎言。在亚美尼亚，我参观了拥有五千名工人的纺纱厂、庞大的灌溉工程和电力工程以及其他大规模产业。我走遍了城市和乡村，除了一个俄罗斯人外，遇到的都是亚美尼亚人——亚美尼亚男人和女人。亚美尼亚人有着黑色皮肤和黑色眼睛，而在那一双双黝黑眼睛之间，仅有一双蓝色的眼睛，就是那位负责管理塞凡湖水力发电站的俄罗斯工程师。塞凡湖湖面十分开阔，仅有一条排水渠。缺水的亚美尼亚无法将这宝贵的水资源收集利用，任凭其大量蒸发。为了解决这一问题，河面被拓宽，以致湖面水位降低，同时，随着河流水量的增加，将建设八座水电站、几个新工业企业、大规模铝厂,以及供应全国的电力和灌溉系统。我永远记得参观水力发电站的情景,纯净的湖水倒映出亚美尼亚湛蓝的天空,水电站矗立于湖畔,那画面令人久久无法忘怀。当记者问我对亚美尼亚古老教堂和修道院的印象时,我略显夸张地回答说:"我最喜欢的教堂是那座水力发电厂,它就像是建在湖边的寺庙一样。"

我在亚美尼亚游览了许多地方。用火山凝灰岩建造的,如同一朵粉红玫瑰般和谐美好的埃里温,是我见过的最美丽的城市之一。参观布拉堪天文台的经历令我格外难忘,在那里我第一次看到了星星书写的文字。星体闪烁的光被捕捉到并由精密仪器记录下来,就好像天空的心电图一样。在这些图形中,我观察到每颗星星都有自己独特的书写方式,那搏动的字形令人着迷,虽然对于一个尘世间的诗人来说十分难懂。

在埃里温动物园,我直奔关着神鹰的笼子,但我的这位老乡并没有认出我来。这只眼神里流露着疑虑的秃顶神鹰,绝望地站在笼子的角落,俨然一只思念故乡安第斯山脉的大鸟。我悲伤地看着他,因为我就要返回祖国了,而它将永远被囚禁在这里。

我和貘的相遇则是另一番景象。埃里温动物园是为数不多拥有亚马逊貘的动物园之一。这种动物长着牛一样的身体,鼻子很长,眼睛如同一对小圆珠子。我不得不承认貘长得跟我很像。这并不是什么秘密。

埃里温动物园的那只貘正在池塘旁边的围栏里昏昏欲睡,一看见我,眼睛里就放出了光芒,也许我们曾在巴西有过一面之缘。动物园管理员问我想不想看它游泳,我回答说,我走遍世界就是因为喜欢看貘游泳。管理员随即为它打开了一扇小门。貘高兴地看了我一眼，然后跳进水里，像传说中的海马一样喘着粗气，也像一只长了毛的梭尾螺。它浮上来，整个身体都露出水面，接着潜入水里，激起汹涌的巨浪；它再次浮出水面，气喘吁吁，高兴得像个醉汉，然后继续以飞快的速度展现它那不可思议的特技表演。

"我们从没见过它这么开心。"动物园管理员对我说。

中午，在作家协会为我安排的午餐席上，我在感谢致辞中提到了亚马逊貘的绝技表演，同时谈到了我对动物的热爱，不管到什么地方都要去动物园看看。

亚美尼亚作家协会主席在答谢词中回应道："聂鲁达为什么还要去参观动物园呢？来我们作家协会就能看到各种动物了。这里有狮子和老虎、狐狸和海豹、鹰和蛇、骆驼和鹦鹉。"

葡萄酒和战争

回国途中，我在莫斯科停留了一下。对我来说，这里是许多梦想得以实现的地方，也是我的几位挚友居住的城市。在我眼中，莫斯科是一场盛宴。到了莫斯科后，我立刻走上街头，畅快地呼吸，用口哨吹起奎卡舞①曲。我观察着俄罗斯男人的脸、俄罗斯女人的眼睛和辫子、街角贩卖的冰淇淋、民间纸花和商店橱窗，我寻觅新鲜的事物，那些让生活变得更有意义的小东西。

我再次去拜访爱伦堡。我的这位好友给我看的第一样东西是一瓶挪威烧酒。商标上印着一艘巨大的彩色帆船。另一处还标记了这瓶酒经由澳大利亚转运回原产地斯堪的纳维亚的启航和回港日期。

---

① 智利国舞，动作简单、优美，采用两人对跳方式，诙谐地表现男女之间的爱情。

我们谈论起葡萄酒来。我回忆起在我年轻时候，智利的葡萄酒因其品质卓越而远销国外，需求量很大。对于我们这些穿着铁路员工制服、过着波西米亚式漂泊生活的人来说，酒是种奢侈品。

不管去到哪个国家，我都有兴趣了解当地葡萄酒的发展历史——它诞生自"人们的脚下"，最终被装进绿色玻璃瓶或雕花水晶瓶里。在西班牙加利西亚，我喜欢喝里贝罗葡萄酒，盛放葡萄酒的陶杯会留下厚厚一层血一样的痕迹。我记得匈牙利有一种味道醇厚的酒，名叫"牛血"，它的猛烈程度能使吉卜赛人的小提琴颤抖。

我的高祖父母拥有几座葡萄园。帕拉尔——我出生的地方——是葡萄原汁产地。从我的父亲和叔父们——阿瓦迪亚斯先生、霍埃尔先生、奥塞亚斯先生、阿莫斯先生——那里，我学会了如何区分粗制酒和过滤后的酒。他们偏爱直接从木桶里倒出来的原始状态的粗制酒，我却喜欢不来。其他事情也是一样，在我学会了品尝与欣赏、体验过高级酒香之后，很难再返璞归真。艺术中也有同样的境况：某天早上你和阿佛洛狄忒一起诞生于普拉克西特列斯①之手，最终却和大洋洲的原始雕像生活在一起。

我曾在巴黎一户尊贵人家品尝过一种名贵的酒——木桐红酒，此酒无可挑剔：酒体浑厚，香气浓郁，口感顺滑。我所说的这家主人就是阿拉贡和艾尔莎·特里奥莱。

"这几瓶酒是我刚刚收到的，现在特意为你打开。"阿拉贡对我说。

接着，他给我讲了这瓶酒背后的故事。

当时法国被德军占领。法国最机智的士兵、诗人兼军官路易·阿

---

① 普拉克西特列斯（公元前 4 世纪），古希腊古典后期杰出的雕塑家。

拉贡来到一个前沿哨所。他率领着一支男护士分队，准备遵照指令越过哨所，前进到三百米开外的一座建筑物那边。这时，一名上尉拦住了去路，他是阿尔方斯·德·罗斯柴尔德伯爵。这位比阿拉贡还要年轻的上尉，和他一样是个急脾气。

"你们不能从这儿过去，"上尉说，"德国人的火力太猛。"

"我得到的指示是到那座楼房去。"阿拉贡鲁莽答道。

"我命令你不准前进，留在这里。"上尉回应说。

以我对阿拉贡的了解，我敢肯定，那必定是一场唇枪舌剑的争执，他的言语一定像手榴弹一样到处乱飞，火花四溅。然而，辩论持续了不到十分钟，在罗斯柴尔德和阿拉贡瞪大的眼睛前方，一枚德国迫弹突然袭来，那座楼房被击中，在烟雾弥漫中瞬间化为灰烬。

就这样，法国头号诗人幸免于难，多亏了这名上尉的倔脾气。

自此以后，每到这一事件的周年纪念日，阿拉贡都会收到罗斯柴尔德家葡萄园出产的几瓶佳酿木桐红酒。

此刻我正在莫斯科，伊利亚·爱伦堡的家里。对纳粹主义来说，这位伟大的文学游击队员的威力如同一支四万人的队伍，而与此同时，他又是一个精致的美食家。我不确定他是更了解司汤达，还是更熟悉鹅肝。他可以饶有趣味地欣赏豪尔赫·曼里克的诗，也能以同样的兴致品尝格雷诺的伯瑞香槟。对于这个集美味与芬芳于一身的国度，他爱它的身体，也爱它的灵魂。他爱法国的一切。

战争结束后，有个消息传遍了莫斯科，说一批神秘的法国葡萄酒将会上市销售。红军向柏林进军途中,攻克了一个有地窖的要塞,里面装满了戈培尔①疯狂的宣传资料以及他从高贵的法国酒窖里抢来的葡萄酒。宣传资料和瓶装酒被送到获胜的红军总司令部，他们把资料拿去研究，却不知该如何处理这些酒。

酒瓶十分精美，瓶身上贴着醒目的生产日期标签。它们都出自著名的产地和闻名的年份，包括罗曼尼葡萄酒、伯恩葡萄酒、教皇新堡葡萄酒，所有这些可以与金色的普伊葡萄酒、琥珀色的武弗雷葡萄酒、天鹅绒般的香贝丹葡萄酒相媲美。全部藏酒最吸引人的地方是其绝佳的酿造年份。

社会主义的平等主义思想使得这些产自法国的高端战利品在酒类商店里与俄罗斯葡萄酒以相同的价格出售，顾客只能以限定数量购买。这是极好的办法，但诗人们都想到一块儿了。我的每一位作家同行都拜托亲戚、邻居或朋友以非常实惠的价格买来几瓶绝好的佳酿。这些酒在一天之内就卖光了。

爱伦堡这个纳粹主义的死敌到底收来了多少瓶酒，我就不透露了。但正因如此，我此刻才能与他相聚在一起，一边聊着葡萄酒，一边共饮戈培尔地窖里的部分藏品，以此庆祝诗歌和胜利。

被夺回的宫殿

商界巨头们从未邀请我去他们的豪宅做客，说实话，我向来对此也没什么兴趣。在智利，去拍卖会是一种国民消遣。人们涌入每

---

① 保罗·约瑟夫·戈培尔（1897年10月29日~1945年5月1日），德国政治家、演说家，曾担任纳粹德国时期的国民教育与宣传部部长，擅长讲演，被称为"宣传的天才""纳粹喉舌"，以设计广告画、出版宣传品、组织上街游行等方式宣传纳粹主义，以铁腕捍卫希特勒政权和维持第三帝国的体制，被认为是"创造希特勒的人"。

周一次的拍卖会现场,此乃我国特色。这些曾经的豪宅都逃不过同样的命运。一旦成交,那道不让我们老百姓通过的栅栏就会被出价最高的人买走,此外,扶手椅、血淋淋的基督受难像、旧式的肖像画、盘子、勺子,以及孕育了那么多无用生命的床单,连同栅栏一起换了主人。智利人喜欢进去摸一摸、看一看,但很少有人会买些什么。然后宅子被拆了,各个碎片被拍卖了。买家带走了眼睛(窗户)、肠子(楼梯)、脚(地板);最后,连盆栽棕榈树也被瓜分了。

欧洲则相反,这种大宅子会被保护起来。我们有时能看到公爵和公爵夫人的肖像,因某位幸运的画家目睹过他们赤身裸体的样子,我们才得以欣赏到画作和其中优美的线条,窥探到种种秘密、离奇的罪行、戴假发的人、惊人的卷宗和挂着壁毯的墙面,曾被这些墙听到的无数对话,注定在未来成为供人们消遣的谈资。

我应邀前往罗马尼亚,并如期到达。作家们带我去他们共有的乡间别墅休息,这座别墅曾是卡罗尔[①]的宫殿,坐落于美丽的特兰西瓦尼亚森林中。卡罗尔生性鲁莽,他那违背王室道德准则的婚外情成为全世界的笑柄。这座现以新式家具和大理石浴缸装饰的宫殿,正服务于罗马尼亚的思想和诗歌。我在王后陛下的床上睡了个好觉,第二天去参观了被改造成博物馆和度假基地的其他城堡。和我同行

[①] 卡罗尔二世(1893年10月15日~1953年4月4日),罗马尼亚国王(1930年~1940年在位)。他是罗马尼亚国王斐迪南一世同玛丽王后所生的长子,在继承人时代由于婚姻问题而放弃继承权,由自己的儿子米哈伊一世即位。1930年6月8日,卡罗尔二世与罗马尼亚国内的政治家发动政变,逼迫米哈伊一世退位,自己登基。但在1940年,又被迫让位给米哈伊一世,随后开始了流亡生活。

的有诗人热贝列亚努①、贝纽克②和拉杜·布雷亚努③。在一个青翠的早晨，在古老的皇家花园深处的冷杉林中，我们唱着跑调的歌，大声笑着，用各种语言高喊着诗句。罗马尼亚诗人虽然在法西斯主义君主制统治时期经历了漫长的苦难，却一直是世界上最勇敢、最快乐的人。这群如森林之鸟般的罗马尼亚游吟诗人，拥有不可动摇的爱国之心和坚定不移的革命精神，他们对生活如痴如醉的热爱令我惊叹不已。能在一个地方迅速结交到这么多好兄弟，实属难得。

这些罗马尼亚诗人高兴地听我讲起我曾去过的另一座皇家宫殿——西班牙内战时期位于马德里的利里亚宫。那时，佛朗哥带领着他的意大利人、摩尔人和纳粹卐字旗大肆屠杀西班牙人，一九三四年至一九三五年间，每次我走过阿圭列斯街，总能看到民兵占领这座宫殿的场面。我会投去尊敬的目光，但不是出于对新一代阿尔瓦公爵④和公爵夫人的敬畏，毕竟他们震慑不到我这个一无是处的美洲人兼半野蛮状态的诗人，真正吸引我的是宫殿所散发出的庄严气势。

战争爆发时，公爵在英国避难；毕竟，他的姓氏其实是贝里

---

① 尤金·热贝列亚努（1911年4月24日~1991年8月21日），罗马尼亚著名诗人、宣传家、翻译家、社会主义现实主义作家、罗马尼亚科学院院士。

② 米哈伊·贝纽克（1907年11月20日~1988年6月24日），罗马尼亚著名的社会主义现实主义诗人、剧作家、小说家、心理学家、罗马尼亚作家联盟主席、布加勒斯特大学教授、心理学博士、罗马尼亚科学院院士。

③ 拉杜·布雷亚努（1906年3月9日~1997年9月5日），罗马尼亚诗人、散文作家、翻译。

④ 利里亚宫的主人。

克①。他带着最好的藏画和最丰富的财宝留在了那里。想到那位公爵的出逃，我对罗马尼亚人说，中国解放后，孔子当时的后裔也带着藏画和全套餐具以及孔子的遗骨逃往台湾。他先前就是靠孔庙和遗骨发的财，逃亡后一定在台湾舒服地安了家，继续以展出圣人遗骸赚取钱财。

在那些日子里，骇人听闻的消息从西班牙传遍全世界——"阿尔瓦公爵历史悠久宫殿遭红军洗劫""宫殿被严重破坏""让我们一起拯救这件历史珍宝"。

我后来得到进入宫殿的许可。那些所谓的抢劫者身穿蓝色工装，拿着枪站守在大门口。那时，德军的第一批炸弹已投向马德里。我请求民兵让我进去。他们仔细检查了我的证件。当我正准备迈进豪华的大厅时，他们猛然将我拦住，因为我没有在入口处的大垫子上把鞋蹭干净。宫殿内一尘不染，地板像镜子一样反着光。我照做后才得以进入。墙上的矩形留白表明原先挂在那里的画已被带走。民兵们了解所有情况。他们告诉我，公爵多年前就把那些画带到了伦敦一家银行，存放在一个坚固牢靠的保险柜里。大厅里唯一留下的贵重东西是狩猎的战利品，包括无数有角的鹿首以及各种小型野兽的口鼻。其中最引人注目的是一头被填充成标本的大白熊，它以两条腿站立在房间中央，张开手臂，龇牙笑着。民兵们最喜欢它了，每天早上都用刷子给它做清洁。

我自然对不止一位阿尔瓦公爵睡过的卧室很感兴趣，他们一定会在睡觉时因被佛兰德人的鬼魂挠脚心而噩梦连连。那些双脚现已消逝，但如此多的鞋子是我从没见过的。这位公爵并没有扩充他的

---

① 英国姓氏。

绘画藏品,却收集了数量惊人的鞋子。长长的玻璃鞋柜高达天花板,里面放着几千双鞋。鞋柜前配有专门的梯子,就像图书馆里的一样,或许是为了方便主人优雅地握住鞋跟,将鞋取出。我仔细看了看,鞋柜里有几百双非常精致的马靴,包括黄色的和黑色的。还有一些高跟鞋,放在系着珍珠母纽扣的毛绒鞋套里。除此之外,另有几十双雨鞋、便鞋和长筒靴,里面都塞着鞋楦,使它们看起来好像都长着结实的腿和脚,可随时听人差遣。如果把玻璃柜打开,恐怕它们会跑到伦敦去找公爵!你可以尽情欣赏这摆满三四个房间的成排的鞋子,这是一种视觉享受,但也只能用眼睛看,扛着武器的民兵们不许任何人,甚至不许一只苍蝇去碰那些鞋。他们说:"这是文化。"他们又说:"这是历史。"这让我想起穿着布鞋、在索莫谢拉山顶峰上抵抗法西斯进攻的小伙子们,可怜的他们最后被掩埋在雪地和泥地里。

  公爵的床边有一幅镶着金框的小版画,画上的哥特式字体[①]引起了我的注意。我想,天哪!这一定是阿尔瓦家族的世谱。然而我错了。那是鲁德亚德·吉卜林[②]的《如果》——一首一本正经的乏味诗歌,为后来的《读者文摘》引领了风潮。在我看来,它的水准并不比阿尔瓦公爵的鞋子高。请大英帝国原谅我的不敬!

  我猜想公爵夫人的浴室一定会很令人兴奋。它可以引发许多联

---

  ① 12世纪到17世纪风靡欧洲的手写体,直到20世纪,这种字体还被用于书写德语。
  ② 约瑟夫·鲁德亚德·吉卜林(1865年12月30日~1936年1月18日),英国作家、诗人,1907年获诺贝尔文学奖。代表作有《丛林之书》《勇敢的船长》《基姆》等。

想,特别是普拉多博物馆①里那幅斜躺在长椅上的女人像②。在戈雅的画笔下,女人的两个乳头分得很开,让人忍不住去想象,这位革命画家为测量距离,是如何一个吻接着一个吻地,从一个乳房亲到另一个乳房,连成一条隐形的项链。但我又错了。从那只熊开始,到音乐剧场景中才有的鞋柜,再到吉卜林的《如果》,最后,我看到了一个形似庞贝古城的圆形房间,而不是女神的浴室,里面有一个下沉式浴缸和一些俗气的装饰——几只雪花石膏小天鹅和几盏落地灯;简言之,那就像是好莱坞电影中供宫廷婢妾使用的浴室。

感觉受骗的我带着失落的心情准备离开时,却获得了补偿。民兵们邀请我吃午饭,带我去了楼下的厨房。四五十名公爵的家仆、随从、厨师和园丁还留在宫殿里,为自己和守卫宅邸的民兵做饭。我被当作贵客对待。在几番秘密耳语、几趟来回走动、几张收据签字之后,他们拿出一个满是灰尘的瓶子。那是一瓶有着百年历史的基督之泪③,他们勉强允许我尝上一两口。这种红酒像是混合了蜂蜜与火焰,味道醇厚且口感柔和。阿尔瓦公爵这些私藏的眼泪,我是不会轻易忘记的。

一周之后,德国轰炸机向利里亚宫投下了四颗燃烧弹。从我家的阳台上,我看到两只凶鸟飞过。眼前的一片红光让我瞬间明白,我正在目睹宫殿的最后时刻。

"就在那天下午,我经过那片熊熊燃烧的废墟,"我对罗马尼亚作家们说,并以这段话结束了我的讲述,"在那里,我知道了一个

---

① 世界上最重要的博物馆之一,也是收藏西班牙绘画作品最全面、最权威的美术馆,建于1819年,收藏有15~19世纪西班牙、佛兰德斯、意大利的艺术珍品,尤其以西班牙画家戈雅的作品最为丰富。

② 指戈雅的名作《裸体的玛哈》。

③ (意大利产)浓烈甘美的红葡萄酒。

感人的细节。当炮弹从天而降、爆炸声响彻大地、火势愈加猛烈之时，伟大的民兵们为了救下那头白熊，差点在行动中丧命。房梁塌落，整个宫殿都在燃烧，而这只保存完好的动物标本因体型巨大而难以通过门窗。我再一次，也是最后一次在宫殿花园的草坪上见到它，它张开雪白的双臂，脸上带着垂死的笑容。"

宇航员时代

我又来到了莫斯科。十一月七日上午，我观看了红场大阅兵，接受检阅的包括运动员和热情洋溢的苏联青年。他们迈着坚定的步伐穿过红场。一位离开很久的昔日故人正用犀利的目光注视着一切，他就是弗拉基米尔·伊里奇·列宁，为人民开创了安稳、欢乐和充满力量之生活的伟人。

这次阅兵式上没有展示什么武器装备，但巨型洲际弹道导弹首次亮相。我几乎可以伸手碰到那几根巨大的雪茄——它们看起来天真无害，却可以把具有毁灭性的核武器带到世界上的任何地方。

那天是两位从太空返回的俄罗斯人的授勋仪式。我也觉得自己长出了翅膀。诗人很大程度上就像鸟儿。正是在莫斯科的街道上，在黑海的岸边，在苏维埃高加索山脉的山口间，我萌生了一个想法——写一本关于智利鸟类的书。当我这个来自特木科的诗人一心要去研究鸟类，决定书写他那遥远故土上的麻雀、克里奥尔鸫鹩、嘲鸫、雀鹀、神鹰和凤头距翅麦鸡时，两位鸟儿一般的苏联宇航员飞向了太空，使得全世界为之惊叹。看着两位宇航员在我们举头仰望的宇宙中飞行，所有人都屏住了呼吸。

授勋仪式上，宇航员的家人们——他们的本源、他们在地球上的根——就坐在身旁。老父亲们蓄着农民常见的浓密胡子，老母亲们头上披着乡村特色的大围巾。两位宇航员和我们这些来自乡间、工厂和办公室的人一样，都是普通人出身。尼基塔·赫鲁晓夫以苏维埃的名义，在红场迎接他们。后来，我们在圣格奥尔基大厅见到了他们。别人介绍我认识戈尔曼·季托夫①——第二位进入太空的宇航员——他长着一双炯炯有神的大眼睛，待人亲切。

"请问少校，当您在太空飞行并遥望地球时，能看到智利吗？"我这句话给人的感觉就好像在说："您难道不知道吗？这次旅行的主要目的是从太空的视角看看智利。"

他没有像我想象的那样不禁失笑，而是思考片刻，然后对我说："我确实看到了南美洲几条黄色的山脉，显然是很高的山脉。那大概就是智利。"

同志，那当然是智利。

在十月社会主义革命四十周年纪念日当天，我乘火车离开莫斯科，前往芬兰。在去火车站的路上，一束束烟花腾空而起——蓝色、红色、紫色、绿色、黄色、橙色的焰火犹如齐鸣的喝彩声，在这个胜利的夜晚向全世界发出互相理解与和平共处的信号。

我在芬兰买了一颗独角鲸的牙齿，然后继续踏上我们的旅程。在哥德堡，我们登上了返回故土的船。美洲和我的祖国也要与时俱进。在我们途经委内瑞拉前往瓦尔帕莱索时，美国国务院的"宠

---

① 戈尔曼·季托夫（1935年9月11日~2000年9月20日），苏联宇航员。1961年8月6日，戈尔曼·季托夫乘坐东方二号宇宙飞船升空，成为人类历史上第二位环绕地球的宇航员。

物"、特鲁希略①和索摩查②的"私生子"——独裁者佩雷斯·希门尼斯③——派来足够去打仗的一帮士兵,阻止我和我的妻子下船。但当我到达瓦尔帕莱索时,自由已经将委内瑞拉暴君赶下了台,这个专横的总统就像一只梦游的兔子,飞快逃往迈阿密。自第一颗人造卫星升空以来,世界加快了其发展的脚步。谁能料到,在船停靠瓦尔帕莱索后,第一个敲响我的客舱门来迎接我们的人,竟是那个被我留在黑海里游泳的小说家西蒙诺夫?

---

① 拉斐尔·莱昂尼达斯·特鲁希略·莫利纳(1891年10月24日~1961年5月30日),多米尼加政治家、总统(1930年~1938年、1942年~1952年在位),从1930年开始,以军事强人的姿态,在幕后担任多米尼加共和国的独裁者,直到1961年被暗杀。

② 安纳斯塔西奥·索摩查·加西亚(1896年2月1日~1956年9月29日),尼加拉瓜总统(1937年~1947年、1950年~1956年在位),在位期间实行独裁统治。

③ 马科斯·埃万格利斯塔·佩雷斯·希门尼斯(1914年4月25日~2001年9月20日),委内瑞拉军人、政治家、总统(1952年~1958年在位)。

诗歌是种技艺

诗歌的力量

我们这个时代充满了战争、革命和重大的社会动荡,却为诗歌提供了难以想象的肥沃土壤。不管是独处还是身在公众集会的人群中,不管是攻击别人还是受到别人的攻击,人民大众都无法抗拒诗歌的力量。

当我开始写第一本抒发孤独的诗集时,我从未想过,随着时间的流逝,我会在广场、街道、工厂、礼堂、剧院和花园里朗诵我的诗。我几乎走遍智利的每一个角落,将我的诗歌像种子一样播撒在人民群众之间。

我要讲一讲在维加中央市场——智利圣地亚哥规模最大、最受欢迎的集市——所发生的事情。黎明时分,一辆辆手推车、四轮马车、牛车和卡车纷至沓来,从这个贪恋美食的首都周围的菜园子里,将各种蔬菜、水果和其他食物运来。维加中央市场一带的咖啡馆、廉价旅馆和低档餐馆里涌动着装卸工——这个庞大的群体收入微薄,常常打着赤脚忙碌。

一天,有人开车来找我,我上了车,却不知要去哪里做什么。我的口袋装着一本我的《西班牙在心中》。在车上,他们向我解释说,维加中央市场装卸工工会邀请我去做演讲。

当我走进那个破旧不堪的礼堂时,何塞·亚松森·席尔瓦[①]在《夜曲》中所描写的那种寒意向我迎面扑来,不仅因为气候正值寒冬,还因为当时那里的情境令我震惊。约五十个人坐在板条箱或临时搭建的木凳上等着我到来。有些人把麻袋像围裙一样系在腰上,有些

[①] 何塞·亚松森·席尔瓦(1865年11月27日~1896年5月23日),哥伦比亚诗人。

人穿着打了补丁的旧汗衫,还有些人在这七月的严寒中赤裸着上身。我坐在一张把我和这群不寻常的观众隔开的小桌子后面。他们全都用智利人典型的乌黑眼睛直勾勾地看着我。

我想起了老拉费尔特①。对于那些面无表情、目不转睛凝视演讲者的观众,他做了一个有趣的比喻。有一次,他在盛产硝矿的大草原上对我说:"瞧,大厅深处有两个穆斯林正倚靠在柱子上盯着我们。他们一旦披上带有包头巾的呢斗篷,就会酷似沙漠里那些无畏的信徒。"

我该如何面对这些听众?我要跟他们讲些什么?我的生活中有哪些事情能引起他们的兴趣?我拿不定主意,却要故作镇定,只好拿出随身携带的那本诗集,对他们说:"不久前我在西班牙,那里战火不断。我就此写了一些诗,现在读给大家听吧。"

解释一下,我一直认为《西班牙在心中》不是一本易懂的诗集。我试图写得简单明了,但那些让人无法承受的悲痛事件把它变得深沉厚重。

我本打算只读几首诗,再讲几句话,就跟他们告辞。然而,一切和我预想的不太一样。我一首接一首地读下去,礼堂落入一片沉寂,看着观众们漆黑的眼睛和眉毛紧跟我的诗句变化时,我意识到我实现了写这本诗集的意义。我继续朗读下去,为诗句所表达的内容而感动,为我的诗歌与那些孤独的灵魂所产生的共鸣而震撼。

朗读持续了一个多小时。当我准备离开时,一位观众站了起来。他是其中一个腰间系着麻袋的人。"我要代表大家感谢您,"他大声说道,"我还想告诉您,从来没有什么东西像这些诗一样让我们感

---

① 埃利亚斯·拉费尔特·加维尼奥(1886年~1961年),智利第一位竞选总统的共产党人。

动。"

他说完后激动得啜泣起来,在场的另几个人也跟着哭了。我同这些皮肤粗糙的人握手告别,被一双双湿润的眼睛目送离开。

一个诗人在经历了这般冰火交织的考验后,可能无动于衷吗?

回忆蒂娜·莫多蒂①时,我要用尽全力,就像拼命去攥住一把薄雾。对她的追念如此脆弱,几乎什么都看不到。我到底是了解她,还是不了解呢?

她依然那么美丽动人:茂密的头发拢在苍白的鹅蛋脸后,两边露出的发丝就像一对乌黑的翅膀,大大的眼睛如天鹅绒般温柔,始终注视着岁月的流逝。迭戈·里维拉曾将她的面容描绘在壁画中,还为她画上了用植物和玉米穗做成的头饰。

这位意大利革命者、杰出的摄影艺术家,很早就去了苏联,为那里的人民和历史遗迹拍照。然而,在命运的安排下,她毅然跳入社会主义全面发展势不可当的洪流中,将相机扔进莫斯科河,发誓要把自己的一生奉献给共产党,甘愿做最平凡的工作。我遇到她时,她正在墨西哥履行自己的誓言,而某天晚上她突然离开人世,我为此悲痛不已。

那是发生在一九四一年的事。"卡洛斯少校"维托里奥·维达利是她的丈夫。蒂娜·莫多蒂乘出租车回家时,因心脏病发作不幸离世。她知道自己的心脏有问题,但担心上级会以此为由减少她的革命工作,所以只字不提。她毫不介意去做些别人不愿做的事情,比如打扫办公室、长途步行或是熬夜写信与翻译文章。在西班牙内战时期,她做过护理共和军伤员的工作。

---

① 蒂娜·莫多蒂(1896年8月16日~1942年1月5日),意大利裔美国摄影师、模特、演员、共产国际的革命政治活动家。

蒂娜有过一次悲惨的经历，当时她和流亡墨西哥的古巴杰出青年领袖胡利奥·安东尼奥·梅拉①是情人关系。古巴暴君格拉尔多·马查多从哈瓦那派了几名杀手去刺杀这位革命领袖。一天下午，蒂娜挽着梅拉的胳膊走出电影院，在一阵机关枪的扫射下，梅拉牺牲了。当时他们一起倒在了地上，蒂娜的身上溅满了梅拉的血，而刺客却在警察的保护下逃跑了。更可憎的是，保护罪犯的当局竟试图将谋杀罪名扣在蒂娜·莫多蒂的头上。

十二年后，蒂娜·莫多蒂的气力悄然被耗尽。墨西哥保守派企图在她离世后，再次用丑闻破坏她的名声，就像曾经恶意将她和梅拉的死扯上关系一样。那时，"卡洛斯"和我正守在她那已无气息的瘦小躯体前。眼见如此强壮勇敢的男人承受煎熬，让人无比痛心。看到已故的蒂娜·莫多蒂再次遭到诬蔑，犹如在他的伤口上撒下剧毒，令他忍无可忍。"卡洛斯少校"红着眼睛大声怒吼；一旁，蜡像一般的蒂娜、这个瘦弱的流亡者平静地躺在棺材里。房间里的悲伤越来越浓重，我却无能为力，只得沉默。

各大报刊上刊登着整版耸人听闻的下流消息。他们称蒂娜为"来自莫斯科的神秘女人"。有些还添油加醋："她之所以死，是因为知道得太多。"处于极度悲痛中的"卡洛斯"让我倍感同情，我决定做点什么，于是写了一首诗，向那些抹黑我们亡友名誉的人发起挑战。我把这首诗寄给所有报社，对于能否发表并没抱希望。然而奇迹发生了！第二天，我那首义愤填膺又傲慢无礼的诗登上了所有报纸的头版，取代了前一晚预告的虚假新爆料。

这首诗的标题是《蒂娜·莫多蒂已经死去》。当天上午，我在

---

① 胡利奥·安东尼奥·梅拉（1903年3月25日~1929年1月10日），古巴政治活动家，开创古巴革命的先行者之一。

墨西哥公墓朗诵了这首诗,她的遗体留在那里,长眠于一块墨西哥花岗岩下,花岗岩上面镌刻着我的几行诗。

自此以后,墨西哥报纸再没写过一句诋毁她的话。

那是很多年前发生在洛塔①的事。一万名矿工参加集会。煤矿区向来因贫困而骚乱不断,那天,洛塔市政广场上挤满了矿工。政治演说家们滔滔不绝地说个不停。中午闷热的空气中弥漫着一股煤炭味和海的咸味。大海就在不远处,漆黑的隧道在海底绵延十多公里,矿工们就在那里采煤。

此刻,正午时分,他们在高高的台子下顶着烈日听演说。我从台上可以看到黑压压一大片帽子和矿工头盔。我在最后发言。当向矿工们宣布我的名字和我的诗《献给斯大林格勒的新情歌》时,一件不寻常的事情发生了,那如同仪式一般的场面让我永生难忘。

一听到我的名字和诗的标题,台下密密麻麻的人群一齐脱帽致敬。他们摘下帽子,是因为所有纯粹的政治讲话终于结束了,我的诗歌要被朗诵出来了。我从高高的演说台上看到了这场盛大的脱帽行动——上万只手整齐放下,形成一片难以形容的波动,就好像海面上涌起一道巨浪,在静谧中卷起表达敬意的黑色浪花。

于是,我那首为自由而战的诗,以一种前所未有的气势,赢得了超越以往的喝彩声。

另有一件事发生在我很年轻的时候。那时的我还是个披着黑色斗篷的学生诗人,和那个年代的其他诗人一样,营养不良,身材干瘦,体重比一根羽毛还轻。当时,我刚刚出版了诗集《黄昏》。

我和几个朋友去了一家年久失修的夜总会。那正是探戈舞风靡

---

① 智利中部城市,重要煤矿所在地。

社会,流氓团伙横行霸道的时代。突然间,就像玻璃杯砸在墙上瞬间碎掉一样,探戈舞曲戛然而止,所有人都停下了舞步。

两个臭名昭著的恶棍在舞池中央大打出手,相互辱骂。其中一个上前攻击时,另一个就向后躲闪,那群挤在桌子后面担心受到波及的乐迷也跟着后退。那两人看起来就像未开化的野人,在原始森林的空地上跳舞。

我不假思索地走上前去,用我那骨瘦如柴的身躯爆发出严厉的斥责:"你们这些可怜的恶霸、愚蠢的傻瓜、卑鄙的人渣,别再打扰人们跳舞了,没人想看你们表演闹剧!"

他们惊讶地互相看了看,不敢相信自己的耳朵。其中矮一点的家伙大概以前当过拳击手,他朝我走来,看样子想要杀了我。若不是一个精准的拳头在毫无防备之时将他击倒,我也许真的就完蛋了。给他那一拳的是他的对手。

倒地的斗士被人像搬麻袋一样拖了出去,桌旁的人们给我们递来酒瓶,舞女们热情地看着我们,那个一拳击倒敌人的大汉自然想要庆祝这场胜利。而我却愤怒地对他喊道:"滚出去!你跟他一路货色!"

没过多大一会儿,我的荣耀时刻就结束了。我和朋友们穿过狭窄的过道,看到一个虎背熊腰的家伙像一座山似的堵在出口。此人正是那个用拳头打败对手,又被我言语斥责的混混,他挡住了我们的去路,伺机报复。

"我正等着你呢。"他对我说。

他把我推到另一扇门跟前,我的朋友们在这时都像受惊的兔子一样慌忙跑开了。我手无寸铁地站在我的仇敌面前。我迅速环视四周,想抓个东西用以自卫,但是无果,什么都没有,除了重到我根本无法抬起的大理石桌子和纯铁椅子。一个花盆或瓶子都没有,连一根被遗落在此的廉价手杖也看不到。

"咱们聊一下。"那人说。

我知道任何反抗都是徒劳的,我觉得他就像老虎面对着一头小鹿,只想在吞噬我之前估量一下我的能耐。我想,此时唯一能做的防卫就是不让他看出我有多害怕。我也回手推了他一下,但他动都没动,简直像一堵坚固的砖墙。

他突然头向后仰,野兽般的眼神不见了。"您是诗人巴勃罗·聂鲁达吗?"他问。

"是的。"

他垂下了头。"我真是个浑蛋!我在这里遇到我衷心钦佩的诗人,而我所做的事却使他怒斥我为人渣!"他双手抱头,继续哀号,"我是个混混,和我打架的家伙是个毒贩。我们是这世上最卑劣的人。但我的生活中有一样东西是干净的。那就是我的心上人以及她对我的爱。巴勃罗先生,您看看她,这是她的照片。我会告诉她,您拿过这张照片,她一定高兴极了。"

他递给我一张照片,上面是个笑容满面的女孩。"巴勃罗先生,她爱我是因为您,是因为我们一起背诵您的诗。"

他当即背诵了起来:"一个像我一样悲伤的男孩,跪着从你内心深处凝望着我们……"

就在这时,门被撞开了。是我的朋友们带着武器回来增援了。他们挤在门口,所有人都目瞪口呆。

我徐徐走出门外。那人留在原地,保持着原先的姿态,继续背诗:"为了那在她血管里燃烧的生命,他们不得不废掉我这双手"——他被诗歌打败了。

鲍尔斯驾驶的飞机在苏联上空执行间谍任务时，从一个难以置信的高度坠落。[1]两枚神奇的导弹射中了飞机，将它从云层击落。记者们纷纷赶往位置隐蔽的山间导弹发射地。

射手是两个单身小伙子。在这个遍地冷杉、河流和冰雪的广袤天地里，他们吃苹果，下象棋，拉手风琴，看书，站岗。为了保卫祖国的辽阔领空，苍穹是他们的标靶。

记者抛给他们无数问题："你们平时吃什么？你们的父母是谁？你们喜欢跳舞吗？你们读什么书？"

在回答最后一个问题时，其中一个小伙子说他们读诗，俄罗斯最杰出的作家普希金和智利诗人聂鲁达是他们最喜爱的两位诗人。

听到这句话时，我喜出望外。让敌人颜面扫地的导弹，曾带着我激情澎湃的诗一起高飞。

诗歌

……有多少艺术品……世上已容不下……必须把它们挂到房间外面……有多少书……有多少小册子……谁能将它们全部读完？……假如它们是食物……假如，我们正饥肠辘辘，就会把它们切碎，撒上调料，做成沙拉……我们已经饱了……我们吃不下去了……世界被书的潮水淹没……勒韦迪[2]*对我说："我已通知邮局，不要再把书送来了。我没法把包裹拆开。我没有空位置放书了。*

---

[1] 指鲍尔斯事件：1960年5月1日，美国一架U-2高空侦察机在进入苏联领空进行侦察时，被苏军导弹击落，美机驾驶员鲍尔斯被活捉。这个事件加剧了美苏双方之间的紧张关系。

[2] 皮埃尔·勒韦迪（1889年9月13日~1960年6月17日），20世纪初期法国著名诗人、超现实主义诗歌的先驱之一。

屋里的书已经堆到墙顶,我怕它们塌下来,砸在我头上……"没人不知道艾略特①……在成为画家、导演戏剧、撰写文采斐然的评论之前,他读过我的诗……我倍感荣幸……没人比他更懂我的诗……直到有一天,他开始在我面前读起了他自己的诗,我却自私地跑开,还以反对的态度说:"不要读给我听,别读了"……我把自己关在浴室里。但是艾略特仍然隔着门对我念起他的诗……我很不高兴……苏格兰诗人弗雷泽②当时也在场……他斥责我说:"你怎么这样对待艾略特?"……我回答说:"我不想失去我的读者。在我的用心引导下,他走进了诗歌,连我诗集中的皱痕他都了如指掌……他很聪明……他会作画……会写随笔……但我希望留住这位读者,保护他,当他是瑶草奇花一般精心浇灌……你明白我的意思,弗雷泽……"因为,说实话,如果这样下去,诗人就只能专为别的诗人发表诗歌了……每个诗人都将掏出自己的诗集,塞进别人的口袋……他的诗……将被他留在别人的盘子里……克维多曾在某天将诗放在一位国王的餐巾下……这样确实值得……就好比正午时分把诗放在广场上……或者让诗集在人们的手指摩挲间变得破损不堪……但是,我不喜欢专为别人作诗的行为,这对我来说毫无吸引力,还不如隐匿在大自然中,去面对一块岩石和一片海浪,远离出版社和出版物……诗歌已远离读者,同他们断了联系……应该重新找回他们……应该在黑暗中前进,去邂逅男人的心和女人的眼睛,去街头遇见陌生人,他们在夕阳西下时或夜深人静中需要

---

① 托马斯·斯特尔那斯·艾略特(1888年9月26日~1965年1月4日),英国诗人、剧作家、文学批评家、诗歌现代派运动领袖。代表作有《荒原》《四个四重奏》等。

② 乔治·苏瑟兰·弗雷泽(1915年~1980年),苏格兰诗人、文学评论家。代表作有《苏格兰的风景》《视像与修辞:现代诗歌研究》等。

诗的陪伴，哪怕只有一行……走过的路、读过的书、学过的东西都源自对未知的探索……我们只有把自己融入素不相识的人群之中，在未来的某一天，人们才会从街道上、从沙滩上、从凋落在同一片森林里的千年枯叶上，把属于我们的东西捡起来……他们轻轻地捧起我们的作品……只有到了这个时刻，我们才真正成为诗人……诗歌才会凭借这样的方式，留存下去……

和语言为伴

我生于一九〇四年。一九二一年，一本杂志收录了我的一首诗。一九二三年，我的第一本诗集《黄昏》出版。对于诗人来说，刚印制出来的诗集好比用充满活力的啼哭声引人注意的新生儿，而那激动人心的时刻至今已经过去了五十个年头。一九七三年，我记录下这些回忆。

一辈子和语言相伴，观察它，摆弄它，翻来覆去地研究它，如此密切的联系必然会使语言成为身体的一部分。我同西班牙语的关系便是如此。书面语和口语不同，具有出人意料的灵活性。语言的使用就像身上的衣服或人体的皮肤，包括袖子、补丁、材质、血迹或汗渍，都能成为作家的气质。这就是风格。我经历了被法国文化革命搅得翻天覆地的时代。那一场场运动总能将我吸引，但从某种程度上来说，就像有些衣服一样，并不适合我穿。智利诗人维多夫罗巧妙地运用法国创新思想并将其融入自己的生活和表达中。有时我觉得，他的作品甚至是一种超越。鲁文·达里奥闯入西班牙语诗坛的情形也极其类似：他是一头歌声洪亮的巨象，为了吹一吹世界的风，震碎了那个时代西班牙语的全部玻璃。结果，世界的风真的吹了进来。

拉美人与西班牙人曾几度被语言隔开。造成分离的主要原因是语言所蕴含的不同思想。贡戈拉那种冷傲的美并不适合我们这片土地。但如果没有贡戈拉式的丰富辞藻和晦涩诗句，就没有西班牙语诗歌，更不用说那些新近发表的作品。我们美洲的地层中多是碎石、碎熔岩和混着鲜血的黏土。我们不善于雕琢水晶。我们这里文风雅致的诗人发出的声音是空洞的。《马丁·菲耶罗》[①]的一滴酒或加夫列拉·米斯特拉尔一点浓稠的蜜都足以把他们震撼到动弹不得——如同呆板地摆在客厅的花瓶，里面插着从别人花园里采来的鲜花。

继塞万提斯之后，西班牙语被镀了金，获得了宫廷般的高贵优雅，却失去了贡萨洛·德·贝尔塞奥[②]和伊塔大司祭[③]的粗犷力量，以及依然燃烧在克维多作品中的情欲之火。英国、法国和意大利也都是同样境况，乔叟[④]和拉伯雷[⑤]恣意洒脱的语言风格遭到阉割。秉承彼特拉克[⑥]风格的诗人能让翡翠和钻石绽放夺目的光彩，但那

---

① 阿根廷著名诗人何塞·埃尔南德斯（1834年~1886年）创作的一首阿根廷民族诗歌，是阿根廷对西班牙语美洲文学统一性的杰出贡献。
② 贡萨洛·德·贝尔塞奥（1195年~1247年），西班牙神学家、学士诗鼻祖，一生创作了许多圣母赞歌。他文风简练，很少使用拉丁语中冗繁的修辞。代表作有《圣母显圣记》。
③ 胡安·鲁伊斯（约1283年~约1350年），被称为伊塔大司祭，中世纪西班牙诗人，其代表作为语言粗俗朴实的《真爱之书》。
④ 杰弗雷·乔叟（约1343年~1400年），英国小说家、诗人。代表作有《坎特伯雷故事集》等。
⑤ 弗朗索瓦·拉伯雷（1494年2月4日~1553年4月9日），文艺复兴时期法国人文主义作家之一，同时也是杰出的教育思想家，其主要著作《巨人传》取材于法国民间传说故事。
⑥ 弗兰齐斯科·彼特拉克（1304年7月20日~1374年7月19日），意大利学者、诗人，文艺复兴第一个人文主义者，被誉为"文艺复兴之父"。

伟大而又珍贵的源泉却在不断效颦中开始枯竭。

古老源泉的命运与诗人的胸怀是否博大、情感是否丰富以及性情是否豪迈息息相关。

至少这是我曾遇到的难题,尽管我没有以这样的方式提起。如果说我的诗歌里存在某种意义,那便是一种无限扩展的、不愿受限的、渴望无拘无束的向往。我必须自我突破,而不是被禁锢在一种遥远的文化框架里。我必须做我自己,像我的故土一样努力拓宽自己。在这条路上,另一位诗人给了我帮助,他就是我的曼哈顿朋友,来自同一半球的诗人惠特曼①。

评论家必须承受痛苦

《马尔多罗之歌》②实质上是一部伟大的连载小说。别忘了,伊齐多尔·迪卡斯的笔名洛特雷阿蒙取自连载小说家欧仁·苏③于一八七三年在沙特奈写的长篇小说。但我们知道,作家洛特雷阿蒙要比小说中的洛特雷阿蒙走得远且远很多。他往低处走,想成为撒旦;往高处走,想成为堕落的天使长。马尔多罗在极度悲苦时,庆

---

① 沃尔特·惠特曼(1819年5月31日~1892年3月26日),美国著名诗人、人文主义者,创造了诗歌的自由体,其思想和文学在欧洲、美洲和亚洲等都有广泛的影响,其代表作品是诗集《草叶集》。

② 长篇散文诗,由六支歌组成,每支歌长短不等,或抒情或叙事。围绕主人公马尔多罗,六支歌飞速展开,各种事件接踵而来,创造出一个畸形、奇异而梦幻的世界。作者是法国诗人洛特雷阿蒙(原名伊齐多尔·吕西安·迪卡斯)(1846年~1870年)。

③ 欧仁·苏(1804年1月26日~1857年8月3日),法国19世纪中叶著名小说家。他的作品揭露了这个时期法国社会的种种弊端,描绘了下层人民的贫困状况。

贺天堂和地狱的婚礼。愤怒、赞颂和痛苦汇成迪卡斯那浪潮般势不可当的华丽辞藻。马尔多罗的意思是"痛苦"。

洛特雷阿蒙有过全新的创作理念,他要抛弃原本忧郁的文风,还给准备撰写的格调趋向乐观的诗歌作了序。然而,在巴黎,死神却把这个生于乌拉圭的年轻人带走了,他打算在创作中做出的改变——朝着美好和健康的风格靠拢——没能实现,而这也引来了批评的声音。他因悲伤受到尊敬,却因奔赴快乐受到谴责。诗人必须自我折磨并忍受其苦,必须生活在苦楚之中,必须继续创作绝望的歌。这已成为一个社会阶层的观点,一个阶级的观点。许多人在陈词滥调中委曲求全,不得不痛苦地遵循这个相沿成习的规定。这些无形的金科玉律判决诗人住进陋室、穿上破鞋、走进医院、躺在停尸间。如此一来皆大欢喜,每个人都享受其中,不再难过。

时过境迁。我们诗人突然开始为欢乐而反抗。不幸的作家、受难的作家,是资本主义没落时期幸福仪式的组成部分。人们的品位曾被巧妙地引向对痛苦的赞美,认为不幸是伟大创造力的催化剂,将颓废的生活和苦难看作写诗的先决条件。荷尔德林患有精神病且命运多舛;兰波含辛茹苦且四处漂泊;钱拉·德·奈瓦尔自缢于穷街陋巷的灯柱上。在那个纪元的最后阶段,他们不仅创造了美好,还铺垫了痛苦之路。教条主义让这条荆棘之路成为诗人写作的必要资本。

迪伦·托马斯[①]是最后一个牺牲者。

奇怪的是,有些人依然认为粗暴的旧资产阶级思想是正确的。明明贴近鼻子才能感受世界的气息,但他们偏不这么做。

---

① 迪伦·托马斯(1914年10月27日~1953年11月9日),威尔士诗人。

有些评论家就像藤蔓植物，伸出茎和卷须找寻潮流的踪迹，唯恐错过什么。然而，他们的根仍浸泡在过去。

我们诗人只要和祖国人民紧靠在一起，为他们的幸福而不懈奋斗，就有权获得幸福。

"巴勃罗是我认识的人中为数不多的幸福之人。"伊利亚·爱伦堡在他的作品中这样写道。他说的巴勃罗就是我，此话一点不假。

正因如此，当在杂志上看到评论家为我的物质生活担忧时，我十分惊讶，他们不该如此浑然不觉，虽然我的个人事务不应成为评论的主题。我意识到，我有可能获得的幸福对很多人来说是种冒犯。而事实是，我的内心此刻就是幸福的。我问心无愧，只是没那么聪明。

有些评论家似乎对诗人丰衣足食的生活嫉妒不已，我劝他们知足，因为印刷成书的诗集变成商品到达读者手中之后，他们便能就此完成发表评述的使命；他们还应感到高兴，作家获得酬劳，代表他们中至少有人可以依靠诚实劳动谋生。评论家该宣扬这种自豪感，而不是总企图从中作梗。

不久前，当读到一位杰出的教士兼青年评论家写给我的评论文章时，我感到他的才华并没能阻拦他犯错。

在他看来，幸福感削弱了我诗中的力量。他给我开的药方是痛苦。按照这个观点，阑尾炎会带来优秀的文章，而腹膜炎或许能激发出无与伦比的诗歌。

我继续以我所拥有的素材，即构成我这个人的全部来进行创作。我是杂食性动物，我有感情，有生命，有书籍，有经历，有斗争。我想吞下整个世界，我想喝掉全部海水。

短句和长句

作为一位活跃的诗人，我同自己的自我欣赏进行过斗争。因此，现实与主观之间的冲突，可以靠我自己去解决。我并非想要提出劝告，但我的经验可能对别人有所帮助。我们先来看看成果吧。

我的诗既会得到严肃的批评，也会遭受恶意的诽谤，这一点不稀奇，而是司空见惯的事。在这场争论中，我虽然没有发言权，但有投票权。对于言之有物的批评，我的选票是我的书和我的诗歌。而对于那些带有攻击性的言论，我从未间断的创作历程就是我的选票。

我的这番话如果被认为是虚荣心十足，那也没错。这是一种手艺人怀着不可磨灭的热爱多年来一直从事一门技艺所生出的虚荣心。

如果说有哪件事让我感到满意，那便是我让自己国家的人民对诗人这个职业以及诗歌这门语言艺术产生出敬意。

在我开始写作的时候，有两类诗人。一类是上层社会的有钱人，他们依仗财富获得尊重，并享有正当或不正当的地位。另一类是诗歌的流浪战士、酒馆里的勇者、迷人的疯子、饱受折磨的梦游者。我们也不能忘记那些坐在政府办公室板凳上束手束脚的作家，他们就像苦役一样，埋没在盖有官方印章、堆积如山的文件中，还要承受面对上司和尴尬处境时的畏惧，他们的梦想几乎就这样被扼杀了。

我初出茅庐时，比亚当还一无所有，但我下决心要保持诗歌中的诚挚。这种坚持不仅有益于自身，还阻止了来自愚人的嘲讽。后来，那些傻瓜中有良知的人，和本就善良的人一样，折服于我的诗歌所唤醒的残酷现实。那些心怀恶意的人也渐渐对我产生出敬畏之心。

因此，诗歌受到了重视，获得了尊重。不仅是诗歌，诗人也一样。所有的诗歌和诗人都获得了尊重。

我深感诗歌是服务于大众的。我不会让任何人夺走这份荣誉，因为我喜欢把它当作勋章戴在身上。他们可以质疑其他一切，但这一点不容争辩。

诗人的仇敌会抛出许多徒劳无益的论据。我年轻的时候，他们管我叫"饿鬼"。现在他们又攻击我为权贵，试图让人们相信我拥有巨额财富。尽管我没那么富有，但也巴不得是这样，就为了让他们更加扫兴。

还有些人去计算我诗句的长度，想去证明我把它们肢解得过于零碎，或拉伸得过于冗长。这样的做法没有任何意义，谁规定了诗的篇章和句子该有多长或多短，内容的表达应该柔软还是激昂？怎样写诗是诗人自己的事，他可以用呼吸与热血、智慧与青涩来决定，因为这一切组成了诗歌本质的模样。

脱离现实去创作的诗人没有前途；仅依靠现实去创作的诗人也是一样。完全非理性的诗人只能被自己和爱他的人理解，这十分可悲。而完全理性的诗人，连头蠢驴都能理解，这也极其不幸。对于写诗这件事，既没有严格的规则需要恪守，也不存在上帝或魔鬼的指示要去遵从，实则是两种思想在诗歌内部展开斗争，在激烈的较量中，不管谁输谁赢，诗歌都不会被打败。

很明显，诗歌这种技艺在某种程度上被滥用了。如此多初露头角的男女诗人不断涌现，很快就具备了诗人的气质，而读者却慢慢消失了。为了寻找读者，我们将不得不骑着骆驼穿越沙漠，或乘坐宇宙飞船环游太空。

诗歌是人内心深处的呼唤，礼拜仪式、赞美诗以及宗教的内容皆源于此。诗人敢于面对种种自然现象，在古代称自己为司祭以维护其天职。同样地，在现代，为了捍卫自己的诗歌，诗人要走上街头，在群众中受命。当今的社会诗人仍是最古老的司祭中的一员。在过去，诗人与黑暗订立契约；在今天，他必须诠释光明。

原创

我不相信原创。它只是我们这个飞速运转、趋向崩溃的时代编造出来的又一个崇拜对象。我相信艺术家创造出的任何语言、任何形式、任何新方法所达到的个性。但彻底的原创是一种现代发明，也是一种竞选式的欺骗行为。有些人希望当选为自己的国家、自己的语言或全世界的桂冠诗人。因此，他们四处奔走寻找选民，并对竞争者进行侮辱，于是诗歌变成了一出闹剧。

然而，最关键的一点是要保持内心的方向，把握住自然、文化和社会生活对诗人的创作所带来的帮助。

在古代，那些最崇高、最完美的诗人，如克维多，在写诗的时候会加上这样的注释："仿贺拉斯"[①]，"仿奥维德"[②]，"仿卢克莱修"[③]。

至于我，我要保持自己的创作风格，随着时间的推移，诗的格调像所有生物一样，会自然而然地积蓄力量。毫无疑问，情感是我

[①] 昆图斯·贺拉斯·弗拉库斯（公元前65年12月8日~公元前8年11月27日），罗马帝国奥古斯都统治时期著名的诗人、批评家、翻译家，代表作有《诗艺》等。

[②] 普布留斯·奥维第乌斯·纳索，通称奥维德（公元前43年~公元18年），奥古斯都统治时期最后一位诗人，其主要作品有爱情诗《爱经》、神话诗《变形记》。

[③] 提图斯·卢克莱修·卡鲁斯（约公元前99年~约公元前55年），罗马共和国末期的诗人和哲学家，以哲理长诗《物性论》著称于世。

早期作品的主要内容,而诗人若不以诗歌来回应内心的柔情或愤怒的呼唤,那就太糟糕了!不过,经过四十年的历练,我相信诗人能够从容地在作品中驾驭自己的情感。我相信这种能力是可以被引导的。为此,诗人的口袋里永远要装着一些储备,防患于未然。首先要累积通过观察事物的外表、本质、语言、声音、形状等获得的印象,这些东西会像蜜蜂一样从身旁掠过,所以必须立刻捉住它们,并藏到口袋里去。我在这方面很懒,但我知道这是个好建议。马雅可夫斯基就有个小笔记本,他会不断往上面记东西。激情也可以储备。那要怎么做呢?方法是当激情产生时,我们把它牢记在心,而后在稿纸面前,记忆里的东西就会比激情到来时更加鲜明地呈现出来。

迄今为止,我在自己的大部分作品中一直力图证明,诗人能够撰写别人指定的主题,以及社会集体所需要的内容。几乎所有的古代杰作都是严格按照要求完成的。《农事诗》①是为古罗马乡村的农事做宣传。诗人可以为某大学或某工会,为某行会和某人才机构写作,并从未因此失去自由。神奇的灵感、诗人与神明的交流,都是利己主义趋势下的创造。在创造力最旺盛的时刻,在读过的书籍和外界的压力影响下,不属于自己的东西可能会部分融进作品中。

这些略带理论性的思考突然被打断,我想起了自己年轻时在圣地亚哥的文学生活。那时画家和作家都沉浸在创作的激情中,没有外界的打扰。画里和诗中弥漫着秋的气息。每个创作者都想变得再癫狂些、再堕落些、再放肆些。智利的各个社会阶层都备受其震

---

① 古罗马诗人维吉尔(公元前70年~公元前19年)为屋大维(罗马帝国的第一位元首)吸引农民回到农村的政策服务而写的教谕诗。

撼。亚历山德里①发表了颠覆性演说。在盛产硝矿的大草原上，工人们正在组织南美洲最重要的人民运动。那是卡洛斯·比库尼亚和胡安·甘杜尔福开展斗争的神圣日子。我很快加入了学生无政府工团主义运动。我最喜欢的书是安德列耶夫②的《萨什卡·日古列夫》。其他人去读了阿尔志跋绥夫③的色情小说，认为这些作品是意识形态的产物，和如今人们对存在主义色情作品的看法一样。知识分子以酒馆为家。陈年佳酿给贫穷蒙上了一层金色的光环，直至第二天清晨。胡安·埃加尼亚④是一位极具天赋的诗人，却几近崩溃，痛不欲生。人们传说他继承了一笔财产，却把所有钞票都放在一座废弃房子的桌子上。他的酒友们白天睡觉，晚上就去酒桶里找酒喝。但胡安·埃加尼亚那月光般的诗却从未在我们的"抒情森林"中引发哪怕一丝的震撼。"抒情森林"是莫利纳·努涅斯和O.塞古拉·卡斯特罗出版的一本现代主义诗选佳作的浪漫标题，这是一本充满了崇高气概和慷慨精神的诗歌汇总，集结了那个混乱时代的各种诗歌，以无限空虚又高洁辉煌为特点。给我留下最深刻印象的人

---

① 阿图罗·福尔图纳托·亚历山德里·帕尔马(1868年12月20日~1950年8月24日)，智利政治家、改革家、总统（1920年~1924年、1925年、1932年~1938年在位）。

② 列昂尼德·尼古拉耶维奇·安德列耶夫（1871年8月21日~1919年9月12日），俄国作家，以其现实主义和悲观主义故事、小说及戏剧作品而获得名望，他早期的作品继承了陀思妥耶夫斯基和契诃夫的传统，描写现实生活中的小人物的心理。

③ 阿尔志跋绥夫（1878年10月24日~1927年3月3日），俄国散文作家、剧作家、政论家，俄国颓废主义文学流派的最著名作家之一，在作品中展示了个人享乐主义。

④ 胡安·埃加尼亚（1769年10月31日~1836年4月20日），智利政治家、法学家、作家，1823年乌托邦宪法实验的作者。

物是新文学的独裁者阿利里奥·奥亚尔顺。现在已经没有人记得他了。他是个面色憔悴的波德莱尔模仿者、不同寻常的颓废派艺术家、智利的巴尔巴·哈科布[1],神情痛苦,面如死灰、长相俊美、性情疯癫、身材修长、声音低沉。他发明了以猜字谜的方式提出美学问题的方法,在文学界的某个领域十分独特。他讲话时会提高音量;前额像智慧殿堂的黄色圆顶。例如,他有过"圆形的圆形""酒神的酒神""黑暗的黑暗"之类的表达。不过,阿利里奥·奥亚尔顺并不愚蠢。从他的身上展现出文化的双面性——既有天堂的一面,也有地狱的一面。他是个用理论逐渐扼杀掉自己本性的世界主义者。据说他只写过一首诗,就为了在一次打赌中取胜;而我不明白的是,为什么所有智利诗歌选集都没有收录那首诗。

酒瓶和船头雕像

圣诞节快到了。每过一个圣诞节,我们都更接近二〇〇〇年。我们当代诗人一直在为未来的幸福、为明天的和平、为普遍的正义、为二〇〇〇年的新年钟声而斗争,而歌唱。

早在三十年代,我在布宜诺斯艾利斯领事馆的上司、精明能干的索克拉特斯·阿吉雷,曾在某年的十二月二十四日请我到他家扮圣诞老人。我的一生搞砸过很多事情,但再没有比那一次更糟糕透顶的经历了。我用来装扮白胡子的棉花团不停往下掉,分发玩具的时候还弄混了。从小习得的智利南部口音无法掩饰,我只好耍了个

---

[1] 奥索里奥·贝尼特斯(1883年7月29日~1942年1月14日),哥伦比亚诗人,笔名"波菲里奥·巴尔巴·哈科布"。其诗歌创作具有现代主义风格,代表作有《黑玫瑰》。

花招，用英语和孩子们说话，但那一双双黑色或蓝色的眼睛似乎看穿我，流露出的质疑超出教养良好的孩子应有的程度。

但谁能想到，这些孩子中的一个竟会成为我最亲密的朋友，成为杰出的作家并创作出我的一本传记佳作？我说的就是玛格丽塔·阿吉雷。

我家里有我收集的大大小小的玩具，它们是我生活中不可缺少的一部分。不玩耍的孩子不是孩子，不玩耍的大人则永远失去了住在他心里的那个孩子，并且一定会怀念他。我把我的房子布置得像个玩具屋，在里面从早玩到晚。

这些都是我自己的玩具。我怀着自娱自乐的科学目的，一生都在收集玩具。我要把它们描述给小孩子以及其他各年龄段的人看。

我有一只装在瓶子里的帆船。事实上，我有不止一只，可以组成一支浩浩荡荡的舰队。每只船上都写着自己的名字，还有桅杆、船帆、船头和锚。它们中有的来自遥远的地方，来自一些小小的海域。其中最漂亮的一只是从西班牙寄来的，用以抵冲我发表的一本赞美诗的版税。主桅顶上挂着我国国旗，一颗小小的孤星缀在上面。不过，其他的船几乎都是卡洛斯·霍兰德先生的作品。霍兰德先生是一位老海员，他为我重现了许多从汉堡、塞勒姆或布列塔尼海岸驶来，运载硝石或去南方海域捕鲸的那些著名且雄伟的船只。

我沿着智利漫长的公路南下，去寻找住在科罗内尔的那位老海员，在南方城市煤炭和雨水的气味中，我走进了世界上最小的船坞。小客厅里、餐厅里、厨房里、花园里，都井然有序地堆放着将被装入皮斯科白兰地酒瓶里的各种部件。卡洛斯先生的口哨就像一根魔法棒，可以安置好船头和船帆，前桅帆和上桅帆。就连港口那细细一缕烟，经过他灵巧的双手，都能从一只新的酒瓶船上再次袅袅升起，熠熠生辉，准备驶向幻想中的大海。

在我的收藏中，出自科罗内尔航海者质朴双手的船，从其他藏品中脱颖而出，比我从安特卫普或马赛买来的船还要亮眼。因为他不仅赋予了它们生命，还用自己的知识为其增色添彩——贴上标签，写上名字、编号、航行记录以及运送的货物，尽管我们再也看不到它们扬起帆在太平洋上随风浪颠簸。

这些酒瓶船里有一些著名船只，比如强大的波托西号，以及一九一〇年在英吉利海峡失事的来自汉堡的普鲁士号。让我高兴的是，霍兰德船长还给我做了两个版本的玛丽亚·塞莱斯特号。这艘船从一八八二年起备受关注，至今仍是一个未解之谜。

我不打算透露这些存在于半透明空间里的航行秘密。我是指这些小船钻进漂亮酒瓶里的方式。作为一个职业骗子，为了营造一种神秘感，我在一首赞美诗中详细描绘了那些神秘的造船手艺人漫长而又细致的工作，并叙述了船只是如何进出酒瓶的。不过，秘密始终是秘密。

船头雕像是我最大的玩具。和我的很多东西一样，它们也曾被刊登在报纸和杂志上，并在善意或恶意的气氛中受到讨论。那些心怀善意的人会心一笑地说："真是个疯子！瞧他收集的都是些什么！"

心怀恶意的人就不一样了。其中有人对我的藏品和飘扬在黑岛的那面白鱼图案的蓝色旗子表示不满，他说："我不升自己的旗。我也不收集船头雕像。"

这个可怜虫就像嫉妒别的孩子拥有陀螺一样抱怨不停。每当这时，我那些来自海上的船头雕像会因引发了别人的嫉妒而绽放笑容。

这些船头雕像确实值得介绍一下。它们是上半身人像雕饰，曾在迷途的海洋中乘风破浪。人们在建造船只时，希望赋予船首更非凡的意义。在古代，刻成禽类图形、图腾鸟或神话鸟的木雕被安在船首。到了十九世纪，捕鲸船上出现了象征性的人物雕像：半裸的女神或头戴弗里吉亚帽①的共和派女性。

我收藏的雕像里有男性，也有女性。其中最娇小，也是最珍贵的一尊是玛丽亚·塞莱斯特的雕像，萨尔瓦多·阿连德②多次想把它从我这里夺走。它来自一艘小型法国船，可能只在塞纳河上航行过。这位小妇人由栎木雕成，多年的航行使她的皮肤永远变成了黑褐色。她的体态像是在飞，仿佛有风被雕进了她那法兰西第二帝国时期的漂亮衣裳里。双颊的酒窝上方，瓷珠镶成的眼睛遥望着地平线。奇怪的是，这双眼睛每年冬天都会流泪。没人解释得出这是什么现象。也许这种褐色木头有细微的孔洞可以吸收湿气。不管怎样，这两只法国眼睛确实会在冬天流泪，我每年都能看见珍贵的眼泪从玛丽亚·塞莱斯特小巧玲珑的脸庞上滚落下来。

无论基督教还是其他教派的圣像，总能唤醒人类的宗教情感。另有一尊雕像几年前被安置在了最适合的地方，面朝大海，身体倾斜，和它在船上航行时一模一样。一天下午，我和玛蒂尔德发现附近有几位妇女，就像前来采访的记者一样翻越围栏，然后点燃蜡烛，虔诚地跪在那尊雕像前。也许一种新的宗教已经诞生。无论如何，尽管这个高大庄严的形象与加夫列拉·米斯特拉尔非常相像，我们不得不提醒这几位虔诚的女士，不要继续天真地膜拜这个来自大海

---

① 弗里吉亚帽，又称"自由帽"。法国大革命时期广泛流行的红色小帽，象征自由和解放。

② 萨尔瓦多·吉列尔莫·阿连德·戈森斯（1908年6月26日~1973年9月11日），智利医生、政治家、总统。

的女性形象，毕竟它曾在我们罪孽深重的星球里最不可饶恕的大海上航行过。

从那以后，我把雕像搬出了花园，现在它离我更近了，就在壁炉旁。

书与海螺

贫穷的藏书家容易品尝到苦涩的滋味。书不会从他手中溜走，但会从空中飞过，它的价格像直冲云霄的鸟儿一样高不可攀。

然而，经过多次努力寻找，宝藏出现了。

还记得一九三四年在马德里，当我提出每月付二十比塞塔购买一套标价一百比塞塔的贡戈拉旧作时，书商加西亚·里科脸上那惊讶的表情。书并不贵，可我囊中羞涩。五个月内我按时分期付款。这本书是弗本斯版本。这位十七世纪的佛兰德出版家以无与伦比的精美字体印制了西班牙黄金时代大师们的作品。其中，十四行诗如同坚实的战舰一般加入作战行列，而我只喜欢读克维多的作品。

后来，我对法国和英国文学着了迷，沉迷在书店的森林里，难找的郊区二手书摊上，还有大教堂似的宏伟书店中。我的双手总是沾满灰尘，但能时而找到一件宝贝，或至少在寻觅中获得了极大的乐趣。

来自文学奖的现金奖励帮助我买到一些贵得离谱的版本。我的藏书越来越多。古色古香的诗集为我的藏书室增色不少，我对博物学的热爱使得色彩鲜艳的植物学书籍以及有关鸟类、虫类、鱼类的书籍摆满了房间。我还从世界各地收集扣人心弦的游记，伊巴拉印制的版本精美的《堂吉诃德》，用美妙的博多尼活字印刷的但丁作品，甚至还有仅供法国王子学习使用的特别版本的莫里哀作品。

但事实上，我的藏品里最可爱的部分是海螺。它们奇妙的结构令人赏心悦目，像是吸收了纯净月光的神秘瓷器，触感各不相同，形态也是，有哥特式的，也有实用主义风格的。

自从古巴著名软体动物学家卡洛斯·德·拉·托雷先生把他的收藏中最精美的标本送给我之后，成千上万扇海底的小门便向我敞开了。后来我走遍了世界七大洋，不论到哪里都会四处寻觅海螺。我必须承认，我的大部分海螺都来自巴黎的大海，一波又一波的海浪把那些宝贝冲上岸来。巴黎已经把大洋洲所有的珍珠母都运到它的博物商店和跳蚤市场去了。

在城市的马尾藻下，在破灯泡和旧鞋子间，更容易找到美轮美奂的锦绸榧螺，好过把手伸进韦拉克鲁斯或下加利福尼亚的岩缝间。还可以出其不意地捕获长鼻螺，它那石英长矛一般的前水管沟朝顶端逐渐变细，就像吟诵着一首海洋的诗。当我从海里捞出玫瑰脊椎螺，这种形似挂满珊瑚刺的大牡蛎时，激动的心情久久不能平静。在更远的地方，我打开了白色的海菊蛤，壳上雪白的刺就像贡戈拉描述过的岩洞里的石笋。

收获的藏品中有些可能算得上文物了。记得在北京博物馆，保存着中国海洋软体动物标本的神圣箱子被打开，里面的藏品包括仅有的两枚神奇的旋梯螺标本，我获赠了其中一枚，也因此拥有了这件非同寻常的宝贝。大海用这一艺术瑰宝，将寺庙和宝塔的建筑风格馈赠给中国。

我用三十年的时间收集了大量藏书。我的书架上放着我珍藏的古版书和其他书，其中包括克维多、塞万提斯、贡戈拉等作家的作品初版，还有拉弗格①、兰波和洛特雷阿蒙的著作。我觉得这些书的每一页纸上似乎还保留着我所喜爱的诗人们身上的气息。我有伊莎贝尔·兰波②的手稿。在巴黎，保罗·艾吕雅把她写给她母亲的两封信作为生日礼物送给了我，信件是在马赛医院里写的，当时那位流浪诗人③被截去了一条腿。这些都是巴黎国立图书馆和芝加哥贪婪的书商梦寐以求的珍宝。

我去过世界上很多地方，我的藏书量因此大大增多，超出了一般私人藏书室的规模。有一天，我把我花了二十年时间才收集到的大量海螺以及我满怀热爱从各国挑选来的五千册书籍都捐了出去，受赠方是我国一所大学。这些藏品被当作耀眼的礼物收下了，校长对此致以赞美之词。

任何诚挚的人都能想象受赠人收到这些藏品时的欣喜心情。但也有人会往歪处想。一位官方评论家奋笔疾书了几篇文章，对我的举动表示强烈抗议。他咆哮道，什么时候才能遏止国际共产主义？另一位先生则在议会发表激烈的演讲，抨击这所大学接受我那些不同寻常的古版书和其他书的行为，并威胁要停掉该校的津贴。评论家和国会议员齐心合力，在智利这片小小的土地上空掀起了一阵寒潮。大学校长在国会大厅里心烦意乱地来回踱步。

顺便说一句，二十年过去了，没有人再见过我捐赠的那些书和海螺，就好像它们又溜回了书店和大海。

---

① 儒勒·拉弗格（1860年8月15日~1887年8月20日），法国印象派诗人、抒情讽刺诗大师。

② 让·尼古拉·阿蒂尔·兰波的妹妹。

③ 指让·尼古拉·阿蒂尔·兰波。

碎玻璃

三天前,我回到了阔别已久的我在瓦尔帕莱索的家。墙上出现了伤口一样的巨大裂缝。碎掉的玻璃像地毯似的铺在地板上。几座时钟也躺倒在地,指针停在地壳震动的残酷时刻。玛蒂尔德正在用扫帚清理许多原本可爱的东西,无数珍贵物品在地震中变成了垃圾。

我们必须把房子打扫干净,把东西整理好,让一切重新开始。在一片混乱中找到手稿并不容易,要是这样的话,曾经记录的想法就难以寻回了。

我最近的两个工作分别是翻译《罗密欧与朱丽叶》以及按照古代格律写一首爱情长诗,这首诗还没有完成。

来吧,情诗,从碎玻璃中奋勇崛起,吟诵的时刻已然到来。

来吧,情诗,帮我把一切回归完整,不畏痛苦地高声歌唱。

这个世界还没有消灭战争,还没有洗净血迹,还没有清除仇恨。这是不争的事实。

但是,我们逐渐看到:世界的镜子照出了暴徒的模样,那一副副嘴脸丑陋无比,就连他们自己也这样觉得。而这也是不争的事实。

我依然相信爱的可能。我坚信,尽管经历了痛苦、流血和支离破碎,人类一定会相互理解。

我的妻子玛蒂尔德

我的妻子和我一样,也是外省人。她出生于智利的南方城市奇廉,那里以两样东西著称:农民的陶瓷制品和恐怖的大地震,前者闻名遐迩,后者臭名昭著。在《一百首爱的十四行诗》中,我向她倾吐了全部心声。

也许这些诗能表明她对我有多么重要。生活和大地让我们走到了一起。

我们很幸福,尽管别人可能对此毫无兴趣。我们在智利荒凉的海岸边一起度过了漫长的时光,不是在夏日,而是在冬天。夏日的海岸会被太阳晒干,变成一片金黄的沙漠;而冬天的雨水和寒冷把那里装扮成色彩斑斓的天地,就好像穿上了绿色、黄色、蓝色和紫色的服饰。我们有时从这片狂野、荒凉的大海出发,去往焦虑不安的圣地亚哥,一起面对那里人们过的复杂生活。

玛蒂尔德会将我的诗歌用有力的嗓音唱出来。

我把我毕生所写和毕生所有都献给她。东西不多,但她很快乐。

现在,我正看着她将秀气的鞋子踩进花园的泥土里,再把纤小的双手也伸进去,直至植物的根深处。

她用她的脚、她的手、她的眼睛和她的声音,为我从土地深处挖掘出各种根、各种花、各种芬芳的幸福果实。

造星人

有个男人在巴黎一家饭店的房间里睡觉。他是一只不可救药的夜猫子,所以当我告诉你当时已是中午十二点,你可不要感到惊讶。

他只能醒了,因为左边的墙面突然坍塌。随后,面前的一堵墙也倒了。没有炸弹袭击。几名胡子拉碴的工人提着锤子从刚砸开的豁口走进来,用嘲弄的口气喊道:"喂,起床吧,资本家!跟我们喝一杯!"

香槟酒被打开了。市长走了进来,胸前挂着一条三色饰带。音乐声突然响起，是一首《马赛曲》。为什么会发生如此奇葩的事情？原来，当时建设中的巴黎地铁有两条路线在地下相交，而交汇点就在酣睡者的客房地板下。

从这个人为我讲述了这段经历之后，我就决定要和他交朋友，或者更确切地说，是成为他的追随者、他的弟子。因为在他身上发生过太多异乎寻常的事，而我不想错过任何一件，所以，我跟着他踏遍几个国家。费德里科·加西亚·洛尔迦也被这个不寻常的人物迷住了，和我做了相似的决定。

费德里科和我坐在马德里市政大楼的咖啡厅里，正对西贝莱斯女神喷泉，这位巴黎酣睡者突然闯进来，打断了我们的谈话。膀大腰圆的他看起来魂不守舍。他又一次遇到了难以用语言描述的事情。他那时在马德里的一个小旅馆里整理乐谱。我忘了说，我们的主人公是一位出色的作曲家。所以，后面发生了什么呢？

"一辆车停在我住的旅馆门口。然后我听到了上楼的脚步声，我隔壁的房间来了客人。后来，新房客开始打起鼾来。一开始声音较轻。接着，空气都跟着颤抖起来。在那巨大鼾声有节奏的冲击下，衣柜和墙壁都在晃动。"

这肯定是某种野兽。当鼾声如洪水般爆发出来时，我们这位朋友确定无疑了：那是头野公猪。在其他国家，他发出的噪音曾让教堂颤动，让公路受阻，让海涛汹涌。这个地球的危险分子，这个威胁欧洲和平的可怕怪物，究竟会带来些什么呢？

他每天都把关于这头野公猪新的骇人故事讲给我们听。我们几个人——费德里科、我、拉法埃尔·阿尔维蒂、雕塑家阿尔贝托、富尔亨西奥·迪亚斯·帕斯托尔和米格尔·埃尔南德斯——都满怀热情地盼他到来，再挂肚牵心地与他告别。

后来有一天,他又挺着圆鼓鼓的肚子,乐呵呵地来了。他对我们说:"令人担忧的问题解决了。德国齐柏林伯爵①同意把野公猪运走。它会被扔进巴西森林里,靠参天大树为生,人们也不用担心它会一口喝光亚马逊河里的水。在那里,它会继续用雷鸣般的鼾声让大地振聋发聩。"

听了他的话,费德里科笑得直不起腰。接着,我们的朋友又说起他有一次去发电报,报务员劝他把发电报改为寄信件,因为这种飞速传来的消息会让人们胆战心惊,有的人甚至还没打开电报就被吓死了。他还告诉我们,有一次他去伦敦观看一场有趣的纯种马拍卖会。他举手跟一位朋友打招呼,结果拍卖师以一万英镑的价格把阿迦汗已出价九千五百英镑的一匹母马卖给了他。他说:"我只能把这匹马带回了饭店,第二天又把它还了回去。"

现在,这位寓言家再也讲不了野公猪或其他故事了。他已在智利与世长辞。这个胖乎乎的智利人,这位实至名归的作曲家和无数精彩故事的源泉名叫阿卡里奥·科塔波斯②。在葬礼上,我有幸为这位被人铭记的朋友致悼词。我只说了一句:"这个光芒四射的人每天为我们造一颗星星,今天,我们将他交予黑暗。"

了不起的艾吕雅

我的同志保罗·艾吕雅不久前离世了。他是那么朝气蓬勃,那

---

① 斐迪南·冯·齐柏林伯爵(1838年7月8日~1917年3月8日),德国贵族、工程师和飞行员。他是人类航空史的重要人物之一,发明了齐柏林飞艇。

② 阿卡里奥·科塔波斯·巴埃萨(1889年4月30日~1969年11月22日),智利作曲家。

么忠实可靠，对于失去他的事实，我十分痛心，更难以接受。他是诺曼底人，蓝眼睛，面色红润，看上去很硬朗，同时也很优雅。在一九一四年战争爆发后，他两次遭受毒气袭击，因此落下双手颤抖的毛病。然而，艾吕雅总会让我想到蓝天的颜色，想到深沉而平静的水，想到柔和的力量。保罗·艾吕雅的诗是如此清澈透亮，就像打在窗玻璃上的春雨，这让他看起来是一个不关心政治的人，或者说一个与政治无关的诗人，但他不是。他与法国人民、法国人民的事业及斗争紧密相连。

保罗·艾吕雅内心坚定，在我心中就像法兰西铁塔。他满腔热忱而又头脑清醒，有别于常见的那种愚蠢的激情。

我们一起去了墨西哥，在那里，我第一次看到他濒临深渊的沮丧模样。他在心中给自己的才华安置了一片天地，同样地，他也为悲伤保留了一处静谧之所。

那时的他身心疲惫。我说服这位地道的法国人，把他拉去了那个遥远的地方。在那里，就在我们安葬何塞·克莱门特·奥罗斯科的同一天，我患上了静脉炎，症状严重，在床上躺了四个月。保罗·艾吕雅因此十分孤独，那是一种陷入黑暗中的孤独，就像一个盲人探险家一样茫然无措。他不认识任何人，也没有人向他敞开大门。丧妻之痛使他的心情倍感沉重；他在这里孤立无援，无人关心。他对我说："我们的生活需要有人陪伴，需要有人分享。我的孤独难以想象，我快无法承受了。"

我于是打电话给几个朋友，请他们带他出去走走。他们怨气满腹地把他带出门，走遍墨西哥的大街小巷，就在某条街的转角处，他再次遇到爱情——他最后的爱人：多米尼克。

对我来说，写文章悼念保罗·艾吕雅十分困难。我仿佛仍能看见他活在我身边,炙热的眼神辽阔深远,里面流淌着深邃的蓝,如此动人心弦。

月桂树深长的根交织在法兰西的土壤里,散发着古老的芬芳。艾吕雅离开了那里。他高大的身躯由水和岩石组成,爬满了古老的藤蔓,藤上开着光彩溢目的花,还有筑巢的鸟儿用清亮的嗓音啁啾啼鸣。

"清亮",就是这个词。他的诗是如岩石般坚不可摧的水晶,是歌唱的小溪中静谧的水流。

理想崇高的诗人,满腔的热爱如同正午赤热的火焰,在法国受难的日子里,把燃烧着刚毅的抗争之心,献给自己的祖国。

于是,他顺理成章地加入了共产党。对艾吕雅来说,这意味着他要用诗歌和生命再次表达人性和人道主义的价值。

不要认为艾吕雅只是一个诗人,与政治毫无关联。他的洞察力和惊人的辩证推理能力常使我叹服。我们一起讨论过许多事情、人物和当代问题,他清晰的思路总能带给我很大帮助。

他没有在超现实主义的非理性思想中迷失自我,因为他不是模仿者,而是创造者,正因如此,他将清醒和智慧的子弹射向超现实主义的尸体。

他是我生活中不可缺少的朋友,如今失去了他的陪伴,我赖以生存的东西少了一块。这个空缺无法被任何人填补,因为与他之间热烈的兄弟情谊是我生命中的宝藏之一。

法兰西铁塔,我的兄弟!我俯瞰你紧闭的双眼,它们却继续赋予我光明和伟大,朴实和正直,善良和纯真,它们来自你在这世上播下的种子。

皮埃尔·勒韦迪

我从不认为皮埃尔·勒韦迪的诗有魔力。"魔力"这个词是时代的流行语，就像集市里骗人的魔术师手中的帽子，野鸽子是不会从里面飞出来的。

皮埃尔·勒韦迪是一位求真务实的诗人，他的诗篇包罗万象，历数世间万物和辉煌。

他的诗像是埋在地下的石英矿，闪闪发亮，取之不尽。它会发出刺眼的光，就像某种从厚土层中艰难采出的黑矿石那样的光泽。它可能突然闪现耀眼的火花，也可能躲在矿井的隧道里远离阳光，却忠于心中的真理。也许正是这种真理，这种诗的本质与大自然的一致性，这种勒韦迪风格的宁静，这种坚定不移的真实，让他逐渐淡出人们的视野。他就像一种自然现象、一条河流、一座房子或一条熟悉的街道，因为外观和地点始终如一，被人们习以为常而忽略其存在。

如今他走了，一种巨大的沉默，比他那高贵而骄傲的沉默更为深重的沉默把他带走了，我们才意识到他已不在这里，那束独一无二的光消失不见了，埋葬在天地之间。

我想说，总有一天，他的名字会像复活的天使一样，推倒那面不公正的遗忘之门。

我们会在最后的审判日看到他，在末日审判之时，他那高贵而不朽的诗歌所具有的沉默像光环一样围绕着他，没有号角，却如此热情奔放，那超然的简朴让我们眼花缭乱。

耶日·博雷沙①

耶日·博雷沙再也不会在波兰等我了。命运给这位年迈的流亡者保留了重建祖国的机会。离开多年后，当他作为一名士兵回来时，华沙只剩下一片残砖败瓦。没有街道，没有树木。没有人在等他。博雷沙，这个精力旺盛的奇才，与他的人民一起奋斗。他的脑海中闪现出一个宏大的计划，紧接着，建立书刊印刷厂的创举诞生了。厂房一层层盖起来；世界上最大的轮转印刷机被运来；现在，成千上万的图书和杂志在那里印刷成册。博雷沙是一个不知疲倦、脚踏实地的人，用行动实现了梦想。他的大胆计划像梦中城堡一样，在生机勃勃的新波兰变成了现实。

我那时和他还没碰过面。我到位于波兰北部的马苏里亚恩湖区度假营去拜访他，他在那里等我。

下车后，我看到一个不修边幅、胡子拉碴的男人，只穿一条说不清样式的短裤。他以狂野的热情，用从书本上学来的西班牙语冲我喊道："巴勃罗，不会累的。你必须休息。"（他其实想说："巴勃罗，别太累了，快去休息一下。"）实际上，他根本没让我"休息"。他的谈话内容如此丰富，形式如此多样，语气如此激昂，令人惊叹不已。他一口气向我描述了七种不同的建筑方案，并点评了几本对历史和人生提出新见解的书。"巴勃罗，真正的英雄是桑丘·潘沙②，不是堂吉诃德。"对他来说，桑丘代表了大众现实主义的声音，是他所处的世界与时代的真正核心。"只当了短短几天的官，桑丘就做出了政绩，因为掌权的是人民。"

---

① 耶日·博雷沙（1905年~1952年），波兰共产主义活动家、作家。
② 《堂吉诃德》中的重要人物，堂吉诃德的忠实侍从。

他总是很早就把我从床上拽起来,对我大喊:"你必须休息。"然后就带我穿过冷杉林和松树林,去参观某一教派的修道院,这个教派一百年前从俄罗斯迁到了这里,至今还延续着古老的仪式。修女们接待了他并送上祝福。博雷沙非常尊重她们,行事也很得体。

他性情温和又积极活跃,曾在战争年代经历过许多令人深恶痛绝的事情。有一天,他给我看了一支左轮手枪,这支枪曾在一次即决审判①后用来处决一名战犯。战犯的笔记本被发现了,上面详细记录了他犯下的所有罪行,包括吊死老人和孩子以及强奸幼女。就在他犯下暴行的村子里,他在毫无防备之时被抓获。证人排了长长一队。他那个写满罪状的笔记本被当众宣读出来,然而,这个无耻的罪犯只自言自语了一句:"如果从头再来,我还要这么干。"我亲手摸了摸那个笔记本和那把处决无情罪犯的左轮手枪。

马苏里亚恩湖区的鳗鱼多到数不清。我们早早出发去垂钓,很快就看到了形似黑腰带的鳗鱼,它们湿漉漉的,不停扑腾。

我对这里的湖水、渔民和周围的风景渐渐熟悉了起来。从白天到晚上,我的朋友带我一会儿上岸,一会儿下湖,一会儿跑步,一会儿划船,还去认识了新的朋友,了解了树木的相关知识。每做一件事,他都会对我喊:"你必须休息,没有比这里更适合休息的地方了。"

离开马苏里亚恩湖区时,他送给我一条熏鳗鱼,我从没见过这么长的鳗鱼。

我不知如何处理这条长长的"手杖"。我想把它吃掉,因为我特别喜欢吃熏鳗鱼,而且毫无疑问,这条鱼是从原产湖里直接钓来的,没有经过储藏和其他环节。但那段时间,酒店的菜单上早晚都

---

① 一种针对刑事指控的审判方式,其特点是不经过陪审团审理,而在一种更快捷、简单的程序中进行。

供应鳗鱼,使得我没机会吃自己那条。它也因此变成了我的烦恼。

夜里,我会把它放到阳台上透气。但有时,与人相谈甚欢的我会突然想起时间已是中午,鳗鱼正在阳光下暴晒。我立刻无心再聊天,冲到阳台上把它拿回来,安置在房间里凉爽的地方,例如柜子里。

我终于遇到了一个爱吃鳗鱼的人,于是我将这条世界上最长、最嫩、最美味的熏鳗鱼送给了他,心中略带愧疚。

现在,伟大的博雷沙,这个骨瘦如柴、充满活力的堂吉诃德,这个如书中的堂吉诃德一样欣赏桑丘·潘沙的人,这个情感充沛、学识丰富的建造者和梦想家第一次休息了,长眠于他深爱的黑暗之中。在他的安息之所附近,一个他为之奉献了火山般精力和火焰般能量的世界仍在创造中。

索姆洛·杰尔吉[①]

我喜欢生活与诗歌、历史与诗歌、时间与诗人交织在一起的匈牙利。在其他国家,对这个问题的讨论多少有些天真,或有失公正。但在匈牙利,每一位诗人命中注定要为此尽心竭力。阿蒂拉·尤若夫[②]、奥第·安德烈[③]、伊尔耶斯·裘拉[④]都是责任与音乐、祖国与黑

---

① 索姆洛·杰尔吉(1920年11月28日~2006年5月8日),匈牙利诗人、作家、散文家、翻译家。

② 阿蒂拉·尤若夫(1905年4月11日~1937年12月3日),20世纪匈牙利最伟大的诗人之一,也是匈牙利第一个描写工人生活的诗人。超现实主义和表现主义的楔入使其作品产生出很多优美、含蓄的意境。

③ 奥第·安德烈(1877年11月22日~1919年1月27日),匈牙利诗人,其作品受法国象征主义文学影响。

④ 伊尔耶斯·裘拉(1902年11月2日~1983年4月15日),匈牙利诗人。

暗、爱与痛苦之间相互影响的自然产物。

索姆洛·杰尔吉是一位诗人,在过去的二十年间,我见证了他的信心和能力不断在增强。他的嗓音如小提琴般悠扬动听;他关心自己及他人的命运;他是一位彻头彻尾的匈牙利诗人,一个慷慨的、时刻准备分享一个民族的现实和梦想的匈牙利人。他还是一个心怀忠诚与热爱、乐于奉献的诗人,匈牙利诗歌所具有的独特风格烙印在他的身上。

这位年轻而成熟的诗人,值得被我们这个时代倾听。他的诗静谧、纯粹,就像产自我们金色沙漠的葡萄酒一样令人陶醉。

夸西莫多[1]

意大利的大地深处,留存着古代诗人的声音,那里是最纯净的地方。我踏在这片土地上,走过波光粼粼的公园,漫步于蓝色小海洋的沙滩,感觉脚下埋藏着钻石一样的东西,那是累积了几个世纪灿烂的智慧结晶。意大利为欧洲诗歌带来了形式、韵律、优雅和狂热,使其挣脱了最初的混沌,挣脱了粗陋的硬壳。意大利的光芒将中世纪吟游诗人的破衣烂衫和英雄业绩歌[2]的铁衣变成了数不尽的璀璨钻石。

对于像我们这样,诗文选集这种书籍在一八八〇年后才问世

---

[1] 萨瓦多尔·夸西莫多(1901年8月20日~1968年6月14日),意大利诗人,1959年获诺贝尔文学奖。代表作有《水与土》《消逝的笛音》《日复一日》等。

[2] 现所知中世纪最早的一种方言歌曲,是一种史诗性的长篇叙事诗,歌颂忠诚、勇敢的骑士英雄。英雄业绩歌以民间说唱形式诵唱,音乐简单,缺乏变化,以口传形式而没有得到保留,代表作有《罗兰之歌》等。

于祖国的诗人来说，看到出版于十三世纪三十年代或一三一〇年、一四五〇年的诗集，会惊叹不已。那些令人眼花缭乱的三行诗中包括但丁、卡瓦尔坎蒂①、彼特拉克②和波利齐亚诺③的作品，他们激昂的情感表达、深刻的思想内涵和宝石般的艺术形式尽在其中。

这些名字和这些诗人，用佛罗伦萨的光辉启发了我们刚柔并济的加尔西拉索·德·拉·维加和淑性茂质的博斯坎④；照亮了贡戈拉的道路，也给克维多的忧郁增添了深沉的层次；成就了英国莎士比亚的十四行诗，点明了法国的精髓，让龙沙和杜·贝莱⑤的诗歌绽放光彩。

因此，生长在意大利的诗人任重道远，行走在星光灿烂的路途上，他须不辜负这辉煌夺目的文学遗产。

我认识萨瓦多尔·夸西莫多已有多年，可以说他的诗歌表达了一种意识，一种对我们来说变幻无常，实则包含深刻而炽烈情感的意蕴。夸西莫多是个可以充分利用自己的学识、平衡感和智慧手段的欧洲人。然而，作为意大利诗坛的中心人物，作为绵延不绝的古

---

① 卡瓦尔坎蒂（约1258年~1300年），意大利诗人，代表作有《女性请我讲述》等。

② 弗兰齐斯科·彼特拉克（1304年7月20日~1374年7月19日），意大利学者、诗人，文艺复兴第一位人文主义者，被誉为"文艺复兴之父"，以其十四行诗著称于世，为欧洲抒情诗的发展开辟了道路，后世人尊他为"诗圣"。

③ 波利齐亚诺（1454年7月14日~1494年9月29日），意大利诗人、人文主义者、文艺复兴时期古典文学研究先驱之一。

④ 胡安·博斯坎（约1490年~1542年），西班牙诗人，和加尔西拉索一起将流行于意大利的十一个音节的十四行诗引进西班牙诗坛。

⑤ 杜·贝莱（1522年~1560年），法国诗人，七星诗社重要成员。代表作有《罗马怀古》《悔恨集》等。

典主义造就的当代诗人,他并没有变成一个被束缚在钟楼里的战士。夸西莫多是一个典型的普世主义者,他没有激愤地将世界分成东方和西方。相反,他认为自己有责任破除文化壁垒,并告诉人们:诗歌、真理、自由、和平和幸福是属于全人类的礼物。

一个有声有色的悲伤世界有条不紊地汇聚在夸西莫多的作品里。他的悲伤不是莱奥帕尔迪①对世事无常的绝望感,而是夜幕降临时,大地包容万物生长的安定气息——芬芳、声响、色彩和钟声守护深埋在地下的种子生根发芽,给一天中的这个时刻烘托出庄严的氛围。我喜欢诗人精练的语言及他的古典主义和浪漫主义格调,尤其钦佩他始终把自己沉浸在对美的追求中,并将所见所感全部转化为诚挚动人的语言能力。

我举起一个用阿劳卡尼亚的树叶编成的馥郁王冠,把它放飞到空中,让生活和风助它跨越大海和远方,停驻在萨瓦多尔·夸西莫多的额顶。这并非我们经常在弗兰齐斯科·彼特拉克肖像上看到的阿波罗桂冠,而是来自我们尚未探索的森林,由尚未命名的树叶做成的冠冕,叶子上还挂满了南方清晨的露珠。

巴列霍永远活着

巴列霍是与众不同的人。我永远不会忘记他肤色焦黄的脸庞,是透过秘鲁的旧窗户经常能看到的那种面容。巴列霍为人不苟言笑,

---

① 贾科莫·莱奥帕尔迪(1798年~1837年),意大利19世纪著名浪漫主义诗人,以洗练朴素的语言和自由多变的格律开创了意大利现代自由体抒情诗的先河。其作品表达民族复兴运动的理想,复辟时期的创作有较浓郁的悲观色彩。

内心纯洁干净。他死于巴黎；他死于巴黎污浊的空气，死于那条经常打捞出尸体的污浊河流。巴列霍因饥饿和窒息离开人世。如果当初我们把他带回秘鲁，如果他能呼吸到秘鲁的空气，也许他还活着，还在写诗。我在不同时期为我这位亲爱的朋友、我的好同志写过两首诗，在里面记述了我们悠远绵长的友谊。第一首是《塞萨尔·巴列霍颂》，收录在《元素颂》第一卷中。

过去几年间，一些不怀好意的小人物张牙舞爪地挑起一场小小的文学战争，他们企图把巴列霍、塞萨尔·巴列霍的魂魄、塞萨尔·巴列霍的离开和塞萨尔·巴列霍的诗歌，都与我和我的诗歌对立起来。这种事情并不稀奇。他们这样做的目的，无非是要去伤害那些努力创作的人，他们会说："这个人不行，但巴列霍很棒。"如果是聂鲁达先走一步，他们一样会拿他与巴列霍对抗。

第二首诗的标题只有一个字母 V，收录于《放纵》。

为了找寻人与作品之间千丝万缕、难以言喻的联系，我谈到了那些与我有不同程度关联的人。我们曾共度生命中的某段时光，现在只剩下我。我没有其他办法去洞悉人们认为诗歌深不可测的原因，我觉得诗歌是清楚明了的。诗人的手和他的作品之间，眼睛、五脏六腑、血液和他的作品之间，一定有着某种关系。但我没有理论根据。我不会在胳膊下夹着教条到处溜达，随时准备把它扔到别人头上。我和几乎所有人一样：周一的时候觉得一切都光明，周二的时候觉得一切都黑暗，因此这将是光影变幻的一年。而未来的岁月必将呈现一片令人愉悦的蓝。

加夫列拉·米斯特拉尔

我之前提到过，我在家乡特木科已和加夫列拉·米斯特拉尔结识。但后来她与特木科永远地决裂了。当时的加夫列拉正过着艰苦而勤奋的生活，看起来就像是一所女修道院不苟言笑的院长。

就在那个时期，她用散文式行云流水的笔触创作了几首关于母亲与孩子的诗，文风清新隽秀；于她而言，散文往往就是最动人心弦的诗。这些诗中提到了怀孕、分娩和发育，于是，一些不明真相的耳食之言在特木科流传开来，源头是那些我非常了解其秉性的铁路工人和木材工人，他们待人粗鲁、性情冲动、口无遮拦，这位单身女性正是被他们隐晦的语言及随口而出的恶俗话语伤了自尊。

加夫列拉感觉自己受到了侮辱，至死都没有释怀。

多年以后，她在那本杰作的首版中加入了长长一篇注解，对曾经散播在世界尽头连绵群山间的流言蜚语表示谴责。

当她迎来了永生难忘的成功时刻，前去接受诺贝尔文学奖的加冕时，却不得不途经特木科。学童们每天都在火车站等她。小女孩们手捧钟花冒雨赶来，冻得瑟瑟发抖。钟花是智利南方的花，是阿劳卡尼亚美丽的野生花卉。然而，这样的等待是徒劳的。加夫列拉·米斯特拉尔乘坐的是夜间火车，她刻意选在晚上经过这里，不愿接受别人献上的特木科钟花。

所以，谈起这件事是为了指责加夫列拉吗？这件事只说明，在她的灵魂深处，伤口还未愈合，而且不会轻易愈合。由此可见，这位写出华丽诗篇的诗人同任何人一样，爱与恨也会在心底扭打。

她对我总是面带友好而坦诚的微笑，笑容舒展在她的脸庞，就像糖粉撒在了黑面包上。

那么，是什么样的优质原料放进了她的创作烤箱中？疼痛与苦涩充盈在她的诗篇里，其秘密配方又是些什么？

我不想去探究这些，我相信我找不到答案，即使找到了，我也将守口如瓶。

野芥菜在九月开花，这时的乡村就像一片起伏荡漾的黄色地毯。四天前，海岸上吹起了猛烈的南风，呼啸声响彻夜晚。海洋随即变成一片开阔的绿色水晶玻璃，涌起白茫茫的海浪。

来吧，加夫列拉，你是这野芥菜花、这岩石、这狂风深爱的女儿。我们都兴高采烈地欢迎你来。没有人会忘记你写给智利的雪和山楂树的颂歌。你是智利人。你属于人民。没有人会忘记你描写祖国赤脚孩童的诗句。没有人会忘记你的"斥责之辞"。你是一位动人的和平拥护者。所有这些以及其他未提及的事，是我们爱你的原因。

来吧，加夫列拉，来看看智利的野芥菜和山楂树。我应为你献上代表坚强不屈气节的荆棘花，用最诚挚的方式欢迎你，来契合你的伟大以及我们之间牢不可破的友谊。岩石和春光组成的九月向你敞开大门。最令我欣喜的事，莫过于看到你面带灿烂笑容，踏入这片智利人民用鲜花和歌声创造出的神圣土地。

很幸运，我们用自己的声音让共同向往的真知得以被尊重。愿你伟大的心灵在祖国山脉和海洋的寂静中得以安息，得以繁衍，继续活着，继续高唱战歌。我亲吻你高贵的额头，向你风采卓越的诗篇致以崇高的敬意。

比森特·维多夫罗

伟大的诗人比森特·维多夫罗以他那顽皮的目光看待一切，他用无数恶作剧捉弄过我：寄来幼稚的匿名信攻击我，不断指责我抄袭。维多夫罗是无可救药的典型自我中心主义者。在那个自相残杀的时代，毫无社会地位的作家们普遍采取了这种捍卫自己立场的方式。在美洲，这种咄咄逼人的自恋与邓南遮①在欧洲的傲慢无礼如出一辙。这位意大利作家违背了小资产阶级思想，在美洲掀起一阵弥赛亚主义②的狂热风潮。他的追随者中最引人厌恶、最革命的一位是巴尔加斯·比拉。

我不好批判维多夫罗这个人，他毕生引发过无数次高调的文字战争，我却因此获得了人们的尊敬。他自称"诗神"，认为我比他年轻很多，不该成为他那奥林匹斯山中的一员。我一直没搞清他所谓的奥林匹斯山到底是什么。在巴黎，维多夫罗和一帮志同道合的人一起颠覆了文学上的一切传统。相比之下，我简直低人一等，我就是一个来自边远地区、彻头彻尾的乡巴佬。

维多夫罗并不满足于成为才华横溢的诗人。他想成为超人。他的恶作剧有一种稚气的魅力。如果今天他还活着，他一定会成为第一个登月志愿者。他会力图向科学家们证明，他头骨的形状和韧性举世无双，他是地球上最适合太空旅行的人。

有几件趣事可以很好地说明这一点。例如，他在二战结束后返回智利，那时他已到了风烛残年，却经常给别人展示一台生锈的电话机，还说："我亲自从希特勒手里拿来的，这可是他最喜欢的电话机。"

---

① 加布里埃尔·邓南遮（1863年3月12日~1938年3月1日），意大利诗人、记者、小说家、戏剧家、冒险者。邓南遮是一位狂热的民族主义者，一生渴望在冒险的军事行动中创造的所谓"英雄业绩"。在法西斯统治时期，他又是一位狂热的军国主义者。

② 弥赛亚主义，即信仰弥赛亚（救世主）将拯救世界、统治地球的宗教、哲学、政治和文化思想。

有一次，有人给他看一件技艺欠佳的雕塑作业，他说："太糟糕了！比米开朗基罗的还差劲。"

一九一九年发生在巴黎的一件事也值得讲一讲，他是这个精彩故事的主角。维多夫罗出版了一本名为《不列颠的终结》的小册子，他在书中预言大英帝国即将分崩离析。然而，这个预言没有获得关注，于是诗人决定上演一出失踪的戏码。媒体报道了此事："智利外交官遭神秘绑架。"

几天后，他被发现横躺在自家门外。"英国童子军绑架了我，"他对警察说，"他们把我绑在一个地下室的柱子上，强迫我大喊一千遍：'大英帝国万岁！'"说罢又晕了过去。然而，警察翻查了夹在他腋下的一个小包裹，里面装着一件新睡衣，是他三天前在巴黎一家高档商店买的。

事情真相大白。诗人也因此失去了一位画家朋友。胡安·格里斯坚信绑架这件事，对帝国主义欺辱智利诗人的经过愤慨不已。他永远不会原谅这个谎言。

维多夫罗是一个水晶般的诗人。他作品中的每一个词句都闪闪发光，有种令人愉悦的强烈感染力。他那凝结了优雅和智慧的文笔使其诗歌散发着欧洲色彩的光辉。

当我再读他的作品时，最打动我的是诗歌澄澈清莹的特质。这位在复杂时代追求潮流的文学诗人，坚决无视自然的庄严，让淙淙流淌的溪水，让风吹树叶的沙沙声，让肃然的人类本性贯穿于诗中，并积聚在他后期的作品里。

从其法式诗歌的创作手法，到其代表作蕴含的强大力量，可以看到在维多夫罗的内心，顽皮与热情之间、逃避与献身之间一直在激烈对抗。这样的思想斗争外化成一场盛大的表演，以一种故意的方式让人们一览无余，出尽了风头。

毫无疑问，对严肃风格的偏爱使我们和他的作品产生了距离。我们都有同感，比森特·维多夫罗最大的敌人就是他自己。而死神终结了他那充满矛盾的、不可思议的游戏人生。死亡为他易逝的生命拉上了帷幕，但又开启了属于他的新篇章，让他耀眼的魅力永远展现在世人面前。我曾提议为他立一座纪念碑，安置在鲁文·达里奥旁边。但是，我们的政府在纪念艺术家的事情上一向精打细算，却在其他毫无意义的纪念碑上挥霍无度。

我们不能把维多夫罗看作一个政治人物，尽管他曾短暂涉足革命。在思想问题上他朝三暮四，就像一个被宠坏的孩子。但那都是过去的事情了，如果我们不顾损失其才华的风险去批判他，那便是不负责任的做法。相反，我们应该说，维多夫罗歌颂十月革命和悼念列宁逝世的诗歌是他为人类觉醒做出的重要贡献。

维多夫罗于一九四八年在靠近黑岛的卡塔赫纳离开人世，在此之前，他写了最后几首作品，那是我一生中读过的最令人心碎、最深刻的诗。维多夫罗离世前不久，在我的好友兼出版商贡萨洛·洛萨达的陪同下，来我在黑岛的家里做客。我和同是智利诗人的维多夫罗以朋友的关系谈天说地。

文学的敌人

我料想，文人之间大大小小的矛盾冲突在世界各地层出不穷，未来仍会继续。

在我们美洲大陆文学界，震惊天下的自杀事件数量可观。在革命的俄国，马雅可夫斯基被忌妒者逼到走投无路，朝自己扣动了扳机。

在拉丁美洲，小积怨会扩张为大仇恨。嫉妒有时甚至变成一种职业。据说这是从走向没落的西班牙殖民者那里继承来的特质。的确，从克维多、洛卜·德·维加①和贡戈拉之间的关系上，我们时常能看到他们因相互敌对造成的创伤。尽管西班牙的黄金时代在诗歌艺术的发展上创造出辉煌，但它也是一个不幸的时代，饥荒就在宫殿外徘徊。

近几年来，小说在我们这些国家呈现出新的面貌。加西亚·马尔克斯②、胡安·鲁尔福③、巴尔加斯·略萨④、萨巴托⑤、科塔萨尔⑥、卡洛斯·富恩特斯⑦和智利的多诺索⑧等名字家喻户晓，他们的作

---

① 费力克斯·洛卜·德·维加·卡尔皮奥（1562年11月25日~1635年8月27日），西班牙剧作家、诗人。

② 加夫列尔·加西亚·马尔克斯（1927年3月6日~2014年4月17日），哥伦比亚作家、记者、社会活动家，拉丁美洲魔幻现实主义文学的代表人物，20世纪最有影响力的作家之一，1982年诺贝尔文学奖得主。代表作有《百年孤独》《霍乱时期的爱情》等。

③ 胡安·鲁尔福（1917年5月16日~1986年1月7日），墨西哥作家。代表作有《燃烧的原野》《佩德罗·巴拉莫》等。

④ 马里奥·巴尔加斯·略萨（1936年3月28日~），拥有秘鲁与西班牙双重国籍的作家及诗人，1994年获塞万提斯奖，2010年获诺贝尔文学奖，代表作有《绿房子》《酒吧长谈》《世界末日之战》等。

⑤ 埃内斯托·萨巴托（1911年6月24日~2011年4月30日），阿根廷作家。代表作有《英雄与坟墓》等。

⑥ 胡里奥·科塔萨尔（1914年8月26日~1984年2月12日），阿根廷作家、学者，"拉美文学爆炸四大主将之一"，代表作有《动物寓言集》《被占的宅子》《跳房子》等。

⑦ 卡洛斯·富恩特斯（1928年11月11日~2012年5月15日），墨西哥作家，西语世界最著名的小说家及散文家之一。代表作有《换皮》《我们的土地》等。

⑧ 何塞·多诺索（1924年10月5日~1996年12月7日），智利作家，参与了魔幻现实主义文学运动，代表作有《淫秽的夜鸟》等。

品也风靡于世。其中一些人被冠以"拉美文学爆炸"①主将的称号，但也常听人们议论说，他们是相互吹捧的一群人。

这些人中绝大多数我都见过，我觉得他们心态非常健康，为人慷慨豁达。我越发明白他们之中一些人不得不离开祖国的原因：去寻找一个更加宁静的创作环境，远离政治仇恨和日益滋长的嫉妒之心。他们自愿流亡的理由无可辩驳，其作品对于探究我们美洲的真理和梦想起着愈加重要的作用。

至于是否要讲述我本人遭受极端妒忌的经历，我一直犹豫不决。我不想给别人一种过于以自我为中心以及过于自我陶醉的印象，但我有幸引起了一些纠缠不休却生动有趣之人的嫉妒，还是值得来讲一讲。

这些烦人的影子时而会惹怒我。而事实上，他们却无意中违背了自己的初衷，履行了一项奇怪的职责，那就是提高我的声誉。他们仿佛在进行一场宣传活动，唯一的目标是让我名扬四海。

其中一个阴暗对手的惨死给我的生活留下了一种空虚感。多年来，他一直暗中反对我所做的一切，导致我现在竟有些怀念。

遭受四十年的文学围攻不是件寻常事。回顾这场一个人和自己的影子进行的孤独战斗，也不失为一种乐趣，毕竟我从未真正参与其中。

同一个编辑（永远是他）出版过二十五种刊物，都是为了毁

---

① 20世纪60年代至70年代之间，拉美文学迅速崛起，一大批拉丁美洲作家的作品开始流行于欧洲并最终流行于全世界，这场运动被称为"拉美文学爆炸"。这场运动的四位主将为阿根廷的胡利奥·科塔萨尔、墨西哥的卡洛斯·富恩特斯、秘鲁的马里奥·巴尔加斯·略萨和哥伦比亚的加西亚·马尔克斯。他们的作品带有实验性质，并且十分政治化，跟拉丁美洲动荡不安的政治气氛有关。

掉我这个作家的名声，将各种罪名——背叛、才尽言枯、各种恶习、剽窃、耸人听闻的性变态——安在我身上。还出了一些小册子，不遗余力地到处派发；也在报纸上发表了几篇不乏幽默感的文章；最后，写了厚厚一整本侮辱谩骂我的书并出版发行，名叫《聂鲁达和我》。

我的对手是一位比我年长的智利诗人，他固执且霸道，喜欢虚张声势。这种以自我为中心的作家在美洲很常见。他们的傲慢自负和居心叵测可能会表现为不同的形式，但他们邓南遮式的思想行为注定是一场悲剧。

在我们这片贫瘠的土地上，在每个气候严酷的清晨，我们这些诗人大多衣衫褴褛，饥寒交迫，不得不在醉汉的呕吐物中来回游荡，寻找施舍。奇怪的是，在那种恶劣的环境中，文学界却滋生了一些恶霸，他们是流浪生活的幸存者。一种巨大的虚无主义，一种虚伪的尼采式犬儒主义[①]，使许多诗人躲在了罪恶的面具背后。不少人沿着这条捷径，走上了犯罪和自我毁灭的道路。

我的这位传奇对手就出身于这样的环境。他一开始想引诱我上钩，把我困在他的游戏规则内。然而，这与我这种小资产阶级的乡下人习性格格不入。我不敢，也不想做一个机会主义者。相反，我们这位主人公是位善于投机的专家。他生活在一个闹剧不断的世界里，通过扮演恶霸的角色欺骗自己，而这也成为他的职业和护身符。

该给这个人起个代号了。姑且叫他某某[②]吧。他是一个身强体

[①] 也称"昔尼克主义"，西方古代哲学、伦理学学说，主张以追求普遍的善为人生之目的，为此必须抛弃一切物质享受和感官快乐。

[②] 此处指智利诗人巴勃罗·德·罗卡（1894年10月17日~1968年9月10日）。

壮、毛发浓密的人,企图以花言巧语和强壮体格给人留下深刻印象。还记得有一次,那时我才十八九岁,他提议和我一起出版一本文学刊物。这本刊物的内容将一分为二:其中一部分是他通过散文和诗歌的形式宣扬我是一位才华横溢的诗人,作品极具感染力;而在另一部分中,我要从各个方面鼓吹他拥有超凡智慧和无限才能。他认为这个计划非常完美。

我当时虽然很年轻,但也觉得这样做实在过分。我极力劝说他放弃这个想法。在出版刊物方面他是个出色的人才,我亲眼见过他是如何去筹集资金的,真是令人大开眼界。

他在寒冷偏远的外省制定了一个缜密的行动计划。他列了长长一串名单,其中包括医生、律师、牙医、农学家、教授、工程师和政府高官等。我们这位人才因出版过大量刊物、全集、叙事诗和抒情的小册子而备受瞩目,成为人们眼中世界文化的使者。他会把这些宣传的机会庄严地献给他拜访过的那些名不见经传的人,再卑躬屈膝地向他们收取几枚可怜的埃斯库多①。在他的夸夸其谈中,受害者仿佛逐渐缩小,变成一只苍蝇那么大。某某会在达成目的后揣起钱就走,把苍蝇大小的人们独自留下,去为世界文化事业殚精竭虑。

某某还曾自称是农业广告专家,并主动提出要为南方偏远地区的农场主编辑有关他们农场的豪华专论,里面附上主人和牲畜的照片。他上演了一场精彩的表演,穿上马裤和消防靴,再裹一件充满异国风情的华丽披风。我们这位主人公在恭维的话语间夹杂了隐晦的威胁,离开农场时收获了几张支票。农场主们虽然吝啬,但很现

---

① 一种货币名称。

实，用钱把他打发走了。

作为一位尼采式的哲学家和执迷于创作的作家，某某最大的特点是他在头脑和身体方面的流氓行为。他是智利文学界的职业恶霸。多年来，一直有一群可怜虫殷勤地侍奉他。然而，生活往往会不留情面地让这些机会主义者一败涂地。

我这位凶悍对手的悲惨结局——晚年自尽——使我在动笔前犹豫了许久。现在我终于写了出来，我觉得这是正确的时机。一座仇恨的巨大山脉贯穿于各个西班牙语国家之中，它以不安的嫉妒，蚕食着作家们的心血。结束这种毁灭性罪恶的唯一方法，就是将它公之于众。

一个拥有加利西亚姓氏（类似"里贝罗"）的阴险乌拉圭人，对我和我的作品发起了耸人听闻的政治文学攻击，其程度同样疯狂残酷。几年来，这个家伙一直在出版西班牙语和法语的小册子，并在其中把我骂得狗血淋头。让人不解的是，他在这场反聂鲁达行动中挥霍了不少金钱用以印刷出版物及支付昂贵的旅行费用，就为了将我搞垮。

当牛津大学宣布授予我荣誉博士学位时，这个奇怪又拙劣的乌拉圭诗人就不远万里去了那里。他搬来一套奇谈怪论，想彻底摧毁我的文学名声。接受荣誉学位后，我穿着红色长袍，依惯例喝着波尔图葡萄酒，一旁的牛津大学教授们饶有兴味地向我讲起他对我的种种指控。

这个乌拉圭人更令人难以置信的大胆行为是一九六三年的斯德哥尔摩之行。当时有传言说我将获诺贝尔文学奖。这个家伙便去拜访了瑞典文学院，会见了媒体，还在电台上断言我参与了对托洛茨基的袭击，企图以这般伎俩阻止我获奖。

时间证明这个人总是时运不济,无论是在牛津还是在斯德哥尔摩,他都不幸地既失了金钱,又打了败仗。

批评与自我批评

不可否认,我遇到过一些好的评论家。我所谓的"好"不是文学盛宴上的恭维,也无关我无意招惹来的侮辱。

我指的是其他人。除了那些热情的青年评论家撰写的诗评外,必须要提到的是俄国的列夫·奥斯波瓦特①写的那一本。这位通晓西班牙语的年轻人在我的诗歌中探究了意境与音韵之外的内容:他用来自高纬度地区的神秘灵感,将我的诗歌置于未来的视野之中。

埃米尔·罗德里格斯·蒙涅格尔②,一位一流的评论家,出版了一本评论我诗歌的书,名为《一动不动的旅行者》。你一眼就能看出这位学者一点不笨。他很快察觉到,我喜欢以不出家门、不出国门,甚至不出内心世界的方式去旅行。(我很喜欢我收藏的一本杰出侦探小说《月亮宝石》③里的一幅插图。图中一位上了年纪的英国绅士,裹着他的胡普兰衫④,或麦克法兰大衣⑤,或厚重的佛若

---

① 列夫·奥斯波瓦特(1922年12月13日~2009年6月22日),俄罗斯学者。
② 埃米尔·罗德里格斯·蒙涅格尔(1921年7月28日~1985年11月14日),乌拉圭学者、文学评论家、拉丁美洲文学编辑。
③ 英国维多利亚时期小说家威尔基·柯林斯创作的长篇小说。该小说讲述了一颗钻石(月亮宝石)神秘失踪,后为探长卡夫所侦破的故事。作品情节惊险曲折,结局出人意外,是19世纪最伟大的侦探小说之一。
④ 一种宽袖长外套。
⑤ 一种防风雨外衣,无袖,手臂从斗篷下的袖窿里露出来。

克男士礼服大衣①，或随便什么，坐在壁炉前，一手拿本书，一手擎个烟斗，脚边还有两只昏昏欲睡的狗。这就是我想永远保持的生活状态，在炉火前，靠着海边，两条狗在身旁，阅读那些历经艰辛收集来的书，抽着我的烟斗。）

阿马多·阿隆索②的著作《巴勃罗·聂鲁达的诗歌与风格》受到许多人的高度评价。他在书中对诗歌弦外之音的热切寻觅以及对语言和动荡现实之间差距的探索十分有趣。此外，阿隆索的这本著作是首次用我们的语言对当代诗人的作品所进行的认真研究，这使我倍感荣幸。

为了研究和解析我的诗歌，许多评论家来找过我，其中包括阿马多·阿隆索本人。他会用一个个问题让我无处可躲，不得不去应对他那清晰的思路，却也时常跟不上脚步。

有人认为我是超现实主义诗人，有人认为我是现实主义诗人，还有人认为我根本不算诗人。他们都有道理，也都有谬误。

和《伟人的尝试》一样，《大地上的居所》写于或至少是动笔于超现实主义全盛时期之前，但日期不总是可靠的。地球的空气传播着诗歌的分子，或轻如花粉，或坚硬如铅，这些种子落在犁沟里，或停在人们头上，给万物捎来春天或战争的气息，既开出花朵，也带来枪弹。

至于现实主义，我只能说，从我自己的立场出发，我不喜欢诗歌中的现实主义。此外，诗歌不一定只是超现实主义或亚现实主义两种类别，它也可能是反现实主义的。可以有完全理性的反现实主

---

① 一种男士双排扣长礼服。
② 阿马多·阿隆索(1896年9月13日~1952年5月26日)，西班牙语言学家、文学评论家。

义,也可以有完全非理性的反现实主义。也就是说,诗歌没有类别的局限。

我爱书,它们是诗歌创作的实体,是文学的森林;我爱书的全部,甚至书脊,但不爱流派的标签。我想要不分派别、不分种类的书,就像生活一样。

我喜欢惠特曼和马雅可夫斯基描写的"正面英雄",那些人物在作品中没有固定模式,而是不无痛苦地融进了我们有血有肉的生命中,与我们合为一体,并一起分享面包和梦想。

社会主义社会应终结急躁冒进时代的神话,在这个时代,海报广告比商品更有价值,必需品被抛在一边。而作家最迫切的需要是写出好书。我喜欢美国的沃尔特·惠特曼和苏联的马雅可夫斯基笔下混乱内战战壕中的"积极英雄",但我心中也为洛特雷阿蒙的悲哀英雄、拉弗格的叹息骑士、波德莱尔的消极士兵留有一席之地。要知道,把创作这个苹果一分为二是件有风险的事,我们的心会被割开,我们可能会因此死掉。要谨慎而为之!我们应该要求诗人深入街头和对抗间,也活在光明和黑暗中。

诗人这一身份在历史的长河中或许肩负着同样的责任。走上街头去参加各种各样的战斗是诗歌一直以来的殊荣。诗人不畏惧被认为是反抗者,毕竟诗歌就是一种反抗。诗人不动怒于被称作"颠覆分子",毕竟生命超越了一切结构,新的精神准则层出不穷。种子在各处生根发芽;所有想法都是新奇的;我们每天都期待巨变的发生;我们在人类秩序的演化中积极生活着:春天是叛逆的。

我付出了我的一切。我已将诗歌投入战场,和它一起浴血奋战,悲恸欲绝,赞颂我所见证和经历的荣耀时刻。尽管有时会因各种原因被误解,也并不觉得太糟糕。

一位厄瓜多尔评论家说，在我的诗集《葡萄和风》中，真正属于诗歌的篇幅不超过六页。这个厄瓜多尔人碰巧读了我的书，觉得它充满了政治色彩，因此未在心中留下好印象，这就和其他注重政治的评论家不喜欢我的《大地上的居所》一样，他们认为这本诗集太内向、太阴郁。就连胡安·马里内洛①这样杰出的作家曾经也以道德理由谴责过我的诗。在我看来，他们犯了同样的错误，并出自同样的原因。

虽然我也曾对《大地上的居所》这本书产生出强烈的不满情绪，但不满之处在于书中弥漫的浓重悲观气息，而非内容。因为我忘不掉几年前一个圣地亚哥男孩在树下自杀，并留下一本翻开的书，打开的那页是一首标题为《这就是影子》的诗。

我相信，无论是在我所有作品中占有重要地位的、格调阴暗的《大地上的居所》，还是眼界开阔、充满光明的《葡萄和风》，都有其存在的权利。我这样说并不自相矛盾。

事实上，我更偏爱《葡萄和风》，也许因为它是我最容易被误解的一本书，又或者是因为创作这本诗集时，我开启了走向世界的历程。书中铺满了途中的尘灰，流淌着河里的水，还呈现了在多次旅行中看到的各种生物，持续不变的事情，以及海那边的异国他乡，这些都是之前我未曾了解的。我要再说一遍，这是我最喜欢的作品之一。

在我所有的书中，《放纵》不是传诵最多的一本，但它却有着最佳的弹跳力。这本诗集中欢蹦乱跳的诗歌跨过了盛名、尊重、相互保护、制度和义务，表现出一种恭敬的冒犯。正因如此，它成为

---

① 胡安·马里内洛·维达雷塔（1898年11月2日~1977年3月27日），古巴作家。

我私心最重的一本书。而它的格局也注定了这将是意义深远的一部作品。从我自身来讲，我认为《放纵》是一本出色的诗集，蕴含着真理所特有的盐一样的咸味。

在《元素颂》的创作过程中，我决定从事物的初始状态开始，着手于对其本质的探求。我想把那些反复被吟诵和反复被谈论的东西再描写一遍。我让自己像一个啃着铅笔头的孩子，开始写学校布置的关于太阳、黑板、钟表或家庭的作文。我不会遗漏任何一样主题，无论是走在地上还是飞到天上，我的诗句涉及每一样事物，并尽可能用新颖且明确的语言进行表达。

一位乌拉圭评论家看到我将石头比作小鸭子，十分错愕。他曾表示鸭子及其他一些种类的小动物不能成为诗歌的素材。文学上对高雅的追求竟已达到如此轻率的程度。他们力图强使有才华的艺术家只创作崇高的主题，但他们错了。我们要把评论家最鄙夷的东西编写成诗。

诗歌越脱离现实，资产阶级越推崇。直言不讳的诗人对行将灭亡的资本主义是危险的。然而，就像比森特·维多夫罗的自我认知一样，诗人更容易当自己是神。这种信念和立场并不会对统治阶级造成什么影响。诗人沉浸在自己神圣的孤独中，无须对其拉拢或压制。他们只在自己的天国里自我沉醉。与此同时，大地在他的轨迹里，在他耀眼的光芒中颤抖。

我们拉丁美洲国家有成百上千万文盲；这种文化落后作为封建制度的遗产和特权一直存在。面对七千万文盲这块绊脚石，可以说我们的读者还未诞生。我们必须加快速度，只有这样，美洲才会拥有读者群，去阅读我们的作品以及全世界的作品。我们必须让这片土地孕育新的生命以展现其光辉。

文学评论家常常热衷于讨好有封建思想的企业家。例如，一九六一年，我有三本诗集面世，分别是《丰功伟绩颂歌》《智利之石》和《典礼之歌》。整整一年，智利的评论家们对这几本书只字未提。

我的《马丘比丘之巅》首版时，同样也没有人敢谈论它。这本书的出版商专程拜访了《水星报》编辑部，这家报纸创刊将近一百五十年，其版面数量是智利之最。出版商是带着书的付费广告去的。对方接受了，但条件是去掉我的名字。

"但书的作者就是聂鲁达呀！"内拉抗议道。

"那无关紧要。"他们说。

《马丘比丘之巅》不得不以缺少作者名字的形式进行宣传。一百五十年的历史对这家报社来说有什么用？经过那么久远的时间，他们还没有学会尊重真理、尊重事实、尊重诗歌。

我遭到的强烈反对有时不仅反映阶级斗争的仇恨，还有其他原因。我写作长达四十余年，荣获了几项文学奖，译本涉及多数语言，但我周围的嫉妒之心却一刻也不曾远离，时常朝我射来冷箭。我的房子就是例子。我在黑岛的这个房子地处荒凉，一开始没有饮用水，也没有电。我用出书的收益给它整修了一番，还买来一些心爱的木雕，并把乘风破浪过的船头雕像安置在家里。

但是，有些人不能接受一位诗人因出版大量作品而获得所有作家、音乐家和画家应有的物质条件。那些落后于时代的极端保守派文人，提出时刻敬仰歌德的要求，却不许当代诗人拥有生存的权利。举个例子，他们知道我有汽车后炸了锅。按照他们的说法，只有生意人、投机商、妓院经理、高利贷者和骗子才能拥有私人汽车。

为了引起他们更多的不适，我决定把黑岛的房子留给人民。有一天,它将成为工会会议召开的地点,矿工和农民可以来此休息。这将是来自我的诗歌的反击。

新年伊始

一位报社记者问我:"新年伊始,您对这个世界有什么看法?"

我回答:"在这个时刻,一月五日上午九点二十分,整个世界在我眼中是一片玫瑰色和蓝色。"

这句话没有任何文学、政治或个人相关的含义。我只是说,我的眼睛被窗外巨大花坛里的粉红花朵吸引住,而远处的太平洋和天空相拥在一起,融为一整片蓝。

但我明白,人人也都知道,世界上还有其他颜色。谁能忘记白白流淌在越南战场上的鲜血颜色?谁能忘记被凝固汽油弹夷为平地的村庄颜色?

我回答了记者的另一个问题。跟往年一样,新的一年里,我会出版一本新书,对此我很有把握。我充满怜爱地抚摸它,我翻来覆去地推敲它,我在每一天里创造它。

"这本书里会写些什么?"

我该怎么回答呢?我的作品总是讲着同样的内容,我写的总是同样的书。我希望朋友们原谅我,因为在这崭新的时刻,在这崭新的三百六十五天里,我能献出的只有我的诗,那些崭新却又相同的诗。

在刚刚结束的一年,我们地球上所有人类都迎来了胜利:在航天及其他领域中的胜利。这一年,所有人都渴望飞翔。我们都曾在自己的航天梦里像宇航员一样翱翔太空。无论第一个在月球上书写荣耀、第一个吃掉新年葡萄①的人是来自北美还是苏联,征服太空的胜利属于我们每一个人。

人类在自己身上所发掘的大部分才能我们诗人都有。从儒勒·凡尔纳②在书中为人类的太空梦想造出第一架飞行器,到儒勒·拉弗格、海因里希·海涅和何塞·亚松森·席尔瓦(不要忘记发现月亮魔咒的波德莱尔),我们这些诗人比其他任何人都更早地研究并歌颂了这颗苍白的星球,并出版了相关作品。

年复一年。你可能在逐渐衰老,也可能在茁壮成长,可能在受苦受难,也可能在享受生活。岁月要么夺走你的生命,要么把它归还于你。告别变得愈加频繁:朋友进出于牢狱、来往于欧洲,或者干脆与世长辞。

若你的朋友离世时你正身处很远的地方,你会觉得他们并没有离开,还一如往昔地活在你心里。而活得更久的那位诗人往往会为故人撰写悼念诗文。我不再写这样的诗歌,我担心人类面对死亡会表现出一成不变的悲伤。没有人愿意把作品变成一本死者名册,即使他们是很重要的朋友。一九二八年在锡兰,我写了《华金的缺席》,来纪念我的朋友、诗人华金·西富恩特斯·塞普尔韦达③的离世,之后一九三一年在巴塞罗那,我又写了《阿尔贝托·罗哈斯·希门尼斯飞起来了》,那时我觉得不会再有人先我而去。然而,许多人都离开了。不远处,在阿根廷科尔多瓦的山丘上,埋葬着我亲爱的

---

① 拉美国家习俗,在跨年钟声敲响之际吃下 12 粒葡萄,代表新的一年万事如意。

② 儒勒·凡尔纳(1828 年 2 月 8 日~1905 年 3 月 24 日),19 世纪法国小说家、剧作家及诗人。代表作有《格兰特船长的儿女》《海底两万里》《神秘岛》等。

③ 华金·西富恩特斯·塞普尔韦达(1899 年~1928 年),智利诗人。

阿根廷朋友鲁道夫·阿劳斯·阿尔法罗①，我们的智利作家玛格丽塔·阿吉雷从此成为遗孀。

在刚刚结束的一年里，风带走了伊利亚·爱伦堡脆弱的身躯，他是我最亲爱的朋友，是真理的英勇捍卫者，是粉碎谎言的巨人。同年，在莫斯科，人们安葬了诗人奥瓦季·萨维奇②，他是加夫列拉·米斯特拉尔和我的诗歌译者，他的翻译十分精准，文笔也出色，让诗句中充满了怡人的爱意。同样的风也带走了我的好兄弟、诗人纳齐姆·希克梅特和谢苗·基尔萨诺夫③，以及其他一些人。

还有一件震惊世界的悲痛事件：切·格瓦拉④在贫穷的玻利维亚遭当局杀害。宣布他死讯的电报传遍全世界，令人不寒而栗。千万首挽歌纷纷唱响，怀着敬仰之心赞颂这位英雄悲壮的一生。世界各地涌现出大量诉说哀思的诗歌，其中许多并不入时宜。我收到一封来自古巴一位精通文学的上校发来的电报，请我也写一首。至今我还没动笔。我认为，这样的挽歌不仅要直截了当地表达抗议，还要对这个令人痛心的事件做出深刻的批判。我将反复思考如何创作这首诗，直到它在我的头脑和血液中成熟。

我是这位伟大的游击队领袖在日记中唯一引用其词句的诗人，这让我颇为感动。记得有一次，切·格瓦拉当着雷塔玛军士的面告

---

① 鲁道夫·阿劳斯·阿尔法罗（1901年11月18日~1968年11月3日），政治律师。

② 奥瓦季·萨维奇（1896年~1967年），俄罗斯作家、翻译家。

③ 谢苗·基尔萨诺夫（1906年6月5日~1972年12月10日），俄罗斯诗人。

④ 切·格瓦拉（1928年6月14日~1967年10月9日），原名埃内斯托·拉斐尔·格瓦拉·德·拉·塞尔纳，阿根廷马克思主义革命家、医师、作家、游击队队长、军事理论家、国际政治家、古巴革命战争的核心人物。

诉我,他经常把我的《漫歌》读给马埃斯特拉山那些谦逊而光荣的、蓄着胡子的先锋游击队员听。在日记里,他预言般地抄下了《玻利瓦尔①之歌》中的一句诗:"你那如英勇船长般的瘦小遗体……"

诺贝尔文学奖

在获得诺贝尔文学奖之前,我经历了漫长的过程。此前多次被提名,但都毫无结果。

一九六三年,这件事得到了极大的关注。广播里多次报道,说我的名字在斯德哥尔摩的诺贝尔文学奖评审中获得多数支持,我很有可能胜出。于是,玛蒂尔德和我实施了第三号家庭防御计划。我们准备了食物和红葡萄酒,并在黑岛的那扇旧门上挂了一把巨大的锁。闭关生活预计会持续一段时间,所以我又弄来几本西默农②的侦探小说。

记者们很快来了,但吃了闭门羹。那扇挂着巨大铜锁的门既漂亮又坚固,把他们挡在了外面。他们像老虎一样在墙外来回徘徊。他们到底来做什么?对于世界另一端只有瑞典文学院院士展开的讨论,我能说些什么呢?尽管如此,记者们毫不掩饰他们的贪得无厌。

南太平洋海岸的春天姗姗来迟。孤独的日子让我更加亲近海边的春日,虽然来得迟,但它已经为这孤独的节日穿上了盛装。夏天没下一滴雨,泥灰质土地粗糙、多石,不见一点绿色。冬天,海风

---

① 西蒙·玻利瓦尔(1783年7月24日~1830年12月17日),拉丁美洲革命家、军事家、政治家、思想家、独立战争的先驱。玻利维亚为纪念西蒙·玻利瓦尔而得名。

② 乔治·西默农(1903年2月13日~1989年9月4日),世界闻名的法语侦探小说家,全世界最多产、作品最畅销的作家。

怒吼，巨浪翻腾，激起簇簇浪花，这时的大自然似在忍辱负重，成为这可怕力量的牺牲品。

春天以一场黄灿灿的庞大行动拉开帷幕，到处都开满了数不清的小黄花。这种生命力顽强的小小植物遍布山坡，环绕岩石，向海边蔓延，在我们每天经过的小路中间冒出，仿佛为了证明自己的存在，对我们故意挑衅。长期以来，小黄花们被迫忍受隐蔽的生活，它们在这片荒凉贫瘠的土壤下面等了太久，以至于大地就快容纳不下这壮观的黄色了。

接着，小小的浅色花朵不见了，万物被一片浓郁的紫罗兰色花海覆盖。春天是善变的，它会从黄色变成蓝色，然后又变成红色。这些无名小花是如何接替出现的？风抖落一种颜色，第二天又抖落另一种，仿佛春天的所有权在孤寂的山间不断变更，各种颜色攻下领地后轮番挥舞着旗帜。

每年的这个时候，海岸上盛开仙人掌花。在远离这个地区的安第斯山脉山脊上，隐约可见满身凹纹和尖刺的仙人掌像巨人一样挺立，如同列队的敌军。而海岸上的仙人掌却又小又圆。我见过它们在顶端开出二十朵鲜红的花蕾，仿佛被刺破的手留下的血滴，以此作为激情的献礼。花苞很快盛放。在翻涌着白色巨浪的大海面前，成千上万颗仙人掌绽放出耀眼的红花。

家里那棵古老的龙舌兰自杀似的开花了。这株蓝黄相间的大型多肉植物，在我的大门旁生长了十几年，比我还要高，而这种植物一旦开花就会死掉。它长出一根刚劲挺拔的绿色花箭，高达七米，每隔一段距离就开一朵干巴巴的花，上面覆着一层薄薄的金粉。后来，这棵美洲龙舌兰的大叶片全部凋落，枯死了。

在它旁边，还有一棵正在开花的巨大植物，名叫"食羊树"。

智利以外没人知道它，因为它只生长在南极区的海岸。这种历史悠久的植物深受阿劳卡尼亚人的崇拜。古老的阿劳卡尼亚人已不复存在。鲜血、死亡、时间和后来阿隆索·德·埃尔西利亚·伊·苏尼加写下的史诗，结束了一个团结部落的古老历史，这个部落曾经从沉睡中惊醒，英勇保卫被入侵的祖国。当我看到属于它的花经过几世纪的血雨腥风，在已被遗忘的、渗透了层层血迹的大地上再次绽放时，我相信，不管我们是什么，不管我们变成了什么样子，地球的过去仍在绽放。只有地球始终长存，并保持着自己的本性。

我还没有描述这种花。

食羊树是一种凤梨科植物，叶子锋利，呈锯齿状。它像一团绿色的火焰从路旁喷薄而出，也像整齐佩戴在身上的多支翡翠色宝剑。它从半腰处突然生长出巨大的花，像一朵一人高的绿色玫瑰。这唯一的花朵中包含无数小小的花，它们聚集起来形成一座绿色的大教堂，顶端的金色花粉在波光粼粼的海水映衬下闪烁不停。这是我所见过的唯一一种绿色巨花，是为海浪树立的一座孤独纪念碑。

我国的农民和渔民很早就忘记了那些植物的名字，也忘记了许多自始至终没有名字的花草。它们渐渐被遗落，最终失去了自豪和骄傲。它们变得杂乱无章，色彩暗淡，就像河流从安第斯山脉的积雪中带到荒芜海岸的石头。农民、渔民、矿工和走私者忠于艰辛劳苦的生活、接踵而至的死亡、漫无边际的工作和无休无止的挫折。在这片不为人知的土地上，英雄默默无闻，无名的鲜血和无名的花朵照亮了这里，照亮了他们遥远的歌声。

这些花的其中一种侵占了我的房子。这种植物骄傲地挺立着光滑、结实的长茎，茎的顶端摇曳着一簇簇深浅不一的蓝色小花。我不知道是否所有人都见过那种绝顶美妙的蓝。它会不会只展露给少数人看？还是对其他人一直保持隐身状态？难道有什么主管蓝色的神不让它被别人看到？或许这仅仅是我在孤寂中自恃骄狂的乐趣，只因在盛放的春天里找到了一片蓝色，一波蓝色的浪潮，一池蓝色的星辉？

最后我要说一说番杏。我不知道其他地方有没有这种植物，它们用三角形的手指抓住沙滩，铺天盖地地蔓延开来。春天给那些绿手戴上稀有的绯红色宝石。番杏的希腊名字是Aizoaceae，在这迟来的春光里，它仿佛是从海洋这绿色洞穴里喷涌而出的入侵者，又像是遥远的海神在酒窖里储藏的紫色葡萄汁，成为黑岛一道壮丽的景观。

电台宣布，一位优秀的希腊诗人获得了这一著名奖项。记者们离开了。玛蒂尔德和我终于安下心来。我们庄重地把旧门上的巨大挂锁取下，这样任何人都可以一如往常地，不打招呼就来我家做客。就像这春天一样。

当天下午，瑞典大使夫妇来看我。他们带来一个篮子，里面装满了原本为庆祝我获诺贝尔文学奖而准备的酒和各种美食。他们以为我获奖是板上钉钉的事。不过我们并没有因此感到失望，而是举杯祝贺获胜的希腊诗人塞菲里斯[①]。临走时，大使把我拉到一边说："媒体肯定会来采访我，但我对塞菲里斯一无所知。你能给我介绍一下他吗？"

"我也不认识他。"我坦诚回答道。

不管承认与否，地球上的每一位作家都盼望有朝一日可以获得诺贝尔文学奖。

[①] 乔治·塞菲里斯(1900年3月13日~1971年9月20日)，希腊诗人，1963年获诺贝尔文学奖。

特别在拉丁美洲，各个国家都有力荐的人选，并为此积极筹备。而这种现象也会导致一些有望获此殊荣的作家与奖项失之交臂。罗慕洛·加列戈斯①就是一个典型的例子。他是个多产的作家，文笔恢宏大气。不过，委内瑞拉石油储量丰富，换言之，该国很富裕，并决定利用这一点协助他赢得奖项。委内瑞拉驻瑞典大使身肩此重任，他出手阔绰地到处宴请，并在斯德哥尔摩的印刷厂为瑞典文学院院士们的作品印制了西班牙语版本。对于这些敏感而矜持的院士来说，这样的做法过度了。罗慕洛·加列戈斯绝不会想到，或许正是委内瑞拉大使那适得其反的行为，剥夺了他理应得到的文学荣誉。

在巴黎，有人给我讲了一件有些心酸的趣事，主人公是保尔·瓦雷里②。他的名字在法国广为流传，报纸发文称他是当年诺贝尔文学奖最有力的竞争者。瑞典文学院即将在斯德哥尔摩宣布结果的那天上午，为了缓解紧张情绪，瓦雷里一早就拿着手杖、牵着狗，走出了家门。

他中午回家吃饭，一打开门就迫不及待地问秘书："有电话找我吗？"

"是的，先生。几分钟前，有电话从斯德哥尔摩打来。"

"他们说什么了？"他问，显然十分激动。

"一位瑞典女记者想知道您对妇女解放运动的看法。"

---

① 罗慕洛·加列戈斯（1884年8月2日~1969年4月5日），20世纪拉美现代文学巨匠，二战后委内瑞拉第一位民选总统（1948年在位）。代表作有《堂娜芭芭拉》《雷纳尔多·索拉尔》《贫苦的黑人》《生活中的地位》《少女和最后一个爱国者》等。

② 保尔·瓦雷里（1871年10月30日~1945年7月20日），法国象征派诗人、法兰西学院院士。代表作有《旧诗稿》《年轻的命运女神》《幻美集》等。

瓦雷里本人讲起这件事时，总是带着自嘲的口吻。而事实是，这位杰出的诗人、无可挑剔的作家，却始终未曾获得这个举世闻名的奖项。

而我对这件事是绝对谨慎的。在一位对加夫列拉·米斯特拉尔赞赏有加的智利学者写的书中，我曾读到我那位不苟言笑的老乡寄往不同地方的书信内容，她在信中依然保持自己一贯的严肃，但也表露出希望荣获诺贝尔文学奖的心愿。这使我面对此事更加慎重。当我得知自己被提名后（我已记不清被提名了多少次），就下定决心不到瑞典去。其实我从小就向往这个国家，那时我和托马斯·拉戈①一起，成为被逐出教会的酒鬼新教牧师古斯泰·贝林②的虔诚门徒。

此外，因每年都被提名，却又毫无结果，难免令我心生厌烦。看到自己的名字像赛马一样出现在一年一度的提名名单上，我心里很不舒服。另一方面，智利作家和民众也感觉受到了瑞典文学院的忽视。这是一种令人忐忑不安的荒唐境地。

众所周知，我最终获得了诺贝尔文学奖。一九七一年，我刚到巴黎接任智利大使时，我的名字再次出现在报纸上。玛蒂尔德和我不由得皱起了眉头。这每年一次的失望让我们逐渐习以为常。那年十月份的一天晚上，智利大使馆参赞兼作家豪尔赫·爱德华兹③走

---

① 托马斯·拉戈（1903年~1975年），智利诗人、文学评论家。
② 瑞典作家塞尔玛·拉格洛夫（1858年11月20日~1940年3月16日）的代表作《古斯泰·贝林的故事》的主人公。塞尔玛·拉格洛夫是瑞典第一位获诺贝尔文学奖的作家，也是世界上第一位获得该奖的女性。
③ 豪尔赫·爱德华兹（1931年6月29日~2023年3月17日），智利作家、记者、外交官。豪尔赫·爱德华兹从小受巴勃罗·聂鲁达的熏陶，有深厚的文学功底，1994年获智利国家文学奖，1999年获塞万提斯文学奖。

进我家的餐厅。他向来节俭，却主动和我打了一个非常幼稚的赌：如果我当年获得诺贝尔文学奖，我就要请他和他的妻子到巴黎最好的餐厅吃饭。如果没有，就换他来请我和玛蒂尔德。

"同意。"我对他说，"你肯定要请我们吃顿美餐了。"

豪尔赫·爱德华兹大胆打赌的部分原因第二天就有了答案。我得知他在斯德哥尔摩的朋友和他通过电话。那位作家兼记者的女性友人告诉他，这一次巴勃罗·聂鲁达百分之一百会拿到诺贝尔文学奖。

接着，长途电话从各地打来，来电的有布宜诺斯艾利斯的记者，有墨西哥的记者，从西班牙打来的电话最多。这是预料之中的事情。我当然拒绝发表任何言论，不过，我的疑虑又开始冒了出来。

那天晚上，我唯一的瑞典作家朋友阿图尔·隆德奎斯特[①]来看我。隆德奎斯特三四年前就已是瑞典文学院院士。他这次是从瑞典去法国南部访问。晚饭后，我告诉他我现在的窘境——不得不去应对那些已认定我获奖的记者们从远方打来的电话。

"阿图尔，我想请你帮个忙，"我说，"如果这个消息属实，我很想在报纸公布前得到确信。我想赶在别人前面通知萨尔瓦多·阿连德，毕竟我和他一起并肩作战了这么久。如果他能提前知道这个消息，会非常高兴的。"

隆德奎斯特，这位院士兼诗人，用他那双瑞典人的眼睛看着我，表情极其严肃。"我什么也不能告诉你。如果有任何消息，瑞典国王会发电报通知你，或者瑞典驻巴黎大使会告知你。"

这是十月十九日或二十日的事。二十一日上午，大使馆的接待

---

① 阿图尔·隆德奎斯特（1906年3月3日~1991年12月11日），瑞典诗人、文学批评家。

室里挤满了记者。来自瑞典、德国、法国和拉丁美洲的电视台工作人员对我的沉默——其实仅仅因为我不知情——表现出不耐烦的情绪，强烈的紧迫感就像要发生暴乱一样。十一点半，瑞典大使打来电话，问我是否能接待他，但没有说明是什么事。紧张的氛围并没有得到缓解，因为会面时间定在两个小时之后。电话继续歇斯底里地响个不停。

就在这时，巴黎一家广播电台发布了一则最新消息，宣布一九七一年诺贝尔文学奖授予"智利诗人巴勃罗·聂鲁达"。我立刻下楼去应对聚集在一起的乱哄哄的新闻媒体。还好就在这时，我的老朋友让·马塞纳克[①]和阿拉贡来了。马塞纳克是我在法国的兄弟，也是一位优秀的诗人，他兴高采烈地为我欢呼。阿拉贡听到这个消息似乎比我还开心。他们两人陪我一起熬过了接受记者采访的艰难时光。

我那时刚做完手术，身体虚弱，走路也不稳，所以不太想动。那天晚上朋友们来和我一起吃饭庆祝，其中包括从意大利来的马塔，从巴塞罗那来的加西亚·马尔克斯，从墨西哥来的西凯罗斯，从加拉加斯来的米盖尔·奥特罗·西尔瓦[②]，在巴黎当地的阿图罗·卡马乔·拉米雷斯[③]，从其隐居处过来的科塔萨尔。此外还有智利人

[①] 让·马塞纳克（1913年~1984年），法国作家、诗人、记者、哲学教授。

[②] 米盖尔·奥特罗·西尔瓦(1908年10月26日~1985年8月28日)，委内瑞拉小说家、诗人、随笔作家、新闻工作者，代表作有《河水与河床》《大海即死亡》等。

[③] 阿图罗·卡马乔·拉米雷斯（1910年10月28日~1982年10月24日），哥伦比亚作家、诗人、记者。

卡洛斯·瓦萨洛[①]，他从罗马赶来，要陪我一起去斯德哥尔摩。

收到的电报像小山一样堆了起来，我至今仍没能全部读完并回复。在寄来的数不清的信件中，有一封十分古怪，内容有些彪悍。这封信来自荷兰，写信人是一个身体强壮的黑人，这一点可以从他附上的剪报中明显看出。信的大意是："我代表英属圭亚那乔治敦的反殖民主义运动。我申请去斯德哥尔摩参加诺贝尔奖颁奖仪式。瑞典大使馆要我准备一件燕尾服，说参加这种活动必须这样穿。但我没钱买燕尾服，我也绝对不穿租来的，对于一个从美洲来的自由人来说，穿旧衣服很丢脸。因此，我要通知您，我将用我所能凑到的一点钱去斯德哥尔摩举办一个新闻发布会，在会上谴责这个典礼的帝国主义和反人民性质，即使它是为了表彰全世界最具反帝国主义精神和最受欢迎的诗人。"

玛蒂尔德和我在十一月份前往斯德哥尔摩。几位老朋友与我们同行。我们被安排住在豪华的斯德哥尔摩大酒店，从那里可以欣赏这座寒冷又美丽的城市，窗户对面就是皇宫。同住在饭店里的还有当年其他领域如物理学、化学、医学等获奖者以及几位名人，这些人中有的能说会道、举止文雅，有的则像碰巧刚从车间里走出来的机械师一样质朴。德国人维利·勃兰特[②]当时住在这家酒店，他将在挪威被授予诺贝尔和平奖的表彰。我感到很遗憾，在所有的获奖者中，我最想见面交谈的人就是他。后来，我只在招待会上看到他，我们之间总是相隔三四个人。

为了这场盛大的仪式，我们需要提前排演，瑞典外交部礼宾司

[①] 卡洛斯·瓦萨洛·罗哈斯（1908年~1983年），智利政治家、外交官。
[②] 维利·勃兰特（1913年12月18日~1992年10月8日），德国政治家、联邦德国第四任总理（1969年~1974年在位）。

指导我们在举行仪式的地方进行排练。过程实在滑稽:人们一本正经地按规定时间起床并离开酒店,准时到达一座空无一人的大楼,一步不错地爬几层楼梯,严格按照顺序向左或向右走,坐到主席台指定的扶手椅上。这一切都是面对电视摄像机,在一个空荡荡的大厅里进行的,连最显眼的国王和王室的专属座位都空空如也。我一直理解不了,瑞典电视台怎么会一时兴起为如此糟糕的演员拍摄排练纪录片。

颁奖那天,正逢露西亚女神节[①]。饭店走廊里甜美的吟唱声把我叫醒了。接着,斯堪的纳维亚金发姑娘头戴花冠,在烛光的映衬下走进我的房间,给我送来早餐,还有一份礼物——一幅美丽的长卷海景画。

不一会儿,有件事的发生惊动了斯德哥尔摩警方。一封给我的信送到了酒店接待处。信的署名就是那位疯狂的来自英属圭亚那乔治敦的反殖民主义者。"我刚到斯德哥尔摩。"上面写道。他要召开新闻发布会的企图失败了,但作为一个革命实干家,他正在采取其他行动。为卑微者和受压迫者写诗的巴勃罗·聂鲁达不能穿燕尾服去接受诺贝尔文学奖的表彰。为此他买了一把修枝剪,要用它剪掉"礼服下摆和其他任何有别于普通服饰的地方……""特此提醒您,我在履行我的职责。当您看到一个黑人拿着一把很大的修枝剪从大厅尽头站起身来的时候,您就应该知道要发生什么事情了。"

[①] 依据瑞典传统历法,12月13日被认为是一年中最长和最黑的夜晚。这一天也是瑞典传统的露西亚女神节。瑞典人传称露西亚在每年的12月13日夜晚降临人间,给人间带来光明。节日当天,瑞典全国的各个学校和教堂都可以看见身着白色长袍、手持蜡烛的儿童们,簇拥着一位同样身着白色长袍、头戴金色蜡烛花冠的金发美女,一同穿行歌唱在北欧冬季寒风凛冽的夜色中。

我把这封令人不安的信交给瑞典外交部礼宾司指派给我的年轻外交官,他一直跟着我忙前忙后。我笑着告诉他,我曾在巴黎收到这个疯子的另一封信,让他不必为此担心。这位瑞典年轻人却不同意。"在这个到处都有争端的时代,任何事情都有可能发生。我有责任将此事告知斯德哥尔摩警方。"说完,他迅速离开,去处理他认为属于自己职责范围内的事。

在这里我应该说明一下,与我同去斯德哥尔摩的朋友之中,包括米盖尔·奥特罗·西尔瓦,他是一位杰出的小说家和诗人,不仅是美洲思想的完美代表,也是一位无可替代的朋友。离颁奖仪式正式开始只剩几个小时了。午餐时,我提到瑞典人以非常认真的态度对待那封抗议信的事情。

一起用餐的奥特罗·西尔瓦突然拍了下自己的额头。"哎呀,巴勃罗,那封信是我写的,只是想捉弄你一下。所以警察正在寻找一个并不存在的写信人,我们现在该怎么办?"

"你该被送进监狱,就凭你开的这个加勒比野蛮人式的玩笑,"我对他说,"你将替那位乔治敦人接受惩罚。"

就在这时,我那位年轻的瑞典助手刚刚从警局回来,坐到我们旁边。我把真相告诉了他。"这是一个恶作剧。写信的人此刻正跟我们一起吃午饭。"

他又赶忙走了。但警察已经搜遍了斯德哥尔摩所有的旅馆,寻找一个来自乔治敦或类似地方的黑人。他们一直没有放松警惕。玛蒂尔德和我注意到,当我们进入仪式现场以及从庆祝舞会离开时,冲过来保护我们的不是惯常的引座员,而是四五个年轻健壮的金发保镖,随时准备对付修枝剪的突袭。

诺贝尔颁奖仪式现场有很多观众,他们冷静、遵守纪律,会在适当的时候礼貌鼓掌。年迈的国王和我们每个人一一握手，并向我们颁发证书、奖章和支票。然后我们回到主席台的座位上，台上也不再像排练时那样令人反感，而是摆满了鲜花，座无虚席。他们说（也许是为了让玛蒂尔德高兴才这样对她说），国王在我身边停留的时间最长，和我握手的时间也最久，对待我显然非常亲切。这也许是延续了古代宫廷对吟游诗人的友好态度。无论如何，从来没有其他国王和我握过手，无论时间长短。

毫无疑问，这场严格按照礼仪进行的授奖仪式很是隆重。也许，在重要场合制造庄严氛围的传统会永存于这世界上。人类似乎需要它。然而，在杰出获奖者的盛典和外省小城学校的颁奖仪式之间，我看到了动人的相似之处。

小智利[①]

我从伊瓦涅斯港来，卡雷拉将军湖[②]的景色举世无双，那泛着金属般光泽的湖水令人惊叹不已，这样的自然奇观只有古巴巴拉德罗绿松石般的海水或我们智利彼得罗韦的河水才能与之媲美。然后是伊瓦涅斯河上气势磅礴的瀑布，展现出撼动人心的壮观景象。我也震惊于附近城镇居民与世隔绝的贫困状态，守着如此巨大的能源，他们的生活里竟没有电，每天穿着破衣烂衫，在无数只绵羊中间度日。我终于来到了小智利。

[①] 智利的城镇，位于该国中南部，卡雷拉将军省的首府。
[②] 布宜诺斯艾利斯湖或卡雷拉将军湖是巴塔哥尼亚地区的一个湖泊，由阿根廷和智利两国共享，在两国分别使用上述的两个名称，两个名称都得到国际的承认。

到达时已是傍晚，等着我的是无边的暮色。云朵就像被雕琢的石英，在风的吹动下不停变换形态。一大块云被堆砌而成，在光的映衬下，仿佛被隔绝在天地之间。

牧牛和播种的土地在极地大风的呼啸中挣扎。四周坚固的石塔拔地而起，它们有着锋利的塔尖，哥特式的塔顶，天然花岗岩城垛。艾森群山中有的像圆圆的球体，有的像高而平坦的桌子，这多样的形状使得矩形和三角形的雪顶更加夺目。

天空用薄纱和金属的光泽制造出暮色：金黄的天空闪闪发光，就像一只巨鸟悬浮在纯净的空间里。眼前的一切瞬息万变，一会儿像鲸鱼的嘴，一会儿像火红的豹，展现出各种抽象的图案。

我感到头顶上空的画面在无限蔓延，我被选中成为艾森山脉耀眼光芒的见证者，它的群山、瀑布及千百万枯死和被毁的树木，在以一种一触即发的沉默来控诉那些古老的杀手：这是对苍天和大地的祭拜仪式。但是，那里缺少庇护、秩序、房屋和人。那些在孤独中艰难生活的人们需要一种凝聚力，而这种凝聚力要宏大到配得上周围的广袤空间。

黄昏渐暮，深蓝的夜色势不可当地将天地笼罩起来。我离开了这里。

九月的旗帜

在拉丁美洲大陆的南部，九月是一个百花盛开的欢畅时节。这个时候，到处可见飘扬的旗帜。

19世纪初，即一八一〇年九月，南美洲许多地区爆发或加强反对西班牙统治的起义。九月是我们南美人纪念解放、向英雄致敬的日子，同时迎接春天的到来。春天的气息蔓延得如此之广，越过麦哲伦海峡，一直延伸到南巴塔哥尼亚和合恩角。

从墨西哥到阿根廷和智利，在这些国家开展的一系列革命对世界具有非常重要的意义。

革命领袖们各不相同。玻利瓦尔[①]是有先知般天赋的战士和贵族；圣马丁[②]是有卓越能力的组织者，带领军队越过世界上最高、最险恶的山脉，为智利的解放打赢了决定性一战；何塞·米格尔·卡雷拉[③]和贝尔纳多·奥希金斯[④]是智利第一支军队、第一个印刷厂和第一部反奴隶制法令的创建者，智利废除奴隶制比美国要早很多年。

和玻利瓦尔及其他几位解放者一样，何塞·米格尔·卡雷拉出身于克里奥尔贵族阶级。这个阶级的利益与美洲西班牙人的利益发生了激烈的冲突。当时的人民不是有组织的整体，而是广泛成为西班牙统治者的奴隶。玻利瓦尔和卡雷拉这样的人，博学多才，有勇有谋，有义务冲破孤立和愚昧的围墙，激发民族精神，凝聚人民力量。

卡雷拉的一生如闪电般短暂而辉煌。《不幸的轻骑兵》是我几年前整理出版的一本关于他的回忆录。他极具魅力的人格如同暴风

[①] 西蒙·玻利瓦尔（1783年7月24日~1830年12月17日），委内瑞拉革命家、军事家、政治家、思想家、独立战争先驱。

[②] 何塞·弗朗西斯科·德·圣马丁·马托拉斯（1778年2月25日~1850年8月17日），拉丁美洲独立战争领袖之一、杰出的军事统帅、阿根廷民族英雄。

[③] 何塞·米格尔·卡雷拉（1785年10月15日~1821年9月4日），智利早期独立运动领袖。

[④] 贝尔纳多·奥希金斯·里克尔梅（1778年8月20日~1842年10月24日），智利政治家、军事家、民族独立运动领袖，智利独立后第一任最高执政长官。

雨中吸引闪电的避雷针，招来各种敌对势力，最终被刚刚成立的阿根廷共和国统治者在门多萨枪决。他不顾一切地想要推翻西班牙统治的愿望，使他成为阿根廷大草原上印第安野蛮人的首领，他们包围了布宜诺斯艾利斯，差一点就将其攻克。卡雷拉一心想要解放智利，为了实现这一目标，在时机尚未成熟之时发动内战和游击战，进而导致自己生命的终结。在那些动荡的岁月里，革命吞噬了它最聪明、最勇敢的一个孩子。历史将这一流血事件归咎于奥希金斯和圣马丁。然而，这属于九月、属于春意盎然和旗帜飘扬的历史，用它的翅膀庇护着三位英雄的事迹，他们曾在这无垠的大草原上，曾在这终年不化的积雪中英勇奋战。

奥希金斯是智利的另一位解放者，生性谦卑。如果他十七岁时没有在伦敦邂逅一位老革命者，他的一生将会默默无闻、平静如水。这位老革命者奔走于欧洲各国宫廷，为美洲的解放事业寻求帮助。他就是弗朗西斯科·德·米兰达①先生，他朋友众多，其中俄国叶卡捷琳娜女皇②对他的关照影响力极大。他使用俄国护照抵达巴黎，所有欧洲国家的大使馆都向他敞开了大门。

这是一个浪漫的故事，带着那个时代的气息，听起来像是一部歌剧。奥希金斯的父亲是爱尔兰移民的后裔，是西班牙高级殖民官员，曾任智利总督。当米兰达意识到年轻的奥希金斯可能对西班牙美洲殖民地起义很有用处时，决定去调查他的身世。有人讲述了米兰达对奥希金斯讲述有关他出生的秘密以促使其投身反抗行动的情

---

① 弗朗西斯科·德·米兰达（1750年3月28日~1816年7月14日），拉丁美洲独立运动的先驱、委内瑞拉第一共和国的领袖。他对拉丁美洲人民反对西班牙殖民统治、争取民族独立的斗争做出了重要贡献。

② 叶卡捷琳娜二世（1729年5月2日~1796年11月17日），俄罗斯历史上唯一一位被冠以"大帝"之名的女皇。

景：这位青年革命者跪倒在地，双手环抱米兰达，啜泣着保证会立即返回祖国智利，在那里领导反抗西班牙政权的起义。奥希金斯是赢得反殖民统治战争的最终胜利者，被称为"智利共和国国父"。

米兰达后来被西班牙人俘虏，死于加的斯可怕的拉卡拉卡监狱。这位法国大革命前将军及革命者导师的遗体被装在麻袋里，从监狱的墙顶扔进了海里。

圣马丁被他的同胞流放，在法国波洛格内孤独离世。

智利的解放者奥希金斯死于秘鲁，远离他所爱的一切，被很快篡夺革命的克里奥尔大庄园主阶级驱逐。

不久前路过利马时，我在秘鲁历史博物馆看到了奥希金斯将军临终前的几幅画作。所有作品均以智利为主题。他画了智利的春天，画了九月的树叶和花朵。

这个九月，我沉浸在那个动乱年代的人物、事件、爱情和悲伤的回忆之中。一个世纪之后，人们再次慷慨激昂起来，猛烈的风和汹涌的愤怒将旗帜挥舞。自那遥远的岁月开始，一切都改变了，但历史仍在继续前进，新的春天将填满我们美洲的辽阔天地。

普列斯特斯

路易斯·卡洛斯·普列斯特斯是巴西政治和军事英雄。在美洲，没有哪位共产党领袖拥有他那样冒险且非凡的一生。他的真实生活和传奇故事早已跨越了意识形态的障碍，体现出昔日英雄的超拔精神。因此，当我在黑岛收到访问巴西并会见普列斯特斯的邀请时，便毫不犹豫地答应了。此外，听说自己是唯一受邀的外国人，我受宠若惊。我仿佛是去参加一个死而复生的仪式。

普列斯特斯在被关押了十多年后，刚刚获得释放。长期监禁在"自由世界"并不是罕见的事情。我的朋友，诗人纳齐姆·希克梅特，被关在土耳其的监狱里长达十三四年。就在我撰写回忆录的时候，巴拉圭六七位共产党员已与世隔绝十二年。普列斯特斯生于德国的妻子被巴西独裁政府交给了盖世太保。纳粹分子把她拴在船上，让她受尽折磨。她生下了一个女孩，被普列斯特斯的母亲莱奥卡蒂娅·普列斯特斯夫人从盖世太保的虎口中救出，如今女孩和她的父亲生活在一起。路易斯·卡洛斯·普列斯特斯的妻子在监狱的院子里分娩后，就被纳粹分子斩首了。所有这些悲惨经历使得普列斯特斯虽被囚禁多年，却永远不会被人们遗忘。

他母亲离世的时候，我正在墨西哥。这位母亲曾为争取儿子获得自由而走遍全世界。墨西哥共和国前总统拉萨罗·卡德纳斯[①]给巴西独裁者发了一封电报，要求给予普列斯特斯几天自由，准许他参加母亲的葬礼。卡德纳斯总统在电文中亲自担保普列斯特斯会返回监狱。热图利奥·瓦加斯[②]拒绝了。

所有人都义愤填膺，我为莱奥卡蒂娅夫人写了一首挽歌，诗中记叙了她缺席葬礼的儿子，并强烈谴责了暴君的行径。我在这位受人敬仰的夫人墓前朗读了这首诗。她曾为了让儿子得到释放，徒劳地敲遍全世界的大门。我的诗以严肃的口吻开头：

夫人，您让我们美洲更加伟大。

您开凿了一条水量充沛的河流，

---

① 拉萨罗·卡德纳斯·德尔·里奥（1895年5月21日~1970年10月19日），墨西哥政治家、军人，第38任墨西哥总统（1934年~1940年在位）、墨西哥民族民主运动的杰出领导人。

② 热图利奥·多内列斯·瓦加斯（1882年4月19日~1954年8月24日），巴西总统（1930年~1945年、1951年~1954年在位）。

您种下了一棵根深叶茂的大树，

在这片富裕的土地上，您生养了一个无愧于祖国的儿子。

然而，随着这首诗被人们熟知，那位巴西暴君受到的抨击越来越激烈。

我去各地朗诵，诗被印在传单和明信片上，在美洲大陆传播开来。

有一次途经巴拿马，我在朗诵会上读完我的情诗后，又将这首诗诵读了一遍。大厅里挤满了人，巴拿马地峡的高温让我汗流浃背。我刚开始读我对瓦加斯的控诉，便觉得喉咙发干，于是停了下来，伸手去拿身边的杯子。在那一刻，我看到一个身穿白色衣服的人匆匆走向讲台。我以为他是大厅里一个普通的工作人员，就把杯子递给他，想让他把水倒满。但那个白衣男子却愤怒地把杯子撇到一边，对着观众们激动地大喊："我是巴西大使。我声明：普列斯特斯只是一个普通的罪犯……"

观众们用震耳欲聋的口哨声打断了他的话。一个肩膀宽如衣柜的黑人学生从大厅中央站起来，一边冲向讲台，一边伸出手，企图掐住大使的脖子，情形十分危险。我赶忙护住这位外交官，万幸将他带离了现场，没有让他的重要官职受到更进一步的损害。

有了这次经历，对巴西民众来说，我被邀请从黑岛前往巴西参加庆祝活动，便是理所应当的事情了。看到人群乌泱泱地涌进圣保罗的帕卡恩布体育场时，我惊呆了。据说那天有超过十三万人来到活动现场。在体育场巨大的圆形场地内，观众们小得像蚂蚁。坐在我身边的普列斯特斯身材矮小，在我看来，他就像一个刚从坟墓里走出来的拉撒路^①,但从头到脚穿戴得整整齐齐。他很瘦,皮肤白得几近透明,是囚犯特有的那种异于常人的苍白。他目光专注,眼眶呈明显的青紫色,容貌极其憔悴,神态却庄严高贵,这一切无不说明他为革命做出的长久牺牲。然而,他说话时却平静得像一位获胜的将军。

我朗读了一首向他致敬的诗,是几小时前写的。若热·亚马多只把诗中的"泥瓦匠"从西班牙语译成了葡萄牙语。我本来有所顾虑,但没想到观众们听懂了这首用西班牙语朗读的诗歌。我每读完一行字,台下就爆发出一阵掌声。观众的掌声在我的诗中激发了深刻的回响。一位诗人在十三万人面前朗读他的诗,他就不再是从前那个人了,有过这样的经历之后,他不可能再以同样的方式写作了。

我终于和传奇人物路易斯·卡洛斯·普列斯特斯面对面了。他在他的朋友家里等我。普列斯特斯的所有特征——矮小的身材,瘦削的身体,透明纸张似的苍白——都呈现出一种微缩画般的精致。他的言语,或许还有他的思想,都似乎与他的外表相符。

他性格内敛,但对我却亲切友好。在我看来,他给了我诗人经常得到的仁慈待遇,那是一种半温柔半唬弄的宽容,就像成年人对待孩子一样。

普列斯特斯邀请我下个星期的某一天共进午餐。结果,我又把事情搞砸了,这只能归咎于命运的安排,也怪我欠缺责任心。葡萄牙语中除了星期六和星期日,其他五天都没有独立的名称,而是用一些该死的名字,如 segunda-feira、têrça-feira、quarta-feira 等来

---

① 《圣经·约翰福音》中记载的人物,病危时没等到耶稣的救治就死了,但耶稣一口断定他将复活,四天后,拉撒路果然从山洞里走出来,证明了耶稣的神迹。

代替。我被那些 feira 搞得头昏脑胀，分不清说的到底是哪一天。

那天，我和一位漂亮的巴西朋友在海滩上待了几个小时，而我一直以为普列斯特斯与我约定的午餐时间是第二天。到了星期三，我才知道普列斯特斯在前一天摆好饭菜，一直在露台上等我，而我却在伊帕内马海滩上消磨时光。他到处找我，但没人知道我在哪儿。这位生活清苦的领袖为了迎合我的嗜好，专门订购了在巴西很难买到的上等好酒，准备和我单独吃一顿午餐。

每次想起这段经历，我都羞愧得要死。我一生中几乎什么都能学会，除了分辨葡萄牙语一星期内每一天的名字。

柯多维拉①

当我准备离开圣地亚哥时，听说维克托里奥·柯多维拉想和我谈谈。于是我去看望他。我们一直是好朋友，直到他离世。

柯多维拉曾是第三国际②的一员，具有那个时代的所有缺点。他个人至上，非常专制，认为自己永远正确。他轻易将自己的想法强加于人，像刀切黄油一样干涉别人的意志。出席会议时，他总是匆匆忙忙，给人留下什么都已考虑好、什么都已准备好的印象。听取别人的意见时似乎只是出于礼貌，还会表露出几分不耐烦，听完

---

① 维克托里奥·柯多维拉（1894年2月8日~1970年4月15日），意大利裔阿根廷社会主义者、共产主义政治家。

② 各国共产党的国际联合组织，又称"共产国际"，存在于1919年~1943年。第三国际把马克思列宁主义作为理论基础，为自己规定的任务是团结工人阶级和劳动群众、推翻资本主义和帝国主义统治、确立世界范围的无产阶级专政、建立世界苏维埃社会主义共和国联盟、彻底消灭阶级、实现社会主义和共产主义。

就发出强制指令。他的非凡才干和总结能力令人叹服。他夜以继日地工作，并把同样的强度横加给伙伴。关于他，我总有一种感觉：他是一台当代伟大的政治思想机器。

他常常对我表现出一种极其特殊的理解与尊重。这位意大利裔功利主义者虽有缺陷，却在公共生活中赋有艺术感，能够理解文人的错误和弱点。但这并不妨碍他在政治生活中冷酷无情，有时甚至带给别人致命的后果。

他告诉我，他很担心普列斯特斯在贝隆独裁统治问题上的认识不够正确。柯多维拉认为贝隆及其运动是欧洲法西斯主义的一个分支。任何反法西斯主义者都无法坐视贝隆日益增长的权力和他一再采取的镇压行动。柯多维拉和阿根廷共产党认为，起义是对贝隆的唯一回应，并希望我与普列斯特斯就此问题谈一谈。他告诉我，这不是任务，但在他一贯自信的表情背后，我察觉到了一丝焦灼。

帕卡恩布体育场的庆祝活动结束后，我与普列斯特斯进行了长谈。天底下再也找不到比他们更加截然相反的两个人了。这位意大利裔阿根廷人身材魁梧雄壮，总是给人一种占满整个房间、占满整张桌子或占满周围全部空间的感觉。普列斯特斯则仿佛一个孱羸的苦行僧，瘦弱到一阵风就能把他吹出窗外。但是我发现，在他们天壤之别的外表下，却有着同样的执拗个性。

"阿根廷没有法西斯主义。贝隆是独裁者，但不是法西斯，"普列斯特斯在回答我的问题时这样说，"褐衫党①在哪里？法西斯民兵在哪里？"

"另外，柯多维拉的想法是错的。列宁说过，起义不是儿戏。

---

① "德国冲锋队"的别称，该组织在1921年8月正式成立，是纳粹党直接领导的半军事组织。

在没有士兵，只有志愿者的情况下，绝对不能宣战。"

这两个截然不同的人内心深处都坚定不移。在这些问题上，普列斯特斯也许是正确的，但这两位令人钦佩的革命者固执的秉性，常常会给人营造出一种无法呼吸的紧张氛围。

我还要补充一点，柯多维拉是个精力旺盛的人。我非常赞成他对共产主义时代的虚伪行为和清教主义展开斗争。在那投身于信仰的往昔岁月里，我们伟大的拉费尔特曾是一个极端激进的禁酒主义者。这位老拉费尔特还经常怒斥党内男女的婚外恋情和风流韵事。柯多维拉用他的无限精力打败了我们这位导师的有限思想。

斯大林

很多人认为我是或曾经是一位重要的政治家。我不知道这个人人皆知的说法是怎么来的。有一天，我发现我的一张邮票大小的照片出现在《生活》①杂志上，那两页版面刊登了共产主义世界领袖人物的肖像，供读者阅览。说实话，我看到后十分震惊。杂志上的我夹在普列斯特和毛泽东之间，对我来说像是一个有趣的笑话，但我没有去纠正，因为我一直讨厌写更正信件。此外，尽管美国中央情报局在世界各地派有五百万特工，却还是出了差错，这十分滑稽。

我与社会主义世界重要领袖最长的一次接触是在访问北京期间。那是在一次宴会上，我们与毛泽东举杯祝酒。当酒杯相碰时，毛泽东喜笑颜开地看着我，脸上绽放的笑容里一半是友好，一半是风趣。他拉住我的手，比惯常的握手时间多出几秒，然后回到了自

---

① 美国图画杂志，美国出版商亨利·卢斯（1898年~1967年）于1936年创办于纽约。

己的座位上。

在多次访问苏联的经历中,我从没见过莫洛托夫[①]、维辛斯基和贝利亚[②],也没见过米高扬[③]和李维诺夫[④],后两位比其他人更善交际,身上也没有太浓重的神秘色彩。

我不止一次远远望见过斯大林,总是在同一个地方:红场高高的观礼台上,每年五月一日和十一月七日那里都站满了高层领导人。作为以斯大林名字命名的奖项的评委之一,我在克里姆林宫一待就是很长时间,但从没在走廊里碰到过他。在我们投票讨论或午餐期间,他也没来看过我们,甚至没有把我们叫过去一起见一面。奖项都是全票通过后才准许授予的,但也有争执不下的时候。我总有一种感觉,在做出最终决定之前,评奖委员会的某位负责人会把投票结果拿给这位伟人过目。但我真的记不起他提出过任何反对意见,尽管他肯定就在附近,他也不曾表示过知道我们的存在。毫无疑问,斯大林刻意为自己营造一种神秘感,也或许他是一个极其胆小的人,习惯把自己封闭起来。可能正是这一性格特点,使他对贝利亚产生出极大的信任。贝利亚是唯一一个无须通报就可以进出斯大林房间的人。

但有一次,我意外地与这位克里姆林宫的神秘人物有了联系,

---

① 维亚切斯拉夫·米哈伊洛维奇·莫洛托夫(1890年3月9日~1986年11月8日),苏联革命家、政治家、外交家。

② 拉夫连季·巴夫洛维奇·贝利亚(1899年3月29日~1953年12月23日),苏联政治家、秘密警察首脑、苏联肃反运动(大清洗)的主要执行者。

③ 阿纳斯塔斯·伊凡诺维奇·米高扬(1895年11月25日~1978年10月21日),苏联政治家。

④ 马克西姆·马克西莫维奇·李维诺夫(1876年7月17日~1951年12月31日),苏联外交官、革命家。

现在想起来都觉得不可思议。我和阿拉贡夫妇——路易和艾尔莎——一同前往克里姆林宫参加当年斯大林奖的评审工作。然而，途中遇到大雪天气，我们不得已滞留华沙，无法准时到达了。一位陪同我们的俄国人将阿拉贡和我提出的候选人名单用俄文打电报给莫斯科，那份名单在会议上通过了。但令人惊讶的是，接到回复电话的俄国人把我叫到一边，出乎我意料地说："聂鲁达同志，祝贺您。当获奖名单呈交斯大林同志时，他惊呼道：'为什么没有聂鲁达的名字？'"

第二年，我获得了加强国际和平的斯大林奖。这或许是我应得的，但我还是不明白，那个孤僻的人物是怎么认识我的。

就在那个时候，我听说斯大林还与其他人有过类似往来。当反世界主义运动愈演愈烈时，顽固的宗派分子想要置爱伦堡于死地，一天早晨，这位《胡利奥·胡列尼托的非凡冒险》的作者家中电话响了。柳芭[①]接听电话，一个似曾相识的声音问道："伊利亚·格里戈里耶维奇在吗？"

"这得看情况，"柳芭说，"您是哪位？"

"我是斯大林。"对方回答。

"伊利亚，找你的，不知是哪个爱开玩笑的人打来的。"柳芭对爱伦堡说。

但当作家拿起电话时，听出了斯大林那熟悉的声音："我整晚都在读您的《巴黎的陷落》，亲爱的伊利亚·格里戈里耶维奇，我打电话来就是要告诉您，这么有趣的书，请多写几本。"

杰出的爱伦堡大概就是因为那通意想不到的电话而多活了很

---

① 柳芭·米查洛纳·科辛泽瓦（1919年~1967年），伊利亚·爱伦堡之妻。

多年。

还有另外一件事。马雅可夫斯基离世后,反对他的那些冥顽不化的极端保守派分子拼命破坏人们对这位诗人的悼念,一心要把他从苏联文学的版图上抹去。后来发生的事情打乱了他们的企图。马雅可夫斯基的情人莉丽娅·布里克给斯大林写了一封信,指出这些攻击是多么可耻,并激动地为马雅可夫斯基的诗歌辩护。攻击者们认为合谋作恶可以万无一失,结果却大受打击。在莉丽娅·布里克来信的空白处,斯大林写道:"马雅可夫斯基是苏维埃时代最优秀的诗人。"

自那之后,纪念马雅可夫斯基的博物馆和纪念碑如雨后春笋般涌现,他那些非凡的诗歌也得到大量出版。攻击者们被耶和华的号声吓得束手无策。

我还了解到,斯大林去世后,人们在他的文件中发现了一份他亲笔书写的"不要动"字样的名单。这份名单以作曲家肖斯塔科维奇[①]开头,后面依次写了其他著名人物的名字,如爱森斯坦[②]、帕斯捷尔纳克、爱伦堡等。

很多人认为我是虔诚的斯大林主义者。法西斯分子和反动派把我描绘成颂扬斯大林的诗人。我并不很在意这些。在一个混乱不堪的时代,任何评判都有可能出现。

对于我们共产党人来说,令人悲哀的是不得不去面对这样一个事实:在斯大林问题上,敌人在某些方面是正确的。这个震撼人心

[①] 德米特里·德米特里耶维奇·肖斯塔科维奇(1906年9月25日~1975年8月9日),苏联作曲家,被誉为20世纪最重要的作曲家之一。

[②] 谢尔盖·爱森斯坦(1898年1月23日~1948年2月11日),俄罗斯导演、编剧、制作人、演员、作家、剪辑师。

的醒悟让我们感到痛苦。有些人觉得自己受到了欺骗,在绝望之下,他们接受了敌人的思想,并转投其阵营。另一些人则相信,在苏共第二十次代表大会上无情揭露的可怕事实,恰恰证明了历经磨难的共产党正直且诚实——公开历史真相,并承担起自身的责任。

如果我们确实都负有责任,那么对这些罪行的揭露将使我们重新审视自己,去进行自我剖析和自我批评,这是我们共产党人的基本素质,也为我们提供了防止此类可怕事件再次发生的必要武器。

我一直以来的立场是:尽管斯大林时代具有我所不了解的黑暗面,我所看到的斯大林待人和善,坚持原则,如隐士般简朴,是捍卫俄国革命的巨人。此外,这个蓄着浓密胡须的小个子男人,在战争中高大强壮。苏联红军高喊着他的名字,在进攻中摧毁了恶魔希特勒的势力。

然而,我只为这位强势人物献过一首诗,是在他去世的时候。这首诗可以在我的任何一部作品集中找到。克里姆林宫巨人的离世引起了全世界的反响,撼动了人类的大森林。我的诗捕捉到了弥漫在地球上的恐慌感觉。

简单的教训

加夫列尔·加西亚·马尔克斯非常气愤地告诉我,在莫斯科,他的杰作《百年孤独》中一些情色段落被删减了。

"'这样可不行。'我对出版方说。"

"'对这本书没有影响。'他们答。我知道他们删减这些内容并无恶意。可他们确实做了删减。"

该如何纠正这类事情呢?日子一天天过去,我感到自己对社会中存在的一些问题愈发看不明白。除了马克思主义的普遍原理，除了我对资本主义的厌恶和对社会主义的信念，对于人类持续存在的矛盾，我越来越无法理解了。

我们这个时代的诗人不得不做出选择。这并不是一件轻松的事情。可怕而非正义的战争、持续不断的压迫、金钱的侵蚀，诸如此类的不公以日益增大的强度冲击着我们。腐朽的旧制度用有条件的"自由"、性、暴力和分期支付的享乐作为诱饵，吸引我们上钩。

当今的诗人一直在寻找摆脱痛苦的方法。有些人投奔神秘主义或理性之梦，另一些人则沉迷于年轻人自发而具有破坏性的暴力，变成了立即达成主义者，他们意识不到在如今这个充满战争的世界里，这种做法向来会导致压迫和毫无意义的痛苦。

在我党即智利共产党中，我看到了一群简单的人，他们早已把个人的虚荣、专制和物质利益抛在了身后。能与这些为人民的尊严和正义而奋斗的君子并肩作战，我深感幸福。

我与我党从未有过任何观点上的对立。智利共产党不骄不躁，为我的同胞们取得了非凡的胜利。我还能说什么呢？我只希望自己能像同志们一样简单纯粹、百折不挠、无懈可击。不骄不躁是一生的学习。个人主义以其傲慢和根深蒂固的怀疑论，无视人类经受的苦难，我从未从中学到任何有益的东西。

菲德尔·卡斯特罗[①]

菲德尔·卡斯特罗胜利进入哈瓦那两周后,抵达加拉加斯进行短暂访问。他此行是为了公开感谢委内瑞拉政府和人民对他的帮助。这些帮助包括向他的军队提供武器,而提供这些武器的当然不是贝坦科尔特[②](新近当选的总统),而是其前任沃尔夫冈·拉腊萨瓦尔[③]海军上将。拉腊萨瓦尔一直是包括共产党人在内的委内瑞拉左翼人士的朋友,并应他们的请求,采取与古巴团结一致的行动。

这位年轻的古巴革命胜利者受到了委内瑞拉人热烈的欢迎,这对于政治人物来说是很少见的。菲德尔在加拉加斯市中心的寂静广场上连续发表了长达四小时的演说。全场鸦雀无声,我是聆听这场长篇演说的二十万听众之一。菲德尔的演说对许多人来说是有启发性的,包括我在内,让我意识到拉丁美洲已然开启了一个全新的时代。我欣赏他充满新意的讲话内容。即便是最好的工人领袖和政治家也常常会反复说些套话,这类讲话可能是重要的,但因重复多了而变成陈词滥调,缺乏感染力。菲德尔从不讲套话。他的言辞自然流畅且具教导性,而且在演讲和教导别人的同时,他自己似乎也在不断地学习。

[①] 菲德尔·卡斯特罗(1926年8月13日~2016年11月25日),古巴共和国、古巴共产党和古巴革命武装力量的主要缔造者,被誉为"古巴国父",是古巴第一任最高领导人。

[②] 罗慕洛·埃内斯托·贝坦科尔特·贝略(1908年2月22日~1981年9月28日),委内瑞拉政治家、作家、民主行动党创始人、总统(1959年~1964年在位)。

[③] 沃尔夫冈·拉腊萨瓦尔(1911年3月5日~2003年2月27日),委内瑞拉海军军官、政治家、总统(1958年在位)。

贝坦科尔特总统没有出席那场演说。他害怕面对加拉加斯这座城市，因为他从未受到过当地民众的欢迎。每当菲德尔在演讲中提到他时，台下就会爆发出嘘声和起哄声，菲德尔只得用手势示意观众们安静下来。我认为，那天的演说让贝坦科尔特对这位古巴革命者产生出一种明确的敌对情绪。当时菲德尔既不是马克思主义者也不是共产主义者；他的言辞不带任何政治立场。我个人的看法是，菲德尔那场激昂而精彩的演讲，他在群众中引发的强烈反响以及加拉加斯人民听演讲时的专注，都令贝坦科尔特这位惯用老套言辞、经常出席委员会议及一些秘密会议的政治家感到不安。从那时起，贝坦科尔特就以毫不留情的残酷手段对付一切与菲德尔·卡斯特罗或古巴革命沾边的事情。

演说过后的第二天，我正在乡间参加周日野餐活动，突然几辆摩托车停在面前，他们是来邀请我们前去古巴大使馆的。这些人一整天到处寻找，最后终于发现了我们的行踪。招待会就在当天下午举行。玛蒂尔德和我直奔大使馆，那里宾客如云，大厅里和花园里人头攒动。使馆外面也聚集了一大群人，导致通往大楼的街道难以通行。

我们走过人满为患的房间，满眼都是高举着鸡尾酒杯的手臂。在别人的带领下，我们穿过走廊和楼梯来到另一层楼。想不到菲德尔最亲密的朋友兼秘书茜莉娅[①]正等着我们。她陪玛蒂尔德留下，我被带进隔壁房间。我身处的地方像是勤杂人员如园丁或司机住的房间：屋里有一张床，床上乱糟糟的，应该是有人刚仓促起来，枕头也掉在了地上，角落里还有一张小桌子，除此之外，别无他物。

[①] 茜莉娅·桑切斯·曼杜莱 (1920年5月9日~1980年1月11日)，古巴革命家、政治家、菲德尔·卡斯特罗的亲密战友。

我以为自己会被带到某个舒适的小客厅去会见这位指挥官，然而事情并非如此。突然，门开了，眼前出现了菲德尔·卡斯特罗高大的身影，几乎和门框一样高。

他高出我一头，快步向我走来。

"你好，巴勃罗！"他一边说，一边紧紧拥抱我，我差点透不过气来。

他那孩子般的尖细嗓音让我惊讶，他外表中的某些方面也与他的声音相称。菲德尔给人的印象并不是一个高大的成年男人，而是一个发育过快的男孩——身高突然拉长，但依然保持着童真的脸庞和青春期冒出的点点胡须。

他突然猛地放开拥抱的手，迅速转身，头也不回地走向房间的一个角落。我这才注意到一个新闻摄影师悄悄溜了进来，正在角落里用相机对准我们。菲德尔一跃而上，掐住那人的脖子开始摇晃，相机掉到了地上。我也走了过去，抓住他的胳膊，担忧地看着那个小个子摄影师在徒劳挣扎。菲德尔将他推向门口，把他轰走了。然后他转过身来，面带微笑地走过来，捡起地上的相机，扔到了床上。

我们没有谈论刚才发生的事情，而是讨论起设立全拉丁美洲新闻机构的可能性。我认为"拉美社"①就诞生于那次对话。之后我们各自从不同的通道返回招待会。

一个小时后，当我和玛蒂尔德从大使馆离开时，我不禁回想起摄影师惊恐万分的面容以及那位游击队领袖察觉到有人悄悄闯入后用本能做出的神速反应。

---

① 拉丁美洲通讯社即古巴国家通讯社，简称"拉美社"，受古巴共产党中央指导部领导，1959年4月创建于哈瓦那，负责国际新闻对内报道以及国内外新闻的对外报道。

那是我第一次与菲德尔·卡斯特罗会面。他为什么如此抗拒拍摄呢？他的激烈反应背后是否藏着某种政治秘密？我直到今天也还没有弄明白。

我与切·格瓦拉的第一次会面完全是另一种情况。那是在哈瓦那，他约我去财政部或是经济部（我记不太清了）他的办公室见面。我们约在凌晨一点，可我还是迟到了，之前参加了一个冗长无比的官方活动，而我又坐在主席台上无法脱身。

格瓦拉脚蹬长靴，身披戎装，腰佩手枪，穿着与办公室银行式的氛围格格不入。他肤色偏黑，语速缓慢，带着明显的阿根廷口音。他就像那种在草原上，边喝马黛茶边悠闲交谈的人。他说话言简意赅，句尾常带着微笑，仿佛余兴未尽。

当他提及我的诗集《漫歌》时，我倍感荣幸。他会在晚上的马埃斯特腊山上给游击队员们读这本书。如今，多年之后，每当想到我的诗歌伴他走向死亡，我就感觉不寒而栗。我从雷吉斯·德布雷[①]那里得知，在玻利维亚的群山中，格瓦拉的背包里只装了两本书：一本数学书以及我的《漫歌》，直到生命的最后一刻。

格瓦拉那晚对我说的一些话让我困惑不解，但也许能解释他的命运。他的目光从我的眼前移向办公室昏暗的窗户。当时我们正在谈论美国对古巴可能发动的战争。我看到哈瓦那街头各战略要地散落着的沙袋。他突然说："战争……战争……我们总是在反对战争，但一旦经历过，就无法离开了。我们随时随刻都想回到战争中去。"

他在自言自语，也是在说给我听。坦白讲，我被他的话震惊到了。对我来说，战争是威胁，而不是目的。

---

① 雷吉斯·德布雷（1940年9月2日~）法国作家、思想家、媒介学家。

那次告别后，我们再也没有见过。后来，他在玻利维亚的森林中战斗，最后悲惨地死去。但在我心中，切·格瓦拉一直是善于思考的人，在英勇战斗之余，他会在武器旁边为诗歌留出一席之地。

拉丁美洲人非常喜欢"希望"这个词。我们愿意被称作"希望的大陆"。总统、参议员、众议员等候选人都自称是"希望的候选人"。而这种希望其实就像天堂的许诺，是一张永远延期兑现的空头支票。它被推迟到下一届立法工作会议，被推迟到下一年、下一世纪。

古巴革命到来时，数百万南美洲人如梦初醒，他们不敢相信自己的耳朵。对于这片一直在绝望中怀揣希望的大陆来说，这完全出乎意料。突然间，一个名不见经传的古巴人菲德尔·卡斯特罗横空出世，他一把抓住希望，不让它飞走，将它安置在桌旁，安置在美洲各国人民的家里。

从那时起，在这条将希望变为现实的路上，我们取得了巨大的进步。但如今我们仍生活在提心吊胆之中。一个强大的帝国主义邻国，想要摧毁古巴，连同所有的希望。美洲各国的民众每天都看报纸，每晚都听广播，然后在庆幸中叹息。古巴还在。又过了一天，又过了一年，又过了五年。我们的希望还没有被摧毁，它绝不会被摧毁。

古巴人的来信

秘鲁的作家中，有许多是我长久以来的朋友。他们一直催促秘鲁政府授予我一枚官方勋章。坦白说，这类奖章在我看来有些滑稽可笑。我对此并没有多少兴致，以前身为领事时，我把几枚奖章佩戴在胸前，只是在尽义务或例行公事，那是分内的事。有一次我途经利马，小说《饥饿的狗》的作者、杰出作家西罗·阿莱格里亚①当时是秘鲁作家协会主席，他坚持认为他的祖国应该授予我一枚奖章。我的诗《马丘比丘之巅》在秘鲁已深入人心，或许我的诗句将某种沉睡的情感表达了出来，仿佛堆砌成那座奇妙建筑的巨大石头在长眠后苏醒了。此外，当时的秘鲁总统、建筑师贝朗德②是我的朋友兼读者。尽管后来那场暴力革命把他赶出祖国，并使秘鲁政府意外地走上历史的新道路，我仍然认为贝朗德是一个无可指摘的正直的人，他不切实际的目标最终使他脱离可怕的现实，与他深爱的人民渐行渐远。

我接受了这枚勋章，这次不是为了领事职务，而是因为我的一首诗。此外，它还有另外的意义，智利和秘鲁两国人民之间还存在尚未愈合的创伤。不仅运动员、外交官和政治家有义务将流淌的血止住，诗人也应该这样做，而且更有理由这样做，因为和其他人相比，我们的心灵没有那么多界限的束缚。

差不多在同一时期，我前往美国参加国际笔会的代表大会。受邀参加会议的代表包括我的朋友阿瑟·米勒③、阿根廷人埃内斯托·萨巴托和维多利亚·奥坎波、乌拉圭评论家埃米尔·罗德里格斯·蒙涅格尔、墨西哥小说家卡洛斯·富恩特斯等。几乎所有欧洲社会主义国家的作家也出席了会议。

到达美国时，我得知古巴作家也受到了邀请。但是卡彭铁尔没

---

① 西罗·阿莱格里亚(1909年11月4日~1967年2月17日)，秘鲁记者、政治家、小说家。

② 贝朗德（1912年10月7日~2002年7月4日)，秘鲁总统（1963年~1968年、1980年~1985年在位）。

③ 阿瑟·米勒(1915年10月17日~2005年2月10日)，美国剧作家。代表作有《推销员之死》《萨勒姆的女巫》等。

有来，国际笔会对此不解，问我是否能弄清楚是怎么回事。我找到了拉美社驻纽约代表，他表示给卡彭铁尔发电报询问下情况。之后我得到回复说，卡彭铁尔因接到邀请的时间太迟，来不及办理美国签证而无法到场。在这件事上有人撒了谎：三个月前古巴人就已得知并接受了邀请，签证也在那时办好了。显然，这是最高当局在最后一刻做出的决定：不同意卡彭铁尔出席这次会议。

我一如既往地完成了我应该做的事。我在纽约举办了第一场诗歌朗诵会，观众人数众多，因此礼堂外安装了闭路电视，以便让数百名无法进入礼堂的人观看和聆听。我的诗歌在纽约观众中激起了强烈的反帝主义回响，这令我感动不已。在华盛顿和加利福尼亚，当学生和普通民众对反帝国主义的诗句表示赞同时，我明白了许多事情。我当即了解到，与南美人民为敌的美帝国主义，也是美国人民的敌人。

我接受了几次采访。由一些拉丁美洲暴发户主办的西班牙文版《生活》杂志歪曲并篡改了我的观点。我要求对此进行更正，但他们不予理睬。不过问题不算严重。他们删掉了我谴责越南战争的一段话，以及有关一位当时被暗杀的黑人领袖的另一段话。直到多年后，那位负责该篇报道的女编辑才承认采访内容被上级部门修改过。

访美期间，我得知美国作家们一直在给当局施加压力，以确保我获得美国签证——此事都是他们的功劳。我猜国际笔会甚至威胁说，如果继续拒绝批准我入境，他们将对国务院进行公开谴责。美国最受尊敬的诗人、年迈的玛丽安娜·穆尔[①]在一次公众集会接受表彰后对民众说，她很高兴我能通过诗人们的一致努力合法入境

[①] 玛丽安娜·穆尔（1887年11月15日~1972年2月5日），美国现代主义诗人、评论家、翻译家、编辑。

美国。别人告诉我,她的话语充满力量和感情,赢得了热烈的掌声。

那次美国之行是我最激烈的政治和诗歌活动,主要目的是捍卫和支持古巴革命,然而令人愤怒的是,我刚回到智利,就收到了古巴作家们臭名昭著的诽谤信,信中满是诬蔑之词,就差指责我低三下四和背信弃义了。我已记不清那些公开谴责我的人用了些什么词,但我敢说,他们是一帮自诩为革命导师、自命不凡地教导左派作家行事规范的人。他们傲慢、无礼,企图耍心机来纠正我的诗歌以及我的社会革命工作。我因《马丘比丘之巅》一诗获得勋章、我参加国际笔会代表大会、我发表宣言和朗诵诗歌、我深入虎穴谴责美国制度——所有这一切都遭到那些作家的质疑、篡改或诽谤,他们中有许多人刚刚加入革命阵营,公正或不公正地领着新古巴下发的薪水。

这封不公正的信件里签满了名字,这些签名是应作家和艺术家协会的要求而"自发"签署的。操控者们跑遍哈瓦那,征集音乐家、舞蹈家和艺术家协会全体成员的签名。途经古巴并应邀访问的艺术家和作家们受到慷慨接待,他们被安排住进最高档的酒店,并在信上签了自己的名字。有些名字出现在信件末尾的作家之后偷偷传来消息:"我从没签过字,当我看到并非自己亲自签署的名字后才知道信件的内容。"尽管我还无法核实这件事,但胡安·马里内洛的一位朋友告诉我,他也遇到了同样的情况。我从其他人的经历中得到了证实。

这件事就像一团毛线、一团雪球或一个意识形态的阴谋,无论如何一定会越滚越大。操控者们在马德里、巴黎和其他首都城市设立了专门机构,其唯一的任务就是大量散发那封充满谎言的信件副本。这些信件被成千上万地寄出,多数发自马德里,每个收件人都会收到二三十封，信封上贴着印有佛朗哥肖像的邮票，里面却是对巴勃罗·聂鲁达这位反革命分子的指控，真乃一派恐怖中夹杂着滑稽的景象。

我没有去探究导致这场愤怒爆发的动机：政治阴谋、意识形态中的弱点、文学上的怨恨和嫉妒——谁知道还有什么其他原因——激发了这场多人对一人的围攻。后来有人告诉我，那封臭名昭著的信件背后积极的策划人、推动者和签名召集者是作家罗伯特·费尔南德斯·瑞特马尔[1]、埃德蒙多·德斯诺斯[2]和利桑德罗·奥特罗[3]。我不记得自己曾经读过德斯诺斯和奥特罗的作品，也没有见过他们本人。不过，我和瑞特马尔是认识的。在哈瓦那和巴黎，他总是像个跟屁虫一样缠着我，对我大加奉承。他曾对我说，他发表了许多褒扬我作品的文章和随笔。我从没拿他当回事，这家伙只不过是我们这个时代政治和文学暴发户中的一员罢了。

这些人或许以为这样就能伤害或摧毁我这个革命积极分子。但是，当我前往圣地亚哥的特阿迪诺斯街，第一次向党中央委员会提及此事时，他们已对此形成了自己的看法，至少有了政治方面的判断。"这是对智利共产党的首次攻击。"他们这样对我说。

那个时期出现了严重的矛盾冲突。委内瑞拉、墨西哥及其他国

---

[1] 罗伯特·费尔南德斯·瑞特马尔（1930年6月9日~），古巴诗人、散文家、学者、文学评论家。

[2] 埃德蒙多·德斯诺斯（1930年2月8日~），古巴作家，被认为是20世纪拉丁美洲最重要的诗人之一，其诗歌以独特的风格和深刻的情感表达而闻名，探讨个人内心世界和社会现实之间的冲突与和谐。代表作有《低度开发的记忆》等。

[3] 利桑德罗·奥特罗（1932年6月4日~2008年1月3日），古巴小说家、记者。

家的共产党人都与古巴人在意识形态上有了争端。后来，玻利维亚人陷入悲剧的境地，也悄无声息地与古巴人对立了起来。

智利共产党决定在一次公开集会上授予我雷卡瓦伦奖章，该奖项是新近设立的，旨在表彰党的积极分子。这是一个明智的回应。智利共产党以其智慧度过了那段充满分歧的时期，坚持用内部分析的方法解决问题。随着时间的推移，所有斗争的痕迹都已褪去。拉丁美洲两支最重要的共产党队伍如今相互理解，建立起兄弟般的情谊。

至于我，依然是写下《丰功伟绩颂歌》的那个人，并一直喜爱这个作品。我永远不会忘记，因为它，我成为第一个写了整本书来颂扬古巴革命的诗人。

我当然理解，革命，尤其是那些参与其中的人，难免会犯错，难免会陷入不公。人类不成文的戒律对革命者和反革命者都同样适用。没有人能避免错误。在一项伟大的事业中，革命进程里的一个小小盲点，在更大的背景下显得无足轻重。我还在继续赞颂、热爱并敬仰古巴革命、古巴人民和那些崇高的革命主将。

不过，人人都有弱点，我也一样。比如，我不愿放弃作为一个立场坚定的革命战士所拥有的自豪感。也许正是因为这一点，或是因为我身上其他微不足道的弱点，让我至今仍然拒绝，并且将来还会继续拒绝，与那些曾有意或无意在那封诋毁我的信件上签名的人握手。

我亲爱的、残酷的祖国

极端主义和间谍

前无政府主义者——现无政府主义者未来也会如此——往往会慢慢转向一个更加舒适的立场，即无政府资本主义，这是政治狙击手、准左翼分子和伪自由派人士的安身之所。专制的资本主义视共产主义为最大的敌人，而且其目标很少出现偏差。这些反叛的个人主义者喜欢在保守派的各种伎俩和高压手段下，被当作神圣原则的英勇捍卫者。保守派深知，社会变革的危险不在于个人的反抗，而在于群众组织和普遍的阶级觉悟。

我在内战时期的西班牙就看清了这一切。当希特勒和佛朗哥的军队向马德里逼近时，一些反法西斯团体却在他们面前上演了一场假面狂欢节。当然，杜鲁提①及其加泰罗尼亚同党等无政府主义者不包括在内，他们曾在巴塞罗那像狮子一样英勇战斗。

间谍比极端分子还要恶劣千倍。警察、反动党派或外国政府雇佣的敌特，不时渗入革命党人的活动之中。他们中有的执行特殊的挑拨任务，有的则耐心侦察。阿泽夫②便是一个典型案例。在沙皇制度垮台之前，他参与过众多恐怖活动并多次入狱。十月革命后出版的沙皇秘密警察首领回忆录中，详细记载了阿泽夫曾一直是公共安全与秩序保卫部的特工。这个奇怪的人物既是恐怖分子，又是告密者，他的行动最终导致一位大公死于非命。

另一件怪事发生在加利福尼亚州，不是洛杉矶就是旧金山或其

---

① 布维那文图拉·杜鲁提（1896年7月14日~1936年11月19日），西班牙著名的无政府主义运动代表人物之一、西班牙内战时期的杰出战士。

② 叶夫诺·菲利波维奇·阿泽夫（1869年~1918年），俄国犹太人，为了维持生计加入秘密警察，同时又渗透进代表革命民粹主义的社会革命党中，为政府暗中提供党内恐怖主义活动的消息。

他加州城市。在麦卡锡主义①最猖獗的时期，地方共产党的全部活跃党员都被捕了。这总计七十五人的个人生活及日常行动全被记录在案。结果，这些人都被证实是警方派出的卧底。联邦调查局竟捏造了一个成员们互不认识的小型"共产党"，为的是日后迫害他们，并把这场名不副实的抓捕行动取得的轰动性胜利归功于自己。就像被警方用金钱收买的前共产党员钱伯斯把最具爆炸性的国际机密藏在一颗南瓜里一样，联邦调查局的做事方法经常令自己陷入诸如此类的荒唐处境。联邦调查局还涉嫌多起骇人听闻的事件，其中包括处决（应该说是谋害）罗森堡夫妇②，引发了全人类的强烈愤慨。

智利共产党是历史悠久的无产阶级政党，对于间谍来说，想混进这样的组织一向非常困难。而另一方面，拉丁美洲的游击战策略却为形形色色的告密者敞开了大门。由于这些组织的自发性和年轻性，发现和揭露间谍极其不易。这就是为什么游击战的领导者总是心存疑虑，甚至不得不对身边的亲信时刻保持警惕。席卷拉丁美洲的浪漫主义精神和盲目的游击中心论③，从某种程度上催化了人们对这种危机四伏的战略之狂热推崇。随着埃内斯托·格瓦拉的遇害

---

① 20世纪50年代初产生于美国的极端反共、反人权的右翼保守主义意识形态浪潮和政治镇压运动。

② 朱利叶斯·罗森堡（1918年~1953年）和艾瑟尔·格林格拉斯·罗森堡（1915年~1953年）夫妇是冷战期间美国的共产主义人士。他们被指控在苏联进行间谍活动，判决与死刑的过程轰动了当时西方各界。

③ 也称"格瓦拉主义"，认为武装小组是革命的"政治先锋队"，游击队要由城市中少数青年学生和知识分子组成一支"中央核心"，在人烟稀少、居民分散的边远地区发动游击战争，采用"打了就跑"的战术，并通过最初的若干胜利把群众吸引到自己方面来，以取得革命的胜利。切·格瓦拉60年代曾在扎伊尔（刚果民主共和国）、拉丁美洲的玻利维亚搞游击中心，均以失败告终。

和英勇牺牲，这个时期宣告结束。但长久以来，该战术的支持者在拉丁美洲到处散播相关思想和文件，鼓吹将未来的人民革命政府席位分配给各式各样的武装游击队，而非受资本主义剥削的阶级。这种推论的缺陷在于其政治上的弱点：伟大的游击战士和强大的政治头脑有时可以共存，比如切·格瓦拉，但这只是个例，完全取决于运气。游击战的幸存者不能仅仅因为比普通人勇敢、枪法更准或有幸死里逃生，就可以领导一个无产阶级国家。

现在，我要讲一段亲身经历的事情。当时我刚从墨西哥回到智利。在我出席的一次政治集会上，有个人过来跟我打招呼。那是一位中年男子，穿着时髦得体，戴着一副无框夹鼻眼镜，看起来非常体面。他格外亲切地对我说："巴勃罗先生，我一直没有勇气来找您，虽然您救过我一命。您当初让我们坐上开往智利的'温尼伯号'，救了我及其他被困在集中营和毒气室里的流亡者。我是加泰罗尼亚人，也是共济会会员。我已经在这里扎根，是某公司卫生用品高级销售，这家公司在智利卫生用品行业独占鳌头。"

他告诉我，他住在圣地亚哥市中心一套舒适的公寓里。住在他隔壁的邻居是著名的网球冠军伊格莱西亚斯，此人曾是我的校友。他们经常谈起我，最近决定邀请我去做客，出于这个原因他才来找我。

这位加泰罗尼亚人的家里到处都体现了我国小资产阶级的惬意生活。屋内陈设无可挑剔，金黄色的海鲜饭食材丰富。伊格莱西亚斯和我们共进午餐。我们谈起了特木科的老校舍，回忆起蝙蝠的翅膀从脸上拂过的事情，我们笑得前仰后合。聚餐结束时，好客的加泰罗尼亚人简短地讲了几句话，并送给我两张精美的照片作为礼物：

一张是波德莱尔的,另一张是埃德加·爱伦·坡①的。这两位诗人英俊的肖像至今还保存在我的藏书室里。

有一天,我们这位加泰罗尼亚朋友突然中风,躺在床上动弹不得,无法说话或做出任何表情。他的眼睛还可以转动,但显得十分痛苦,仿佛想对他的妻子——一位清白自守的杰出西班牙共和派人士——说些什么,或是想对他的邻居、我那位网球冠军朋友伊格莱西亚斯说些什么。可他再也没能开口说话,也再也没能动弹一下身体,就这样离开了人世。

当公寓里还摆满了花圈,到处充斥着亲友的泪水时,这位网球运动员邻居突然接到一通神秘的电话:"我们知道您与这位亡者关系密切,他从不吝啬对您的赞美。有一件极其重要的事情,事关对这位朋友的记忆,如果您想帮忙,就请打开他的保险箱,取出存放在里面的一个小铁盒。我三天后再和您联系。"

但那位遗孀完全不想这么做。她悲恸欲绝,不愿再去了解任何事情。她离开了原先的住处,搬进了圣多明各街的一栋寄宿公寓。房东是个南斯拉夫人,曾是抵抗运动成员,在政治斗争中锤炼出了坚强的品格。遗孀恳请他帮忙查看她丈夫的文件。南斯拉夫人找到了那个小铁盒,费了好大劲才打开。接着,最离奇的真相暴露于眼前。存放在里面的文件揭露了一个天大的秘密:那位亡人竟是一名法西斯间谍。他的信件副本泄露了数十个名字,这些人在秘密返回西班牙后,均遭到监禁或处决。里面甚至有一封佛朗哥写来的信,对他的效劳表示感谢。加泰罗尼亚人提供的信息还协助纳粹海军击沉了从智利海岸离港的装载战争物资的货船,其中包括我们漂亮的"劳

---

① 埃德加·爱伦·坡(1809年1月19日~1849年10月7日),19世纪美国诗人、小说家、文学评论家,美国浪漫主义思潮时期的重要成员。

塔罗"号，这艘曾数次乘风破浪的舰艇是智利海军的骄傲。战争期间，它装载着硝石，在驶离托科皮亚港后被击沉。这次沉船事故导致十七名海军战士丧生：他们有的沉入海底，有的丧命于炮火之中。

共产党人

……自我入党以来，已经过去了很多年……我很满足……共产党人组成一个美好的家庭……他们拥有饱经风霜的皮囊和温暖的内心……他们到处受人攻击……这些攻击就是冲着他们来的……巫师、保皇派、异端分子、形形色色的罪犯永生……虚幻无实的哲学永生……谄上骄下的人、好色的占星术士、色情作品、犬儒主义永生、无名之辈永生，除了共产党人，所有人都永生……贞操带永生，五百年来从未洗过自己意识形态之足的保守派们永生……穷人身上的虱子、公共墓地、无政府资本主义、里尔克[①]、安德烈·纪德[②]和他可爱的小牧童、各种神秘主义永生……万物在发展……他们都是英雄……所有报纸都应该出版……除了共产党的报纸，任何报纸都可以出版……让所有的政客像鸟儿一样自由进出圣多明各……让人们一起来庆祝嗜血的特鲁希略之死，除了那些曾与他激烈斗争的人……让狂欢节永生，让狂欢节的最后一刻永生……每个人都有面具……有基督教理想主义者的面具、极左派的面具、医务志愿者和慈善家的面具……但要注意提防，别

---

① 赖内·马利亚·里尔克（1875年12月4日～1926年12月29日），奥地利诗人。代表作有《祈祷书》《新诗集》《杜伊诺哀》等。

② 安德烈·纪德(1869年11月22日～1951年2月19日)，法国作家，1947年获诺贝尔文学奖。代表作有《田园交响曲》《人间食粮》等。

让共产党人进来……把门锁紧……不要犯错误……他们没有权利做任何事……让我们关注主观事物、人的本质、本质的本质……这样我们都会感到满意……我们拥有自由……自由是伟大的……他们不尊重自由，甚至不知道自由是什么……关注本质的自由……关注本质的本质……

近些年就是这样过去的……爵士乐走了，灵魂来了，我们在抽象绘画的基本原理中挣扎，在战争中蹒跚而行，甚至丢掉生命……这方面一切照旧……难道不是吗？……发表了那么多触及灵魂的演说，遭受了那么多当头棒喝，有些事情在艰难中前行……非常艰难……他们枉费心机……人民组织起来了……游击战和罢工接踵而来……古巴和智利获得了自由……无数男女唱起了《国际歌》……多么奇怪……多么令人痛心……现在他们用中文、保加利亚文、拉丁美洲的西班牙文唱着这首歌……我们必须迅速采取措施……我们必须加以禁止……我们必须多谈谈触及灵魂的事情……多吟唱自由世界的赞美诗……我们予以凶猛重击，分发大量金钱……这样下去是不行的……被困在予以重击的自由和赫尔曼·阿尔西涅加斯①的恐惧之间……而现在的古巴……在我们南半球的中心，在这片我们深爱的大地的中心，这些留着长胡子的人都唱着同一首歌……基督对我们有什么好处？……教士们对我们有什么好处？……我们再也不敢相信任何人了……包括教士们在内……他们和我们观点不同……他们不关心我们的股票市场暴跌成何等模样……

……与此同时，人类正在飞向太阳系……在月球上留下足

---

① 赫尔曼·阿尔西涅加斯（1900年12月6日~1999年11月29日），哥伦比亚历史学家、作家、记者，以公开反对独裁制度而闻名。

迹……一切都在努力改变，除了陈旧的制度……这些旧制度从中世纪庞大的蜘蛛网中孕育而来……比制造机器的钢铁还要强悍的蜘蛛网……不过，仍然有人相信变革，他们已经进行了变革，他们的变革取得了成效，他们的变革已开花结果……了不得！……没人能阻挡春天的到来！

诗歌和政治

整个一九六九年，我几乎都在黑岛度过。从清晨开始，大海就开始了奇妙的涨潮过程，看上去像是在揉捏一块漫无边际的面包。被大海深处冰冷的酵母推动而起的浪花，白得像面粉一样。

冬天固守在这里，雾气弥漫。我们每天在壁炉里生起的火，为周遭的环境增添了一分魅力。洁白的海滩给我们营造了一个永恒不变的孤独世界，就像地球上还没有人类或夏日游客时的样子。不过，别误以为我讨厌夏天的人群。当夏天临近时，女孩们会来到海边，男人和孩子们会小心翼翼地走近海浪，跳跃着躲避危险。这是人们跳了一千年的舞蹈，或许是第一支诞生于世的夏日之舞。

冬天的夜晚，黑岛一片漆黑。只有我的房子亮着灯。我有时会以为对面的房子里有人。我看到窗户里有灯光，但其实是错觉。船长家里没有人，是我的灯光透过窗户，反射到了他的窗户上。

那年，我每天都会在我的秘密基地写作。走到那里或待在那里并不容易。此刻有样东西让我的两只狗——潘达和丘图——来了兴致。那是一张孟加拉虎的皮毛，被我放在这个小房间里当作地毯。它是我多年前从中国带回来的，爪和毛都已脱落。而且有被蛀蚀的危险，还好玛蒂尔德和我及时采取了防护措施。

我的狗喜欢在这位苍老的敌人身上伸展四肢。它们会很快睡着,就像被战斗耗尽精力的胜利者。它们横卧在门口,似乎想阻止我离开,要我留下来继续写作。

房子里总是有这样或那样的事。会有人打来长途电话找我。该怎么回答?说我不在家。接着电话又响了。该怎么回答?说我在家。

我不在家。我在家。我在家。我不在家。一位诗人在遥远的黑岛为自己安置了一个秘密基地,然而它已不再遥远。

我时常被别人(尤其是记者)问及正在写什么作品或正在做什么事情之类的问题。这种问题总是肤浅到让我惊讶。事实上,我一直在做同样的事情,也从未停止做同样的事情。除了写诗,还能有什么呢?

我在从事写作很久之后才意识到自己写的是诗。我向来对定义或标签不感兴趣。关于美学的争论让我厌烦得要命。我不是在贬低那些有此想法的人,但我对文学作品的出生证明及验尸报告都毫不在意。沃尔特·惠特曼说:"没有任何外在的东西能对我发号施令。"而且,尽管与文学相关的各种东西有其优点,但它们不应该取代创作本身。

那一年我换了好几个笔记本。那些被我用绿色字迹串联起来的笔记本,现在就放在某个地方。被我写满字迹的笔记本逐渐变成了书籍,它们从一个形态转化成另一个形态,从静止变为运动,从萤火虫的幼虫变为成虫。

政治生活像一声惊雷,将我从写作中拉走。我再次回到人群之中。

人群一直是我生活中的课题。我可以带着诗人天生的胆怯,带着软弱的畏惧感来到人群里,但一旦置身其中,我就感到自己焕然一新了。我是多数人中的一分子,我是人类这棵参天大树上的又一片叶子。

深居简出与走进人群始终是我们这个时代诗人的首要义务。深居简出时,智利海岸汹涌澎湃的波涛丰富了我的生活。激荡的海浪、与之抗衡的岩石、形形色色的海洋生物、候鸟绝妙的队形以及壮美的浪花,这一切都令我着迷,我满腔热情地爱着它们。

但是,从汹涌澎湃的生命之潮中,从一同注视我的成千上万双眼睛流露出的温柔中,我学到了更多。可能并非所有诗人都能得到这样的启发,但任何有所感受的人都会将其铭记于心,并融入自己的诗歌里。

能为许多人寄托哪怕只是短暂一分钟的希望,对于诗人来说,都是一件难忘且深感肺腑的事情。

总统候选人

一九六九年的一天上午,我党总书记和其他同志来到我在海边的藏身之所——我在黑岛的房子。他们向我提出,要我做智利共和国总统候选人,并推荐给人民团结①的六七个党派。一切都已准备好,包括纲领、政府性质、未来的应变措施等。那时,其他党派都拥有自己的总统候选人并全力支持其胜出,只有我们共产党没有。我们的立场是支持左翼各党派指定的唯一候选人,他也将成为人民

---

① 智利历史上的一个左翼政党联盟,成立于1969年10月9日,前身是人民行动阵线。该联盟推举的候选人萨尔瓦多·阿连德于1970年成功当选智利总统。1973年,皮诺切特将军发动军事政变,推翻了人民团结政府。1981年,该联盟解散。

团结的候选人。但一切都还悬而未决，不能再这样拖下去了。在这场激烈的竞争中，右翼候选人已脱颖而出，并展开了大肆宣传。我们必须团结起来，为共同的竞选目标而战，否则必将遭受惨重的失败。

促进团结唯一的办法是共产党提出自己的候选人。当我接受党的提名时，我们共产党的立场就得到了明确表达。我们将支持其他党派一致推选的候选人。如果尚未达成这样的共识，我将作为候选人坚持到底。

这是促使其他党派达成一致意见的冒险举措。我提前告诉科尔巴兰[①]同志，如果将来我可以有退出竞选的自由，我便同意接受提名。我觉得这是不可避免的事情，想让所有人团结在一个共产党人身边，这种可能性极小。换句话说，所有其他党派都想得到我们的支持（甚至某些基督教民主党），但他们中没有一个会支持我们。

然而，这场始于黑岛海边小屋的竞选活动，像野火燎原一般迅速蔓延开来。我不管走到哪里，都受到人们的欢迎。成千上万的男男女女热泪盈眶地紧紧拥抱我、亲吻我。圣地亚哥郊区的贫民窟居民，科金博的矿工，在沙漠中劳作的铜矿工人，抱着孩子久久等待我的农妇，从比奥比奥河到麦哲伦海峡那些被遗忘的穷苦大众——我向他们做演说，我为他们朗诵我的诗歌，无论雨有多大，街道有多泥泞，南风有多寒冷。

我的热情愈发高涨。越来越多的人来参加我的集会，其中妇女人数也随之增加。我既高兴又恐惧，开始思考这样的问题：如果我

---

① 路易斯·科尔巴兰（1916年9月14日~2010年7月21日），智利和拉美杰出的共产主义战士，毕生为智利的社会主义事业，为智利实现政治民主和自由而奋斗。

被这个难以管理、问题重重、债台高筑、恐怕是最无感恩之心的共和国选为总统,我该怎么做?总统在就职的第一个月会大受民众欢迎,但在余下的五年零十一个月的任期里,无论是否公正,都会备受折磨。

候选人阿连德

那是快乐的一天,有消息称,阿连德是"人民团结"中最有希望的候选人。在得到我党的批准后,我迅速递交了退出竞选的请求。在庞大而快乐的人群面前,我宣布退出竞选,阿连德则接受了提名。那场盛大的集会在一座公园里举行。每个角落里都挤满了人,连树枝间都伸出了腿和脑袋。智利人的顽强无与伦比。

我认识这位候选人。他参加过三次竞选,我当时都在场,在智利广袤无垠的土地上朗诵诗歌和发表演说。每六年一次的总统竞选活动,这位锲而不舍的同志已参加过三次。而这是第四次,也将是取得胜利的一次。

记不清是阿诺德·本涅特[①]还是萨默塞特·毛姆讲过这样一件事:有一次,他被安排与温斯顿·丘吉尔同住一个房间。那位显赫一时的政治家醒来后第一件事就是伸手从床头柜上拿起一支粗大的哈瓦那雪茄,点着后当场抽起来。只有石器时代钢铁般体质的健壮穴居人才会这样。

阿连德的精力没人比得上。他有一种连丘吉尔本人也望尘莫及的本领:随时入睡。有时,我们在穿越智利北部无边无际的荒凉地

---

① 阿诺德·本涅特(1867年5月27日~1931年3月27日),英国作家,代表作有《老妇人的故事》等。

带时,阿连德竟在车子的角落里呼呼大睡。突然,路上出现一个小红点,当我们驶近时,才发现是一群手举旗帜的男人、女人和孩子,约有十五到二十个人。汽车停了下来。阿连德会揉揉眼睛,以便看清烈日下正在唱歌的人群。他会加入其中,一起高唱国歌。他还精神抖擞地向他们演说,语速飞快,言辞犀利。回到车上后,我们继续在智利漫长的道路上行驶。而阿连德会毫不费力地再次进入梦乡。这样的场景每隔大约二十五分钟重演一次:人群、旗帜、歌曲、演说,继续入睡。

面对智利成千上万的群众,阿连德从汽车换坐火车,从火车换坐飞机,从飞机换坐轮船,再从轮船换坐马背,在几个月的疲惫奔波中,他从未退缩,坚持完成每天繁重的日程安排。他的团队成员几乎全都累得落在了后面。后来,当他真正成为智利总统时,他那毫不留情的工作效率导致四五位同事心脏病发作。

驻巴黎大使

当我接任智利驻巴黎大使的职务时,才发现我为自己的虚荣心付出了沉重的代价。我没有经过深思熟虑就接受了这个职务,并因此再次被卷入生活的洪流。平庸而虚伪的政府多年的统治结束了,我很高兴可以代表一个胜利的人民政府。也许,在我内心深处,最吸引我的事情便是以崭新的形象走进智利大使馆,就在那个地方,我曾因安排西班牙共和党人移民到我国而吞下那么多屈辱。我所遭受的恶意中伤和诬蔑诽谤,历任大使都参与其中。现在,曾经的受害者即将坐在加害者的座位上,在他的餐桌上吃饭,在他的床上睡觉,打开窗户,让外面的新鲜空气进入这座陈旧的大使馆。

想让空气流通并不容易。一九七一年三月的那个晚上，我和玛蒂尔德走进卧室，躺在那张高贵的床上——历任大使及其夫人中有一些在此平静或痛苦地离世，屋内那令人窒息的陈设和装饰味道刺鼻，风格扎眼。

这间卧室宽敞得可以容纳一名战士和他的马匹，空间足够休息及喂马。天花板很高，上面有精美的装饰。家具上铺着一些天鹅绒制品，颜色类似于干枯的树叶，边缘装饰着扰人的流苏。家具的格调透露出一种曾经富丽堂皇，而如今风光不再的气息。六十年前，这些地毯可能十分华丽，而现在却满是无法抹去的脚印，还散发着陈腐的味道，仿佛能听到旧人古老的对话。

此外，那些一直等待我们的神情紧张的工作人员把一切都考虑到了，唯独忽略了这间巨大卧室里的供暖问题。玛蒂尔德和我在巴黎的第一个外交之夜，是在冻得快要失去知觉的寒冷中度过的。暖气在第二晚终于到位了。不过，那是个使用了六十年的陈旧设备，过滤器已经失去了效用。我们无法再像前一晚那样抱怨寒冷，却担心会因设备产生的大量二氧化碳中毒，只好打开窗户，让冬日的寒风吹进来。也许这是昔日的大使们在与我这个没有官僚背景及贵族血统的后来者算账。

我们下定决心另找住处，寻觅一个可以与树叶、水、鸟儿和空气一起自由呼吸的地方。这个想法最终变成了我们的执念。就像是为了自由彻夜不眠的因犯，我们去到巴黎以外的地方，不停找寻纯净的空气。

担任大使的职务对我来说既新鲜又不适，但它也极具挑战性。智利发生过一场革命，一场经过深入分析和广泛讨论的智利式革命。国内外的敌人都磨刀霍霍，企图摧毁它。一百八十年来，不同名头的统治者在我国相继登台，但他们做的都是同样的事情。我的同胞们饱受苦难：衣衫褴褛，房屋破败，儿童无学可上、无鞋可穿，民众受制于监牢和棍棒，这些景象从未消失。

而现在，我们可以畅快呼吸，自由歌唱，这样的新景象令人欣慰。

在智利，外交官的任命需得到参议院的批准。智利右翼人士一直对我的诗人身份赞誉有加，甚至以演说的方式向我致敬。当然，他们更希望在我的葬礼上发表这些演说。在参议院投票决定是否批准我出任大使一职时，我以三票的优势勉强通过。右翼分子和一些伪善的基督教徒给我投了反对票。

前任大使将自己及历任大使的照片都挂在了墙上，组成一幅占据了整个墙面的挂毯。除包括我们智利的小巴尔扎克——杰出的布莱斯特·加纳①——在内的两三个人以外，照片中都是些内心贫乏的名人。我吩咐把这些幽灵般的肖像替换为更有说服力的人物：五幅刻画了赋予智利国旗、民族身份和独立精神的英雄们的肖像版画，以及有进步思想的共和国总统阿吉雷·塞尔达、共产党创始人路易斯·埃米利奥·雷卡瓦伦和萨尔瓦多·阿连德的照片。现在，整面墙看起来比以前好多了。

大使馆里的秘书几乎都是右翼分子，我不知道他们有何感想。保守党已经统治这个国家一百年了，甚至连看门人也必须是保守派或保皇派才能被雇佣。基督教民主党人自称为"争取自由的革命者"，但他们表现出的贪婪几乎与旧保守派不相上下。后来，这些人愈发相似，直至他们执手成盟。

官僚机构及公共建筑群仍然到处可见右翼职员、检查员和顾问，

---

① 布莱斯特·加纳（1830年~1920年），智利作家、政治家、历史学家。

就好像阿连德和人民团结并没有在智利获胜,就好像现在的政府部长都不是社会党人和共产党人。

在这种情形下,我提出让我的朋友、职业外交官兼杰出作家豪尔赫·爱德华兹担任智利驻巴黎大使馆参赞一职。尽管他出身于我国最有权势的保守派家族,却是一位左翼人士,没有任何党派背景。我急需一位有才干、熟悉本行且值得信赖的官员。此前,爱德华兹一直担任哈瓦那代办。我隐约听过一些传言,有关他在古巴遇到的事情。但我多年前就知道他是左翼人士,所以并没有过于在意。

我的新参赞从古巴抵达时看起来紧张不安,并向我讲述了他的经历。我当时的感觉是,两种说法似乎都有道理,但又都不完全合理,生活中有些事情就是这样。渐渐地,豪尔赫·爱德华兹恢复了精神状态,不再咬指甲,并以其显著的才能、智慧和忠诚来协助我。在大使馆那两年艰苦的工作中,我的参赞成为我最好的伙伴和同事,在那座庞大的办公楼里,他也许是唯一一个在政治上无懈可击的人。

当一家美国公司试图对智利金属铜实行禁运时,一股激动的浪潮席卷了整个欧洲。该事件不仅得到了报纸、电视和广播的特别关注,民众也出于良知再次挺身而出,进行抗争。

法国和荷兰的码头工人拒绝卸铜,以示对这一侵犯行为的抗议。这一令人敬佩的举动震撼了全世界。诸如此类团结互助的故事,比任何大学课堂更好地讲述了我们这个时代的历史。

另一些微不足道但同样令人感动的事情也浮现在我的脑海中。在禁运的第二天,一位生活并不宽裕的法国小镇女士从自己的积蓄中拿出一张一百法郎的钞票寄给我们,为保卫智利铜矿出一份力。一同寄来的还有一封热情洋溢的支持信,镇上所有居民,包括镇长、教区牧师、工人、运动员和学生都在上面签了名。

千百位相识或不相识的智利朋友写来信件，支持我勇敢对抗国际海盗。我还收到了一个包裹，来自一位劳动阶层的妇女，里面装着一个马黛茶容器、四个鳄梨和一打青辣椒。

与此同时，智利的声誉也得到了显著提高，从众多不发达国家中脱颖而出，有了存在感。在此之前，我们一直默默无闻。现在我们崭露头角，不会有人再忽视我们为国家未来建设发展所做出的巨大努力。

我们国家所发生的一切在法国和整个欧洲都引起了极大的关注。群众集会、学生集会以及各种语言的书籍都在进行相关研究、探讨和报道。每天，我都不得不婉拒那些想要了解所有情况，甚至企图探求更多消息的记者们。阿连德总统是一位世界性人物。我国工人阶级严守纪律和坚定不移的品质受到了钦佩和赞扬。

智利因铜矿国有化所引发的冲突，赢得了越来越多的热情支持。对世界各地的人们来说，这显然是智利在新独立道路上迈出的一大步。这个人民政府以正义的方式重新夺回铜矿，为国家的主权奠定了基础。

返回智利

当我回到智利时，迎接我的是街头和公园里新生的植被。美妙的春天给森林的树叶染上了绿色。就像人类的心灵需要爱的滋养一样，我们古老的灰色首都需要绿叶的装点。我大口呼吸着早春清新的气息。远离祖国时，我们脑海中的故土从来不是冬天的模样。遥远的距离让冬日的艰辛、孤独的乡村小镇和严寒中孩童们打赤脚的样子从记忆中淡去，取而代之的是绿色的乡村、黄色和红色的花朵以及国歌里赞颂的蓝天。这一次，我真的走进了那个曾出现在远方梦中的美妙季节。

城市里还爬满了另一种植被：充满仇恨的苔藓像挂毯一样覆盖在墙面上。一张张招贴——反共产主义的，反古巴的，反苏联的，反和平和人道的，还有预言大屠杀和更多暴力事件的——在谎言中宣泄着傲慢的情绪。这些新植被玷污了整座城市。

我凭借经验能够分辨这种宣传的腔调和目的。在希特勒上台前的欧洲，我已领教过此般氛围。这恰恰是希特勒式宣传的本质：肆无忌惮地撒谎；不遗余力地威胁和恫吓；炫耀一切可以用来制造仇恨的武器，旨在毁灭未来的希望。我觉得他们在企图改变我们生活的核心内容。我无法理解，怎么会有智利人如此作践自己的民族精神。

当保守派必须采取恐怖行动时，他们便毫无顾忌。智利军队最高首领施奈德将军①是一位受人尊敬且值得尊敬的军人，他坚决反对通过军事政变阻止阿连德上台，却遭到了暗杀。就在他家附近，一群恶徒用机枪从背后向他射击。指挥这次行动的是一位被军队开除的前将军，而行动的参与者是职业犯罪分子及一个年轻人组成的小团体。

犯罪事实被查清，幕后主谋被军事法庭判处三十年有期徒刑并投入监狱。然而，最高法院将刑期减至两年。在智利，一个因饥饿而偷鸡的可怜人，所受的刑罚却是杀害军队总司令的歹徒的两倍。这就是统治阶级精心制定的法律在阶级层面上的应用。

阿连德的胜利给统治阶级带来了令其生畏的震撼。他们才意识

---

① 勒内·施奈德（1913年~1970年），智利军队总司令，智利宪法的坚定捍卫者。

到，精心制定的法律可能会反作用于自己身上。于是，他们匆忙带着股票、珠宝、钞票和金币寻找藏身之处。他们逃往阿根廷、西班牙，甚至跑去澳大利亚。对人民的恐惧恐怕能让他们飞速赶赴北极。

不过，他们以后还会回来的。

弗雷[①]

严格遵守宪法的智利之路，处处受到阴险及合法行为的阻挠。与此同时，寡头政治修补其残破的外衣，投奔法西斯。自铜矿国有化之后，美国的封锁变得更为严酷。美国国际电话电报公司联合前总统弗雷，将基督教民主党推向了新法西斯右派的怀抱。

阿连德和弗雷之间截然不同的性格，始终是智利人民的话题。也许正因为这天壤之别，在一个没有铁腕管理传统的国家里，他们都以各自的方式成为有目标、有规划的强势领导者。

我认为我很了解阿连德，他从不营造神秘氛围。至于弗雷，我们曾同时在参议院任职。他是个摸不透的人，喜欢深思熟虑，与阿连德的直率大相径庭。不过，他经常会突然爆发出狂笑，咯咯的笑声让人觉得刺耳。我喜欢那些经常大笑的人（我本人并不具备这种天赋），但笑声也各有不同。弗雷努力重建自己的政治地位和影响力，在他那张严肃忧郁的面孔上绽放出笑容。他的笑声突如其来，就像某些鸟儿在夜晚尖声啼鸣，把人吓一跳。除此之外，他的举止一向谨慎，为人亲切友好。

我常常失望于他摇摆不定的政治立场，直到最后对他完全失去

---

① 爱德华多·尼卡诺尔·弗雷·蒙塔尔瓦（1911年1月16日~1982年1月22日），智利律师、政治家、总统（1964年~1970年在位）。

了信心。记得有一天,他来我在圣地亚哥的家中做客。当时流传着共产党与基督教民主党之间和解的说法。他们当时还不叫基督教民主党,而是国家长枪党,之所以取这个可怕的名字,是受年轻的西班牙法西斯分子普里莫·德·里维拉[①]的启发。后来,西班牙内战结束后,在马里坦[②]的影响下,他们转变为反法西斯分子,于是更改了名字。

我们的谈话内容很随意,气氛也十分友好。我们共产党人愿意同心怀善意的各阶层人士相互理解,因为单凭自己的力量是无法取得任何发展的。尽管弗雷习惯避重就轻,但我还是听出了他当时明显持有的左翼观点。那次会面结束时,他将他那特有的笑声赠送予我,生硬得如同石头从口中蹦出。"我们下次再聊。"他对我说。但是两天后,我知道我们不会再有这样的机会了。

阿连德获胜后,弗雷这位野心勃勃的冷酷政客认为,如想重新掌权,就必须建立一个反动联盟。这不过是他一厢情愿的空想,就像一只政治蜘蛛编织的脆弱梦境。那张蜘蛛网不可能持久,他所支持的政变也不会为他带来任何好处。法西斯主义不容许妥协,而是要求臣服。弗雷将一年比一年黯然失色,而他总有一天会为自己的所作所为承担后果。

---

① 普里莫·德·里维拉(1870年1月8日~1930年3月16日),西班牙将军和独裁者(1923~1930年在位),法西斯政党西班牙长枪党的创始人。

② 雅克·马里坦(1882年11月18日~1973年4月28日),法国哲学家,新托马斯主义主要代表人物。

托米奇[1]

基督教民主党从成立起就引起了我极大的兴趣，尤其在它抛弃了长枪党那个令人无法接受的名字之后。该党起初由一小群受马里坦－托马斯主义影响的知识精英组成。这种理论思想对我并没有吸引力。我生来就觉得那些空谈诗歌、政治或性的人索然无味。但基督教民主党初期成立和发展的实践结果却以一种出人意料的特别方式体现出来。我从战火中的马德里回来后，组织了几场大型集会，并请几位年轻领袖发表支持西班牙共和国的演说。这种场面前所未有，而在保守党的怂恿下，旧教会等级制度差点扼杀了这个新政党。幸好一位有远见的主教出面干预，才使该党免于政治自杀。塔尔卡主教的一项声明拯救了这个最终成为智利最大政党的团体。随着时间的推移，其意识形态也发生了彻底的变化。

弗雷之后，拉多米罗·托米奇是基督教民主党中最重要的人物。我在参议院任职期间与他相识，正值罢工和智利北方选举拉票活动如火如荼的时期。在那时，基督教民主党人会跟随我们共产党人四处活动，以便参加我们的集会。直到今天，我们都一直是盛产硝酸钾和铜矿的沙漠地区——我是指美洲大陆最受压迫的工人群体——最受爱戴的人。雷卡瓦伦就来自这个地方，工人报刊和最早的工会也诞生于此。没有共产党人，这一切都不可能实现。

当时，托米奇不仅是最有前途的基督教民主党人，还是一位最具魅力、最有天赋的演说家。

一九六四年，基督教民主党赢得了选举，弗雷由此坐上了共和

---

[1] 拉多米罗·托米奇（1914年5月7日~1992年1月3日），克罗地亚裔智利政治家、智利基督教民主党最杰出的领导人之一。

国总统的宝座，局势发生了巨大变化。他们在竞选活动中发动了前所未有的反共攻击，利用报纸和广播发布各种警告恐吓人民——修女们将被枪杀，男孩们将被蓄着菲德尔式胡子的男人用刺刀刺穿身体，女孩们将被从父母身边夺走并送往西伯利亚——来达到击败阿连德的目的。后来，根据美国参议院特别委员会给出的证词，我们得知中央情报局为这场残酷的恐怖运动花费了两千万美元。

弗雷一上台就给他在基督教民主党内唯一的强大对手送了一份不怀好意的礼物：任命拉多米罗·托米奇为智利驻美国大使。弗雷知道他的政府将与美国铜业公司重新谈判。当时，全国都在呼吁实行铜矿国有化。弗雷就像一位熟练的魔术师，巧妙地将"国有化"这个名词改为"智利化"，并通过新的协议，确保将我国的经济支柱产业送到肯尼科特和阿纳康达财团手中。这个举措给智利带来了灾难性的经济后果，而托米奇更加悲惨——弗雷就此将他推下政治舞台。协助将铜矿拱手让人的智利驻美大使，是不会得到智利人民支持的。在下一届总统竞选中，可怜的托米奇仅位列第三。

一九六八年初，托米奇辞去驻美国大使职务后不久，来黑岛看我。他刚从北方回来，尚未正式成为总统候选人。尽管经历了政治风暴，我们的友谊依然坚如磐石，至今仍如此。但那一次我们之间却产生了分歧。他希望建立一个更广泛的进步力量联盟，并命名为"人民联盟"，以取代我们的人民团结。但这个提议是不可能实现的，他在铜矿谈判中所扮演的角色使他在政治左翼中失去了成为总统候选人的资格。此外，人民运动的两大主要政党——共产党和社会党——已经成熟，有能力支持自己的候选人当选总统。

托米奇当下一定十分沮丧，不过在告辞前，他还是向我透露了一件事。基督教民主党财政部长安德烈斯·萨尔迪瓦尔给他看了一些文件，表明国家经济已濒临破产。"就要山崩地裂了，"托米奇对我说，"目前的状况维持不了四个月，这真是一场灾难。萨尔迪瓦尔把详细情况都跟我说了，破产是不可避免了。"

阿连德当选总统之前，这位萨尔迪瓦尔部长就已公开宣布我国迫在眉睫的经济灾难，而在总统就任一个月后，他却把此事归咎于阿连德当选所引发的国际影响。历史就是这样被书写而成的，至少像萨尔迪瓦尔这样扭曲事实的投机政客如此编造历史。

阿连德

在这个时代，我的祖国遭受到了最多的背叛。从盛产硝石的沙漠，从海底煤田，从埋藏着铜矿并靠我国人民以非人劳动进行开采的可怕高原，一场规模宏大的解放运动应运而生。一个名叫阿连德的人被这场运动推上了智利总统之位，他刻不容缓地实施改革并采取正义措施，从外国人的魔爪中救回了我们的国家财富。

在那些极其遥远的国家，阿连德所到之处都受到人们的敬仰，我国政府显著的多元化特性也得到了称赞。在纽约联合国总部，智利总统有史以来第一次获得来自世界各国代表如此热烈的掌声。在智利，在这巨大的困境之中，一个真正公正的社会日臻完善，它建立在我们的主权、民族自豪感和智利杰出民众的英勇精神之上。宪法和法律、民主和希望，都站在我们一边，站在智利革命一边。

站在对立面的人则拥有他们想要的一切。他们有形形色色活蹦乱跳的小丑，有携带手枪和铁链的恐怖分子，还有虚伪的僧侣和堕落的军人。他们坐上充满恶意的旋转木马。法西斯分子哈尔帕与他来自"祖国与自由"①的弟子们携手，随时准备敲破所有人的头颅或摧毁其精神，为的是夺回他们称之为智利的这一巨大庄园。与他们一同参与这场表演并获得更多关注的是一位伟大的银行家兼舞者，沾染了鲜血的伦巴舞王冈萨雷斯·魏地拉；急功近利的他，早就将他的政党交给了人民的敌人。而现在，弗雷也在人民的敌人面前献上了他的基督教民主党，任人摆布，还与前陆军上校维奥②共舞，他们曾通同作恶。这些人都是这出闹剧的主要演员。他们备好了所有粮食、钉子、棍棒，以及那些曾在伊基克、兰基尔、萨尔瓦多、蒙特港、何塞－玛丽亚－卡罗、弗鲁蒂亚尔、普恩特阿尔托等许多其他地方杀害我们同胞的子弹。谋杀埃尔南·梅里③的刺客们与那些本应捍卫其记忆的人们跳起舞来。他们轻松起舞，看起来一副人畜无害的模样。他们因那些"愚蠢的小事"受到指责而愤愤不平。

智利的文明历史源远流长，鲜少发生革命，有过多届稳定的政府，无一例外的保守、庸常。平平无奇的总统不少，而伟大的总统

---

① 智利极右翼政治组织，成立于1966年，该组织主张恢复传统价值观，反对共产主义和马克思主义，支持智利传统社会结构和权威。在智利历史上，它曾参与过多次政治活动和政变，对智利政治产生了深远影响。

② 罗伯托·乌尔巴诺·维奥·马兰比奥（1917年5月25日~2005年9月5日），智利陆军将军。

③ 埃尔南·梅里（1939年7月14日~1970年4月30日），智利土地改革先驱。

只有两位：巴尔马塞达①和阿连德。说来也怪，两人都出身于自称为贵族的有产阶层。他们都坚持自己的原则，要将一个被平庸寡头政治统治削弱了的国家发展壮大起来，最终却踏上了同一条通向死亡的道路。巴尔马塞达因反对将硝石财富交给外国公司而被迫自杀。

阿连德总统之所以遇害，是因为他把铜矿——智利地下另一重要资源——国有化。在这两起事件中，智利的寡头政治集团都发动了血腥的革命，而军队充当了刽子手的角色。巴尔马塞达时期的英国公司和阿连德时期的美国公司，都煽动并资助了这些军事行动。

两次事变中，总统的官邸都在我们尊贵的"贵族"命令下被洗劫一空。巴尔马塞达的住宅被斧头砸得粉碎，而到了阿连德时期，得益于世界的进步，总统府被我们英勇的飞行员从空中炸毁。

不过，这两位总统还是很不相同的。巴尔马塞达是一位极具魅力的演说家。他的盛气凌人促使其自我意识逐渐高涨，对自己崇高的目标坚信不疑。他始终处于敌人的包围之中。比起周围的人来说，他优越得多，也孤独得多，致使最终只能孤军奋战。那些本应支持他的人民没有凝聚成一股力量，也就是说，他们没有组织起来。这位总统注定只能成为别人眼中一个不切实际的空想家：他那宏伟的梦想终究只是梦想。在他遇刺后，贪婪的外国商人和克里奥尔

---

① 何塞·曼努埃尔·埃米利亚诺·巴尔马塞达·费尔南德斯（1840年7月19日~1891年9月19日），智利新闻工作者、外交家、政治家、总统（1886年~1891年在位）。担任总统期间，他曾推动公共教育和铁路建设的发展，为智利的教育和交通事业的进步奠定了坚实的基础；还试图改变智利单一的经济结构以及对国外资本的过度依赖，让智利的经济更加多元化和自主，虽然这一目标在他在任期间并未完全实现，但为智利的经济发展提供了重要的思路和方向。

族议员们夺取了硝石；外国人得到了所有权和特许权；克里奥尔人则得到了贿赂款。他们一拿到这三十块银币①，一切就恢复了正常。千千万万人民的鲜血很快在战场上干涸。智利北方的工人——世界上受剥削最严重的劳动者——为伦敦生产巨额英镑,从未停止过。

阿连德并不擅长演说。作为政治家，他从不擅自行动，凡事都会商议。他反对独裁，是个原则性极强的民主主义者，不管大事小事，始终如一。他接手管理国家时，人民不再像巴尔马塞达时期那样缺乏经验了，他所面对的是强大且目标明确的工人阶级。阿连德是一位集体主义的领导人，尽管他本人并非出身于平民阶层，却是该阶层与剥削者的无能及腐败作斗争的产物。正因如此，阿连德在如此短暂的时间内完成的工作超过了巴尔马塞达；更进一步说，他取得了智利历史上最重要的成就。仅铜矿国有化这一项，就是非凡无比的成果。此外阿连德还有许多同等重要的作为，包括结束垄断、实施有远见的土地改革，这些目标的实现不是为个人或少数人谋利，而是符合广大人民的利益。

阿连德的政绩和他对国家做出的贡献不可磨灭，但这却激怒了我们解放事业的敌人。他们的仇恨在轰炸总统府的行动中昭然若揭；这场悲剧使人联想起纳粹空军对西班牙、英国、俄罗斯等国毫无防备的城市发动的闪电战。如今，同样的罪行再次在智利上演。智利飞行员竟俯冲轰炸这座数百年来一直是我国公民生活中心的总统府。

这个骇人听闻的事件带走了我伟大的同志、智利总统阿连德，

---

① 源自《圣经》的典故，指犹大出卖耶稣所得到的报酬。在《圣经·新约·马太福音》中，犹大为了三十块银币出卖了耶稣，导致耶稣被捕并最终被钉在十字架上。

三天后,为记录这段历史,我匆匆写下这些文字。他死亡的消息不许声张,他那不朽的遗体被秘密下葬,只有他的遗孀获准陪伴左右。侵略者的说法是:他们在遗体上发现了明显的自杀迹象。而国外发表的看法却不尽相同。坦克在空袭之后立即出动,去围攻一个人——智利共和国总统萨尔瓦多·阿连德。他独自一人坚守在办公室里,周围弥漫着硝烟和烈火,没有人在身边,除了他那伟大的心灵。

他们不可能错过这样一个绝佳的机会。他一定是被机枪射杀的,因为他绝不会主动离开他的岗位。那具遗体被秘密埋葬在一个鲜少有人留意的地方,只有一位女士紧随其后,她背负着全世界的悲痛,护送光荣的逝者入土。而那具遗体,被再次背叛祖国的智利士兵的机枪,打得千疮百孔、支离破碎。

译后记

在着手翻译之前,我向身边几个不同年龄层的阅读者提出同一问题:你们了解聂鲁达吗?

答案几乎是一致的:知之甚少。

不难理解。与欧美文学相比,拉美文学的译作数量相对较少。一些经典作品,如加西亚·马尔克斯的《百年孤独》等,在我国有着较高的知名度和影响力,但它们只是拉美文学的冰山一角,许多优秀著作还未被广泛译介到中国,即便熟知作品内容,对作者的了解也很有限。

在广袤的文学世界中,拉美作家群体以其独特的雄浑气质和创新魅力跻身于世界文学之林,流派纷呈,佳作频出,这与这片大陆所经历的沧桑巨变和风云激荡不无关系。他们中的许多人一边游历,一边写作,甚至走到天地的尽头,以炽热之心去探索这个充满惊喜与挑战的世界。诺贝尔文学奖得主、智利诗人聂鲁达便是其中的典型代表。

聂鲁达热烈的一生主要围着三个主题展开:爱情、诗歌与革命。在一段段浪漫炽热的情感经历中,他的诗歌如火山爆发一般喷涌而出,燃烧自己的同时也照亮了全世界追寻爱情、向往爱情的人。作为一名诗人及资深外交官,聂鲁达一生致力于书写人民的疾苦,并在局势动荡之时展开盛大的逃亡。他的诗歌曾让招摇的恶棍动容,让造谣的媒体闭嘴,让木讷的劳工脱帽致敬、泪流满面,诗集《漫歌》甚至陪伴古巴革命领袖切·格瓦拉走完生命的最后一刻。而无论经历多少生活的困苦与战乱的挣扎,聂鲁达始终怀抱着理想主义信念,他说:"我依然相信爱的可能。我坚信,尽管经历了痛苦、流血和支离破碎,人类一定会相互理解。"

说到才华,这位人们口中"二十世纪最伟大的诗人",写作之路却并不平坦。他年幼丧母,自小体弱,性格羞涩,常被同学欺负;当他在诗歌领域初试啼声,却没有得到家人的支持,为避免父亲责骂,发表作品时隐姓埋名,并根据捷克诗人扬·聂鲁达的姓氏,为自己取了这个后来成为智利文化符号之一的闪耀名字。

聂鲁达的父亲是一名铁路工人,温柔贤惠的继母也和诗歌毫无交集,只听闻早逝的母亲生前曾写过诗——这大概是他与诗歌之间缘分的起点。回忆自己如何走上创作征程,聂鲁达有着独到的见解,在《黑岛回忆》中,他这样阐述:

"正是在那个年纪……诗歌翩然而至,
从人群中找到了我。我毫无头绪,
不知它来自何方,是冬天还是河流。
也不知它抵达的时间或方式,
它如此不同寻常,
没发出声音,没使用语言,
也并非保持沉默,
而我却听到突如其来的声声呼唤,
从街头,
从夜的枝丫上,
从其他事物中,
在熊熊烈火里
或在独自归来时,

它就在那里，我看不见它的样子，

心却被触动。"

在这本回忆录中，诗人言无不尽地展现了丰富多彩的自己，于是我们看到了——

才华横溢的他，学生时期帮朋友写情书追求心上人，却最终被识破并意外得到对方的欣赏；

拥抱自然的他，把大海和森林作为情感寄托与灵感源泉，将满腔热情化作情绪饱满的一篇篇诗行；

怜惜动物的他，悉心照料受伤的天鹅，果断救下待宰的羔羊，即使远渡重洋，也设法带上身边的獴；

酷爱收集的他，在世界各地搜罗心爱的宝贝，家中堆满各式各样的海螺，还有大大小小的船头雕像和酒瓶船；

糗事不断的他，儿时遭邻居女孩调戏，去朋友的议员父亲家拜访，刚进屋就滑倒，找印尼服务生要墨水时因语言不通大费周折，最后却发现"墨水"一词的马来语和西班牙语一模一样；

追忆朋友的他，除了让费德里科等人在文字里重生，还让众多纯粹的灵魂跃然纸上：森林深处热爱文学的三个寡妇，炮火中舍命救下白熊标本的民兵，夜空中用手指阅读盲文名著的空军上将，听不懂彼此语言却每晚聊至夜深的苏格兰酒馆老板和西班牙诗人；

还有面对宿敌无法谅解的他、将爱国主义情怀融入血液的他、不畏权势正直勇敢的他、聪明的他、顽皮的他、心软的他、豁达的他，所有提及的和未提及的，通过一页页的"坦言"，组成了一个立体鲜活、有血有肉的聂鲁达。

以译者之姿,穿梭于岁月的长河,陪伴诗人走完六十九载春秋,见证了他用文字铸就的璀璨华章,也感受到诗歌跨越时空、连接心灵的不凡力量。此刻回响在我心中的,既不是耳熟能详的《我喜欢你是寂静的》,也不是诗坛上备受赞誉的《二十首情诗和一首绝望的歌》,而是《黑岛回忆》中,几行令我久久回味的诗句:

"大地在我体内
蓬勃生长。眼帘轻合,我便存在。
我闭上眼睛,一朵云舒展开来,
一扇门开启,迎接一阵幽香,
一条河裹挟着石头,在歌声中流淌,
潮湿的土地渗透进我的身体,
烟雾缭绕的秋天
凝聚在金色教堂的雕像中,
甚至在我死后,你仍会看见
我如何抓住春天的美好,
如何聆听麦浪的沙沙声,
在我被埋葬的双眼中
大海穿流而过,永不停息。"

这大抵就是诗人的样子吧,每一次闭上眼睛,都在用心灵与万物交融。那扎根于他体内的大地,那凭借或细腻、或锋利的笔触所描绘的世界,已蔚然成林,显现出无尽的活力与绵延的韵律。

所以,亲爱的聂鲁达,我想告诉你:如今春天依旧美好,麦浪随风涌动，大海穿过你的诗句，奔流不息。

赵越
2024 年 8 月

聂鲁达自传
黑岛回忆

巴勃罗·聂鲁达 著
赵 越 译

图书在版编目（CIP）数据

黑岛回忆 /(智) 巴勃罗·聂鲁达著；赵越译.
北京：中国书籍出版社，2025.8. --(聂鲁达自传).
ISBN 978-7-5241-0198-7

Ⅰ.K837.845.6
中国国家版本馆CIP数据核字第20254HQ258号

黑岛回忆

（智）巴勃罗·聂鲁达 著；赵 越 译

策划编辑	刘　娜
责任编辑	刘　娜
特约编辑	刘佳蕙
责任印制	孙马飞　马　芝
封面设计	东方美迪
出版发行	中国书籍出版社
地　　址	北京市丰台区三路居路97号（邮编：100073）
电　　话	（010）52257143（总编室）（010）52257140（发行部）
电子邮箱	eo@chinabp.com.cn
经　　销	全国新华书店
印　　刷	北京睿和名扬印刷有限公司
开　　本	880毫米×1230毫米　1/32
字　　数	245千字
印　　张	10.375
版　　次	2025年8月第1版　2025年8月第1次印刷
书　　号	ISBN 978-7-5241-0198-7
定　　价	99.00元（全两册）

版权所有　翻印必究

目录
CONTENTS

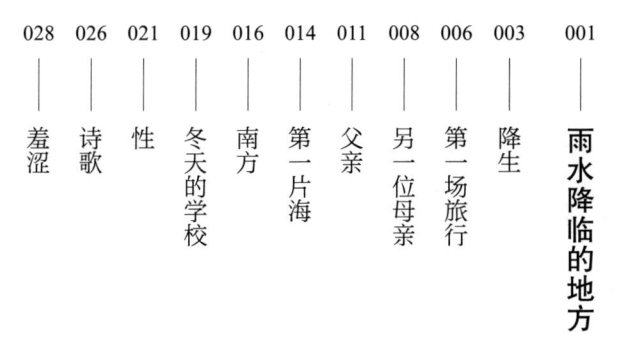

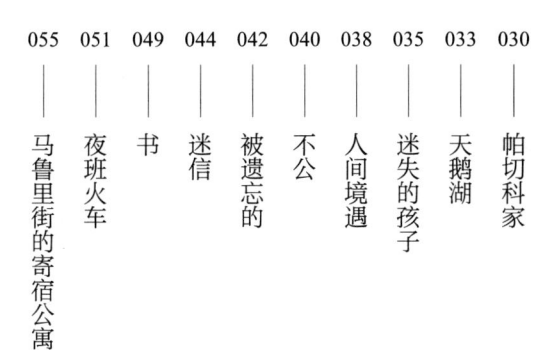

雨水降临的地方

- 001 降生
- 003 第一场旅行
- 006 另一位母亲
- 008 父亲
- 011 第一片海
- 014 南方
- 016 冬天的学校
- 019 性
- 021 诗歌
- 026 羞涩
- 028 帕切科家
- 030 天鹅湖
- 033 迷失的孩子
- 035 人间境遇
- 038 不公
- 040 被遗忘的
- 042 迷信
- 044 书
- 049 夜班火车
- 051 马鲁里街的寄宿公寓
- 055

迷宫里的月亮

- 057 —
- 059 爱：特露莎（一）
- 066 爱：特露莎（二）
- 069 一九二一
- 071 爱：都市
- 073 面包—诗歌
- 075 我疯狂的朋友们
- 078 「鼠面侠」
- 080 阿尔塞
- 082 爱：罗莎（一）
- 089 爱：罗莎（二）
- 093 最初的旅行

- 096 巴黎一九二七
- 098 仰光一九二七
- 101 东方信仰
- 103 季风
- 104 那光
- 106 领地
- 108 那些生活
- 110 十月的丰盈
- 113 炫目白昼
- 115 遗落的信件
- 118 没有明亮的光

残酷的战火

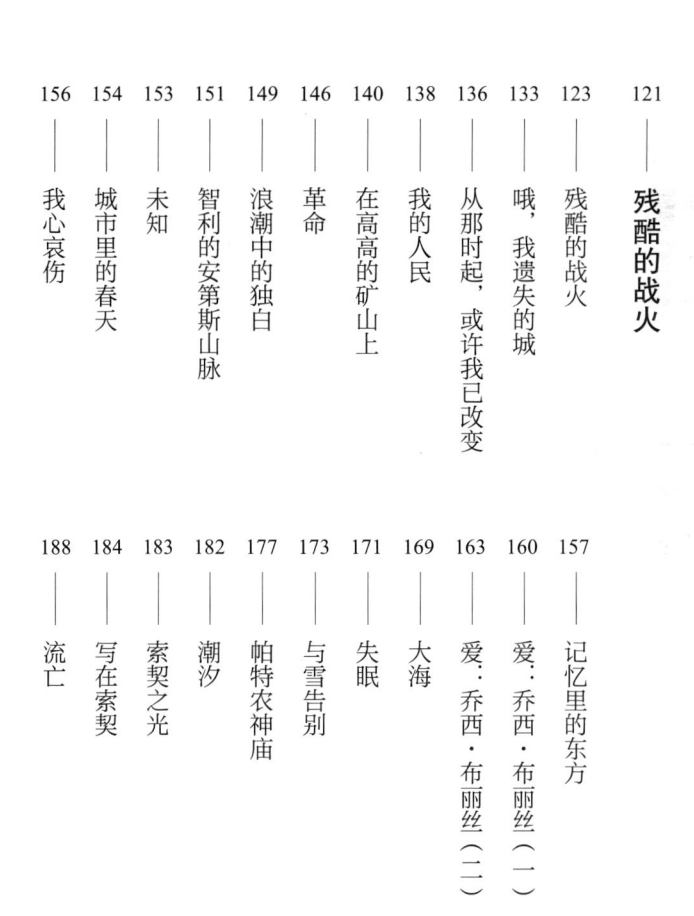

- 121 — 残酷的战火
- 123 — 哦,我遗失的城
- 133 — 从那时起,或许我已改变
- 136 — 我的人民
- 138 — 在高高的矿山上
- 140 — 革命
- 146 — 浪潮中的独白
- 149 — 智利的安第斯山脉
- 151 — 未知
- 153 — 城市里的春天
- 154 — 我心哀伤
- 156 — 记忆里的东方
- 157 — 爱:乔西·布丽丝(一)
- 160 — 爱:乔西·布丽丝(二)
- 163 — 大海
- 169 — 失眠
- 171 — 与雪告别
- 173 — 帕特农神庙
- 177 — 潮汐
- 182 — 索契之光
- 183 — 写在索契
- 184 — 流亡
- 188 —

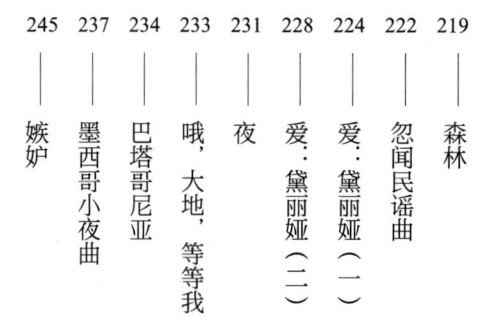

寻根者

- 191　森林里的寻根者
- 193　万里迢迢
- 196　山脉兄弟
- 199　生于山脉的河流
- 203　邪恶的国王
- 205　与我同生
- 208　渔夫
- 210　与冬天的约定
- 211　英雄
- 216
- 219　森林
- 222　忽闻民谣曲
- 224　爱：黛丽娅（一）
- 228　爱：黛丽娅（二）
- 231　夜
- 233　哦，大地，等等我
- 234　巴塔哥尼亚
- 237　墨西哥小夜曲
- 245　嫉妒

批判奏鸣曲

255 —— 批判奏鸣曲

257 —— 艺术的魅力

258 —— 夜

260 —— 写给争论不休的人们

262 —— 纸牌

264 —— 黎明破晓

266 —— 孤独

268 —— 最终空无一人

270 —— 或许我们还有机会

272 —— 片段纪事

287 —— 不必

289 —— 去集市看看吧

295 —— 记忆

297 —— 漫长的星期四

302 —— 餐桌上的菜肴

306 —— 隐藏的善良

309 —— 我们接受了不想要的

312 —— 交流

314 —— 真理

318 —— 未来是太空

320 —— 聂鲁达年表

01
雨水降临的地方

降生

他于众生之中
呱呱坠地,
再与众生共赴
尘世之旅。
一趟人间游
不足以写进历史,
在智利中部这片土地上,
葡萄藤舒展开青翠长发,
葡萄吮吸着阳光的养分,
葡萄酒诞生于人们脚下。

帕拉尔,是这里的名字,
他在冬天
降生于此。

如今这一切不复存在,
房屋与街道已化为乌有。
群山放出了
它们的马匹,
积蓄已久的力量

喷薄而出,
小镇低头折节,
被地震
一口吞下。
于是,那泥坯的墙垣,
墙上的画像,
昏暗中的简陋家具,
不时被蝇虫打破的寂静,
全都归于尘土,
归于尘土。
只有我们之中的一些人
保持着原本的形态,活了下来,
幸存的唯独这些人,还有葡萄酒。

葡萄酒未曾消逝,
它的生命
摇曳在
游荡的秋风间,
穿过
装聋作哑的酒榨,
流入
装满其甘醇血液的酒桶。
在这片
令人胆寒的大地上,
它战栗前行,赤诚而鲜活。

我对这里全无记忆，
包括风景、时间、
面容、身影——
只记得飘渺的尘土，
夏日的最终曲，
和被带去
瞻仰的墓地，
墓冢间
有我沉睡的母亲。
我从未看过
她的容颜，
渴望相见，便在亡灵中呼唤她。
同所有长眠者一样，
她不知、不闻、不应，
孤卧在此，无血脉相伴，
藏匿于诸多
幽魂之间。
这就是我的故乡，
大地频繁震颤的帕拉尔，
这片盛产葡萄的土壤
从我逝去的母亲那里
焕发生机。

第一场旅行

我无从知晓我们何时踏足特木科。
人的诞生,并无清晰的界限,
生命的真正展开是如此缓慢的过程,
逐渐有了感知、领悟、憎恨、热爱。
一切皆如花朵与荆棘并存。
他们带着襁褓中的我
离开尘埃弥漫的故乡,
走进阿劳卡尼亚的雨水之中。
居所的木板墙
散发着草木味道,
仿佛置身深邃的大森林中。
自那时起,我的爱
便融进了木质气息,
所有触及之处,皆变为坚实的木头。
生命和枝叶,
一些女人和春天的榛子,
男人和树木,
在我心中,合而为一。
我爱这风与叶的世界,
也无法分清唇与根。

这座木质小镇
成长于斧头的挥舞和雨水的滋润，
犹如刚雕琢而成的星辰，
被树脂染上色彩，
锯与锯齿，
不分日夜演奏爱的乐章，
歌声绵绵，
劳作不息。
蟋蟀尖声鸣叫，
在孤寂中诉说惆怅，
那旋律化成
我的歌，我自己的歌。
我的心也做着木工，
混着冰冷空气、纷飞木屑和木头气味，
在雨中与锯木厂唱起同一首歌。

另一位母亲

我的另一位母亲
踏着木鞋走来。昨夜
寒风从极地呼啸而至,
屋瓦破碎,
墙壁坍塌,
桥梁断裂。
黑暗中美洲豹整夜长啸,
而今,在升起冰冷太阳的早晨,
她来了,
我的另一位母亲,
特立尼达·马尔贝尔德夫人,
温柔得如同风暴国度中
阳光初绽的清新气息,
她像一盏微弱的灯,谦逊内敛,
照亮前路,
为他人指引方向。

我亲爱的另一位母亲——
继母这个称呼
我始终说不出口——

此刻

我颤抖着双唇定义你的身份,

因在我

初识世事的年纪,

便从你破旧黯淡的衣衫中窥见你的善良,

一种平凡的神圣——

如清水般纯净,如面粉般朴实,

那便是你。生活将你塑造成面包,

我们依赖着你,

在漏雨的房子里

过完一个又一个

漫长冰冷的冬季,

而你,

一如既往地谦逊,

筛着

贫穷的

苦涩谷粒,

仿佛你正

捡拾

河中的钻石。

哦,我的母亲,我怎能

不在生命的每一刻

深深地怀念您?

这毋庸置疑。我将

您的马尔贝尔德姓氏融入我的生命,
它分享给我面包,
它伸出慈爱的双手,
用面粉为我创造
温暖的童年,
它烹饪食物、熨烫衣服、清洗尘垢、
耕耘土地、抚平病痛,
而当事情全部做完,
我也终能独当一面,
这位母亲却悄然离去,面色灰暗,神态满足,
躺进了那小小的木棺里,
在特木科冷酷的雨水中
得以安息。

父亲

我那为人耿直的父亲
从铁路归来。
我们在夜里听到
火车汽笛的鸣响,
它穿透雨幕,
如同夜的挽歌
浅唱低吟,
之后
房门颤抖着打开。
一阵风
尾随父亲闯入,
在脚步声和穿堂风的合奏中,
房屋
打着寒颤,
受到惊吓的门板
相互碰撞,
发出干枯似手枪的声音,
楼梯间传来阵阵呻吟,
随后响起
一句高声怨言,

与此同时,荒野般的黑暗,
瀑布似的暴雨,
在屋顶上轰鸣,
逐渐淹没了
整个世界,
直至所有声响都消弭于
风和雨的交锋之中。

而这,是父亲的日常。
他是火车和清冷黎明的信号员,
当晨曦初露,
太阳尚未完全苏醒,
满脸胡须的他手握红绿旗帜,
信号灯在一旁准备就绪,
引擎中的煤炭如地狱之火般猛烈燃烧,
车站笼罩于薄雾中,火车排列停靠,
这片疆界就是他的职责之所。

铁路工人是陆地上的航海者,
火车驶过无海的港口——
林间小镇——冲出
自然的羁绊,
完成大地的巡礼。
当长长的火车稳稳停下,
人们久别重逢,

走进车厢，童年的记忆之门向我敞开，
在铁路工人有力的击掌下，
桌子颤动，
觥筹交错间，
葡萄酒在敦实的玻璃杯中
闪着光芒。

我那贫穷而坚韧的父亲，
处于众人的核心，
性情总是刚毅，酒杯总是满盈。
他的一生是场不息的征程，
在早起与奔波间，
在归来与离去间。
终在雨势更加猛烈的一天，
铁路工人，何塞·德尔卡门·雷耶斯，
登上了通往死亡的火车，至今未曾归来。

第一片海

我发现了海。考廷河
自卡拉韦流向入海口,
在明轮船上,
我的心被梦想占据,另一种生活悄然开启,
在我的睫毛上留下各种问题。
我,一个瘦弱的孩子,一只孤单的鸟,
一名独行的学生,一条潜泳的鱼,
形单影只的我伫立船首,
远离快乐,
小船打乱了
手风琴的旋律,
我被隔绝其外。
夏日和海水的过客,
尽享美食与欢歌。
伫立船首的我,渺小如尘,
似乎不再属于凡世,
迷失,
依然没有思绪,不发一言,
依然与快乐相去甚远,
却被穿梭在

渐隐群山间的流水吸引——
那些寂寥之境只属于我，
那条自然之路只属于我，
宇宙只属于我。

河流的欢腾，
丛林与芬芳的河岸，
突兀的巨石，枯焦的树木，
以及广袤而孤寂的大地。
身为这些河流的孩子，
我不停
在世间漂泊，
沿着一样的河岸
奔向一样的海浪，
而当那个时代的海
像破碎的塔楼般崩塌，
愤怒地卷起波涛之时，
我挣脱了根系的束缚。
我的祖国变得辽阔。
囚困我的森林被打破。
一扇绿色的大门
向我敞开，
雷霆万钧的海浪随之涌入，
在波涛的震撼中，
我的生命延展至无尽的天际。

南方

辽阔的边疆。从
比奥比奥
到雷隆卡维,
途经
雷纳科、幽暗森林,
皮兰勒布恩、劳塔罗,
在更远的地方,有山鹑蛋,
丛林中的浓密苔藓,
腐殖土上的落叶,
透明的
蜘蛛,
吐出宛若神经的细丝,
织着朦胧精致的网。
一条蛇
如寒风般悄然
穿过幽暗的沼泽地,
闪着微光
又隐匿无踪。
森林的奥秘
逐一被揭开,

我却丢了方向,
游走在
树木的拱门下、殿堂里,
和森林的暮光中
(漫无目的的我
如此渺小),到处是啮齿动物,
到处是果实和羽毛——
我徘徊其中,迷失于
绿色的最深处。
冰川灵禽的尖叫划破天际。
摇曳而下的树叶
翩翩飞舞,
落在我头上。

我独自一人
漫步原始森林,
置身于深邃
而幽暗的阿劳卡尼亚。
有羽翼在寂静中穿梭,
像剪刀般划过空气,
一滴雨落下,
犹如沉重冰冷的
马蹄铁。
森林时而喧嚣时而沉寂——
当我倾听时,它静默无声;

当我沉睡时,它低语不止。
我将
疲惫的双脚
埋入落花之中,
埋入混着鸟儿、叶子、果实的
腐殖质里,
盲目与绝望包围着我,
直至看到一道亮光——
一座小屋映入眼帘。

迷途的我仿佛死而复生,
恰从那刻起,
我走出了慌乱的脚步,
茫然的孤独,
无边的恐惧,
纠缠的藤蔓,
猛烈的绿色,
我带着秘密归来。
彼时几近失控的险峻让我顿悟。
在那阴暗的光线里,
一切都已决定,
我与大地的契约就此缔结。

冬天的学校

学校与冬天犹如地球的两半,
组成一颗硕大冰冷的苹果,
在讲求规矩的教室之下
我们寻到幽灵居住的地下世界,
身处秘境中,
我们心怀敬畏地
探索。

在深邃的黑暗里
展开胡乱的打闹,
手持木制剑刃,
在黄昏里拉帮结派,
以橡子为武器,
少年们在学校的地下室
蒙面开战。

随后,河流与森林,
绿意盎然的李子,
神秘而勇敢的人,
狂野不羁的冒险,

夏日小麦的金黄,
茉莉之上的满月,
万物在变化。
天际间,有东西悄然滑落,
或是一颗流星划过,
或是大地
在你衣襟间轻颤。
可怕之物融入你的血肉,
爱情,开始将你吞噬。

性

夏日里,
黄昏的门前,
最后经过的
印第安人的马车,
摇曳的光影
及森林大火的烟雾
弥漫至街头,
燃烧的味道
自远方的红色灰烬
飘来。

我,一身丧服,
凝重,
孤僻,
穿着短裤,
露出瘦削的双腿、
膝盖,
目光搜寻到
意外的宝藏;
罗西塔和何塞菲娜

在街的
另一边，
笑容灿烂，眼如明珠，
光芒四溢，话音
如同小巧的吉他在弹奏，
召唤我过去。
我穿越街道，
内心满是困惑、
恐惧；
一到那里
她们便在我耳边私语，
牵起我的手，
蒙住我的眼，
带着我和我的天真
跑向面包房。

巨大的桌子沉默不语，
面包出炉之地空无一人，
那里，只有她们二人，
而我，成了俘虏，
罗西塔首先出手，
何塞菲娜紧随其后。
她们想要
为我宽衣。
我浑身发抖，

准备跑开,
却举步维艰,
我的双腿
无法带我逃离。然后,
这两位
女巫
在我面前,
施展魔法:
一个小小的鸟巢
出现眼前,
装有
五只袖珍的鸟蛋,
五颗晶莹的白葡萄,
一小群
来自森林的
美妙精灵,
我伸出手去,
她们却在我的衣服里摸索,
触碰我,
用她们的大眼睛打量着
生命中的第一个小男人。

沉重的脚步声,伴着咳嗽声,
我父亲与陌生人
一同归来,

我们三人
跑进黑暗深处,
那两位海盗
与我,他们的俘虏
蜷缩在
蜘蛛网之间,
挤在
巨大的桌子下,不停颤抖。
而她们的魔法,
那个装着翠蓝色鸟蛋的
巢穴,
跌落在地,最终被入侵者的脚步
踩碎了形状和香气。
然而,在黑暗中,
伴随着恐惧,
面粉的气息,
幽灵般的脚步声,
午后渐暗的光线,
在两个女孩身旁,
我感觉有什么东西
在我的血液里萌生,
我的嘴边,
我的手上,
正升起
一朵电光花朵,

那是
饥饿的、
闪耀的
欲望
之花。

诗歌

正是在那个年纪……诗歌翩然而至,
从人群中找到了我。我毫无头绪,
不知它来自何方,是冬天还是河流。
也不知它抵达的时间或方式,
它如此不同寻常,
没发出声音,没使用语言,
也并非保持沉默,
而我却听到突如其来的声声呼唤,
从街头,
从夜的枝桠上,
从其他事物中,
在熊熊烈火里
或在独自归来时,
它就在那里,我看不见它的样子,
心却被触动。
我不知该怎么形容,
想说的难以言状,
看到的仿若虚空。
有东西在敲击我的灵魂,
是狂热的情绪还是遗落的翅膀,

我只身前往,
去解读
那团燃烧的激情,
懵懂写下了第一行
弱不禁风的、
华而不实的、
毫无意义的句子,
来自一无所知的人
不掺杂念的思绪;
突然间,我看到了
铺展开来的辽阔天空,
行星,
悸动的种植园,
被箭矢穿透、布满火焰和花朵的
黑暗,
排山倒海的夜晚和宇宙。

我,渺小的存在,
沉醉于星罗棋布的
浩瀚苍穹,
近乎神秘的
无尽景象。
我带着纯粹的心灵,
感觉自己已融入这深邃的时空。
与星辰共旋舞。
我的心随风拥抱自由。

羞涩

我几乎察觉不到自己的存在,
也不知能否继续游历这世间。
对生命的恐惧如影随形。
我不愿被看到,
我不愿被发现。
我面色苍白,身形消瘦,神情恍惚。
害怕别人听到我的声音,
因此我寡言少语,
害怕别人看到我的样子,
因此我目不斜视。
走路时,贴墙而行,
犹如悄然溜走的影子。

我本该
披上红瓦,裹上烟雾,
将自己隐藏起来,
在万物之间,却又远离一切,
以不为人知的身份,
紧扣春天的旋律。

少女的脸庞，暮然响起的
笑声，将白昼一分为二，
就像橙子被切成两半，
被生活所困的我试着
转身，踏上另一条路途，
靠近流水，却未品尝一滴清凉，
接近火焰，却不触碰一丝温暖，
骄傲的面具紧紧罩在脸上，
我瘦弱而自大，如同一支孤傲的矛，
既不倾听世界，也不被世界倾听
（是我让这一切发生），
我的悲歌
深藏在心底，
如同受伤的犬只
在井底发出声声哀嚎。

帕切科家

那一年未曾
悄无声息地逝去,
那荒无人烟的小路上,
也未曾散落
李子或时间。
一切都如秘密般
藏匿在我的脑海深处。
我闭上眼,心间似有火焰燃烧,
森林和草地在烟雾中起舞,
忐忑不安的我,
走进
那些早已消逝的
门和塔楼。

那是夏日的一天。
当阳光洒在河面上,我们从卡拉韦,
抵达爱之港——
萨阿韦德拉港的河口,
在冬日寒风
侵略过的村落里

我看到
许多小房子。
锌铁与木材搭建的残破码头,
矗立于河岸的松树,
陈列着法加尔德斯、马里埃塔斯的店铺,
爬满藤蔓、大同小异的农舍,
我和另一位母亲、姐姐、孩童及床垫,
走入
其中一户人家。

哦,门廊遮蔽着
夏日农舍里忍冬的
香气,攀爬的花儿
散发着甜蜜与孤独,
我用鸽子和最深沉的忧伤,
在雾中填满这空荡的房子。
帕切科家的房子!
哦,盛开的
记忆,
还有我从未见过的
满是罂粟的花园!
白色的罂粟从身上
抖落一片纯洁的花瓣,
仿佛伸出
冬天的手,

红色的罂粟

恰似撕裂的嘴唇

突然滴下的血,

而黑色的罂粟,

像攀爬而上的

丝滑的蛇,

在夜间爆发出,

野蛮的花儿。

晚上,帕切科一家大声朗读着

《方托马斯》①系列小说,

在厨房里,围在炉火旁,

我听着英勇的故事,

听着刀刃的法则和受苦的灵魂,

渐渐入睡,

也是在那时,太平洋第一次

在我梦中翻滚着它的巨浪,

激荡着它的怒吼。

      然后,

海洋与其声音消失在

罂粟丛中,

而我幼小的心灵则踏上了

那艘巨大的梦之船。

---

① 由马塞尔·阿兰(1885~1969)和皮埃尔·苏维德(1874~1914)在1911年至1913年间共同撰写的系列惊险小说。

天鹅湖

布迪湖，藏在巨石林立的阴影中，
水波在广袤的原始森林里荡漾，
你如地下之门，悄然开启，
临近世界尽头那片孤独的海。
我们驰骋在一望无际的沙滩，
紧靠汹涌肆虐的海浪，
不见屋宇和人影，也未闻马蹄声，
只有流逝的时间，
碧绿与洁白交织的海岸，
还有大海。
继而，我们深入群山，暮然间，
湖水映入眼帘，清澈又深邃，
湖面凝聚的光，宛若镶嵌在大地怀抱里的宝石。
黑颈白身的天鹅，展翅飞翔，
长颈如黑夜，红足如皮革，
仿佛宁静的雪花，纷飞在空中。

哦，从如镜的水面腾起的飞行，
那万千身影，趋向静美，
如同湖水恒久清透的模样。

蓦地，万物在水面疾驰而过，
动作、声响、满月下的塔影，
接着，狂野的羽翼，自旋风中
振翅而出，联翩飞翔，拥抱天地的辽阔，
然后消逝，化作空气中一阵纯白的颤抖。

迷失的孩子

如同从茂密的草丛中，
生长出坚韧的花柱，
缓慢流逝的童年，
铸就了男人的骨骼。

我是谁？我是什么？我们是什么？

没有答案。我们偶然来到世间。
曾是一片虚无。如今悄然成形。又一双脚，
又一双手，又一双眼。
一切都像树上的叶子
不断变幻，你呢？你的肌肤已非昔日，
还有你的头发，你的记忆。你不再是过去的你。
曾经的自己是追逐河流与单车的孩子，
而在时光的流转中
往昔岁月一去不返。
一个虚假的身份踏着你的步伐。
日复一日，积年累月，
现在你已不在那里，而另一个你出现了，
这个新的你，不断变化，直到最终成形，

直到,
在生命的列车上,在岁月的车厢里,
在不断地替代和历练中,
你成就了一个新的自己。
孩子的面具起了变化,
他的伤痛慢慢淡去,
自我终于安稳。
身骨已然定型,
笑容、
步伐、奇特的手势、反应
都来自那个赤裸的孩子,
他如闪电般降世,
而成长,就像一套新的衣裳
被那个人,那个新的自己,借来穿上。

这就是我的经历。

走出森林,
我踏入喧嚣的都市,汽油味弥漫,面孔冷酷,
他们审视我的存在,打量我的身形,
我置身于众多女子之间,她们在我身上寻觅自己的影子,
仿佛是我遗落了她们的灵魂。
于是继续前行,
不洁之人,
是纯净心灵的后裔,

直到一切不复从前，
我的脸上
显现出一个陌生人的面容，
那也是我：
是正在成长的我，
是正在成长的你，
是万物生长的轨迹，
我们都在不停变化。
我们忘了自己是谁，
有时，我们会忆起
曾在心中居住的那个人，
我们向他询问，或许是为了不被忘记，
至少要他知道，我们曾是他，
曾用他的声音说话，
而在那已逝的光阴里，
他望着我们，却已无法认出我们。

人间境遇

在我身后,南面的大海
以冰冷的拳,将陆地击得粉碎。
从荒芜的孤寂中,静默
突然化作群岛,
绿意盎然的岛屿环绕在
祖国的腰间,
宛若一朵海洋玫瑰的花粉或花瓣,
森林也被萤火虫点亮,
无边无际,泥土磷光闪烁。
树木拖着长长的干枯藤蔓
似马戏之景,跳跃的灯光
犹如绿衣舞者在灌木间穿梭。

我于无声的竞逐中汲取力量,
被伐木者挥斧的自豪感激励,
得到隐秘在大地的芬芳、乳香与酒韵的滋养。
我的灵魂宛若一间酒肆,迷失在列车上,
到处是被遗弃的卧铺和酒桶,
还有金属丝、燕麦、小麦、海藻、木板,
更有冬日贩卖的忧伤。

于是我的身躯在夜里不断变化，

双臂落下皑皑白雪，

双脚卷起狂风骤雨，

我如暴雨中的河流迅速上涨，

在我身上，万物繁茂，

生机勃勃，

歌声在叶间悠扬，

甲虫繁衍不息，

新芽破土而出，

风暴依然撼动着

高耸入云的月桂树，

榛树枝头猩红，

落叶松崇高而坚忍；

因此我的少年时代

如诗如画，

有岛屿，有高山，有静谧，有成长，

还有猛烈的光、泥泞的路，

以及燃烧木柴的袅袅野烟。

不公

了解我是谁的人,也会了解你,
连同背后的动机,身处的环境。
很久以前,我便窥见了世间的种种不公。
饥饿不仅仅是饥饿,
更是人性的度量。
寒冷和风也是。
骄傲的人在历经一百种饥饿后倒下。
佩德罗最终被严寒夺去性命。
贫寒的居所经不起一次风暴。
我逐渐懂得,厘米与克,
汤匙与舌,皆为贪婪之尺。
那些饱受折磨的灵魂,终究跌入深渊,
与世隔绝。
再无其他。便是此般境况,
是真实的礼物,是奖赏,是光,是命。
就这样饱受饥寒,
赤足而行,
在法官面前,在其他
手持刀剑或墨水瓶的人面前,
心生恐惧,

因此挖掘、切割、缝补、耕耘，
在木头上敲打每一颗钉，
在地下开凿似肠的隧道，
漆黑中拖出噼啪作响的煤，
甚至逆流而上，翻山越岭，
驾驭马匹，照料船只，
烤制瓷砖，吹制玻璃，洗涤衣物，
仿佛创造出一个新的王国，
串串葡萄，晶莹剔透，
人们决心自我满足，
却未如愿，无能为力。我逐渐发现了
苦难的法则，
那血染的黄金王座，
那放荡的自由，
那无衣蔽体的土地，
那受伤疲惫的心灵，
以及死者无声、干涸的泪，
如同坠落的石块。
自此，我告别了童年，
因为我知道，于我的人民而言
活着是有罪的，
而安息之地，也遥不可及。

被遗忘的

不只大海,不只海岸和浪花,
不只圣洁的鸟儿,
远不止这些,还有睁大的眼睛,
不只布满星辰的悲伤夜晚,
不只森林和住在其间的众多生灵,
还有痛苦,赖以生存的痛苦。
但是为何?那时的我
身形瘦削如刀片,肤色深过夜晚的鱼,我受够了,
受够了,渴望一举改变整个世界。
忽觉分享被罪行玷污的沉默,
如同咀嚼苦涩的草叶。
在孤独中,万物诞生又消亡,
理智不断膨胀,直至变得癫狂。
花瓣绽放,却未开出玫瑰的模样,
孤独是尘埃,百无一用的东西,
是旋转的车轮,脱离了大地、水和人。
我在迷茫中大声呼喊,
儿时我的呼唤最终归于何处?
谁听到了?谁回应了?我选了哪条路?
当我用脑袋撞击坚硬的墙壁,

墙壁给出了怎样的答复?
那微弱的呼喊不停回荡,
孤独的轮子始终转动,
我的声音升起又落下,没人听到,
更谈不上被遗忘。

迷信

赫纳罗叔叔自山中
归来,他的身体
无一处完好。
伤害他的,是大地、
马匹、子弹、蛮牛,
还有石头、暴雪和坏运气。
他有时会来我的房间歇息。
他艰难地挪动僵硬的腿,
上床如同上鞍。
他一边咕哝着,咒骂着,唾沫飞溅,
一边脱下湿漉漉的靴子,
最后点一根烟,
开始讲述森林中的见闻。
我从中得知,
呼吸着硫磺烟雾的恶魔,
曾出现在胡安·赫纳罗面前,
向他讨要火种。幸运的是,
胡安及时瞥见了
斗篷下露出的
毛茸茸如闪电般的恶魔尾巴,

他立刻挥动鞭子,
胡乱抽打一番,
恶魔却已瞬间消散,化为枝条,
或空气,或寒夜里的风。
这狡猾的魔鬼!

赫纳罗·坎迪亚不停抽着烟,
七月的大雨不停落在特木科,
雨中的人们,
创造了他们的信仰。

是瀑布的声音,
是断断续续的声音,支离破碎的声音,
是波耳多树的声音,冷空气的声音,
是疾风的声音,荆棘的声音,
那声音重构了
美洲狮受伤后的足印,
神鹰飞过的黑色轨迹,
以及春天的纠缠,
那时花朵不会无故绽放,
心中也没有马鞍的羁绊,
凶猛的野兽跌入深渊,
马蹄铁上迸发出火花,
而后,那片无尽的森林
只剩下死亡。

赫纳罗先生少言寡语，
一字一句，唤醒
汗水和血，魔鬼和伤，
赫纳罗叔叔，不停抽着烟。
卧室被犬只、树叶和旅行占满，
我听到在沼泽地里，
你看见一张浮在水面的兽皮，
看似无害，但当你伸手触碰时，
它变成一只可怕的野兽，
引你走向灾难，
走向毁灭，
那里是亡者的土地，
是无人知晓的深处，
可见森林中的无头动物，
被长着光滑翅膀的
巨型蝙蝠榨干的生灵。
万物皆在变化。
每条小径，每只独行之兽，
田野间蔓延的火，
满月下的流浪者，
跛行的狡猾狐狸，
飘落的深色树叶。
你伸出手，去触摸
神圣的十字架，
去画十字圣号，这时磷光即至，

还有焦黑的号角，硫磺的味道。
而那邪恶的黑暗使者
并非只在旷野中向你逼近。
在房屋深处，
有低沉的呻吟，有隐晦的挽歌，
有锁链的碰撞声，
那故去的妇人，
夜夜赴约，从不缺席，
还有弗朗西斯科·蒙特罗先生
归来寻回他的马匹，
而磨坊的侧下方，
是他与妻子一同丧命之所。

夜晚漫长，雨也漫长。
我隐约辨认出那不息的光晕
来自他不停抽着的烟，
赫纳罗·坎迪亚，他不停讲着话。
我感到害怕。雨正在下，
在水与魔鬼之间，我坠入
满是硫磺的沟壑，
跌进群马奔腾的地狱，
以及逃之夭夭的山峦。

我曾多次，听着雨声，
在南方入睡，

而我的叔叔赫纳罗
打开了那个他从山里
带来的深色麻袋。

书

神圣而破旧的书,
既被岁月蚕食,又蚕食着岁月,
隐秘地,
藏在口袋里:
尼采,散发着温柏的香气,
高尔基是我的伙伴,
这些都是不为人知的秘密。
哦,那一刻时光仿佛凝固,
在维克多·雨果的岩石上
牧羊人战胜了章鱼,
与心爱之人共结连理,
《巴黎圣母院》的钟声
在哥特式的脉络中不断回响。
豪尔赫·伊萨克斯①笔下的《玛丽亚》,
恋人在宛如天堂的华丽庄园里
圣洁拥抱,
那甜蜜的谎言

---

① 豪尔赫·伊萨克斯(1837年4月1日~1895年4月17日),哥伦比亚作家、政治家、军人。他唯一的小说《玛丽亚》是拉丁美洲浪漫主义文学最具代表性的作品。

让我们在纯真中哭泣。

书编织成故事,深掘出宝藏,
蜿蜒曲折地蔓延,
在事物背后,劳作之余,
渐渐长成一棵树,
那是知识的树,
散发苦涩的气息,
带着盐味的明澈。

夜班火车

在漫漫长夜的火车上,
我常常
从南向北穿梭,
披着湿漉漉的斗篷,
带着沉甸甸的粮食,
靴子沾满泥泞,
置身于三等车厢,
火车持续前行,
在未知地域探索奥秘。
也许正是那时,
我开始
写下关于这片土地的日记。
我领略了烟雾萦绕的江山,
感受了寂静无声的天地。

我们驶过劳塔罗,
穿过橡树林、麦田、土地,
被庄严的光照耀,
与欢腾的水为伴。
长长的铁轨伸向远方。

更远处,祖国的马匹
依旧驰骋在
银色的草原上,
突然间
马莱科的高架桥映入眼帘,
如此精致,
好似一把钢制小提琴,
而后夜幕降临,
我们继续前行,
夜班火车穿越葡萄园。

所有火车都停歇在
包括圣罗森多在内的
各个火车站,
有的来自东部或西部,
有的来自比奥比奥,
有的来自边远地区,
有的来自塔尔卡瓦诺破败的港口,
还有那些蒙着绿色蒸汽驶来的火车,
带来了吉他和兰卡瓜本地酒。
火车们
在圣罗森多
铁灰色的枢纽中
沉睡。

是的，年轻的学生，

你不断换乘火车，

不断穿越星球，

你经过

土砖砌成的灰白小镇，

黄色的尘土和葡萄园。

火车到达的地方，人们的面孔

取代半人马怪物，

未曾见过的汽车

取代马群。

世界变得更加容易，

而当

我回望过去，

天下着雨，

我的童年渐渐逝去。

火车隆隆驶入

智利首都圣地亚哥，

这时我已失去了我的森林。

面无表情的人

卸下了我的行李，我第一次看到，

愤世嫉俗者的手。

我走进了一群赢家和输家。

我睡在了一张没铺好的床上。

筋疲力尽，沉沉入睡，

而当我醒来时，

感受到了雨的痛苦。
我与我的血脉正在分离，
震惊中，我走上
街头，
我知道（因为我在流血）
我的根已被斩断。

马鲁里街的寄宿公寓

马鲁里街。
这里的房子既不彼此观望,也不互相倾慕。
但它们咫尺为邻,
墙贴着墙,但
窗户紧闭,不去窥探街头喧嚣,也不言不语。
一片寂静。

一张纸如一片污浊的落叶,
在冬天从枝头飘落。

傍晚点燃了夕阳,
天空被搅动,弥漫出变幻的火焰。

暮色吞噬露台。

我开始写作。
我仿佛置身于
矿井之中,
一条潮湿的
废弃坑道。

我知道此刻四下无人,
无论屋里、街头,还是这座凄冷的城市。
我是一个敞着门的囚徒,
世界也敞着门。
我是一名满怀憧憬的学生,迷失在黄昏里,
吃掉一碗汤面,
然后躺倒在床上,等待明天的到来。

02
迷宫里的月亮

爱：特露莎（一）

那昔日的爱情，
现归于何方？
如今它
化作孤鸟的归巢，
黑色的石英，
被雨侵蚀的朽木。

在遥远的南国之春
她的身体
宛如皎洁月光，
如今还留下什么？
这双手
曾捧起
世间的所有清透，
曾听过
河水的温柔低语，
曾看到
森林的奇异风光，
却凝结成
夜晚的宝石，

那双足
是我梦中的少女之足,
鲜花之足,小麦之足,樱桃之足,
是否准备就绪,从我的青涩童年
快速飞跃至成人世界?
我那逝去的爱身在何方?
爱情,爱情,
在何处凋亡?
是否藏在玫瑰花丛下的谷仓?
而那些花儿
在村庄被火焰悲惨吞噬后
已成七尺余烬。

哦,爱情
是早上第一缕晨光,
是强烈的
正午艳阳,
当夜的巨轮
驶过全世界,
爱将整个天空
一点一滴吞噬。
哦,那份爱
在青春的孤独中
萌发,
哦,那紫罗兰

香气满溢,露珠盈花,
清新如星辰,
拂过面庞,
那些吻
在肌肤上
蔓延,
缠绕,轻咬,
身体完全释放,融入
蓝宝石般流动的夜空。

特露莎,你的双眼灿若星辰。
在月光下
或冬日暖阳中,当
故土的每个地方
遭受各自的痛楚,
承受被遗忘的背叛,
而特露莎,闪耀的你,
似光彩夺目的托帕石①,
似鲜艳如火的康乃馨,
似雷电下闪光的金属,
而后被深夜之唇吞噬。

特露莎,

---

① 矿物学中也称黄玉或黄晶,为含氟和铝的硅酸盐矿物。

在罂粟丛中全然绽放,
似黑色的
闪电,
带着最初的痛楚,
如鱼群中的星辰
拥有明亮强大的生命力,
如未知领域的紫鸟,
在袒露心扉的王国里
无家可归,
在那里,蜜糖滋养了杏树,
野金雀花孕育火红的花粉,
柠檬树萌发出绿叶,
遍地是神秘的苔藓。

考廷的钟声正在敲响,
花瓣齐声呼唤,
大地一言不发,
水波眨着眼睛,
不眠不休。
它将夏日开启,
以给出致命一击。
河流从安第斯山脉汹涌而下
变成一颗坚硬的星星,
穿透了丛林、
河岸、

岩石。
那里无人居住——
只有水和大地
以及悲伤的火车,
冬天的火车
行驶在
各自的轨道上,
切割着
孤独的地图。
我的王国,
根的王国,
薄荷散发清香,
蕨类如秀发飘逸,
土地肥沃湿润,
这是我失去的童年王国,
我曾见证它的诞生,
我曾属于
这潮湿的
泥土。
光,在水与生命间游走,
照亮了小麦的萌芽,
故乡的森林
在锯木声中
消逝。
烟雾缭绕,带着

野性的芬芳,
弥漫于
暮色四合的
旷野,
像一名危险的囚徒
被锁链束缚在森林,
在隆科切,
在基德拉锥,
在毛利恩的船坞,
我,因你的爱
诞生,
特露莎,
你尚未绽放的爱
掠过我渴求的肌肤,
仿佛混着橙花、琥珀和面粉的瀑布
穿越我的生命;
从那一刻起,特露莎,
我便将你藏在心里,
永不枯竭,
遗忘也带不走你,
在流逝的时光里
你留下
一种独特的香气,
是深沉的颂歌和浓郁的忍冬,
是安宁的睡眠,

是茉莉花中的一轮明月，
是水边的三叶草萌芽，
是众川赴海的大地，
是花朵的迷醉，是悲伤，
是磁铁的吸引，是坚毅，
让波光粼粼的大海永无止境地舞动。

爱：特露莎（二）

新年悄至，四个数字
犹如四只吉祥的鸟儿
栖息在电线上
以光秃的时间背景为衬。
而此刻
它们不再歌唱。
它们尝尽了丰收，战胜了
春天，
花开花落，只留下
这无尽的空白。

你来看我，
我昔日的挚爱，我深爱的、无形的姑娘，
我恳求你再次
在草地上
与我同眠。

此刻我察觉
你的容颜已变。
这次归来，

你为何，
用灰烬覆盖
那曾在特木科寒冷的星夜下
令我指尖流连的
煤色秀发？
你的眼睛变了吗？
为何你对我眯起了眼
来审视我是否未曾改变？
你金色的身体变了吗？
你张开的双手和茉莉般的光芒
又遗落何方？

请踏入我的屋舍，与我一起看海。
波涛，一浪接一浪，
将我们的生命
耗尽，
消散的不只浪花，
还有那樱桃，
双足，
和玻璃时光中的唇。

再见。此刻我恳求你，
回到
你月下的
琥珀宝座上，

回到那长满忍冬的露台，

重拾

你燃烧的身影，

让你的眼神

与别人的眼神交汇，

逐渐融入

那幅神采奕奕的肖像，

带着微笑

走进其中，

深入，深入，

再从静谧的画中

望向我，直到

我们目光缠绵

在那个时间，

在那个地点，

以我曾在你盛放的心田里出现的模样。

一九二一

十月……节日之歌,
春天的
馈赠:
一个小丑朗诵着我的诗,
声音洪亮,情绪激昂,
而我,如同一柄黑色利剑的锋芒,
在面具和茉莉之间徘徊,
仍旧紧抿双唇,独自一人,
带着南风的忧郁,
走过人群,
走过铃铛的响动,
走过彩带的飘扬。
然后,一字一字,
一行一行,在家中,在街头,
我的新书诞生了,
二十首带着咸味的诗,
如同二十道海浪,海浪,女人的海浪,
从我返回故乡的旅途中,
从萨阿韦德拉港的河流
和海的轰鸣中,

从我的孤独
和痛苦偷来的吻中
这本激情四溢的小书
如一棵逐渐成活的树,
一叶一叶地诞生了。
在火车上写作时,
从节日中归来时,
被嫉妒的狂怒包围时,
或在夏日海滩的
漫长夜晚中,
光线穿透黑暗,
心被露水浸湿,
孤独的年轻人从未想象,
他戴上了锁链,为爱受困,
那双眼睛,
那张嘴,
那吞噬人心的肌肤,
是一间没有门的牢房,
一切持续燃烧,
那份亲密,那份孤独,
会在其他生灵中,
绽放永恒的玫瑰,宽广的吻,
和无尽的罂粟之焰。

爱：都市

十月备受学生青睐，
穷街陋巷，樱花如火，
电车在街角呼啸而过，
如水的姑娘们身处
智利这片未经雕琢的大地，
如泥与雪交融，
如光与夜相遇，
忍冬散落满床，
脱下衣衫的罗莎、莉娜或卡门
躺在那里，
或许各自的神秘已然褪去，
或许在彼此缠绕的
拥抱中，螺旋里，塔楼上，
或唇舌与茉莉的风暴间，
神秘犹存。
那短暂的春天
是回到了昨日还是飞去了明天？
哦，那腰肢间的
有力节奏，
激情喷涌时的

强烈颤抖,
与百合般的女子耳鬓厮磨的午后,
纸页间,我的诗句
被情欲的骚动,被波浪的起伏,
被鸽子的翱翔,被秀发的撩拨,
——填满。
短暂的爱情,疾速
热烈,如锁匙般吻合,
共赴喜悦的巅峰!
我想,我的诗,并非生于
孤独,而是来自身体,
另一个身体,来自月光般的肌肤,
来自尘世间丰盈的亲吻。

面包—诗歌

诗歌,令我痴迷的宝藏。
心怀渴求、无人指引的我
必须继续探索,
你原生态的质朴,
似月光的柔和,如小麦的滋养。

在孤独与喧嚣间,钥匙
总遗落在街头,林中,
石头下,火车上。
初次领略是黑暗中,
一杯水带来的喜悦,
虽未进食却已饱腹,
心若自豪的乞丐。

那些书中未提及之事,
充满了枯燥的辉煌:
不停雕刻坚硬的石头,
不停溶解灵魂的钢铁,
直到你成为那个朗读中的人,
直到水经过你的嘴得以表达。

这比明天是星期四还要容易,
又比不断重生更为艰难——
一个陌生的使命在人海中寻找你,
而当我们寻找它时,它却藏起来,
破败不堪的居所里
星光正透过残缺的屋顶,闪耀。

我疯狂的朋友们

突然间,夜的华章在我眼前展开,
我发现了一朵深藏的玫瑰
绽放在黄昏与拂晓之间。
然而,身为初来乍到的南方人,
相较北方这片由自然主宰,
烈焰与风雪交织的疆域,
城市的夜宛如一叶孤舟,
一个幽暗的船舱。
黑暗中,门打开,
光线向我们刺来,
男男女女翩翩起舞,
脚下棺材似的黑色鞋子闪闪发亮,
他们在烟雾缭绕中,
在劣质酒香中,在谈天说地中,
在醉汉粗鄙的狂笑中,
紧紧相拥。
时而会有眼神放空的女子,
将憔悴的眸子和嘴角转向我。
我在那里度过狂风暴雨的青春——
酒瓶环绕间,红酒

倾泻而出,
人们挥舞狂野的剑,
昭示毫无意义的嚣张。
我曾经的朋友们啊——
罗哈斯·希门尼斯,
迷失在极致的
追求里,
一个纸上谈兵的水手,公认的
疯子,烟雾弥漫中,
他以酒为媒
展现任性的温柔,
直至一步步倒下,
仿佛是酒
让他渐行渐远。
我脆弱的兄弟,我因你的陪伴
受益匪浅,
也因你的任性失去太多,
你如一只破碎的宝箱,
放任言语,
轻视死亡,
你本可以教导春天!
后来,在聚会的幽暗角落,
华金·西富恩特斯
幽灵般出现,
他挣脱了枷锁,

面容在雨中轮廓分明，
清晰的发线
划过饱受痛苦洗礼的额头。
我的新朋友，他不知如何开怀大笑；
在这残酷的灰烬般的夜晚，
我目睹他如死亡骑士一般，走向自我毁灭。

"鼠面侠"

那时,我有位睿智的酒友,
精通美酒与狂言,
我的朋友劳尔,绰号"鼠面侠",
你的出现,教会我何为男儿的真义。
我们并肩为伍,尽显风流倜傥,
在拥挤的地下世界称王,
你的灵魂散发的光芒,
宛如一盏友谊的提灯,为我照亮前方。
拥有好的旅伴,
路途便不再黑暗,
我纤弱而坚毅的兄弟,
你那瘦小的双手
可靠如剑,
你的反驳犀利无比,
言语尖锐若电光火石——
朴实的措辞
时刻迸发着火花,
自你口中喷薄而出,
仿佛
你如塞万提斯般

才思泉涌，
爆发出古老而豪放的笑声，
言辞锋利似新铸之刃。
你的才能并非源自书本，
而来自你对自我的坚守和自豪，
来自你从平凡中汲取的光辉，
和人生历练的盐味锋芒。
你是街头的古老果实，
是人群中最耀眼的一颗葡萄。

阿尔塞

从昼夜轮转的时光中
与日月书写的篇章里
欧梅洛来了
带着根深叶茂的姓氏
和被桂冠加冕的教名,
他始终如此,纯粹
如森林之木,书桌之木,
每一道纹理
都像一颗沾了蜂蜜的
璀璨的心,
沉默歌者的冠冕
是他应得的月桂光环。
兄弟,你那无瑕的竖琴
弹响的隐秘旋律,
即使琴弦深藏不露,仍余音绕梁。
音乐在你身上
光彩熠熠。
而你自己,就是一首隐形的诗。
你曾为我而活,
如同对待自己的生命,

因此，我要再次向你致谢，
感谢你馈赠的友谊，
感谢你透彻的真诚，
在我饥饿时慷慨解囊，
在我无助时伸出援手，
你的尽心奉献，
让我的诗歌焕发生机，
衷心感谢并赞美，你不辞辛苦的善良。

爱：罗莎（一）

属于玫瑰的罗莎，
属于日光的罗莎，
在昏暗暮色中，在时光变幻间
骄傲伫立着，
城市里，
商店橱窗熠熠生辉，
心灵溶解在未知中，
就像迟来的旅行者，
迷失于孤独的沼泽。

爱本身是一片沼泽：
在门牌号码之间
我们无法逃脱
深陷纯粹的欢愉，
身体紧贴身体，
发丝缠绕发丝，
嘴唇传递亲吻，
颤抖中
渴望的浪潮得以满足，
泥浆层层沉积。

哦，无言的爱
在身体间荡漾，
心脏的狂跳
如面粉的发酵，
男人和女人不堪的过往
在玫瑰中绽放，
一顶摇曳的深色花冠
扰动了夜的羽毛，
编织着一张闪着磷光的网。
我拥抱你，
我判决你，
我因你而消亡，
两艘船渐行渐远，
在梦境的海洋中
发出最后的信号，
潮水
归至它那不肯妥协的星球，
归至繁忙，归至纯净。
百合盛开的暮色中
床榻依旧保持着
背信弃义时刻的模样，
幸存者今已离去；
留下了撕裂的床单，
那凌乱的

船。
我们继续凝望马波乔河。
我的生命随它流淌。

亲爱的罗莎,我怀中的爱人,
你的生命随流水轻舞,
随时光飘泊,
碎石筑起了堤坝,
桥梁上
疲惫的脚步纷至沓来。
城市伴河流远去,
在波光中轻轻摇曳。
泥泞的心啊,
涌动,涌动,
爱情在时间的流淌中潺潺不息,
一九二三,一
九
二三,
每一个数字
都融入了
夜晚的流水,
河流的血脉,
黑夜的泥泞,
以及当我触及
你苍白的双手时,

那些从城市
坠入河里的日子。
罗莎,
你已然忘却,
它们如何在烟雾中
摇曳生姿。
而它们也将你遗忘
在萨齐耶街的转角处,
在帕杜拉的小广场上,
在我们合住之所的
带刺玫瑰丛中。

狭小庭院
堆满
流浪猫的粪便,
赤诚相对的两人之间,
升起
一片青铜色的平静,
那是属于城郊永恒的安宁。
在我们的眼帘之间
寂静如浓烈的夜色
缓缓倾泻。
我们还未入眠。
我们准备相爱。
我们耗尽了

街头巷尾,

耗尽了

气力,

耗尽了

欲望,

终于自由,

终于赤裸,

终于不再奔波,

我们向往

满溢,

仿佛我们已被填满,

液体无声涌出,

那是一种

沉重的

淹没一切的

酸液,

填满你臀部的轮廓,

和你不露声色的清晰言语。

罗莎,

如涓涓细流,

似水的温柔,

来自库里塞,那里日光黯淡,

被群山厚厚的积雪

掩埋。

你是寒冷的

孩子,
在你被疲惫的砖墙
吞噬之前,
请来到我身边,
或哭泣,或诞生,
在我悲伤的领地中燃烧,
也许你的生命
再无火焰,
也许你只于这一刻存在。

这个世界被我们点亮又熄灭。
你留在黑暗之中。
我继续流浪,
蹂躏着双手和双眼。
我抛下了暮色,
采摘了夜晚的罂粟花。
白昼经过,
与夜相拥,
孕育新的一周,
今岁与来年同眠。
时间
一点一滴累积,
就像透明的树,
一叶一叶生长。
被尘埃席卷的城市,

由水变金。
战争在千疮百孔的欧洲发酵,
焚烧着孩子和鸟儿。
阿塔卡马沙漠,
伸展在沙中、
火中、盐中、
被扼杀的根中。
苍白的星球
在酸性蓝的天际转动。
人类触及了月亮。
画家不再描绘脸孔,
转去勾勒伤痕和疮疤——
而你,在痛苦和爱情的空虚之外
在做什么?
而我,在大地的叶丛之中
又在做什么?

秋日里,遥远的罗莎,
是裹着蜜的月亮,
是无声的钟鸣。
你我之间,淌着同一条河流,
那是马波乔河,它奔流不息,
侵蚀河岸与房屋,
也邀请来遗忘,
正如时间所做的那样。

爱：罗莎（二）

唯一能让我们变得重要的，是爱情。
体感的幸福，
与生俱来、生生不息的脉动，
身体
延续的
快乐，
那即将消逝的暗示
在陷入黑暗之前，照亮了我们。
于你，于我，
那份欢愉
如同绽放在偏僻郊外的
唯一一朵
玫瑰，
在我们寒酸的青春岁月，
当一切似乎都在悄然间
企图一点点将我们推向死亡，
而你，身处
这充满欺诈与背叛的世界，
不知所措。
我们被爱迷惑，

纯真得如此脆弱。
一切都被玷污,
在烟雾中,
在黑色气体中,
在宫殿的冷漠和有轨电车的喧嚣中。

一个世纪的辉煌
已凋零而亡,
挂满枝头的头颅
纷纷坠下,
鲜血
从檐口缓缓滴落。
那并非雨水,
撑伞也无用。
时间正在消逝,
而爱人们
无法相依,
统治者们早已从他们的宝座上
颁布了致命的饥饿法令,
死亡之外,别无他选。
人人将赴死。
这是责任,
是共识,
是写好的法则。
而后我们在

肉体的玫瑰中
找到颤抖的火焰,
我们相互慰藉,
直至痛苦的边缘。
我们在自我伤害中
活着。
在那里,生命展现了
它最纯粹的本质:
男人,女人,
以及火的发明。

我们挣脱了
笼罩在虚空城市之上的
诅咒——
爱情与毁灭相互较量,
偷来的
真理
再次绽放,
而他们却将爱情
钉上巨大的十字架,
禁止它发生。
我是无名之辈,你也是,
我们都微不足道,
但我们抗争着,以矿石的坚硬,
以亲吻的柔情。

新叶萌发。
它们给门扉涂上蓝色。
一朵云形似水中的仙女。
一把小提琴在水下低语着梦想。
到处都是这样。
爱吹响了胜利的号角。

最初的旅行

当我初次奔赴大海,我不知疲倦。
我比整个世界都要年轻。
海岸边,向我涌来的
是漫无边际的宇宙味道。

那时的我,对世界的存在毫无察觉。

我的信仰深埋在塔楼之中。

在如此微小的事物中我有如此多的发现,
在暮色下的探索中,
在爱的叹息里,在根须的深处,
我成了可以被取代的流浪者,
成了自己这副躯壳的贫穷主人。

那一刻,我意识到自己身无寸缕,
我需要为自己穿上衣服。
我从未认真考虑穿不穿鞋子。
我不会说任何语言。
我唯一能读的书,是属于我的篇章。

我唯一知晓的生活,是我的隐秘生活。
我知道,我无法召唤自己,
因为我不会回应。
我已用尽了那次机会。
永不复焉,永不复焉①,乌鸦答曰。

我寻觅着依靠,在云端上,
在世间万般的帽檐下,
在河流中、候车室里、门扉处,
以及在各种名字间,仅仅认识那些名字
就足以耗尽我一生虔诚的时光。

这世界满是女子,
拥挤得如同店铺的橱窗,
在领略所有秀发、乳房、
曼妙的腰肢后,
我深知维纳斯并非空谈的传说。
她坚定自信,双臂结实有力,
那如珍珠母般的强硬
抵抗住我旺盛的欲望。

于我而言一切都新奇,这颗星球
正在衰老中渐渐凋零,

---

① 美国诗人埃德加·爱伦·坡的诗歌《乌鸦》中的名句。

但万物皆为我敞开，让我体验，
让我瞥见那闪电的光芒。

我那如小马般的眼睛
看到悲苦的幕布正缓缓升起，
带着一成不变的世故笑容，
而幕布后，是一个枯萎的欧洲。

巴黎一九二七

巴黎,迷人的玫瑰,
古老的蜘蛛网,
它就在那里,
在流水的时光
与跪拜在圣母院的岁月间
蒙上了银霜,
布满蜂巢的野生蜂蜜,
填满城市的人类之家。

众人都从我贫瘠的故土
奔向那里
(流浪者除外)。
迟钝的人们
与疯狂的智利女孩漫步,
激情迸发的夜里,又添了几双
深邃的眼眸。但火焰在何方?

巴黎的火焰已经熄灭。

留下的是空洞的笑容,

如同一串串忧伤的珍珠，
空气中散落着
幻想与借口的残枝。
或许烟雾与交谈
是仅剩的东西。
夜晚将离开咖啡馆，
白昼就要来临，
如粗鲁的劳工一般，
打扫楼梯，
清走爱与痛苦。

倒在地板上的几段探戈，
哥伦比亚教堂的尖顶，
盛大的活动和日本人的微笑，
乌拉圭的番茄，
瘦弱的智利尸体——
一切都将被清扫，
被丰腴的洗衣妇洗净，
一切将永远终结：
即便是为溺水者留下的微尘，
他们在塞纳河自然的遗忘中
摇曳着模糊的身影。

仰光一九二七

我姗姗来迟,抵达仰光。
那里的一切都在等着我——
一座城市
充满鲜血、梦想与黄金,
一条河流
从野蛮的丛林
流向闷热的城市
和麻风病肆虐的街道,
那里有白人专享的白色酒店,
矗立着为贵宾建造的金色宝塔。
这便是
它的繁荣发展,
以及停滞不前。
在仰光,阶梯上
到处可见
吐掉的槟榔,
丝绸包裹着
缅甸姑娘的身体,
仿佛紫色的火舌
融入她们的舞蹈,

那至高无上的舞蹈:
双腿舞在街巷,
双脚迈向市场。
头顶的太阳散发纯粹的光芒,
落在我的发梢,照进我的眼眸,
渗透我的血脉,
流向我身体的每个角落,
赐予我
无边无际的、流放之爱的荣耀。

便是如此。我发现了
铁船旁的她,
在马达班浑浊的水边
用双眼,寻找一个男人。
她也像钢铁般坚毅,
阳光下
发丝间闪着马蹄铁似的光泽。

我爱上了,并不认识的她。

我坐在她身旁,
目光却未曾落在她身上,
因为我独自一人,
不渴望河流、黄昏
或风,

也不贪图金钱或月亮——
我只想要一个女人。
我渴望一个女人,触摸她,拥抱她,
一个为爱而生的女人,一个睡在我床上的女人,
白色的、黑色的、妓女、处女,
野性的、忧郁的、痴情的,
这些都不重要。
我想要爱她,又不想要爱她,
我想要她成为我的伴侣,在床榻上,在餐桌前,
我想要她靠近我,近到
在吻中触碰她的牙齿,
我想要嗅到她的女人香气。
我盲目地,为她燃烧自己。

或许她想要的
和我想要的一样。或许不是。
但就在马达班,钢铁般的河流旁,
当夜幕自河面升起,
如同一张装满大鱼的网,
我们一起沉沦,她与我,
跌入绝望的苦涩欢乐之中。

东方信仰

在仰光,我懂得了,诸神
是穷苦大众的敌人,
就像上帝一样。
　　　　神祇
由石膏做成,
白鲸般躺卧,
镀金的众神仿若饱满的麦穗,
蛇神蜿蜒身躯
盘绕降生的罪恶,
优雅的裸身佛陀
像被钉在十字架上的基督,
在浮华的鸡尾酒会上
微笑,
他们无所不能——
以酷刑或枪炮
将天堂强加于我们,
收买我们的虔诚,或焚烧我们的血液,
人类塑造这些凶猛神明,
用来掩饰他们的懦弱,
那里便是如此,

整个世界都弥漫着天堂的气息，
天堂般超级市场的气息。

季风

终于,我跨越重洋,安家落户。

我的居所位于奇幻之地,
在那里,浪涛、风和盐
写下诗篇,
倔强的海底星辰洞悉一切。
太阳散发着惊人的巨大能量,
棕榈树舒展着翠绿丰盈的枝叶,
在无数桅杆与果树边缘,
与比蓝宝石更坚硬的大海相伴,
在每日新绘的天空之下,
不见一朵精致的云舟,
却只有荒谬的相聚——
雷霆隆隆,水瀑如帘,
愤怒的低语回响不息——
厚重的季风在头顶狂吼,
将其无尽的力量倾泻而出。

那光

那锡兰之光赐予我生命,
同时赐予我死亡,
栖居在这颗钻石之中,
孤独地学习如何隐秘生活,
如同化作透明的飞鸟,
化作为天空织网并与之告别的蜘蛛。
岛上的光弄伤了我,
自此我开始警觉,
仿佛蜜糖般的朦胧微光
会将我束缚在这尘世之土上。

我的到来,比美洲狮更加格格不入,
无人相伴,无人知晓,
或许因为我的头脑
已被天堂般的眩目光芒迷乱。
(光洒落在我的深色西装上,
穿透衣服,越过礼节,
从那时起,我的斗争
便是每天维持自我的坦荡。)

未曾如我一般迷失的人，
或像我一样远离人群的人，
也许无法体会
黑夜中被遗忘的一堆煤炭。

然后，只有面包，只有光。

我身上的光，厨房里的光，
黄昏的光，清晨的光，
以及床单间的光。
被命运透彻的残酷包裹并哺育，
我别无选择，只能生存在
绝望与光辉之间，
某种程度上，我感到自己
已被不属于我的国度隔绝。

光芒中摇曳的渔网
仍在海面上闪耀。

时间依然璀璨，
正午时分的太阳金光万丈。

如今对我而言，一切看来皆黯淡。

领地

无论我身在何处,总忆起那片风景,
仿佛被施了魔法。
面孔如过眼云烟——帕泰、艾伦、阿提雅。
我在渔网中寻觅,她们却已游去远方,
回归各自的海洋,
那些如冷水鱼般的,短暂拥有的女人。
但无论海岸或雪原,岩石或河流,
铸就我的,更多的是群山,
它们是天地间的齿牙,
灌木丛中,足迹仍清晰可见。
那是猎人静静的守候。

我没有失去任何,一天也未曾荒废,
没错过一滴溅落的红色露珠,
没错过烈酒般
愤怒灼烧的豹眼,
没错过森林中野生的甲壳,
没错过夜晚树叶奏响的盛大乐章,
也不曾错过夜晚,我那星光璀璨的世界,
以及无数根须呼吸的声音。

大地在我体内

蓬勃生长。眼帘轻合，我便存在。

我闭上眼睛，一朵云舒展开来，

一扇门开启，迎接一阵幽香，

一条河裹挟着石头，在歌声中流淌，

潮湿的土地渗透进我的身体，

烟雾缭绕的秋天

凝聚在金色教堂的雕像中，

甚至在我死后，你仍会看见

我如何抓住春天的美好，

如何聆听麦浪的沙沙声，

在我被埋葬的双眼中

大海穿流而过，永不停息。

那些生活

这是我的写照,我诉诸于笔端
以此留下一份书面陈述。这就是我的生活。
如今我明白,我无法做到——
组成这张网的不仅是丝线,
还有透过孔眼逃走的空气。
其他一切都无法触及——
时间如野兔般疾驰
穿越二月的晨露,
爱情,我们最好不要谈论,
它舞动着臀胯,
在烈火般的热情过后
只留下一匙灰烬。
许多事物如此这般逝去:
坚信并默默守候的男人,
鲜活过却终将消逝的女人。
人们都以为,拥有了牙齿、手脚和语言,
生活便只关乎荣耀。
而这个人把目光投向历史,
握紧过往的胜利,
永垂不朽,

生活赠予他的
只有死亡、无法再拥有的时间,
以及最后埋葬他的土地。
他生来就有多如繁星的眼睛,
而她那吞噬一切的火焰
最终残忍地将自己毁灭。
若问我生命中有何记忆难忘,
那便是印度河畔的一个午后。
他们焚烧着一个有血有肉的女人,
我不知从石棺中升起的
是灵魂还是烟雾,
直到那女人、火焰、棺材和灰烬
全都消失不见。暮色降临,
只有夜晚、河水和黑暗
在死亡中留存。

十月的丰盈

生活，时而一吋一吋地，时而大步流星地，
塑造我的生命，
这一切是如此微不足道。
脉管里流淌的是我的血液，
我鲜少看到，
我呼吸过世界各地的空气，
却未曾留下一件样本。
最终人人都会明白：
谁也无法留下任何事物，
生命不过是一副借来的骨架。
最明智的，莫过于学会
不去大喜大悲，
期盼最后一刻的来临，
祈求更多的甜蜜与安宁。

也许，这是我的惩罚。
也许，我因幸福而被斥责。
请记住，每一个从我的世界路过的人，
都参与了我的生命。
我深陷于他人的灾难中，

沉溺在不属于自己的痛苦里。
这无关掌声或利益。
远非如此。而是无法
在这阴影中生活或呼吸,
那阴影,如塔楼般耸立,
如苦树般将人埋葬,
如鹅卵石般压在膝上。

我们的伤口,在哭泣中愈合,
我们的伤口,在歌声中愈合,
但门前躺着流血的
寡妇、印第安人、穷人、渔夫。
矿工的孩子
认不出伤痕累累的父亲。

就这样吧,我的使命
即是
灵魂的丰盈:
让你窒息的一声愉悦呼喊,
被根除的植物发出的叹息,
或所有行动的总和。

我喜欢同清晨一起长大,
沐浴阳光,享受
来自太阳、海盐、波光和浪涛的巨大幸福,

随着泡沫的消散,
我的心开始悸动,
在深刻的阵痛中生长,
又在渗入沙粒时消亡。

炫目白昼

挥别冬日的泪眼朦胧。
不再掉一滴眼泪。
此刻,时光流转,绿意初现,
这是生机盎然的季节,一叶又一叶,
直到,以春的名义,我们被召唤,
共享欢乐的盛宴。

令人惊叹,它包罗万象的不朽之美,
空气的清新,花期的承诺,
满月在叶间留下名片,
男男女女从海滩归来,
湿漉漉的篮中
盛满流动的银光。

如爱情,似奖章,
我汲取,
汲取
南风、北风、小提琴的旋律,
还有犬只、
柠檬、泥土、

重获新生的空气。

我接纳气味奇特的机器,

疯狂吸收我需要的所有东西:

橙花、琴弦、

黄玉般的葡萄,

还有海浪的气息。

我东搜西罗,

马不停蹄,

毫不费力,

尽情呼吸。

我在风中晾晒衣裳,

晾晒我敞开的心房。

天空

不断坠落,

坠落。

我举杯饮下

纯粹的欢喜。

遗落的信件

我翻阅着那些关于我的文字,
熟视无睹,
仿佛它们与我没有关联,
无论恰如其分,还是恶意满满。
并非只因我拒绝接受
真相,不管好或坏,
是以示讨好的苹果,
还是,恶意泼来的粪土。
另有其他原因。
这与我有关,与我的皮肤、我的头发、
我的牙齿有关,
与我犯下的错误有关。
这关乎我的身体,我的影子。

为何,为何,我问自己,别人也如此问我,
为何有人,毫无爱意且词锋犀利,
剖开我,不断敲打,
用钉子
穿透我木质的身体,
穿透我的汗水、

我的石头、我的影子,
穿透构成我的一切?
为何是我?我住在遥远的地方,
于他们而言我并不存在,我不外出,
也不归家。
为何一个个如鸟儿般的字母
要攻击我的指甲和我的眼睛?
我该取悦他们,还是置之度外?
我属于谁?
我是怎么将自身抵押了出去,
从此弄丢了自己?
我是怎么卖掉了自己的血液?
而今是谁在拥有
我的犹豫不决、我的双手,
我私人的痛苦、我的骄傲?

我有时害怕
在陌生的河岸边行走,
害怕凝望
那些始终同我熟知彼此的火山。
不时地,从脚下,从头顶,
我感受到水与火的审视。
他们眼中的我不再讲真话。
他们眼中的我已是陌生人。

因此，我悲伤地
读着那些或许并不悲伤的文字，
它们可能是友善的、可能是愤怒的，
也可能蕴含了言外之意。
而对我而言，
太多的文字
会让我更加孤独。
我漠然地浏览，
既没感到被冒犯，也不觉得被轻视，
仿佛它们只是信件，
写给别人的信件，
写给与我相似却毫不相干的人的
遗落的信件。

没有明亮的光

回忆中没有明亮的光,
也没有清晰的影。
它们已成灰白色,
像条脏兮兮的人行道,
被进出集市的人们
踩踏出无数条纵横交错的轨迹。

还有些记忆,露出贪得无厌的利齿,
继续寻觅可噬之物。
它们撕咬我们,直至吃掉最后一根骨头,
将身后漫长的沉默一并吞下。

身后的一切,夜晚、黎明、白昼,
桥梁般横在空中,连接黑暗、
城市和爱与怨的港口,
仿佛战争已闯入商铺,
将货物一抢而空,
直到风钻进残破的店门,
掠过空无一物的货架,
令遗忘的眼睛翩翩起舞。

因此，日光在缓缓燃起的火焰中降临，
爱，是远方雾霭的轻拂，
街道逐一苏醒，没有旗帜飘扬，
城市颤抖着，在烟雾中或能重获生机。

昨日的时光，由生命
用血染的针线缝补，
在始终未达成的各个抉择间，
在大海和疑问的无尽碰撞中，
在天空与茉莉的轻柔震颤里。

那另一个我是谁？那个没有笑容，
因哀伤而死去的人是谁？
那个让钟声与康乃馨
摧毁冷酷教训的人是谁？

夜深了，夜深了，而我仍在继续，
从一个例证到另一个例证，
不知其中有何寓意，
因为，我缺席了属于自己的诸多人生。
此刻的我，也是曾经的我，
同时存在。

也许这就是，奥秘的模样。

生命恒久又空虚地流淌,
用白昼和黑夜填满杯子,
所有被埋没的光明
像被脆弱矿物包住尸身的古代王子,
直到我们远远落后,以至不复存在。
存在及不存在——都是生命。

过去的我只背负了这些残酷的伤痕,
它们证实了我的存在。

03
残酷的战火

残酷的战火

残酷的战火

那场战争啊!时间
一年年堆叠,
如尘土积聚,
去埋葬
那些不愿消逝的东西:
康乃馨,
水波,
苍穹,
还有西班牙,
我曾叩响其门扉,
盼它为我敞开,
遥远的深处,
一根闪光的枝条
在夏日里迎接我,
给予我阴凉与清澈,
那久远的光辉
在歌声中流淌,
如此清新,

如此丰富,
这首令人耳目一新的老歌
正在寻觅
新的声音去传唱。
而我抵达那里,为了找寻自己的歌声。
我已吟唱,也已述说
西班牙曾慷慨赠予我的
和从我手中残忍夺走的,
瞬息之间
我的生命被抢掠,
留下空洞,
只有风在苦涩中回响,
记忆中一片血泪模糊。

那场战争啊!光明与真理从未缺席,
欢乐也不曾匮乏,而面包难觅。
爱意满怀,煤炭却无处可寻,
男子、面孔、眼神、勇气皆在,
他们愿承担最痛苦的考验,
而双手如被剪断的花朵,
未曾失败,就已颓然落地,
是的,那里有人民的力量,有精神的力量,
但枪支却如幻影,
如今,在这漫长的遗忘之后,
我不禁发问:

我们又能如何？又能如何？

请回答我，沉醉于寂静的
沉默的人们，
置身虚假的和平与梦境的
梦想家们，
仅凭愤怒，我们又能如何？
仅凭拳头、诗歌、鸟儿、理智、痛苦，
我们又该如何放飞白鸽？
眼前世界的丰饶满溢而出，
而现在，死亡却占据了
餐桌、
床铺、
市集、
剧院、
隔壁的房屋，
并从阿尔瓦塞特和索里亚身披甲而来，
穿越海岸与平原，城市与河流，
走过一条又一条街道，
步步逼近，
仅凭纯真与愤怒，
我们能做些什么？
我们只能用身体、旗帜和拳头与之抗争，
还有我们在痛苦中淌血的荣耀，
在加泰罗尼亚崎岖的路上，

我们的双脚
在尘土与碎石中受伤，
在最后的子弹下
踏上流亡之路，
哦，我勇敢的兄弟们！

死亡

之后，那些死亡
像重锤一次次袭来，痛彻骨髓，
带给我无尽的疼痛与哀愁，
人们的逝去
我们同样在经历，
费德里科和米格尔，
被绑上了西班牙的十字架，
钉子穿透他们的眼睛和舌头，
血流不止，再被活活烧死，
他们被辱骂，被作贱，
孱弱的身躯
被丢进沟壑，
因为种种原因，因为这就是事实。
他们遭受了如此暴行，
被钉上十字架，受尽苦难，
直至他们的名字
被镌刻在西班牙死难者名单上，

法衣上，苍蝇嗡嗡作响，
武器间，回荡着嘲讽与唾弃，
他们，如同夜莺的骨骼
被送往可怕的骨灰屋，
滴滴淌血的蜜糖
在众逝者间消逝。

我记得

我为之证明！
我曾
在场，
我曾亲临现场，
经历过痛苦
并为之证明，
即便尘世间再无别人铭记，
还有我，会一直记得。
即便地球上再无目光注视，
还有我，仍继续凝望，
而那片血海
将永远镌刻于此，
那份爱火
将始终炙热于心。
同志们，遗忘不会发生，
透过我受伤的唇

他们的歌声将继续唱响!

时过境迁

于是它们来了,步履重如公牛,
似二十六袋沉沉的铁,
十二年又十二年的岁月,
将西班牙
隔绝在空气之外,
隔绝在言语之外,
隔绝在智慧的光芒之外。
带回砖石和砂浆,
带回铰链和螺栓,
试图封锁
曾在那难忘的午间
为我敞开的门扉。
苦难习惯了忍耐,
希望在流亡中破灭,
西班牙之花
在庄严的加拉加斯,在圣地亚哥,
在韦拉克鲁斯,在广阔的乌拉圭沙地上,
蔓延生长。

爱的使命

我让他们登上我的船。
白昼时分，法兰西
披上了每日的华裳，
清新的酒香与空气，
似树神的罗裙飘扬。
温尼伯，
我那艘拥有异国名字的船
正静静等待，
系泊于火焰般绚烂的花园旁，
藤蔓上爬满欧洲饱满的葡萄。
但我的西班牙人并非
来自凡尔赛，
那里有华丽的舞厅，
古老富丽的地毯，
和酒杯里叮咚作响的美酒；
是的，他们并非从那里来，
是的，他们来自别的地方。
他们来自更远的地方，
来自田野与监牢，
来自撒哈拉的黑沙，
来自那些艰苦的藏身之处，
他们身无寸缕，饥饿难当，
他们朝我那艘明亮的船舶涌来，

在海上，寻得希望，
他们被我一一召唤，
从囚室中走出，
从摇摇欲坠的法兰西堡垒走出，
在我的声声呼唤中，
他们来了。
萨阿韦德拉！我喊道，泥瓦匠应声而至。
苏尼加！我说着，他即刻出现。
罗塞斯！我唤道，他走来，一脸深沉的笑容。
阿尔维蒂！我高声呼喊，诗歌便带着石英般坚硬璀璨的力量翩然而至。
农夫、木匠、
渔夫、
机械师、车工、
陶艺师、
制革匠——
那艘即将驶向我的祖国的船
渐渐满载。
我感受到手指间
被我救起的
西班牙
种子，
我将它们撒向大海，
向着大草原的和平
进发。

他们因我团聚

我的心中多么自豪,
满船
随浪涛颠簸的男人,
与兄弟、儿子或爱人
阔别已久的女人,
终在那一刻
因我而团聚,
在放肆流淌的泪水中,
在用颤抖的声音喊出的名字中,
在带着海盐味道的亲吻中,
在强忍住的啜泣中,
在战火过后再次交汇的目光中,
夕阳沉入大海,
映照着
那些曾被遗弃的灵魂;
他们在这里复活,
绝处逢生,
焕发生机,
而我的诗歌
是痛苦上空飘扬的旗帜,
挥手召唤他们登船,
也是不幸见证者的
遗产,

还是赋予我血脉与声音的
遥远的母亲。

哦，我遗失的城

我钟爱马德里，而今
却无法再次目睹其风采，再也不能，
这是苦涩而绝望的宿命，
自挚友逝去的那一刻，
我灵魂的一半
仿佛已被埋入黄土，
静静地躺在那片干枯的原野上，
与囚牢和囚犯为伴，
与那段花朵未曾被鲜血染红，
月亮未曾有血滴凝结的时光为伴。
我爱马德里，爱它的郊外，
爱它如深邃眼眸汇成的小溪般
蜿蜒至卡斯蒂利亚的街道。
那是一天的落幕时分——
桶匠和绳匠聚集的街巷，
纤如发丝的细茎针草，
弯曲的葡萄藤，
总有一天
由此而来的葡萄酒
将飞去喧嚣的地方，

堆满煤炭和木材的场所，

飘着维德畔纳斯烈酒酒香的街头酒馆，

还有孤独无趣的小巷，

同样沉默不语的砖墙，

我漫无目的的脚步

没有方向，也不寻找方向，

随遇而安，

与土地一同沉默，

与石头一同燃烧，

最后归于寂静，

只有一扇窗户的尖叫，

一口井的歌唱，

一阵狂笑的巨响

将黄昏的玻璃打破，

更近处，

在夜晚城市的繁华地带，

走过灰头土脸的马匹和红轮马车，

穿过打烊的面包店飘来的香气，

暮色当空，

我面无表情地转向

四条路[①]，

惠灵顿街，

[①] 马德里市中心的一个地区，以其繁忙的交通枢纽和商业活动而闻名，包括购物中心、餐厅和办公楼。四条路地铁站是马德里地铁系统中一个重要换乘站，连接了多条地铁线路。

三号，
那里，有蓝色火花般的眼睛，
粉红满月般的脸庞，
和我再无法重见的笑容，
比森特·阿莱克桑德雷
在等着我。
而我却将他留在彼处，与故友相伴。

从那时起,或许我已改变

我回到祖国,带着不一样的眼睛,
双眸下又生出一对
战争赋予我的眼睛。
那双眼曾在烈火中灼烧,
浸染了我的泪水和别人的鲜血,
我开始向更深处探索,
人类关系的错综复杂。
曾如星辰般遥不可及的真相
如今化作一口警钟。
我意识到,它在呼唤我,
也在召集其他人。
黄色、蓝色、银色,
美洲各国的旗帜
在阳光与星辰下,在不凋花与黄金中,
仍飘扬在我眼前,
我看到蛮荒的疆域,
田间与路旁的穷人,
惊恐的农夫,马背上
目光呆滞的印第安人,
以及可怕的矿坑,

那里面除了煤炭和铜，还有精神崩溃的人，
但共和国的苦难
远不止此：
还有许多无形的冷酷。
马背上的男人，冷傲无情，
他的勋章上
浸透了烈士的鲜血；
俱乐部的绅士们
坐在摇椅上谈笑风生，
过着飘飘欲仙的舒适生活，
而那个可怜的无名天使，
那个衣衫褴褛的人，
仍在石路上步履蹒跚，
赤足行走，食不果腹，
无人知晓他如何生存至今。

我的人民

我说:"昨日,鲜血!
来吧,看看战争中流淌的鲜血!"
但这里有所不同。
没有枪炮轰鸣。
在夜晚听不到
络绎不绝
奔赴死亡之路的
士兵的脚步声。
这里有所不同,在群山峻岭间,
有一种灰暗的、指向死亡的东西,
那是矿坑或水泥厂的烟尘和灰土,
像一支模糊不清的军队,
在没有旗帜飘扬的日子里
步伐沉重。
他们驻扎在此,
杂乱无章,
周围是残破的木材,
干涸的土地,生锈的铁罐,
我说:"我无法接受此情此景,"
我说:"我孤身一人跋涉至此。"

你要接受往昔岁月。
或许国家的容颜已经改变,
爱的希望,映入眼帘。
毋庸置疑,必须有所付出,别无他选。
黎明破晓,从极端冷酷
至极致温暖,
我手中的火焰
熊熊燃烧。

在高高的矿山上

在高高的矿山上，我被选为议员，
踏入参议院，入席，
与诸位尊贵的议员一起宣誓。
"我宣誓"——这一句和众多誓言一样
如此空洞。
他们没有以血为誓，而是用领带装饰，
他们以声、舌、唇、牙，
轻飘飘地说出誓言，
仅限于此，再无其他。
随我而来的是沙土，
灰色的草原，
寂寥之地上漫无边际的冷冽月光，
矿工的夜晚，
烈日下体力耗尽的焦渴，
以及他们盛着清汤寡水的简陋铜勺。
我带来了精疲力竭的矿工
默默流在北方的血汗，
面对我时
他们仍会露齿而笑，
我以那些人和他们的沙土之名宣誓，

以饥饿和不屈的矿石之名宣誓,
以劳作和贫穷之名宣誓。

当我说出"我宣誓",
并非以逃避或妥协为誓,
也非旨在收集勋章或荣誉,
我前来,将我炽热的手掌
置于那本枯燥的书上,
置于火焰之中,任其燃烧,
与沙漠里孤独穿梭的风共舞。
有时,我在倾听中入眠,
耳边是利益不可阻挡的涌动之声,
因为最终,有些人并非真正的人;
他们是零,是七,是二十五,
他们代表着
腐败的暗码。
糖或当前豆子的市价
让他们站上舞台。
这个人是水泥的代言人,
那个人掌控煤炭的价格,
还有人手握铜、皮革、
电灯、硝石、火车、
汽车、军火。
南方的木材成了选票的交换物,
我看到一位干瘪的老先生,

这位航运公司的所有者
从未清楚
何时该点头，何时该喊不。
他就像古老的潜水员，
因失误被冰封在
潮汐的咸水之中，
那具没了灵魂、
血管中淌着盐水的躯壳，
在某种奇特的机缘下
决定了压榨穷人的法律，
饥饿与苦难充斥着每项条款，
只有死亡可以获准，
奴隶主的腰包由此而填满。
在相互对立的光影下，
他们显得
如此得体，
共和国贪婪的商人们，
衣冠楚楚，
可敬可畏，
聚集在
抛光的精致木围栏里，
彼此间互致微笑，
口袋中藏着
生长之树的种子——
金钱。

我钟情于那片高地,
钟情于那布满岩石与炸药的洞穴,
那里有我的引路人——
蓄着胡须的同志们,
无暇梳理头发的女人们,
全身心投入采矿的男人们。

他们很快达成共识,
如同腐朽的老宅中
钉紧的锈钉,
尽管木板坍塌,
钉子依然挺立,
支撑着那座死寂的建筑。
他们已做好准备,
将那些心怀希望的人们
投入监牢,施以折磨,
送进劳改营,
流放,处死,
我目睹我来自远方沙漠的朋友们,
受到伤害,甚至被杀。
而参议员们
却将其安置于
皮萨瓜的冷酷海岸,
感受孤独、悲伤、无助,

每日面对汗水、危险、
饥饿、寒冷、痛苦,
我的同胞们,
然而此刻,
在这陌生的地方,
我看见并听见
昏昏欲睡的鱼群,
巨大的粉色章鱼,
它们仿佛是确认的刑罚,
宣判那些可怜的矿工朋友们
悲惨的命运。
他们一致决定
惩罚饥饿者,
挥舞武器和绞索,
将我们的国家
推向百年的荒凉。
他们选择了
可怕的海岸,
安第斯山脉的
无情背脊,
以及任何地图上
隐秘的死亡之地,
即使透过放大镜
也无法察觉:
一张黄色的纸,

一支金色的笔,
他们就这样欺瞒了地理实情。
而皮萨瓜的监狱,
这个石头与水构成的残酷之地,
在智利,在其胸膛之上
留下了无法磨灭的伤痕。

革命

权贵陨落，
裹在沾满泥巴的
虫蛀长袍中，
无名之辈扛起长矛，
推倒城墙，
将暴君钉在他的金色大门上，
或仅仅只是挽起衣袖，
走进工厂、办公室、矿山的
小型集会。
这些是
过渡之年。
镶着金牙的特鲁希略倒下了，
尼加拉瓜的索摩查自酿苦果，
身中数弹，血尽而亡，
另一个卑鄙的索摩查
从死亡的寒气中出现；
他亦不会长久。
荣耀与耻辱，
那些可怕日子里
两股对立的风！

从某个始终隐秘的地方,
他们为诗人
带来一顶朦胧的桂冠,
以示认可。
他带着皮鼓和石制号角
走过村庄。
村民们半闭着眼睛
在黑暗里学会了知识,
饥饿之于他们,如神圣典籍,
他们望向那位跨越了
火山、水域、人群与平原的诗人,
他们知道他是谁。

他们用树叶为他遮荫。
诗人带来了他的竖琴
和砍自山中芬芳树木的枝条,
他承受的苦难越多,
领悟的真理便越多,
歌声也愈发嘹亮。
他找到了人类的大家庭,
他失散已久的母亲们、
父亲们,
还有不计其数的祖父们与孩子们,
于是,他习惯了
拥有千万个兄弟姐妹。

他因此不再孤独。
他带着竖琴和枝条，
在无尽河流之畔，
让冷水浸湿双脚。
无事发生，又似有事在酝酿——
那水波或许在自我嬉戏，
歌声穿过
清透的空气。
他被铁色森林
环抱。
这是一个静谧的地方，
地球最幽蓝、最纯净的
中心地带，
他就在那里，带着他的竖琴，
在巨石之间
与潺潺流水为伴，
除了广阔的寂静，
大自然的脉动与力量，
其余无事发生。
然而他
注定要经历沉重的爱，
愤怒的荣耀。
他走出森林，
走出河流。
随他同去的，是他的歌声中
锋利如剑的火焰。

浪潮中的独白

是的,但在这里,我孤身一人。
一波海浪
积聚起来,
或许它在低语自己的名字,我听不懂,
它呢喃着涌来,满载泡沫,
然后退去。
它对我说了什么,
我能问谁?
我能唤出哪一片
海浪的名字?
我等待。
清澈又一次靠近我,
轻柔的姿态
在泡沫中浮现,
我却不知该如何称呼它们。
于是它们悄然离去,
渗入了沙的缝隙。
时间以影子的耐心
抹去所有唇印
和夏日橙色的吻。

我独自留下，
无法回应世界向我呈现的
这毫无疑问的一切，
倾听
那丰富的蔓延，
海水生出的神秘葡萄，
未知的爱，
在只剩下谣言、
已被耗尽的岁月里
越来越远，
直到一切都化为沉默。

智利的安第斯山脉

我必须说,空气
织成了一张网;云和雪,
在安第斯山脉的最高峰
静止如纯白的鱼,
一动不动,未被征服。
我身处
荒芜之地的堡垒之中。
袭来的风
在千座塔楼间呼啸,
金属色的水
从苍老的安第斯山脉
疾速坠落,
宛若逃离
废弃的天空。
所有话语消逝,万物凋零,
只剩寂静与寒冷,
充斥了死亡和石棺。
在充足的光线照射中,河水奔流,
不再冷漠,
而幽暗里凝冻的雪,

自它曾安睡的冰冷之巅
落下,
在消亡中解脱,
在沉坠中逝去;
昨日,被阴霾笼罩,
今日,爱上了风。

未知

我想要丈量许多未知的事物，
于是我来了，
漫无目的地敲开一扇门，
看到了墙上昨日的画作，
坐着一对男女的餐厅，
还有扶手椅、床榻和盐瓶。
直到那时我才明白
他们并不认识我。
走出屋外，我不知踏上了哪条街，
也不知这条街吞噬过多少男人，
多少贫穷而诱人的女人，
以及多少来自各行各业的
薪水微薄的工人。

城市里的春天

人行道已磨损不堪,
留下一个个肮脏的坑洞,
积聚着雨水的泪滴;
太阳随之出现,如同入侵者,
照耀着这座千疮百孔的城市,
所有马匹都已逃离,这片荒废的土地。
最后,柠檬落下,
橙子在树木和羽毛间留下红色印记,
虚妄地低语着果园的往事,
它虽短暂,却昭示着在某个地方
不知羞耻的银白色春天
在橙花丛中褪去了衣裳。

我是否来自那个地方?
来自一旁冰冷的墙壁?
我的灵魂是否与啤酒有关?
当我出门时,被这样询问,
当我回归自我,当我进入梦乡,
周围的一切,
墙壁、油漆、苍蝇,

以及被其他
可能与我相似的居民
频繁踩踏的地毯,
都这样向我发问。
他们拥有和我一样的鼻子和鞋子,
同样的死气沉沉、同样的悲伤穿着,
同样苍白、整洁的指甲,
以及一颗如餐柜般敞开的心,
里面堆积着成捆的
爱情、旅程和沙粒。
也就是说,一切事物在其发生之时
都不可阻挡地停留并离去。

我心哀伤

或许我曾抗议,好几个我纷纷抗议。
或许我说,或许他们说,我恐惧,
我要离开,我们要离开。我并非来自这里。
我并非天生注定不被接纳。
我向观众乞求宽恕。
我回来寻觅我独有的羽翼。
我重新找回自己的快乐,
找回荒野的阴影,找回马群,
找回冬日森林里暗淡的气息,
我呼喊,我们呼喊,不顾一切,
他们并未将门开启,
我留下,我们留下,
犹豫不决,
既非生存,也非被邪恶或权势摧毁,
依旧微不足道,
被驱逐出自我的完整和丰盈。

记忆里的东方

在金色的佛塔下我遭受苦难,
与其他泥人一起。
佛塔矗立在那里,无人看见,
金光璀璨,高耸入云,
在过于耀眼的光芒中隐形。

为何它统治着那座城?

箭矢、钟铃、金色圣器,
被小人物们置于城市中心,
一条条污秽的街道间,
在那里,人们唾骂与哭泣。

街道沸腾喧嚣,
如凌乱船只中的丝绸蜡烛,
乌合之众沐浴着暖雨,
鱼儿摇曳绿色尾巴,
水果腐败成瘟疫,
大地上满是汗水,
垃圾堆中散落着灯火。

于是我问自己,
人类需要什么？是面包
还是神秘的胜利？

在上帝的两缕发丝间,
在佛陀的一颗牙齿上,
我那些瘦小又害羞的兄弟们,
那些眼睑倾斜如匕首、
肤色如土的缅甸人,
恰似我遥远的同胞,
(特拉斯卡拉士兵,
高原上的艾马拉人①),
内心温暖如橙。
他们建造起金色佛塔,
犹如建造了一座罗马城,
一种对称结构,
一座石头与蜂蜜构成的帕特农神庙②,
在那里,乞丐虔诚匍匐,
等待上帝的召见,
而上帝总是忙于其他事务。

---

① 南美洲印第安人的一支,主要分布在玻利维亚西部及秘鲁南部,少数分布在智利北部。该族群使用艾马拉语,有文字,多信天主教,残存着许多原始信仰。
② 古希腊雅典卫城上的一座神庙,被誉为古希腊建筑的杰出代表,也是西方古典建筑的典范。

就这样，我漫步在亚洲的街巷，
一个面色庄重的年轻人，
与贫苦的众生毫无交集，
与纪念碑上的黄金亦无关联。
在混着脚步、血汗和市集的气氛中，
危险的暮色
连同汹涌的梦境、疲惫、
殖民地的忧郁，
一起砸到我头上。
佛塔如一柄剑，
在天空的伤口中闪耀。

鲜血并未从天而降。

只有黑暗与孤独的
夜幕落下。

爱：乔西·布丽丝（一）

那个愤怒的人，最终如何？
战火纷飞，
镀金之城被火焰吞噬，
将她淹没，从此，
她的文字威胁
和激烈诅咒
都无法再向外传递，
她再也不能同过去那样，
找到我，纠缠我，
在那遥远之地，
无数日夜的折磨
终被时间和遗忘逐一抚平，
直到最后，她只能被冠以死亡之名，
在死亡这个不祥之词、黑暗之土中，
乔西·布丽丝
将愤怒长眠。

她会细数
我离去的年月，
皱纹一道接一道，

仿佛因我带来的悲伤而爬上脸庞；
因为她在世界的另一端等我。
我未曾归来，
在空空的杯子里，
在死寂的餐厅中，
或许，我的沉默渐渐消逝，
我的脚步声渐渐远去，
也许直至生命终结，
她仍透过水雾望着我，
如同我游弋于玻璃之中，
动作迟缓，
而她始终无法触及我，
每日将目光紧锁苍白的湖水，
看着我渐行渐远。
直到她终于闭上了双眼——
那是何时？
直到时间和死亡将她掩埋——
那是何时？
直到爱与恨将她带走——
去到何方？
直到那个在愤怒、血泪、仇恨、
茉莉花香中爱我的她，
无法再自言自语，
无法再凝视那片我缺席的湖水。

如今，或许，
她正不安地安息在
仰光的巨大墓园，
或许在伊洛瓦底江畔，
他们用整个下午
焚烧了她的身体，
河水呢喃着
我本应对她含泪诉说的话语。

爱：乔西·布丽丝（二）

诚然，在那些日子里，
玫瑰是空虚的。
万物毫无生机，
唯有火焰，犹如一根猩红的舌头，
从被埋藏的夏日里沉落，
依旧是那轮旧日的太阳。

我逃离了那个被遗弃的人。

我如狡黠的水手般逃走，
穿越孟加拉湾，
来到岸边的破旧小屋，
我的心在阴影中沉没。

奔涌不息的大海，没能阻挡住她的纠缠。

乔西·布丽丝追上了我，
扰乱了我的爱情，开启了她的苦难。

昨日的矛，过去的剑！

我对萤火虫说:
"我有罪。"

然后夜晚将我包围。

我想说
我也承受了苦难。
但这还不够。
伤人者所受的伤延续到生命的终点。

那已过去的事,在阴影的蔓延中,
被写在了沙上。

并非真实!并非真实!

那也是
诸神的时代,
是杏仁糖、月亮、
铁和露水的时代,
残暴的神明们
在众人前显露的疯狂,
烟雾一样
弥漫在整个王国的穹顶。
是的,

那里有空气,

厚重的空气,赤裸的炫目,

哦,

那甘松的香气,

淹没了我的思绪,

我仿佛被困在一口井里,

没有呼救,

只是沉没。

哦,那些墙壁

被潮湿和炎热侵蚀,斑驳得

像蜥蜴粗糙的皮肤,

是的,

是的,

还有更多:乌合之众

被宗教的暴力冲散,

被那些愤怒的土耳其女人冲散,

她们在身穿橙黄色长袍的人群中

如烈火般四散开来。

有时,细雨

洒落在宁静的王国,

绵绵细雨,像水母,

落在孩童们身上,

落在市场里、宝塔上。

那雨与众不同——

静止的天空，

如同一层不透明的玻璃，

钉在死寂的窗上——

我们在等待，

无论穷人还是富人，

无论神祇、祭司还是钱商，

无论捕鬣蜥者，

还是从阿萨姆邦饥肠辘辘走来的

满身是血的老虎，

我们都在等待。

东方的天空冒着汗，

大地封闭，

毫无动静。

也许在那些神祇体内，

时间

再次

萌发、诞生，

命运在被安排，

行星即将亮起，

但沉默只聚集成

潮湿的羽毛

和迟钝的蓝色汗水，

长时间的等待让世界哭泣，

直到一声雷鸣

唤醒了雨,
真正的雨,
然后雨水脱下衣裳,
化作
大地上的玻璃之舞,天空落下的脚步,
一场风的典礼。

雨如神祇般降临,
似海水般倾泻,
像战鼓般轰鸣。
绿色的季风
带着双眼和双手,
带着波谷,
带着新生的瀑布,
在椰子树和穹顶上绽放,
落在你的脸上,你的皮肤上,你的记忆里;
雨仿佛第一次逃离囚笼,
它敲打着世界的大门:开门!开门!
不仅世界
开了门,
空间、
神秘、
真理也都随之开启。
万物变成粗糙的面粉,
富饶的生机在厚重的孤独中蔓延开来。

她在这般世界里独自一人。

昨日!昨日!

你严阵以待的眼睛,
你追寻阳光的赤足,
你如匕首般的愤怒,你坚硬的吻,
就像峡谷中的果实,
昨日,昨日,
生活在火花的爆裂声中,
我那愤怒的人,
宛若篝火中的鸽子,
如今即使我没缺席,即使没有坟墓,
也许,仍被死亡遗弃,
被我的爱遗弃,在那里,那里,
季风和它的鼓声被压抑,
你动弹不得的双腿
此刻无法再来找我。

大海

我离不开大海,因它教会了我许多。
我无从知晓,我学到的是音乐还是领悟,
是单一的浪花,还是浩瀚无垠,
是它那严酷的声音,还是闪烁其中的
鱼群与船只的踪迹。
事实上,当我沉入梦乡,
我都无法自控地
在波涛的学府中遨游。

不仅是脚下的贝壳发出破碎的声响,
仿佛某颗星球
在颤抖中发出濒死的信号,
并非如此,我凭借一隅碎片,重构整个白昼,
凭借一片盐晶,打造钟乳石,
凭借一匙海水,雕琢伟大的神祇。

它曾教给我的,我铭记于心。那是空气,
是永不停息的风、水与沙。

于一位年轻人而言,

来到此地，与内心的火焰共生，
似乎不值一提；
然而，那深渊中起伏的脉搏，
蓝色冰冷的碎裂声，
星辰的逐渐消陨，
海浪温柔展开时如雪一般的泡沫，
那静谧的力量，恰如深谷中的神殿，
取代了我的世界——
在那里，顽固的悲伤滋长，遗忘聚集，
我的生活突然改变了。
我选择了纯美的乐章。

失眠

午夜时分,我问自己,
智利,我的国家,将会如何?
我那贫瘠、黑暗的祖国将何去何从?

我深爱着这艘狭长的船,
爱着这些石头,这些小小的农场,
爱着岸边那朵泡沫中
静静绽放的坚韧玫瑰,
我与我的祖国融为一体。
我遇见了它的每一个子民,
感受四季在我内心更迭,
时而哭泣,时而绽放。

此刻我发觉,
疑虑的阴霾刚刚散去,
我们曾犯下的错误,
那些让我们血流成河的过失
都已成过去,我们正开始重新规划
更加美好、更加公正的生活,

然而，威胁再次浮现，
仇恨爬满了城市的墙。

与雪告别

基亚雷塔就在那里,
白须白衣,深陷往事。
妻子因噩耗而泣:
其兄远逝老挝,
为何如此遥远?
他在森林深处丢失了什么?
但黑岛
如石灰塔般挺立,
石砌之间,香气袭人,
湛蓝的苍穹深邃而坚实,
一片宁静之地,
岁月常新,
渴盼食物的海鸥,
依旧勇敢振翅翱翔。
黑岛上
蜜蜂嗡鸣,藤蔓缠绕,
男女穿梭其间,
独处石峰之巅,
澄澈明净于一方静谧之中,
一侧是疯狂的富人,

一侧是谨慎的穷人。

这里包罗万象。

光芒万丈,以至无可否认。

让我们举杯邀光,

尽享白天的甜蜜,

和整夜的蓝色火焰,

愿我们和平共处,

不与卢卡斯争执,

亦不与皮埃罗计较。

黑岛说,

人人皆有一条代表光明的面包,

里面储藏的光亮

如樱桃树般永不枯竭。

十年之后,我踏上阶梯,

一切依旧,

石灰般清澈,马鞭草丛生,

白垩与峭壁间,

枝桠柔软,

草木摇曳,散发阵阵香气。

自高处俯瞰,

海的寂寞宛如圆环,

蓝色的环,

蓝海,

黑岛——

战火与权贵未能摧毁它,

穷人不曾离去。
烟雾与芬芳
也未曾舍弃这片土地。
黄蜂嗡嗡作响，
清水色的酒
似透明的火，
在瓶中长存，
大自然的鞘翅
继续嗡鸣不息。

我从远方来，
只为再度离去，
再次踏上征途，
我深知这意味着结束，
当我告辞时，一切皆在。
离别拉开帷幕，在黑岛
繁花似锦、
万物静好之时——
风信子盛开，
船只宛若忠诚的天鹅，
环绕并守护着
沙滩上那抹黯然失色的欢乐。
十年光阴恍若百年漫长，
百年间未曾触摸，未曾嗅闻，未曾看见，
唯有空虚、黑暗、严寒伴我左右，

而那里，万物依旧、百花争艳，
喧嚣盈耳——
始终是
一座水域的殿堂，
始终是
一个绵长的亲吻，
始终是
一颗饱满的橙子，
始终如此。

帕特农神庙

在六月的炙热中
攀上崎岖的石阶:
天边泛起橄榄色与铝银灰,
群山如同一只只
干枯的蚱蜢。
此刻,让我们忘却国王
和假冒的王后,
告别汹涌的波涛,
坚硬的铠甲,
伊利诺斯的巨蟒,
爱荷华的蜥蜴,
路易斯安那的猛犬,
让我们放下血染钢铁的阴郁气味,
冰冷苦涩的城堡。
我们要攀登,向着荣耀的顶峰,
那座纯净的矩形建筑
依旧矗立,
诚然由蜜蜂守护。
它是世界的引领者,
光明的典范,

是几何学中
神圣的祖先。
神庙的圆柱,
曾被遗忘之神
刻下痕迹,
而今已不再支撑
那被岁月侵蚀的屋顶;
撑起它的是神圣力量,
那伟大而漠然的神圣力量。
神圣,
一个永不凋谢的名字,
长着灰色翅膀,
伴着点点云朵,
寂静又杳无人迹。

这些圆柱完美无暇。
智慧制定规则,
构建体系,
于虚空之中悬置度量,
孕育光芒与三角之形,
令它们如白鸽般翱翔云端。

自宇宙的混沌中,
生出敌对的
自然之力,

阴霾、根须、灌木丛、
洞穴、险峰、
冷酷的钟乳石,
智慧雕琢出蓝宝石般的精美布局。
于是,人类得以
计数、感知、拓展自我,
初尝为人之体验!
蜜蜂飞向巢穴,
目光紧锁问题。
思想拥有了专属领地,
在那里,遵循着某种规律,
步步前行与衡量,
双脚走出了企盼的笔直路线。
无限之奥秘,静待被探索。

海洋的神秘无尽绵延,
帕特农神庙,犹如首航之船,
光之舟,携着古老的船首,
穿越海洋的矩形航道,
播撒寓言与蜜糖的芬芳。
宇宙披上了洁白的华裳。

当它被遗弃之时,
恐怖与黑暗再度蔓延。
人们重回残酷的生活。

那艘精美的船,
孤零零停泊,
纯净而无人烟,
璀璨却被遗忘,
结构仿若隔世,
冰冷得一片死寂。

而事实并非如此。它依然鲜活,
作为居所,作为航船,作为船首,
它是万物的生命之源。
线条冷峻之美,与柔弱毫无关联,
因它必须坚韧。
无论风雨、战争、愤怒或遗忘,
其使命唯有屹立不倒。
时光从不偏爱笑颜。
其使命唯有矗立不摇。
那石头,是永恒的教诲,
那光芒,是理性的灯塔。

人类终将归来,
抛却短暂的信仰,重回故土。
秩序是不朽的灵魂,
灵魂必将重返
栖居于它创造的躯壳。

我坚信那静默的石头,
却也了解风的低语。
秩序宛若生灵,
生长之时,建筑重焕生机。
火焰或会熄灭,
但爱终将回家。

潮汐

我在大自然的水域中成长,
在磷光闪闪的海洋里,如同一只软体动物。
我体内充满结晶的盐块,
铸就了我独特的骨架。
如何言说——
几乎无需忧郁与苦涩交织的呼吸节奏,
海浪一波接一波,
重现我所感知和为之颤抖的情感,
直到海盐和浪花塑造了我:
海浪的退去与前进,
那最隐秘的绿色韵律
筑起一座透明的塔。
它守护着那个秘密,突然之间,
我感到自己与海浪同频共振,
我的歌声随着海水,日益丰盈。

索契之光

在索契,光芒溢出杯盏,
倾泻而下。
大海的熠熠光辉,无法掩藏,
时钟般的宁静景象,悬于天际,
阵阵浪涛如同海的甲胄,
直至,它们释放出千军万马,
在纯净的岩石和海水间奔腾,
不竭的阳光与无尽的海盐
犹如两尊裸身神祇,彼此交融。

写在索契

海风,如同冰冷的手,
盘旋在我脑海,掠过我眼眸;
随即,自纷扰的气流中涌起
又一阵风,又一汪海,一片平静的天空,
一抹不同的蔚蓝,
还有另一个我,穿越遥远的时光与海域,
忆起智利波涛中低语的飓风心跳,
回想绿色海水与蓝色风暴的激烈碰撞。

我所真正看见的
既不是水也不是风,
不是交战过的咸涩沙地,
也不是高空烈日下的灿烂阳光,
而是黑色的海藻,
是海中巨塔带来的震慑,
是无限涌动的澎湃波涛,
是浩瀚大海的狂暴雷声,
沿着孤独的海岸,
我向托尔滕走去,更准确地说,我曾向那里走去。

在那浩瀚孤寂之地，
我曾是年轻的国王，
一个不为人知的国王，他的国度是——
沙滩、森林、海洋和刺骨的风。
我没有梦想，把自己献给广袤的空间
和海盐的纯净之吻，
敞开怀抱，
潮湿苦涩的空气扑面而来，
我不懈追求那无止境的天地。

我还想要什么？当世间万物已虚妄成空，
世界化作沙尘之风，
足迹
任由苍穹之任性
与怒海之獠牙，
肆意蹂躏，
我还能得到什么？
当我跨越时空之隔，
汹涌的海亲吻我的唇，
若时间的指针延展，
编织年年月月，
潺潺不息直至此刻，
我还能得到什么？

跨越海洋，生活

填满我的孤独，
变空虚为丰饶，
直至万物在我心中萌芽，
两片海之间的距离，
我于其间增长的年岁，
充盈如王国，
回响着细碎铃音和痛苦，
旗帜迎风飘扬。
我历经收获与失败，
伤痕与战役。

此刻，我睫毛间的风
仿佛在声声谴责中
用凛冽的力量
清洗我内心的国度，
仿佛那冷酷的风
以无形之矛穿透我，
只留下清透的钻石
震撼并净化我的心灵。
而生命，不过是从一片海到另一片海的旅程。

清风吹拂
直至褪去尖刺上的盐，
终将如裸身英雄
陨落山谷的落叶间。

时间流转，
风随其后，
日月再次高悬于空，
雄鹰自苍穹归巢，
大自然一派静谧，
只有我的身体里
那波涛间透明的时光，悄然逝去。

流亡

破旧的石砌城堡间,
布拉格的大街小巷,
人们的微笑,西伯利亚白桦树,
卡普里岛,海上的火光,
迷迭香的强烈气味,
而最终,是爱,
不可或缺的爱
将我的全部生活
汇聚在广泛的和平氛围之中,
与此同时
左手和右手,
在我心灵的磐石间
掘出一个幽暗的洞,
我的祖国正燃烧于其中,
呼唤我,等待我,激励我,
去承担,去守护,去忍受。

流亡是圆形的,
是一个圈,一个环。
你的步伐绕着圆圈,穿越大地,

脚下却不是你的故土。
晨光唤醒你，那光却非你所熟悉。
夜幕低垂，而你的星辰遥不可及。
你遇到的兄弟，并非血脉相连。
你如同局促不安的鬼魂，
无法向深爱你的人报以更多的情感，
依旧感到陌生，甚至怀念
祖国那刺人的荆棘，
同胞们大声的呼救，
以及在门后咆哮着
等待你开启的悲苦。

但我的心，终究无法忘怀
那些无用的点滴记忆，
仿佛只在故乡的树上
才能采到的最甜的蜂蜜，
我期盼每一只鸟儿
都能唱出那遥远的歌谣，
如同儿时，在黎明的微光中
将我唤醒。
在我看来，我贫瘠的祖国——
布满坑洞、沙砾，沙漠里的矿石——
胜过他们祝酒时举起的璀璨玻璃杯。
花园中漫步，我迷茫而孤独，
粗野的我，与一座座雕像，

与历经世纪的蜜蜂银器和对称之美
格格不入。

流亡者们！距离
愈发沉重。
我们透过伤口呼吸，
生存，成了一种必须的责任。
因此，无根之魂，实为不公，
拒绝眼前的美好馈赠，
只追寻那不幸的故乡，
唯有在那里，牺牲或安宁才有意义。

04
寻根者

以此篇章
纪念我的朋友
来自西班牙共和国托莱多的雕塑家，
阿尔贝托

森林里的寻根者

我寻着我的根,寻着丰饶的果实,
踏入我的森林。
"你从何处来?"
一片宽如地图的绿叶问道。
我没做回答。这里
大地湿润,
我的靴子深陷其中,探寻着,
叩响着,渴望它开启,
而大地沉默不语。

它保持缄默,直至我化作
历经存亡的生灵,攀爬的植物,
荆棘树木的粗犷躯干
或颤抖的杯盏。

大地沉默,以免泄露
它的各种名字或浩瀚语言。
所以沉默,因其辛勤耕耘,
吸纳能量,孕育新生。
一切消逝之物,皆被它吞噬,

如同古老而饥饿的灵兽。
万物由此腐朽——
连同阴影、
闪电之光、
骨骸、
流水、灰烬；
万物汇聚于露珠，
在森林的黑色滴落里交融。
太阳也在此腐朽，
洒落的碎金流光，
落入森林的口袋，不久
便融为一体，化作面粉，
那曾闪耀的馈赠
如被遗弃的铠甲般锈蚀。

我来此寻找我的根，
我的根，发掘了
森林桀骜不驯的矿物资源：
黝黑的锌，有毒的铜。

根养育了我。

蜿蜒其下
是沉默的另一重量，
深沉，如同爬行动物的印记。

它匍匐前行,吞噬一切。
它临水而饮,
随后,秘密的指令
沿树干攀升。
是黑暗
让繁星熠熠生辉。

万里迢迢

我喜欢在乡间歌唱。

大地辽阔,树叶颤动,
生命千变万化——
蜜蜂嗡嗡飞舞,
穿梭于花朵、树枝、
蜂巢、果实——
万物皆藏秘密,
置身叶间呼吸,
似与寂静共生长。

万里之遥,
异国风光,
夜色也踱着不同的步伐,
血色与荧光交织。

伊洛瓦底江
源自何方?

遥远的虎啸之地。

虫蚀的树荫下，
如火的羽翼
一闪而过，
绿意盎然，未被火焰吞噬，
却于其间翩跹起舞。

我在小径上偶遇花豹，
身形滚圆，迅猛如闪电，
我瞥见金色皮毛上
残存烟雾消散后的敌意，
怒火驱使下
突袭而至。

大象随我
在荒野中前行，
套着被岁月磨砺的裤子，
象鼻灰白无恙；
哦，雾色巨兽
如静默暗夜中
被捕的囚徒，
万物靠近又逃离，
鼓声、恐惧、枪声、火光交织。

直至那头遇害的大象

在迷茫而庄严的气氛中
被拖着穿过叶丛。

从这些回忆里,我想起
夜晚浩瀚的森林,
和它那颗巨大的、噼啪作响的心脏。

犹如置身地球之腹——
哨声尖锐,
重物坠地闷响,
树叶静待蜕变,
昆虫繁衍不息,
斗争一口吞下
夜夜共存的生与死。

我珍藏所有经历,
那芬芳的重量
让我仍可感受
孤独的脉搏,
和茂密生长的节拍!

山脉兄弟

只听牧师说过"流水兄弟",
"火焰兄弟",
还有"鸟儿兄弟。"
但没有山脉兄弟。
其实应这样说,因为山脉
包含了流水、火焰和鸟儿。
"山脉兄弟。"
一个顶好的称呼。

伟大的兄弟,
感谢你存在,
感谢这锋利的碎片
剑一般刺穿你坚硬的心,
留下深深的印记。
你的每一株草都在啃噬——
它们饥不择食。
你的风在悲泣中怒吼——
它们饥肠辘辘。
你那沉默的巨石
守护着永无餍足的死烬。

头顶之上
不是碧蓝的天空,
那是静默以待的火山。
它曾毁灭万物,再重塑万物,
它俯冲下来,露出火红的獠牙,
漆黑的喉咙深处传来隆隆巨响,
之后
燃烧的岩浆喷涌而出——
峡谷
和大地,
将这缓慢流淌的厚重宝藏
收入囊中,
那是硫磺之酒,
火焰与生死交织其间,
一切都静止了:
唯有烟霭
从这般肆虐中袅袅升起。

后来,我们摩挲每块石头,
我们说:
  这块是橙色的。
  这块有铁锈斑点。
  这块是彩虹色的。
  这块有磁性。
  这块有纹路。

这块像一只鸽子。
　　这块长着绿色的眼睛。

从火山上滚落的石头,
呈现出这些模样。
口渴的它们在这里休息,
等待雪的降临。
它们从出生起
周身布满孔洞。
这些长着胡须的山脉
亦是天生如此,
铜色的峭壁
是安第斯山脉额前的红斑,
水挣脱了束缚
唱着歌奔向远方。
高处的草地,
坚硬如胜利的长矛,
银色的草尖,
此刻更添一抹
白绿相间的生机。

这里没有树荫,万物
都沐浴在阳光下,纯净如盐,
瞬息间绽放生命之光。
这是我的祖国最真实的样子,

由火、
石、水、
风
共同塑造而成；
我们最终赤身来到
空气诞生的地方，
我们终于活着到达。
我们最终认识了大地，
触碰到它最初的模样。

为了这些原始的事物，
为了那温柔的雪花，
我要感谢你，山脉兄弟。

生于山脉的河流

河流不知自己名为河流。
它生在这里,与岩石争斗,
初次流动时
学会了歌唱,创造了泡沫。
在青岩与荒野间
它不过一条源于雪域的细线,
一道迷失方向的微弱闪电,
初露锋芒,以星火之力
雕琢大地上的石头,
但在这里
它显得
如此纤弱,
如此幽暗,
仿佛无法
承受自己的坠落,
在坚硬中寻求归宿,
峰回路转间,
它如马刺
戳入山峦的矿脉,释放的水流
似蜂群奔向平原的自由。

石缝中的植被
以尖刺相迎，
不怀好意的土壤将它扭曲，
塑成箭矢或马蹄的形状，
小到难以察觉，
但它不屈不挠，继续前行，
如沧海一粟，
穿越火山之夜的狼藉，
钻探、侵蚀，
最终如剑般锋利而出，
石英面前，锐不可当，
逐渐放缓脚步，拥抱新鲜力量，
终成一条河流，川流不息，浩瀚丰盈。

邪恶的国王

古老的丛林哭泣不已,
大地已因此腐朽。
它是猛虎与圣甲虫之母,
也是沉睡之神的萱堂。
这位睡着的神祇
并非疲惫而眠,
只因一双石足而无法动弹。
它用满树的叶片
和漆黑的眼睑哭泣。
当猛虎下山饮水,
颌间沾染血迹,
背上泪痕斑斑。
鬣鳞蜥如湿滑的船舶
降临泪洒之地,
随雨滴轻落,
其紫晶之辉倍加璀璨。
一只红、紫、黄相间的飞鸟
掠过天际,
扰乱了苍穹留在枝头的宁静。

哦,森林吞噬了什么!

林间的树木,
根与藤蔓的梦想,
鸽子的残骸,
蛇蜕下的皮,
野蛮生长的高耸枝叶,
乌龟凶残的喙——
森林吞噬万物。
时光缓缓
变作世纪长流,
变作枯枝化成的尘土,
燃烧的白昼,
漆黑的夜晚,
仅有豹眼闪着磷光——
森林
将它们
一一吃掉。

光明、
死亡、
流水、
阳光、
雷鸣,
逃跑的生灵,

燃烧殆尽的昆虫,消耗了
微小而灿烂的生命,
酷暑与装满红色果实的篮子,
披着秀发的时间——
一切都落入
古老而翠绿的
吞噬之林的巨口之中。

国王手持长矛,抵达此地。

与我同生

在这自由的时刻,
我把歌声送给与我同生的青草,
送给奶酪的发酵和醋的酝酿,
以及那隐秘的
生命之种的初次喷涌,
我吟着牛奶之歌,
洁白的汁液正涌向乳头,
我歌颂牛棚的肥沃,
歌颂大母牛新鲜的粪便,
那气味引来无数蓝色蝇虫。
我对蜜蜂及其蜜糖,
对无声萌芽的青苔,
坦言此刻发生的一切。
宛若永无休止的鼓点
流转于生命之间,
我诞生,我诞生,我诞生,
与万物共降世,
在一片生机中,
在蔓延的静谧中,
在稠密的潮湿中,

于细微纤维间，于猛虎体魄内，于胶状物质里，
众生繁衍不息。

我属于丰饶之域，
与万物一同成长。
我年轻，和水一样年轻，
我悠然，似时光般悠然，
我同空气共纯净，
亦同夜色共深邃，
直至我化为寂静无声的矿物，
看不见也听不到，
不再参与世间的诞生与成长。

当我选择向森林
去求教如何生存，
我一片树叶、一片树叶地体悟
来自大自然的教诲，
懂得了如何成为深根，成为厚土，
成为无声的大地和透明的夜晚，
不止如此，我还学会了如何一点一滴地，成为整片森林。

渔夫

手握长矛的裸身渔夫
追逐困于潮水潭的鱼群。
海面无风,人影静默,
宛若一朵玫瑰的柔情
自水边缓缓铺展、升腾,
将周遭的朴拙包裹于静谧之中,
时间仿佛折扇轻合,
渔夫的心跳,在水里静止,
而当岩石心不在焉,
波涛收敛其势之时,
在这无声世界里,
电光火石间,
男人将矛刺入纯净的石头,
受伤的鱼儿在光影中挣扎,
血染的无情海面上,旗帜刺眼,
蝴蝶展翅飞翔。

与冬天的约定

（一）
我期盼着这个冬天，
仿佛无人曾渴望冬天的降临。
他们都与快乐有约。
唯独我，等待你的到来，静候暗淡时光。
这个冬天，是否和往年一样，
父母在身旁，炉火映红光，
马嘶声从街边传来？
还是如同未来的某个冬日，
极寒中，我们不复存在，
大自然却浑然不觉我们的离去？
不。我独据一片
大雨织就的宁静，
冬天来到我的海洋，
风似飞鸟，翱翔于两片水域之间。
万物静待天空的泪滴。
广袤苍穹如一只低垂的眼睑
洒下冰川之剑般的泪水，
世界随之紧闭，宛若空寂客房，
天、雨和无尽空间，交融成一片。

(二)

万物中心，无垠之舟！

广袤水域，蓝色心脏！

空气与水之间，轻颤起舞，

有人在寻觅

那无形的养料，

我携帽踏入，

满是尘土的靴子

在干渴的路途中斑驳。

无人出席

这场孤独的仪式。

而此地的纯净

令我不觉寂寞。

我深知自己内心深邃，

如同儿时的可怖井水，

此刻，置身透明空间，

伴随指针的跳动，

我走进冬日，

感受它的磅礴，

感受阴暗力量，

及其晚开之玫瑰的

蔓延与绽放，

直至光芒突然消逝，

在漆黑的穹顶之下

我将继续向大地诉说，
即便无人回应。

（三）
谁不想拥有一颗顽强不屈的心？
谁没有磨砺过自己灵魂的锋芒？
当我们双眼初启，便目睹仇恨，
当我们蹒跚学步，但屡遭羁绊，
当我们渴望去爱，却换来憎恶，
就连轻轻触碰，也难逃被伤害，
试问谁还未将自己武装得尖如刀刃，
予以回击？
敏感的人让自己愤世嫉俗，
最温柔的人也伸手去握剑。
那个渴望被爱，
哪怕只浅尝一次幽灵般轻吻的人，
如今变得冷漠疏远，
不再看向全心全意等待他的
满心忧伤的姑娘。
无可奈何。街头巷尾，
小贩们摆起摊位，售卖面具，
试戴每一张脸孔——
虚幻的，老虎的，
严肃的，圣洁的，古人的，
直至月亮隐退，

在无灯的夜晚，我们皆归于平等。

（四）
我曾在沙中遗失一张脸孔，
苍白、沉默，面色如纸张，
我的灵魂难以挣脱这皮囊，
直至寻回本真的模样，
才敢哀伤地宣告：
我将孤身一人，期待冬日的到来，
在那深色海鸬鹚的羽翼之下，
静候波涛涌动，
重回孤独天地，
等待并寻觅自我，
或伴以一缕光、一抹哀愁，
或一无所有：
理智难以触及之处，
正是我的盲目、我的情感、我的疑惑之所。

（五）
时至今日，水历经沧桑，
也重获新生。古老的水流去，
冲破无形束缚，开启新的生命旅程，
而沙粒未曾留住片刻时光。
崭新的海穿着洁净的衣裳。
身份失去对照之镜，

我们通过改变自己获得成长。

（六）
冬天，别来找我，我已离去。
我属于未来，属于此刻，当绵绵细雨
轻拂而来，洒落
无尽的细针，那是
精神世界与雨中之树木、
海洋之灰烬、
叶间金色果实之爆裂的交融，
而我迟来的目光
被大地吸引，我的眼中只有大地。

（七）
我眼中唯一的大地，还有风、沙和水，
给予我十足的清澈明晰。

英雄

城堡女主人邀请我
在每个房间里悲泣。
我不了解她
却以炽热之情爱上她,
仿佛所有不幸
皆因她的秀发在我面前垂下,
将我沦陷在暗影之中。

天色已晚。

我们穿梭于
沉寂的画像间,
脚步声
回响,
如同
叩击
疲惫的荣誉之门,那座盲目的迷宫,
而唯一的真相
是遗忘。

于是每一步

都如水般寂静无声,

城堡女主人

和我,她的暗夜伴侣,

游荡在这寒意中,

小心翼翼,

她乌黑的头发几近穿顶。

眼前古老客厅的斑驳金光

与她赤裸的双足交融在一起。

旧房间的压抑令人不安,

我以纯粹的本能抗拒,

女主人却深感不悦,

不允我停歇,

在破旧地毯上,

在走廊间,

留下爱的印记。

黎明破晓,纯净且空虚,

没有言语,没有寄托。

一切都留在过去,留在模糊的梦里,

或许时间

已将我们遗忘,

如同鱼儿困于网中,我们是

死寂城堡里的一对囚徒。

我紧紧抓住那些时光,

宛如手握石头或灰烬，
不再向记忆索求更多。
但若在漫步中
靠近城墙，
我会戴上面具，
在护城河畔
加快步伐，
绕过幽暗的湖，
决绝离去，不回头。或许
她会再次自阳台垂下发丝，
以锋芒般的泪水
穿透的我心，让我再度沉沦。

所以我，狡黠的猎人，
在森林里戴上了面具。

森林

我寻觅枯木的根,
想再次将它埋进土壤里。
我知道暴露于空气中的根须
会阻碍旅人前行的步伐。
当我把它送入大地的怀抱,
它竟颤抖如手,
或许,这一次
它真的可以在森林里重获新生。

我属于隐匿在世俗喧嚣下的族群,
不需要眼睛。
干涸的大地和滋养我的隐匿流水,
界定了我的国度。

自斑驳朽木间,
我拾取时光或风暴的馈赠,
我抬头仰望,又深深凝视,
仿佛万物皆在静候。
我不觉孤单。
森林的地下世界

正召唤我去耕耘。

当我挖掘时,
繁茂的子叶,
含苞的郁金香,
簇拥的核果,
飘散的蒲公英,
以及风暴中挺立的山毛榉
都注视着我,见证
我满是泥土的双手
正为重生之根,掘出新的坑穴。

孤挺花和羽扇豆
挺拔而立,
高至用叶片和眼睛
望向我的多脉假山毛榉,
以及挂着绿色水帘的
野生美登木;
而森林中的我,守护着
一份洒脱的静默,
宛如停下工作的酒窖管家,
手无寸铁,也无法交流。

无人知晓,我如园丁般
穿梭在喧嚣与骤响间,

把根种下，
当雌雄同株的向日葵
生出独特的花萼，
整片森林
化作芬芳四溢的酒窖，
我往返其间，
在沉寂中撒落
如星辰般闪耀的花粉。

忽闻民谣曲

或许,它再次悄然降临,
如一缕芬芳,似一抹忧惧,
宛若寻不到街巷或住所的旅人。
或许,夜深了,乃至更深之时,
生命绽裂,
现身于曾经的灰烬深处,
玻璃杯中新酒轻颤,
滴落间,燃起熊熊烈焰。啊,那感觉
一如往昔,一条没有路标的征途,
你与夜色间星辰闪烁,如茉莉初放——
喜悦由此回归,
虽曾被残忍拒绝,
却在无人处低语,
誓不凋零。焦土之上
旗帜再度飘扬。
爱啊,爱啊,突如其来,带着威胁,
急促而迷乱——记忆
在颤抖,银色的船
在晨光中靠岸。
雪与泡沫轻覆河岸,

广袤的呼唤飘向远方的岛屿，
穿越伤痕累累的门扉，直通大海，
我的爱，携百合的芬芳而来，
即将启程。望着她的秀发——
如两道纯黑的瀑布倾泻而下，
也似燕之翼，
或两圈厚重的胜利花环。
而她，宛若在订婚仪式上
翘首以盼，在幻想的港口中，
大海为她加冕。

爱：黛丽娅（一）

黛丽娅是窗中透出的光芒，
照亮真理，照亮蜜糖般的树影，
时光悄然流逝，我未曾察觉
在我们伤痕累累的岁月里，
是否仅留存她闪耀的智慧之光
和与我分担忧愁的温婉柔情。

因为，当我回想起
那七把利剑因寻觅鲜血
刺入我的身体，
我心中涌起无尽的空虚，
而黛丽娅，你的智慧之光
如皎洁明月，守护我的悲伤。

你从辽阔的故土
奔向我，
带着一颗金色麦浪般
丰饶的心，敞开心扉
面对世间的沧桑变换，
那温柔

犹如细雨轻拂过草原。
雨滴缓缓落下,
被大地、土壤与寂静接纳,
天空如小提琴般奏响悠扬的旋律,
湿润的空气中,
牛群蓦然低吟。

就在那一刻
我猛然间认出了你,
如同嗅到冬日丧服上
残留的玫瑰香气,
仿佛你一直属于我,
仅凭那淡淡的痕迹,
也许是花瓣或剑光的锐影,
尽管并非如此。

随后,战争不期而至。
你我并肩站在门前,
路过的少女
似为自己唱起挽歌,
弥漫的硝烟竟也带着凄美,
蓝色的火药
在雪地里绽放。
不久后
窗棂破碎,

弹片
散落书间，
新鲜的血液
在街头流淌。
战争中没有笑容，
圣歌沉寂，
大地
在战靴下颤动，
死亡如花儿
朵朵绽放。
我们的爱没有归来。
那段苦涩时光的泪水
后来才缓缓滑落，
为逝去的尊严哭泣。
或许在战败的阴影中
我们未曾预见，
一座巨大的坟墓正缓缓开启，
吞噬着国家与城市。
我们的伤痕因此而深刻。
我们将这悲痛与残骸铭记于心。

如今
摩尔人的军队和佛朗哥
带着具具骸骨
穿过马德里城门，

我们的朋友们
有的消逝,有的流亡。

黛丽娅,在生命之树的
葱郁间,
你现身于
熊熊烈焰,
你的善良
如清晨的露珠,
如狂风中
翱翔的白鸽。

爱：黛丽娅（二）

人们静静入睡，
仿佛过去与未来皆已注定。
或许你心中从无怨恨，
因为在那无人翻阅的篇章中
早已写明：爱虽逝去
却非终结，而是苦涩新生的序章。

宽恕我的心吧，它像蜂巢般
贮藏着密集的爱。
我深知，你如同万物生灵，
拥抱丰饶的甜蜜，
自月光之石，自浩瀚苍穹，
释放自己的星辰，
在繁星间熠熠生辉。
我既不蔑视也无鄙夷，
守护着海洋的宝藏，
对伤人之语
近乎充耳不闻，
重建
自我的空间、思绪与喜悦，

若我向你坦露

我空洞眼眸中的忧伤，

其缘由与疯狂，非我一人独有。

我再次坠入爱河，激起波澜，

身体被爱意填满，

再无其他，

也从未心生恶念。

因此，最温柔的旅人，

你用甜蜜又刚强的丝线，在回响的岁月中

束缚我的双手，

你的存在，不似藤蔓

缠绕树干，而是真理，属于你的真理。

流水说，

我将逝去，我们都将逝去，

真理在石壁上吟唱。

河流的轨迹延展变迁，

野草在岸边

蓬勃生长。

我将逝去，我们都将逝去。

夜对日说，

月对年说。

时间

修正胜者与败者的证言，

树木永无停歇地生长。
一树凋零,另有幼苗破土,
万物生生不息。

让人们分离的
并非灾难,而是
成长。
花朵从不凋零;它不断重生。

所以,宽恕我吧,
正如我给予宽恕那样,
无论男女,皆有罪责,
口舌之争,
往返不休,
裹挟着愤怒与纷扰,
唯有真理
可以盛放,
而太阳无暇顾及斑驳的伤痕。

夜

我走进漆黑之中。
夜色正蔓延,
用耐心在叶间编织帷幔,
圆润无边,
姿态万千,
繁星点点。
它披上了怎样的羽翼?
抑或寸丝不挂?
夜轻抚金属色泽的山峦,
洒下如盐般坚硬的星星。
群山
逐一隐没于它的羽翼之下,
沉浸在暗色的夜之杰作中。
与此同时
我们化身为
乌黑的淤泥、
被丢弃的昏睡木偶、
散落一旁的日常装扮、
金色长矛、流苏帽、
被街巷和门牌号填满的生活,

一切都留在了那里,
成为一堆贫瘠的骄傲,
一座无声的蜂巢,
哦,夜啊,敞开怀抱的夜,
似口、似舟、似瓶,
包含时光、暗影、疲倦,
不仅如此,
还被某种力量悄然侵入,
充盈如杯,
暗色的乳液,
漆黑的盐晶,
汇入
那深井,
在命运的归宿中
万物在燃烧,烟雾缭绕,
寻着夜的边际,将其无限延展,
而自明日的灰烬里
我们将重获新生。

哦,大地,等等我

太阳啊,请带我回家,
回到与我命运交织的故土,
那片古木葱郁、细雨如织的大地。
让我重温那香气,那锋利如剑的
从天而落的雨,
还有草原和岩石散发的静谧,
河边湿润的空气,
落叶松的芬芳,
以及风,如心跳般
在高大的南洋杉林中回响。

大地,请归还我你最初的赠礼,
那自肃穆的根系
拔地而起的沉默之塔。
我想重拾那个未曾成为的自己,
学会从大自然的深处归来,
无论幸存还是逝去。我甘愿
成为河边的一块石头,幽暗而纯净,
被流水轻轻带走。

巴塔哥尼亚[①]

(一)

苦涩之地,

水泽之南的尽头。

我跨越

地球的脊梁、

脚、冰冷的手指,

自高处俯瞰,

望见它紧锁的眉头,

倔强的山脉和未融化的积雪,

空寂的丘陵,

我看到,

大自然严酷又冷漠,

犹如一条缎带

在冰冷如铁的翅膀下展开。

这里,峰顶隐于暗影,

暴风雪肆虐,

而这蔓延的傲慢

---

① 南美洲安第斯山脉以东,科罗拉多河以南的地区,主要位于阿根廷境内,小部分属于智利,属于温带干旱半干旱气候。

让孤寂之地熠熠生辉；
或许早有安排，
或许是风的驱使，
我注定出生于此。

我必须亲眼见证
这清晰的混乱，
我肩负明确的使命，
过往的空白重压在我心头，
仿佛渺小的我历经的一切
被一笔一划写在雪地上，
而今，我或许能找到
我的名字，我的惊愕，
以及我如火山般猛烈的生活。

（二）
我衣衫褴褛的祖国
如花朵剥落片片花瓣
露出真实的模样，
因在这孤寂之地，
人们
不曾摘取花朵，
也未索要戒指或冠冕，
只在这片荒芜之中
听见暴风雪的怒吼，

感受雪花的锋利，
以及河流的湍急。
但群山的静默平和
给予我安宁，
月光如同破碎的镜子
洒落一地。

我站在山上，轻抚
自己的肌肤、眼眸、
忧伤，
在愈加辽阔的心里，我看到了阴影。
我的巴塔哥尼亚。
某颗星球的陨落
击败了我，
我归属于它所招致的尖锐矛盾，
也不过是缓慢变迁的风景中
一棵受伤的树根。
旋转的雪花将我灼伤，
冰片锋利，
风继续吹，
一派残酷，夜晚
坚定刚硬，如同脊骨。
     我向
大地和命运祈求，
那份属于我的
寂静。

墨西哥小夜曲

从库埃纳瓦卡到海边,墨西哥
松林郁郁,村落古朴,沧桑的石头
将河水割成涓涓细流,大地一片荒蛮,草地间
紫花点点,犹如一只只眼睛,蠹蜥蜴
慵懒,屋顶瓦片橙黄,岩石嶙峋,
矿口废弃,火蛇舞动,
人们风尘仆仆,
公路蜿蜒,被地狱般的地质
刻下斑驳的痕迹。

哦,深藏的心,冷硬如石又炽热如火,
星辰黯淡无光,
玫瑰以刺敌对,
尘埃在风中飘散!

我历经过
古老残酷的背叛,
触碰过
永恒的玫瑰,
聆听过

蜜蜂响在耳畔的低语。
平凡的人们
用手指或翅膀所触及的一切——
丝线、银器、木材、
皮革、绿松石、陶土——
皆化作实用的花冠,
仿佛拥有生命,闪耀飞翔。

哦,墨西哥,
在我们血泪交织的
土地上,
在无数群山、
荒漠、
或农田间,
我唯独颂扬你,
为你的勃勃生机,
为你的不朽之梦,你的电闪雷鸣,
为你暗影重重的地下世界,
为你的辉煌和尚未驯服的爱。

吸入的空气,
是为你吟唱的
浮文巧语的养料:
旅人如此
从稻草走向石头,走向宽边帽,

走向织布机，走向田地，
而我，随身携带爱过你后
留下的伤痕。
当夜幕降临，我合上双眼，
便听见熟悉的乐曲声
从有你的街头传来，
我沉沉睡去，仿佛漂泊在
锡那罗亚的空气里。

你粗犷的风景
由无数双手塑造：
陌生的手，
士兵的手，
乐师的手，农夫的手。
你的身姿经风雨锤炼，
陶土与石块
在海陆交汇处相聚，
荆棘密布，
仙人掌
袒露绿色的伤口，
像一只只迷离的眼睛
饱含梦想与愤怒。

于是，在灌木丛中，
蝴蝶与亡者之骨相遇，

罂粟与遗忘之神并存。

但神明未曾遗忘。

★

母亲的身躯,生命的种子,
大地的子宫,
肥沃而翻涌的泥土,
洒落红壤的炽热雨水,
四处皆处于
双手劳作之时:
自远古火山灰中伸出
一双纯净而污浊的手,
开始
无尽的创造与筑建。

仿佛历史重现,
征服者自远方而来,
冰冷的日食笼罩住
金色的地球,
石匠亦从岩石中
雕琢出居所,
阳光如蜜般洒落。
陶工在集市上

贩卖圆形的水罐,
织者以绿黄丝线
编织闪光的蝴蝶,
直至荒芜平原盛放出
技艺的芬芳。

我熟知
你回声四起的森林。
我南行的脚步踏遍
恰帕斯芬芳而遥远的大地。
我都记得。
蓝灰暮色骤然降临,
天空与光亮,皆被吞噬。
唯见枝繁叶茂。
那是世界的中心。

即便风雨交加,前路未卜,
黑色的土地或绿色的夜晚
并未让我深感压抑,
我第一次发觉
自己不是悲伤的始祖,
也非永恒苦痛的过客。

大地厚重而充满生机,
教会我如何融入它的身体。

我历经痛苦与挫败。

从泥土中,

我初次领悟,

孤独的人,唯有在歌唱中,

方能找寻到快乐。

森林中的合唱

如同火焰噼啪作响,

鸟鸣如溪,潺潺不绝,

野兽惊叫,划破宁静,

有时一切又归于沉寂,

直至铺天盖地的蝗虫

令大地猛然颤抖。

我哑然失声,

震撼而敬畏,

那是某种天籁之力,

让星夜深邃涌动,让声响不绝于耳。

★

百合花摇曳,天空也仿佛在颤动,

阴影藏起暗色的石头,

一缕海浪轻轻涌起,

钟声之河流转不息。

深夜投射出新的目光，
世界缓缓被夜色浸染。
星光如脉搏般跳动，
我独自
被围困在夜晚锯木厂的旋律里，
落入蝗虫入侵的壮阔乐章中。

我回到故土，倚着
冬日冰冷的窗台，
凝视黑岛外
冷海中无尽的波涛。
正午的光辉
在盐的重量下渐渐消逝，
河口的泡沫
延伸至时间与沙粒的尽头。

视线中，鸟儿
似饥饿的船只
箭一般掠过海面，
寻觅蓝色的火焰，
探求温暖的礁石。
我想，终有一天
翅膀将带领它们降落在
墨西哥无垠的海岸。

它们由与生俱来的渴望驱使，
被神秘莫测的航路吸引。

在此，我对它们说：
来吧，飞落在
灌木丛的蓝色磷光中，
在墨西哥的海岸
播撒你们飞行的果实。

饥肠辘辘的鸟儿啊，
尽享给与你们的
慷慨馈赠，
银亮鱼儿，
以及如风暴般澎湃的血液吧。
哦，墨西哥，
请收留来自遥远南方的翅膀吧，
那里，大陆的尽头
覆盖着白色泡沫，
属于美洲未知的领域。
感受我们各自生命的脉动吧，
你的血液、你的谷物、你的无助、
还有你无垠的星空
都被一一了解。
我们一起成长，
我们同根同源。

嫉妒

我从衬衣上,从皮肤上,
逐一拔出别人的嫉妒。
它们如影随形。
在一滴水的
透明世界里
我陷入忧思。
无论他们正遭遇不幸,
还是在平静中创作,
我都倾尽所能去爱。
而时至今日,我仍不解
他们究竟如何,又在何时
用无声的皱眉
取代百合与柠檬树,
或在原本绽放的笑容里
刻下一道伤痕。

★

那张伤痕累累的嘴!

曾经的甘甜，已无踪迹！

岁月之风猛烈吹过，
带来飞扬的尘土、食物、
爱的碎片、
被蛇缠绕的花瓣、
憎恨留下的残酷灰烬，
这一切
都泛滥在受伤的嘴里。
愤怒的网铺展开来，
被遗忘的悲伤残渣
滋养着蔓延的触手，
嫉妒好似一只紫色的水母。

★

佩德罗，捕鱼时的你，会怎么做？
是将鱼儿放归海里，撕毁渔网，
闭上眼睛，
无视广阔世界里生命繁衍的迫切需求？

我承认我的罪孽！
无论我从大海中拿走了什么，
珊瑚、鱼鳞、
彩虹鱼尾，

鱼儿、话语、
银色叶片，
甚至一颗水下的石头，
我都视若珍宝，用我的生命之光照亮它。

身为渔夫，我收集遗失的东西，
我的所为不曾伤人。
我没有去伤害，或许我造成过致命伤害，
那渴望看到光的灵魂，
代替我颂扬，
他的不羁被赞歌平息，
却不愿遨游在我的胸膛，
选择独自破浪前行，
但风来了，
带走了他的声音，
那渴望光明的灵魂，
最终未能降世人间。

★

树木属于森林，或许
人的成长可以忽视
周遭万物之天性，
而后恍然惊觉
不只有根系，还有黑暗，

不只有果实，还有阴影，
那是时光与枝叶在生长中
遗留的暗影和夜晚，
在潮湿密闭的空间里，
本应茁壮成长的种子
寻不到一丝光亮的指引。
饥饿的种子
错失太阳的馈赠，
在幽暗深处，它的灵魂
扭曲地自我生长。

★

或许，我并不知道，或许，我未曾知道，
或许，我永远都不会知道。

繁忙令我无暇顾及，
没有目睹、或倾听、或寻求、或感受
周遭发生的一切。而以爱之名，
我坚信颂扬是我的使命，
我在赞歌中成长，抛却过往，
驱散斗争的阴霾。
这是我的奉献，我的职责，
清晨与木匠为伴，
夜晚与骑士共饮，

以文字为载体，倾注心血于诗歌，
我坚信
无论身处烈焰中心，
还是远离火光之地，
无论靠近生命之源，
还是置身灰烬之中，
我都在努力；
我坚信，倾尽所有，
为保持清醒刺痛自己，
奉献我的全部所见、全部时间、全部生活、
全部热血、全部思想，
以及从万物中得到的领悟：
康乃馨的慷慨、
木头的静谧芬芳、
爱情、河流、死亡，
还有城市和大地赋予我的所有，
无论从波涛汲取的灵感，
还是战争中破屋的荒凉，
亦或秋夜里偶遇的明灯，
更有人类和他们的机器，
劳动者的辛劳与忧愁，
以及雾中穿行的船只——
这一切，远不止这些
都是我对世间的亏欠，
我竭尽所能去偿还，

而我唯一的筹码
便是我的满腔热血。

★

那么,我该如何应对?

我该如何归还
我从未偷走的东西?
春天为何
赠予我一顶黄色的冠冕?
又有谁,满心困惑与不甘,
在森林深处寻觅它的踪影?
恐怕为时已晚,
无法往他苦涩的杯中
倒入丢失的明晰真相。

也许时间,让他的声音、
他的嘴唇、他的正义变得麻木不仁,
而时钟无法倒转,
我们再也回不去那平和的光阴。

★

刺骨的仇恨

逐渐筑起愤怒的堡垒,

为我备好一顶残酷的王冠,

嵌着满是锈迹和血迹的尖刺。

并非骄傲

令我远离这恐惧,

也非自私的忧伤

或累积的喜悦

驱使我将力气浪费在

复仇

或权力的追逐之上。

我的无助才是真正的缘由。

在每一次遭受嘲讽时,

黎明的曙光

让我渐渐摆脱新的伤痛,

我的双手被捆住,

胸口的石头上长出青苔。

我被蔓生植物覆盖,

一只只绿色的小手将我环绕,

我走进森林,赤手空拳,

不如在三叶草的庇护下,沉沉睡去。

★

哦，我对剑之利刃最为谨慎，
我性格温和，不易动怒，
自豪于自己的坚韧，
但当塔楼中的斑鸠，咕咕低鸣，
陶匠之手轻抚陶土，制造器皿，
我颤抖不已，身体被刺骨的寒风穿透。
我的心随着斑鸠一同飞翔。

雨落下，我走出房门，沐浴。

★

我走向我所爱的生灵，
太阳直射岩石之上，
万物蓬勃，生生不息，
浑然不知无法停下成长的步伐；
麦穗渐满，果实累累，
无需命令和指引；
在这混沌未分的世界中，
或许正是这隐秘的冲动，
这面包与沙粒间的微妙躁动，
设定了自身的法则，
而我不再是我，仅是一个生命体，
在每日的丰盈中
发酵并塑造自己的形态。

当嫉妒成为某些人的职业，
闪着寒光向我袭来，
我的身体便汲取到额外的养分，
那是我创作的力量之源，
犹如一种强烈的酸
带来短暂而刺激的体感，
好似被灼伤的舌头接受冷水的考验。

★

或许，嫉妒就像一颗
由碎在街头的玻璃
拼凑而成的星星，
它是勋章，
在颂歌中，装点我每日携来的面包，
也烙印在我，一个手艺精湛的烘焙师心上。

05
批判奏鸣曲

艺术的魅力

书籍,诞生于无数的爱和旅程。
倘若书中没有动人的亲吻或绮丽的风景,
没有男人的忙碌,
没有女人的存在,
没有饥饿、渴望、愤怒、征途,
便与盾牌和钟铃一样毫无用处:
没有眼睛,也无法睁开眼睛,
只有呆板无趣的陈言。

我爱彼此身体的纠缠,
用热血和爱情雕琢我的诗篇。
在坚硬的土地上,在火焰与露水间,
我让玫瑰绽放。

正因如此,我才不停歌唱。

夜

我不想去感知,也不愿去做梦,
谁能教我要如何做到,
如何活着,却像死去一样?

河水为何不息地潺潺向前?
石头的天堂,又在什么地方?
静候,直到伟大的迁徙
划定好飞翔的轨迹,
最终在冰封群岛
呼啸的风中翱翔。

静候,如一座被遗忘的
地下城,
厌倦了大街小巷,
深埋地底,
神秘而无人知晓。
没有熙熙攘攘的市井繁华,
只在宁静中安度时光。

有时,它是无形的风景,

说着无声的语言,唯独听到的
是那场敲响大地的雨水,
和那次影子一般的飞行。

写给争论不休的人们

这些婚姻的样貌已经改变,
难以相处的伴侣,
为何不将过往斩断,
为何他们的故事无法画上句点——
男人和女人,声声抱怨,
佩德罗和佩德拉,争执连连,
罗索和罗莎,拳脚相见?

谁也不愿看到
婚姻如剑鱼般针锋相对
或在眼泪的海洋中
渐渐沉没。
恳求你们,请至少做到,
求同存异。
不必亮出刀叉,
也无需露出假牙。

在爱的交汇处
尚有眼泪的余地,
而爱的坟茔

却不够土壤去填满；
我们不在日落之时
相互撕咬，彼此伤害——
那是属于暗隅的勾当。

纸牌

我手里只有
六张方块，
七张红桃。

以及一扇水之窗。

一张犹豫不决的侍从
和一张马背上
手持宝剑的骑士。

还有勇敢的女王
头发染血
双手戴金。

现在，请告诉我
该如何出牌，如何占上风，
该扔掉哪张，抽取哪张——
是万能牌，
是红桃，
还是黑桃或女王？

愿有人为我指点迷津，
解读这时间的游戏，
这生命的钟点，
这沉默的牌局，
阴影及其目的，
然后告诉我怎样出牌
会继续失利。

黎明破晓

黎明破晓，
心无愧疚，
也无忧虑，
而后
时移世易，
光阴轮转，
风云变幻。

一切晨光所赐
已消逝无踪，大地渐渐
耗尽生机，
心田再无热血，
春天再无绿叶。

何来此时此景？
为何钟声错鸣？
难道这是万物的定律？

如何扭转这一切，挣脱命运的网，
让阳光重回阴影，

直至夜晚扩张到
可与白昼抗衡？
愿我们让此日新生，
愿探索无穷无尽，
愿时光重拾光辉，
战胜愧疚与忧虑，
就这样，我们的生活
便成为纯净的晨曦，
清澈的溪流。

孤独

如此猝然的无人问津,
我似乎被时间遗忘,
无人察觉,无人认出我,
如同我藏于椅下,
如同我隐于夜里。
仿佛不存在,
我便久久静候原地。

而后,我询问周遭的
男男女女,
他们何以如此从容不迫,
又从何习得生存之道?
他们只笑而不语。
继续舞蹈,继续生活。

无人问津
成就了此刻的静默,
而我,也不再多说,
只在原地静候。
彼日,在那方天地,

我不知一切为何,
但如今的我,已宛若新生。

最终空无一人

最终空无一人，没有声音，没有嘴巴，
没有眼睛，没有手脚；一切皆离去。
清朗的一天宛若圆环，
冷冽的空气如裸露的金属。
是的，金属、空气与水，
以及盛开的黄花，
花簇厚重，
香气更挥之不去，
皆为大地的遗产。

真理何在？而钥匙
已在万千门扉中迷失方向，
在无数同类间，
再也
　　未寻得
　　　　自己的锁。

最终，
因此，无处丢弃
那钥匙，那真理，那谎言。

此地
没有街巷，没有门户。
沙地只在震颤中起舞。
整片海洋，整片寂静，
整片黄花都在绽放。
大地的暗香飘散，
但这里没有路，
便无人踏足，唯有
孤独回响，
宛若钟声浅吟低唱。

或许我们还有机会

或许我们还有机会
生存下来,公正对待。
昨日,真理不合时宜地
消亡,人尽皆知
却视而不见。
无人为它献上花束。
无人为其逝去哭泣。

在哀伤与遗忘之间,
在被埋葬的不久之前,
我们或许能把握
死亡与生存的机会,
穿街过巷,
远渡重洋,
翻山越岭,
最重要的,是遇见不同的人,
去找出杀死真理的元凶
是我们还是他们,
犯下罪行的
是我们的敌人还是爱人,

因为真理已经逝去,
而现在,我们可以公正对待。

曾几何时,面对敌对势力
我们一无所知,
伤了自己,忘了为何战斗。
溅在身上的
不知敌方还是我方的鲜血,
我们无休止地控诉,
也无休止地被控诉。
他们痛苦,我们也痛苦,
最终他们没输,
我们也没输,
而真理已经逝去,
死于暴力或者年迈。
如今一切成空。
我们都是战败者。

所以我想,或许
最终我们可以公正对待,
或至少可以生存下来。
这是最后的机会,
在那以后,我们将不复存在,
并不再回来。

片段纪事

今天,再次迎来晨光,理性,
犹如先祖,或许更像
那些明日的劳动者,
单手拿起工具,
双手拥抱自豪。

若无他们,船只踉跄,
高塔难掩其威严,
旅人被双脚羁绊——
哦,人类啊,迷失了方向!
逝者呵斥,不甘将一切
留给贪婪和粗鄙,
我们难抑怒火,
誓要重归理性之路。

同志们,今天我再次
怀揣比水果还甜的梦想,
它与你,与你的命运,与你的痛苦紧密相连。

我必须摒弃骄傲、孤独和狂野,

站在人类共同的土地上，回归
人类责任的庇护。

我知道我能为
那些纠结于文字、
误入地狱之门的人们
带来纯粹的喜悦，
这仅是饱足者的使命。
我的诗歌仍是雨中一条小径，
是赤足孩童上学的必经之路。
而我只被沉默打败，
若给我一把吉他，我便将苦涩吟唱出来。

★

人人自问："发生了什么？"

浩瀚的沉默

人人都在沉默中自问，
生活便染上了毒，
日日夜夜，无人知晓缘由。
他在寂静中蜿蜒前行，
如同黑色雪花落满人行道，
饥饿的耳朵等待着信号，

而回应的
只有微弱的、无处不在的嗡鸣。
太多人失踪,他们留下的空洞
连成一片:
一个接着一个,
形成一张网,这便是国家。
是的,转瞬间国家成了一张网。
虚无包裹着每个人,
在一张没有线的网中,束缚着
眼睛、耳朵、嘴巴。
没有人可以感受——
因为已无所感受。
他们无权开口,
眼睛看不到缺失,
心被挤压在里面。

我行走其间,紧握双手,
举起河水色泽的杯子,
品尝鲜血换来的面包,
睡在人类荣誉的庇护下,
叶子茂盛生长,
仿佛整个地球的生机
都凝聚在一棵树上,
我的每一位兄弟都以
新式的高贵礼仪迎接我,

他们沾满面粉的双手
为世界烘焙崭新的面包。

然而，那时，我们感觉到
愤怒弥漫在人们之间，那是
来自鲜血与黑暗的伤口——
发生过的一切，沉默与
未说出口的问题，消逝在
屋内、街头、厂里。
有人失踪，但无论
母亲、父亲、姐妹还是兄弟
都无法面对那苦涩的缺席留下的空白。
缺席的人留下一片伤疤般的空白。
朋友们不敢直视，不敢询问，
否则自己也会化作空气，
突然消失在虚无中，
无人察觉，无人知晓。

悲伤

空虚的胜利带来的巨痛
在每个人心中！恐惧的触手
从钟楼伸出，
沿着石砌的城垛蜿蜒而下，
影子般潜入每一户人家，

紧紧扼住人们的喉咙。

哦，那段时光，如同沼泽中的冷水，
黑夜无盖的深井，吞噬了孩童——
无人知晓，无人听见那尖叫。
而星辰，依旧高悬于天空。

我们保持沉默

了解是痛苦的。而我们已经了解。
每一个从阴影中透出的真相
都让我们历经不可避免的苦难。
谣言变得真实，
黑暗的门槛被光填满，
痛苦也随之得到平反。
真理，是从死亡中绽放的生命。
沉重的它，承载着沉默的巨担。

还是要付出鲜血的代价，
过往有太多坚硬的磐石。

但那是辉煌无比的胜利之日！
金色利刃将黑暗划破，
交谈如车轮般启动，
在失而复得的光明中滚滚向前，

开往最遥远的地方。

如今，鲜花为
太阳宏大的能量加冕。
同志间的询问
再度迎来回应。
那条曾让人迷失的阴霾之路，
与真理为伴，重归正途。

共产党人

我们，将灵魂注入石头，
注入钢铁，注入严明的纪律，
我们依靠爱而活，
当星辰因月食的阴郁而失真，
众所周知，我们曾血流不止。

如今，你将看清我们的真容与思想。
如今，你将目睹我们的现状与未来。

我们是大地的纯粹银辉，
是人类世界的真实矿物。
我们化身海洋无尽的波涛，
承托所有希望。
黑暗时刻不会蒙蔽我们的眼睛。

当逝去之时，我们将毫无痛苦与遗憾。

我的敌人

至于我，我要在恶劣天气的肆虐中
种下一棵树。
我要提及我自己，和那些
让我陷入死亡威胁的名字，
还有那些不爱我，并希望
地球崩塌并将我压碎的人。

狼群逼近

当黎明的曙光、
石头、雪花、风信子、蜂蜜、沙子，
在堡垒中褪色，
历史在那一刻湮灭，
他们向我和我的同胞袭来，
将我的头重重捶向地面，
以为他们活着而我已死去，
或许他们认为在漫长的痛苦中
可以将自己洗净，
并在逐渐流逝的记忆里，
为自己创造一个永恒的时刻。

没有骄傲

对于那时未曾目睹这一切的人,
我将在这匆匆翻过的几页中
不留任何吹嘘,不留任何痛苦,不留任何欢乐。
经历过就足以让我放声歌唱,
但我的歌声又能飘向何方?

我们的忠诚

爱的风接管了它。
它没有寻找破碎的塔楼,
没有寻找化为尘土的雕像,
没有寻找虫豸潜伏的洞穴,
也没有,错误地,寻找我那毫无生机的祖国。
它被婉言拒绝,
于是继续在颂歌中,未曾问世,
也不知自己诞生时,会绽放怎样的光芒。

我们是非卖品

毫无用处,
大牧场主设定的限制性条件;
毫无用处,
商人在黑暗中孵育金蛋的疯狂阴谋:

灵魂的法则不允许
为了金钱和利益出卖自己。

诗歌

于是诗人把自己的命运
和被殴打的兄弟联系在一起，
和地底下的劳工联系在一起，
在与石头抗争之后，
他苏醒过来，而后独自，沉沉睡去。

诗人

他也选择了自己封闭的祖国，
那里，是豆类和士兵的摇篮，
有雨中幽暗的小巷，
和夜间艰辛的劳作。

所以，请别盼我回来。

我并非那些自光明之处归来的人。

不，我的朋友们

那些企盼我站在街角，售卖

我的武器、
我的思想、我的希望的人，
其暗中窥视皆为徒劳。
威胁、贿赂、愤怒和谎言
每天都响在耳畔，
但我从未放弃过信念。

荣誉

在茫茫海边，一切都显得毫无用处，
不怀好意的交易不计其数；
但那些明天
用不同时代的眼光
看待我生命终点的人
将会发现，我在荣誉之中找到了自己的快乐。

罪恶

在自己的错误中受尽折磨，
悲伤而虚弱的他，
寻觅一个可以无条件承受
他所有重担的人，
于是，他将长久以来背负的石头
投向那个为他开辟道路的人。

那块石头,砸在我的额头。

我的伤口,铭记着我的兄弟,
他爱我,却找不到任何方式
与我交谈而不致伤我,
一个心怀恨意的人,未曾意识到
光明之中,我承接了他的黑暗,
为他的悲伤而战。

我不放弃

他们全都盼望
我的创作与我的信仰自高处坠落,
期待我以《黄昏》为例,
承认自己的错误,从而被扣上
叛徒的帽子。

在那迟来的时刻,我那颤抖的批评家
为我竖起了断头台。
这非同小可,却远不止此,
仿佛我成为一个
突然爆发革命的共和国,
号角对我吹响,
而小小的虫豸
也抵达茅厕,那里,

皮皮帕塞罗①在他的小便中进行审判。

我在这里

白昼如洗,沙滩被冲刷干净,
洁白清冷,海浪翻涌起泡沫,
在那无边的孤寂中
我的自由之光,燃烧不息。

但这个世界,并非我心之所向。

西班牙一九六四

无情的文字刻在
墙上,最后的宴席中
餐盘沾染鲜血。
佛朗哥端坐在西班牙餐桌旁,
披着斗篷,不停啃噬,
为他的骨灰屋添砖加瓦,
而此刻,身陷囹圄之人,那些
将最后一朵玫瑰系于枪上,在狱中
歌唱的人们,呼喊起来,
这是来自监狱的合唱,

---

① 指乌拉圭外交官及诗人里卡多·帕塞罗(1925~2009)。

被扼住喉咙的灵魂在哀悼,
铁链在吟唱,
心在没有吉他的伴奏下哭泣,
悲伤在隧道里徘徊。

悲伤

当我初睁双眼,望向这个世界,
迎接光明、变化、
食物、爱和语言,
我怎知人类处处
背弃与光明的誓约,
设立并延续惩罚的枷锁。
我的美洲残酷地将它的孩子们
拴在悲伤的石头上,
无休止地折磨自己的子民。

美洲暴君

我与我的同胞,
与流亡者和亡魂为伴。
我唤醒狱卒,询问
我失踪兄弟的名字,
有时回答我的
是深井的沉默,

是半开墓穴的寂静,
是父母哑然失声的绝望。

我心中燃烧的火焰,
来自不灭的荣誉和流血的手指,
仿佛我必须汇聚起
淌在赤道的鲜血,
并始终成为别人,而非自己,
而当成为自己之时,却毫无喜悦之情,
因为,自一片空旷的荒原起,
我的诗歌便填满了囚徒的身影。

纯粹的灵魂

我意识到街上的人们
坚信作家应保持孤独。
他们派他到沙漠的高塔,
不愿与他的严肃为伴。
唯我珍视他,带着忧虑与盲目。
他等待恐惧与痛苦的葡萄
在黑暗中成熟,
他热爱旅人路途的漫长,
却认不出自己的双手,
也看不到笼罩在身上的苦难,
他沉浸在思索中,

渴望忘却人性的不确定。

人民

与此同时,不同族裔的人民
在土地上挖掘,在矿坑中休憩,
在刺骨的冬日里捕鱼,
亲手钉好自己的棺材,
建造他们无法居住的城市,
播种明天不属于他们的粮食,
与饥饿和危险不停抗争。

不必

想要独处,
想要在黑暗中生活,
不必吹口哨。

在茫茫人海中,在广阔天空下,
我们记起不同的自我,
亲密的自我,赤裸的自我,
唯一了解自己的指甲如何生长、
自己的沉默如何形成、
自己的拙词如何说出的自我。
人们看到的,有公众面前的佩德罗,
举止得体的贝蕾妮斯,
但在内心深处,
在年龄和衣衫之下,
我们仍无姓名,
我们大不相同。
合上双眼不只为入睡,
也为不再看见同一片天空。
我们很快感到疲惫,
仿佛上课铃声响起,

召唤我们回到课堂，
我们回归隐匿的花朵，
回归骨骼，回归半隐半现的根，
而就在那里，我们蓦然发现，
我们是纯粹的、被遗忘的、
真正的自我，
囚禁在这独特身躯的四壁之内，
游走于生与死的两端之间。

去集市看看吧

去集市看看吧!
那里有我的全部生活!

去集市看看吧!
我的朋友们!

小心别伤着鱼!
满月之夜,它们已遭
暗中渔网、鱼钩
和渔夫之手的利诱,
一一殒命。它们曾相信
不朽之说,而今却只剩
皮囊与内脏,银鳞与鲜血
留在秤上。

留心那些鸟!
别去触碰那渴望飞翔的羽毛,
飞翔,也是你儿时心中
的愿望。
如今它们变得神圣起来。

它们属于死亡的废墟、金钱的交易。
在那片残酷的锈色宁静中,
它们会再次闯入你的生活,
而当你离去之时,即便美德满身,
也无人前来探望,
更无人留意你的遗骸。

去看看橙子的色泽,
薄荷的芳香,
以及裹着泥土的可怜土豆。
去看看
翠绿
又鲜嫩的生菜,
尖尖的辣椒蓄势复仇,
茄子圆润而饱满,
萝卜鲜红而冰凉,
芹菜卷曲在自己的旋律中。

当心那块奶酪!
它来此不只是被贩卖;
还要展示它内在的馈赠,
它洁净无瑕的纯美,
它大地母亲般的丰腴体态。

看到板栗时请注意,

它们是小小的木制月亮，是秋天
为封存在红木箱里的开花类食物
而精心打造的容器。

在集市里要提防刀具，
它们有别于五金店的那些
看着像被包裹起来的溺水的鱼，
大同小异、成百上千地堆放在一起；
集市里的它们熠熠生辉，游刃有余，锋利无匹，
在水的滋养下再次焕发生机。

倘若豆子
经慈母之手细心打磨，
又被大自然
抛光成指甲般平滑，
随后，其外壳褪去，
重获丰盈的生命。

假如母鸡
在手中扑腾不已，
不只因人类为满足残忍的需求
制定割喉的法则；
复仇的黑莓也会聚集在
荆棘丛中，
丁香亦可如尖刺般伤人，

寻觅可怕又神圣的
殉道之人选。

然而,番茄却展露笑颜,
果肉中洋溢着喜悦,
如此丰满,令人惊叹,
被光线垂直穿过,
天真地赤裸在摊位上,
而苹果的苍白
与黎明的河流争辉,
白昼从那里升起,
奔赴它的战场,它的爱情,
以及它的汤匙。

我不会忘记斟酒漏斗。
它们给予战士们遗忘。
它们是葡萄酒的头盔,
鲜红的酒总是好斗、喧闹,
从不被敌人打倒,
也从未忘记它刚刚
滑入小丘般漏斗时的情景。
葡萄酒依旧记得它那紫色的液体
是如何从漏斗倾泻而下,
宛如火焰从火山口喷涌而出。

在瓦尔帕莱索蜿蜒的街道上,
集市如绿色的身躯舒展开来,
它只在白天华丽绽放,
随后,夜晚便吞噬掉
买卖中蔬菜的光芒,
在此劳作的人们
朴素而干净的衣裳,
以及用令人费解的金属
精心搭建的摊位——
在白昼的光芒中,
一切都匆忙地开启,
摆放、出售、传递,
而后如烟雾般消散。
卷心菜似乎亘古不变,
如一堆泡沫圆滚滚蹲踞在那里,
而一捆捆凌乱的
带着根须的胡萝卜,
或许代表着永远的存在。

当人群散去——
老妇人,小个子男人,
牵着狗的疯女孩,
炼油厂的机械师,
纺织厂的米凯拉、胡安·拉米雷斯,
还有无数个拉法埃尔、

玛丽亚、佩德罗、玛蒂尔德、
弗朗西斯科、阿曼多、萝莎丽奥、
拉蒙、贝拉米诺,
他们带着海洋的气息,带着波涛的汹涌,
带着瓦尔帕莱索的鲜明、
冲动、渴望离开了集市,
没留下一颗卷心菜或一条鱼。
一切都被人群带走。
一切从一个洞口传至另一个洞口,
仿佛巨大的隧道满溢而出,
滑下生命的咽喉,
化作睡眠和运动。

我先逛到这里,集市,明日再会。
我把这(棵)生菜一同带走。

记忆

我必须铭记万物,
追踪每一片草叶,所有
凌乱事件的脉络,
栖息之所的每一寸土地,
无尽的铁轨,
痛苦的表面模样。

若我不慎忘记一朵含苞玫瑰,
或将黑夜与野兔混淆,
甚至记忆里的一整面墙
轰然崩塌,
我便有责任重塑空气、
蒸汽、土地、叶片、
毛发,乃至砖石、
刺伤我的荆棘、
疾速的飞翔。

请对诗人温柔以待。
我向来健忘,
我的手只能抓住无形之物,

那些不可触及的存在
唯有消逝之后
才能被比较。

烟雾似香气缭绕,
香气又似烟雾飘渺,
沉睡身躯的肌肤
在我的吻中苏醒;
但请别问我日期
或所梦之人的名字——
我也无法丈量那条
可能没有归属的路途,
真理或许已经改变,
或许在白昼隐退时
化作一缕游荡的光,
化作暗夜中的萤火虫。

漫长的星期四

我刚醒来,便认出了
这一天。今天即昨天,
只是换了名字,
一位我以为已失去的朋友
回到我身边,给我惊喜。

星期四,我对它说,等等我。
我要打扮一下,然后我们一起出去
直到你消失在夜色里。
你不见了,而我会继续
清醒着,习惯黑暗带来的满足。

但事情并非如此发展,
我来和你详细说说。

洗脸时我磨磨蹭蹭,
泡沫在脸颊上的感觉
令我愉悦!
滑过脸颊的白色泡沫
仿佛是大海的馈赠。

我的脸是一座隐约可见的孤岛,
环绕着肥皂沫筑成的礁石,
而在微小波浪与
温热刷子和锋利刀片的交手中,
我一时疏忽,不慎
受了伤,
滴滴鲜血
染红了毛巾。
我急需止血剂、棉球、碘酒,
恨不得整间药店都跑来帮我。
而回应我的,只有镜子里
那张洗得糟糕,伤得严重的脸。

我的浴缸
用胎儿时期的温暖
吸引我将自己浸没其中,
我的身体慵懒地蜷缩在一起。

那浴缸
犹如子宫般将我环抱,
我仿佛在静止的水中,等待出生,
一团松弛的身体
深陷在虚无里,
我迟迟不愿起身
接连几个小时,

在温暖的水中
惬意地晃动双腿。

我用了好长时间将身体擦干,
一只袜子接着一只袜子,
一条裤腿接着一条裤腿——
穿一只鞋就耗费了一个世纪,
所以,当我沮丧地犹豫不决时,
我挑出一条领带,终于准备动身
去探索,寻找帽子的霎那,
我意识到为时已晚。
夜幕已然降临,
我又开始一件一件地将衣服脱掉,
钻进被窝,
很快进入梦乡。

一夜过去,
先前的星期四又走进门来,
摇身一变,成为星期五,
我面带怀疑,向它微笑致意,
不再相信它的身份。
等等我,我对它说,
门窗大敞四开,
我又开始了我的生活日常,
从肥皂沫到帽子,

而我渺小的努力
在准备出门之际
又迎面撞上暮色。
我再次一丝不苟地把衣服脱掉。

这段期间,办公室内许多事务等待处理,
那些令人讨厌的记录,
那些如迁徙的小鸟般
纷纷落在纸上的数字,
以一种威胁的阵势排布。
在我看来,
所有事情同时在等我——
刚与我坠入爱河的恋人
在公园的树下翘首以盼,
让我心中永远春意盎然。

而吃饭之事已被忘记,
我每天一件一件穿上
我的衣物,
每天进行梳洗打扮。
这种日子难以忍受:
衬衫时时都成问题,
内衣更加不够友好,
夹克实在让人厌烦。

直到，一点一点地，我死于
营养不良、犹豫不决、一无是处，
死于日复一日的白天
和寡妇般守候的黑夜。

当我最终死去，一切都变了。

我穿着得体，领带上镶嵌珍珠，
胡须被精心修剪，
我想外出，却不见街巷，
虚幻的街头空无一人，
自然，也没人等我。

而星期四，将一整年不再落幕。

餐桌上的菜肴

优雅进食的动物

我曾观察动物进食。
我看见豹子,骄傲地
踏着轻盈的步伐,以速度
打破令人炫目的美,
它布满六边形斑点的身体,
在金光与烟雾交织的瞬间腾飞,
扑向猎物,
将其吞噬,
如同烈火焚尽一切,
干净利落,毫无拖泥带水,
随后返回,
洁净如初,身姿挺拔,
回到树与水的世界,
回到芬芳的绿色迷宫。
我看见清晨的牲畜在草丛中,
温柔得如掠过三叶草的微风,
伴着河流的旋律悠然进食,
阳光洒在抬起的头上

宛若王冠,
身上沾满露珠,
兔子啃食着鲜嫩的草——
口鼻精致而不知疲倦,
有黑白相间的,有金色或沙色的——
排成一行,像移动在草地上的
干净图案,
我还看见庞大的象
用长鼻嗅探并收集
隐秘的嫩芽,
当它那美丽的耳朵
如帐篷般因喜悦轻轻颤动时,
我恍然大悟,
它在与植物交流,
这纯真的动物,正收集着
纯净大地为它保留的馈赠。

非人

但人类的行为并非如此。
我目睹了人类的餐桌、厨房、
船上的餐厅、
俱乐部或郊区的饭馆,
我参与过人类生命中每一刻
不羁的热情。

他们挥舞叉子,将醋洒在油脂上,
手指沾满鹿肋条肉,
还将鸡蛋混在恶心的汁液里,
吞食生命还在齿间跳动的海底生物,
追捕红色羽毛的鸟儿,
伤害游弋的鱼,
用铁矛刺穿温顺绵羊的肝脏,
碾碎脑髓、舌头和睾丸,
沉浸在数百万英里长的意大利面中、
流血的野兔中、各种内脏中。

童年时被杀死的一头猪

我的童年也浸泡在泪水里。我那些
充满疑问的清澈日子,
被猪的暗红血液玷污,
那尖叫声依旧在恐怖的远方回荡,
不断加剧。

杀鱼

在锡兰,我见过他们切割蓝色的鱼,
纯黄琥珀色的鱼,
紫罗兰色、磷光闪闪的鱼。
我看到它们被活着切成碎片、出售,

每一片肉都在颤抖,
如同手中的皇家珍宝,
在苍白而贪婪的刀刃上跳动、流血,
仿佛在痛苦中仍渴望
倾吐出水的火焰与红宝石。

隐藏的善良

大家多么善良啊!
胡安、西尔维奥和佩德罗,他们多么友好!
罗莎也是如此和善!
尼古拉斯和豪尔赫实在美好!
路易斯先生和路易莎夫人也十分和蔼可亲!
我能想到太多善良的人!
是的,这就像一座谷仓;
或许只有好的谷物来到我身旁。
但不可能,我走过那么多地方,
不可能找不到例外,
无论老先生还是小伙子,无论女人还是女孩。
他们都一样,外表或许坚硬,
或许柔软,
但我能看到他们的内心。
他们像西瓜一样向我敞开,
里面是纯粹的果肉,纯粹的果实,
只是很多时候,
他们既没有窗户也没有门。
而我是如何看到的?我是如何
体会并品味他们的?

事实是,邪恶才是秘密所在。

隧道深处没有春天,
老鼠掉进了井里。
从此井水不再纯净。
或许在罪行发生之后
我与阿马德奥交谈过,
我记不太清,
那时他的生命
已一文不值,
但我发现罪行并未改变我对他的看法,
善良依旧在他心中,未曾表露。
他对善良的贪求致使他走向邪恶。

而一旦他的处境改变,
他的邪恶便暴露无遗,
那是他唯一能给予的东西,
他仅给予一次,然后保持原样,
他并不邪恶,而是受到了诅咒。
当这个可怜人从无知中挣脱出来
已为时太晚,
而他的清醒变成了他的不幸。

我生命中遭遇的敌意,
多数都关于一个宿敌,

K 先生①,一个说话结巴的诗人。

他并不邪恶,

却因没有灵感创作而痛苦不已。

他不能像火那样燃烧,

也无法像矿物那样保持沉默。

所有这些事情

对他这个自命不凡、夸夸其谈的人来说

都不可能做到,

他却在家门口,在人群和鼓声中

表演翻跟斗,

路人从不知道他是谁,

他只能孤独地

去诋毁那位去工作的诚实公民。

这个世界有许多需要改变

来证明我们都是善良的

而无需太过费力。我们不能

将善良变成武器。

如果这样做,

城市将变得空无一人,

每扇窗后都小心翼翼地隐藏着

渴望看到我们的眼睛,和我们看不到的眼睛。

---

① 指智利诗人巴勃罗·德·罗卡,在自传中聂鲁达称其为"某某"。

我们接受了不想要的

哦，多么渴望说"不"，
"不"，"不"，"不"。
我们耗费或失去了
多少时间来说
"是"，"是"，
"是"，"是"，
"是"，"是"。
那时我们深陷泥潭，
从星辰跌落到
遥远的地方，置身于野牛群中，
它们怒火冲天，
角力相争，
而我们无法动弹，
进退维谷，那刻的迟疑不决
犹如被酸液缓缓侵蚀，
最终，我们完完全全地
丧失了意志，
留在那里，活着却仿若死去。
只因为总要去拯救
佩德罗和他的祖母免受苦难——

以此为标尺,

我们从生至死,

从眼睛到脚跟,

都在被衡量;

我们依照标准

被审判,

而后,他们毫无敬意地

告知我们

该舍弃

哪些内脏,

哪些骨头,

哪些牙齿和血管,

他们将这些从我们疲惫不堪的骨架中,

慷慨移除。

就这样,那个星期四过去了,

石堆间,

我们失去了双脚,后来

又失去了舌头。

我们在不知不觉中将身体耗尽,

在不知不觉中说了"是",

在一连串的"是"之后,

我们在活着的人群中死气沉沉,

而他们望着我们,以为我们死了。

我们不知道

接下来会发生什么,

因为其他人似乎都默认了活着,
而我们却在那里
从未能
说出"不","不",
也许想说"不",或曾经
说过"不",或一直在说
"不","不",
"不","不",
"不","不"。

交流

我宣告：结束一切掩饰和隐藏！

我们还要自欺多久，紧闭脸上的窗，
眼睛看不见，几乎要睡去。
对我们而言，唯有存在至关重要，
而存在是光明，是看见与
被看见，是触碰与发现。

反对一切无法绽放之物！

单单有根，却无其他，毫无用处！

我们无需
在水下的礁石中
或在被夜色淹没的玻璃里
消磨时光。
我们必须成长，高举旗帜，
在岛上生起篝火，
让沉睡的旅人
答复、

醒来、
回应
那始终黑暗的海岸上
突然燃烧的烈焰。
它源自我们璀璨的遗产，
源自真正的交流，
直到黑暗不再，我们活下来，
我们与他人，与众多男男女女同在。
我们在充足的光明中相爱。
我们为之欢喜的，是他们在充足的光明中看见我们。
真正的生活没有沉默。

唯有死亡，才保持沉默。

真理

我为你们献身:理想主义,现实主义。
你们是
水与石,
世间的构成,
光明与生命的树根。

即便我死后,也别合上我的双眼。
我仍需要它们去学习,
去观察并理解我的死亡。

我需要我的嘴
在我死后,继续唱歌,
我需要我的灵魂、我的双手、我的身体
继续爱你,我的恋人。

我知道这不可能,但我如此渴望。

我只爱那些拥有梦想的事物。

我有一座不存在的花园,满园鲜花。

我无疑是三角形的。

我仍怀念我的耳朵，
但我已将它们卷起，留在
马拉格塔共和国内陆的
一个河港。

我无法再承受理性的重负。

我渴望把今天创造成我们日常的海洋。

曾有一位伟大的画家来访。
他画士兵。
他们都是英雄，而这个善良的人
将他们画在战场上，
面露喜悦地死去。

他也画看起来逼真的牛，
如此生动，让我愈发感到忧郁，
准备开始无止境地反刍。

诅咒与恐惧！我阅读大量书籍，
不眠不休，
有关五月一日的诗篇不计其数，

所以现在我只写五月二日。

在我看来,人类
肆意践踏风景,
那些曾经拥有天空的道路,
如今在利益的趋势下
折磨着我们。

这也是美好之物常有的命运。
人们以自己的品味和理念为之包装,
仿佛我们并不渴望得到。

我们得让美人
在夕阳中
与她最不愿接受的追求者共舞。

我们不必把真理
当作药丸吞下。

而真实呢?无疑也如此;
但请让它丰富我们,
扩充我们,使我们冷静,
通过面包的真理和精神,
让我们明晰。

我们要轻声细语。我命令
纯净的森林
对其秘密守口如瓶;
面对真理,我说:不要停留太久
以免变得坚硬,直至成为谎言。

我不是指挥者,不负责任何事情,
正因如此,我珍视
我在诗歌中犯下的错误。

未来是太空

未来是太空,
土地颜色的太空,
云朵颜色的太空,
还有水的颜色,空气的颜色,
黑色的太空,容得下无数梦想,
白色的太空,装得下所有雪花,
所有音乐。

绝望的爱藏在背后,
找不到亲吻的空间。
每个人都有容身之所:
森林里,街道上,房屋中;
地下和海底都有一片天地,
但最终的喜悦在于看到,
       升起,
一颗空荡的行星,
巨大的星星清澈如伏特加,
空无一人,如此透明,
携带第一部电话抵达那里,
以便未来众人可以

讨论他们孱弱的身体。

重要的是忘了自己,
在崎岖的山脉中呼喊,
在另一座山峰上看见
刚刚登顶的女人足迹。

来吧,让我们离开
这条令人窒息的河流,
我们与其他鱼儿一同游弋,
从黎明到变幻莫测的夜,
此刻在这已被发现的太空中,
让我们飞向纯粹的孤独。

聂鲁达年表

从乡村男孩到浪迹城市（1904—1927）

1904 年　7 月 12 日，出生于智利帕拉尔，本名内夫塔利·里卡多·雷耶斯·巴索阿尔托。

同年 8 月，生母罗莎·巴索阿尔托因肺结核去世。

1910 年　聂鲁达在特木科入学。对于 6 岁的他而言，学校是一个让人大开眼界的地方，这里的一切都笼罩着神秘色彩。

1914 年　年仅 10 岁的聂鲁达写下了他的第一首诗。这首诗虽然当时并未引起太大关注，却展示了他非凡的文学才华。

1917 年　在《明日》杂志上第一次发表文章。

1920 年　在特木科结识校长加夫列拉·米斯特拉尔——1945 年诺贝尔文学奖获得者，拉丁美洲第一位获得该奖的诗人。因为父亲反对其进行文学创作，这个男孩便开始使用一个从杂志上看到的捷克诗人名字——聂鲁达，作为笔名发表文章。

1921 年　到智利首都圣地亚哥读大学，凭借诗歌《节日之歌》获得智利学生联合会主办的诗歌比赛一等奖。

1923年　首部诗集《黄昏》出版。

1924年　代表作《二十首情诗和一首绝望的歌》出版。

1925年　《伟人的尝试》出版。

1926年　《居民及其希望》《指环》出版。

世界之路（1927—1943）

1927年　任驻缅甸仰光领事。

1928年　任驻锡兰（斯里兰卡）科伦坡领事。

1930年　任驻爪哇巴达维亚领事。与第一任妻子荷兰裔爪哇女子玛丽娅·安东涅塔·哈格纳尔结婚。

1931年　任驻新加坡领事。

1932年　返回智利。

1933年　任驻阿根廷布宜诺斯艾利斯领事，并结识费德里科·加西亚·洛尔迦——20世纪最伟大的西班牙诗人，他把诗同西班牙民间歌谣创造性地结合起来，创造出了一种全新的诗体。《热情的投掷手》《大地上的居所（第一卷）》出版。

1934年　任驻西班牙巴塞罗那领事。结识黛丽娅·德尔·卡莉尔。

1935年　任驻西班牙马德里领事。主编诗刊杂志《绿马》。《大地上的居所（第二卷）》出版。

1936年　西班牙内战爆发，费德里科·加西亚·洛尔迦遇害。聂鲁达被免去马德里领事职务。同年与玛丽娅·安东涅塔·哈格纳尔分手，与黛丽娅同居。

1937年　返回智利。《西班牙在心中》出版。

1938年　父亲何塞·德尔卡门·雷耶斯去世。

1939年　任驻法国巴黎领事，负责西班牙难民迁移事务，安排"温尼伯号"运送部分西班牙流亡者抵达智利。

1940年　任驻墨西哥总领事。

1943年　与第二任妻子黛丽娅·德尔·卡莉尔结婚。领事生涯结束。归国途中拜访秘鲁境内古印加帝国遗迹马丘比丘。

回国—流亡—归国（1943—1973）

1945年　被选为国会议员，获得智利国家文学奖，加入智利共产党。

1946年　结识玛蒂尔德·乌鲁蒂娅。

1947年　《大地上的居所（第三卷）》出版。

1948年　在参议院发表演说《我控诉》。被智利最高法院剥夺参议员权利，遭全国通缉。

为了捍卫聂鲁达，著名画家毕加索发表了有生以来第一次演讲，主题关于聂鲁达的诗歌、所遭受的迫害以及他的逃亡。

1949年　翻越安第斯山，逃出智利，开始海外流亡。

1950年　《漫歌》出版。获得加强国际和平奖。

1951年　到访中国，授予宋庆龄列宁和平奖。

1952年　流亡结束，返回智利。

1953年　主编情诗全集《全部的爱》出版。

1954年　《葡萄和风》《元素颂》出版。将藏书与藏品赠予智利大学。

1955年　与黛丽娅分手，同玛蒂尔德·乌鲁蒂娅搬进"查斯寇纳"。

1956年　《元素颂新集》出版。

1957年　《颂歌第三集》出版。

1958年　《放纵》出版。

1959年　《一百首爱的十四行诗》出版。

1961年　《丰功伟绩颂歌》《智利之石》《典礼之歌》出版。

1964年　《黑岛回忆》出版。

1965年　被授予牛津大学哲学与文学荣誉博士学位。

1966年　前往美国纽约参加国际笔会。与第三任妻子玛蒂尔德·乌鲁蒂娅结婚。《一动不动的旅行者》《鸟的艺术》《沙上的房子》出版。

1967年　《船歌》出版。

1968年　《白日的手》出版。

1969年　《世界末日》出版。被授予智利天主教大学荣誉博士学位。被提名为智利总统候选人。

1970年　《天上的石头》《燃烧的剑》出版。

1971年　任驻法国大使。

10月21日，获得诺贝尔文学奖。

1973年　聂鲁达去世，享年69岁。

遗著陆续出版

1973年—1980年

《鼓动刺杀尼克松并赞美智利革命》《海与钟》(1973年),《冬天的花园》《黄色的心》《2000年》《疑问集》《我坦言我曾这样活过》(1974年),《我命该出世》(1978年),《看不见的河流》(1980年)等遗作陆续出版。